KB238955

Strategic Mind
전략 마인드 1

경영관리자의 성공전략

박 동 준

소프트전략경영연구원

경영관리자의 성공전략

박동준 지음

발행처 / 소프트전략경영연구원
발행인 / 박동준
초판발행일 / 2008년 7월 16일
등록일 / 1993년 2월 10일
등록번호 / 제22-146호
www.ansoffkorea.com
주소 / 경기도 성남시 분당구 정자동 7 두산위브파빌리온 B-614
전화 / (02)3436-3030
팩스 / (02)3435-5656
ⓒ 2008 박동준, D. J. Park, Printed In Korea
ISBN 978-89-7736-120-1

도서판매공급처: 도서출판 반디불이
도서주문 전화 (02)704-3331 팩스 (02)704-3360

* 이 책의 저작권은 저자가 보유하고 있으므로 저자의 허락 없이는 이 책의 내용과 도표, 양식, 장표에 대하여 종이매체, 또는 전자매체, 영상매체 등으로의 무단전제 및 불법복제를 금합니다.

* 이 책에서 소개하고 있는 도표와 기법 및 절차는 박동준 원장이 개발한 최신 기법으로 저작권이 보호되고 있습니다. 우리나라 산업 및 정부의 성과제고를 위하여 정부조직이나 일반 기업체에서 자신의 조직을 위하여 활용할 경우, 무상활용을 허용하지만, 이 기법을 이용하여 영리적 목적으로 컨설팅 및 지도용역사업이나 교육사업을 수행할 경우, 사전에 기법개발자인 저자와의 문서계약을 통하여 사용승낙을 구하여야 합니다. 단, 제도교육기관 예를 들면, 대학 및 대학원과 같은 교육기관에서 재학생을 대상으로 교육할 경우에는 기법개발자의 사용승낙을 면제합니다.

값 20,000원

머리말

■ 이 책에서 상정하고 있는 경영관리자의 대상 및 범위

이 책은 일반 기업 및 정부조직의 경영간부와 관리자, 중견간부의 경영성과향상을 위하여 저술된 책입니다. 조직 내에서 경영관리자라는 용어는 크게 보면 경영진과 관리자 그룹을 모두 망라하여 생각하기도 하고, 때로는 부서장을 중심으로 이해하기도 합니다. 최근에는 조직의 슬림화가 진행되면서, 관리자와 실무자간의 직무구분도 모호해지는 경향을 보이고 있습니다.

따라서 이 책에서는 경영관리자의 대상범위를 단위조직의 운영활동을 지휘하고 성과책임을 관장하는 관리자 그룹을 중심으로 하고, 조직의 규모에 따라 경영진에서 사업의 운영책임을 직접 관장하는 경우에는 경영진도 포함하여 경영관리자라고 하였습니다.

■ 경영관리자의 업무추진에 필요한 실천적 전략대응 역량을 높여라

정부 관련조직이나 일반 영리기업의 조직의 관리자라는 직책은 조직행동의 핵심으로서 기업의 향방과 그 진행속도, 기업행동의 책무를 계획하며, 경영행동의 적부를 점검할 뿐만 아니라 최고경영자의 경영사고와 경영행동을 보좌하는 중책의 자리입니다. 여러분의 성과가 조직과 나아가 국가의 성과를 좌우합니다.

경영관리자라는 직분은 기업의 실정이나 특성에 따라 차이가 있지만, 현재와 미래의 기업행동을 관장하는 기업사고(企業思考)의 중심체를 이끄는 직분이라는 점을 명확히 인식하여야 할 것입니다. 또한 경영관리자는 기업행동의 당위성에 대한 적부를 판별하며, 보다 개선된 기업의 성과를 관리하기 위한 기업행동의 계획, 통제, 교정행동을 주관하며, 기업이 당면하고 있는 환경에 대응하기 위한 전략대안의 모색과 전략전개, 그 전략의 관리와 피드백을 실천합니다.

따라서 경영관리자의 책무방임은 기업조직의 판단과 의사결정을 비롯한 기업사고(企業思考) 및 기업행동의 관리활동을 방치할 수 있을 뿐만 아니라 중대한 기업의 시행착오를 반복하면서 기업과 사회에 그릇된 기업행동결과를 유발하게 됩니다.

그러나 경영관리자들에 대한 전략적 역량을 어떻게 높여야 할 것인가에 대하여, 기업의 경영진이나 교육부문에서는 아직 그 실천적 방법을 찾지 못하고 있습니다.

대기업의 교육부문의 경우, 중견간부를 비롯한 경영관리자들에 대한 전략적 능력향상에 관련된 이론적 지식이나 단편적 전략기법을 중심으로 프로그램을 편성하고 있지만, 그와 같은 기법이나 지식만으로는 최근 경영관리자들이 현실적으로 당면하고 있는 경영관리상의 과제들과 전략적 과제들을 제대로 해결하는데 한계를 보이고 있습니다.

특히 경영관리자들이 당면하고 있는 수많은 과제들에 대한 대응방안을 모색함에 있어서, 전략적 사고와 대응에 대한 해결논리와 방법이 체계화되지 못함으로 인하여 경영관리자의 업무행동과 전략의 전개행동에서의 성과가 제대로 관리되지 못하고 있습니다.

■ 흔들리는 경영관리자

최근 기업조직이나 정부조직의 환경대응행동에서의 주요특징 중의 하나는 경영관리자와 조직구성원들의 성과에 대하여 대대적으로 주목하기 시작하였다는 점입니다. 이에 대한 가장 특징적으로 주목할 수 있는 것이 매년 실시되는 성과평가와 연봉계약과 관련된 기업 및 정부조직의 고용현상입니다.

조직부문별 사업성과나 개인별 업무성과에 대한 평가가 다양한 방법과 형태로 제시되고 강화되는 현상은 21세기의 환경 하에서 조직의 생존이 그만큼 어려워지고 있는 실태를 반영하는 것입니다. 이러한 현상은 조직의 경영관리 행태와 문화에도 대대적인 변화를 유발하고 있습니다.

유교적 덕목과 서열중심의 조직문화의 기틀이 와해되고 조직기능은 과거의 사람중심에서 과업중심으로 급속히 이행하고 있습니다. 이와 같은 현상이 진행됨에 따라 기업조직행동의 실질적인 중심적 역할을 담당하고 있는 경영관리자들은 조직 내 위상과 역할의 변화를 경험하고 있습니다.

이와 같은 변화의 조류 속에서 안타까운 것은 경영관리자의 업적이나 성과의 평가와 책무의 정비와 같은 관리의 기준은 엄격하게 변화하면서도 경영관리자의 업적이나 성과를 향상시키기 위한 실질적인 방법의 제공이나 개선된 절차의 제공과 같은 일은 등한시되고 있다는 점입니다.

그렇다고 경영간부나 관리자가 산더미처럼 쌓여있는 현안과제들을 뒤로 하고, 교육부서나 관리부문에게 '나 교육 좀 시켜주게'라고 쉽게 이야기할 수 있는 처지도 못됩니다. 따라서 경영관리자가 몸담고 있는 관리체계는 변화하는데, 경영관리자가 실천해야 하는 관리기법이 진화되지 못할 때, 부차적으로 경험하게 되는 현상은 경영관리자의 직무수명이 단축되는 현상에 주목하지 않을 수 없습니다.

그렇게나 존경스러운 상사가 낮은 평가를 받고 후배들에게 자리를 넘겨주는 현실 속에서, 조직구성원들 조차도 무언가 이상하다는 생각을 하면서도 그것이 받아들여야 하는 현실이라는 생각으로 슬쩍 넘어가는 세태가 이제는 보편적인 인식으로 자리잡아가고 있습니다.

■ 이건 아니잖아?

2001년부터 5년 정도의 기간동안 미국에서 전략경영과 관련된 이론적 기법과 실무적 절차를 개발하다가 귀국했을 때, TV방송의

코미디 프로그램을 보니 한편으로는 한심하기도 하고 한편으로는 이해되지 못하는 것들이 많아서, 사회적 세태의 변화속도에 무척 놀랐던 적이 있습니다. 대체로 제품이나 첨단기술의 변화, 최신의 복합적 최신 이론의 변화와 같은 것을 접할 때에는 그것이 대상물로 만들어지는 것이기 때문에 쉽게 변할 수 있다고도 생각됩니다만, 세태는 사람들이 공통적으로 생각하고 느끼고 행동하는 것을 반영하기 때문에 쉽게 변하지는 않는다고 생각했었는데, 참으로 큰 폭으로 변화가 이루어지고 있음을 실감할 수 있었습니다.

코미디 프로그램 중에 어떤 젊은이들이 나와서 '이건 아니잖아'를 큰 소리로 반복적으로 외쳐 되는 프로그램이 있었습니다. 무슨 이야기를 하고 있는지 귀에 잘 들어오지는 않는데, 불편한 기색을 하면서 '이건 아니잖아'를 반복적으로 외쳐 대는 모습을 보면서, 무언가 불편한 것에 대하여, 자신의 주장을 펼치고 싶은 젊은이들의 의식을 반영하고 있다는 생각이 강하게 들었습니다.

조직 내 경영관리자들도 지금처럼 특별히 개선된 경영관리기법이나 절차를 마련하여 실행하지 못하고 과거의 경영관리의 방법과 절차에 따르면서, 새로운 환경에 적응하기 위한 경영관리의 체제에서 일을 수행하고 있다면, 그 역시 '이건 아니다'라는 생각이 강하게 드는 것은 비단 필자만의 생각은 아닐 것입니다.

이제부터는 우리의 경영관리자들도 생각하는 방법과 행동의 절차를 향상하여 자신의 경영관리능력을 제대로 발휘하고 더욱 성공하는 경영관리자들로 변모해야 합니다.

우리가 당면하고 있는 환경과 기업, 시장, 그리고 정부의 상황이 이렇게나 변화하고 있는데, 경영관리의 일상을 무모한 대응으로 일관할 수는 없기 때문입니다.

■ 이제부터는 전략적으로 변신해야 한다

그렇다면 이제부터는 우리의 경영관리자들도 전략적으로 변신할 필요가 있습니다. 즉, 우리의 경영관리자들이 관장하는 사업이나 경영관리활동에서도 스스로 당면하고 있는 환경을 분석하고 전략을 수립하여, 현재 추진 중인 사업의 성과를 향상시킬 뿐만 아니라, 사업과 기업의 진화를 도모할 수 있는 경영관리자로 변모하는 것입니다.

따라서 그동안 기획부문에서 주관하던 전략기획과 같은 능력도, 이제는 경영관리자에게는 필수적인 판단능력의 범주로 편입시키고, 수시로 자신이 주관하고 있는 사업이나 활동들에 대하여 전략적으로 판단하고 대응할 수 있는 능력을 확장해야 합니다.

실제로 많은 기업조직에서 경영관리자들의 관리업무에 기획기능을 대폭 강화하고 있습니다.

이러한 현상은 조직구조의 변화와 함께 산업 및 공공부문에서까지도 팀제의 진전이 확대됨에 따라, 기획부문의 주요 기능들이 일반 경영관리진들의 직무로 급속히 편입되어 가고 있습니다. 그동안은 기획기능을 전문적 영역으로 구분하였지만, 앞으로는 각 조직부문에서 업무관리의 기본적 역할로 변모하여 기본적 업무수행을 위한 판단기능으로 수렴될 것입니다.

따라서 경영관리자들이 이제부터 강화하고, 조직을 지휘해야 할 직무역량 중에, 기획역량을 개선하여야 한다는 요구에 부응하기 위하여, 경영관리자가 조직을 관리하면서 전략적 환경대응을 어떻게 해야 할 것인가에 초점을 맞추어 논의를 전개하겠습니다.

■ 경영관리자의 성공을 위한 혁신적 경영기법을 학습한다

우선 경영관리자의 성공을 높이기 위하여 기존의 경영관리의 사고 원칙과 관리행동의 관점을 재정비할 필요가 있습니다. 특히, 사고원칙과 관리행동의 관점을 새롭게 함에 있어서는 경영관리자의 입장에서 판단하고 추진할 수 있는 실천적인 관점이 중요합니다. 따라서 현재 조직 내에서 일반적으로 인식되고 있는 원칙과 관점을 살펴보고, 보다 진보된 경영관리의 기법적용을 위한 관점과 착안점을 살펴보겠습니다. 이와 더불어, 기존의 업무수행 이나 새로운 사업의 전개에 있어서 전략적으로 파악하고 대응할 수 있는 경영관리자와 조직구성원들의 역량을 어떻게 향상할 것 인가에 대하여 경영관리자가 파악해야 할 점들을 중심으로 살펴 보겠습니다.

■ 경영관리자의 업무능력 향상의 기본교재로 활용한다

이 책은 경영관리자의 성실한 책무수행과 개인적 발전이 기업 조직발전의 원천적 역할을 수행한다는 필자의 확고한 신념 하에 작성되었습니다.

경영관리자의 행동이 최종적인 기업행동과 사회적 결과에 영 향을 미치는 것은 소기업의 조직이건 대기업의 조직이건 마찬가 지이며, 그것은 정부조직의 경우에도 예외가 될 수 없습니다. 그 러한 연유에서 기업의 규모나 업종, 영리와 비영리 기관을 막론하 여 경영관리자와 기획부서의 책임자, 그리고 사업 책임자를 보필 하는 분들에게 이 책은 유용한 관점을 제시하고 있습니다.

이 책에서는 성공적인 전략경영의 논리와 실천기법에 입각하 여, 경영관리자들이 당면하고 있는 주요한 현안과제들과 전략적 과제들을 어떻게 인식하고, 대응할 것인가에 대하여 경영관리자들 이 실제로 자신의 업무에 활용할 수 있는 실천적인 대응기법을 살펴봅니다.

이 책은 경영관리의 여러 직무 중에, 특히 전략측면에서의 관 리적 사고에 관하여 경영관리자로서 「생각하는 힘」을 키우고 「전 략적으로 대응을 실천하는 기법」을 강화하고 경영관리자와 조직 의 성공을 실현하는데 실질적인 도움을 주기 위하여 작성된 책입 니다. 즉, 경영관리자의 성공적 업무전개를 위하여 필요한 신 기법들과 전략적 사고 및 전략적 대응성과를 개선하는데 실천적으로 활용할 수 있는 내용을 중심으로 살펴보고 있습니다.

이 책은 경영관리자의 업무능력향상을 위한 기본교재로 활용됩니다. 여기에서 소개하고 있는 대부분의 기법들은 필자의 현장지도경험과 연구 동료들과의 지속적인 이론 연구 및 현장적용 연구 노력을 통하여 필자가 새로이 개발한 최신의 독창적 기법들입니다.

조직의 전략 리더와 전략 컨설턴트를 위하여 출간한 「뉴스와트전략(2005)」, 그리고 2008년도에 이 책과 함께 전략마인드 시리즈 형태로 출간되는 「뉴스와트 전략 2.0 실천기법」, 경영관리자의 성공전략을 위한 「전략포맷」, 「전략적 위기경영-실천기법」과 함께 이 책은 경영관리자의 전략적 환경대응을 위한 방법과 관점, 경영사고(經營思考)를 강화하여, 소속 조직의 경영성과를 높이고 경영관리자의 업적성과를 높이기 위하여 저술되었습니다.

이 책은 경영관리자와 조직구성원들이 업무에 직접 활용할 수 있는 실무적이고 경영현장에서 필요한 내용들을 중심으로 살펴보고 있습니다. 따라서 전문가를 위한 「뉴스와트 전략」에서 소개하고 있는 SIS(Strategic Issues Solution) 프로그램의 전개시 활용하는 작성도표는 일반 실무자와 경영관리자가 사용하기 쉽도록 하기 위하여 개량된 작성도표로 바꾸어 소개하고 있습니다. 또한 SIS 프로그램의 실제적용사례는 생략하였으므로, SIS 프로그램의 실천적 사례에 관심이 있으신 경영관리자께서는 이 책의 자매서인 「뉴스와트 전략 2.0 실천기법」을 참조하시기 바랍니다.

■ 이 책의 주요내용과 특징

이 책에서는 우리의 경영관리자들이 당면하게 되는 과제들과 전략적 업무추진에 있어서 참고해야 할 혁신적 관점과 방법을 설명하고 있습니다.

제1장에서는 우선 경영관리자가 주목해야 할 경영관리의 성공 원칙을 살펴보고, 경영관리자의 책무를 재확인합니다. 논의의 편의상 신임 경영관리자로 부임한 Y팀장의 간이사례를 중심으로 경영관리자가 파악해야 할 기본적인 업무를 살펴봅니다.

제2장에서는 경영관리자의 기본적인 책무와 관련하여 경영관리자가 경영성공을 위하여 주목해야 할 성공요소들을 파악하고 경영성공의 8P모델을 살펴봅니다. 여기에서 경영관리자의 전략적 기획의 실천적 성과를 제고할 수 있는 경영관리자의 8대 핵심 관리요소를 결합한 8P 모델을 학습합니다. 이 모델은 경영관리자의 전략적 핵심역량을 강화하기 위하여 무엇을 해야 할 것인가에 대하여 유용한 착상과 실천적인 전략적 역량개선을 가능하게 합니다.

제3장에서는 경영관리자와 조직구성원들의 업무성과를 향상하기 위하여 필요한 기획역량을 15가지 체크리스트를 통하여 진단하고 그 개선방안에 대하여 착안합니다.

제4장에서는 경영관리자가 긴급하게 수행해야 할 과제를 파악하고, 경영관리자의 전략능력을 확보하기 위한 착안점을 살펴봅니다.

제5장에서는 경영관리자와 조직의 전략적 역량을 강화하기 위하여 간이 능력진단을 수행하고 무엇을 조치할 것인가에 대한 경영관리자의 판단재료를 확보합니다.

제6장에서는 조직과 사업의 성장전략을 어떻게 편성할 것인가에 대하여, 구체적인 전략벡터를 사례를 중심으로 학습합니다.

제7장에서는 경영관리자의 전략적 사고논리를 강화하기 위하여 환경대응의 전략기본개념을 학습합니다. 특히 전략대안의 모

색과 관리를 위하여 경영관리자가 유의해야 할, 전략적 업무수행에 관하여 필요한 교양을 살펴봅니다. 여기에서는 경영관리자의 기획역량을 제고하기 위하여 필요한 환경대응의 관점과 필수적인 전략개념을 살펴보고 조직구성원의 전략적 기획업무수행의 성과를 높이기 위한 착안점을 소개하고 있습니다.

제8장에서는 위기환경에 대응하기 위하여 경영관리자가 손쉽게 착수할 수 있는 가장 간략한 D 위기 시나리오 기법을 학습합니다. 구체적으로는 기업의 위기인식과 대응과 그 절차에 대하여 살펴보고 있습니다. 여기에서는 필자가 개발한 위기대응기법중의 한 가지인 기업실패(도산)경로를 중심으로 가장 비관적인 기업행동의 경로를 이해하고 사전에 대응을 강화하기 위한 경영관리자의 착안점을 제시합니다.

제9장에서는 그동안 일반적으로 활용되어온 SWOT 기법의 내용과 절차를 사례를 중심으로 학습합니다.

제10장에서는 기존의 문제해결논리를 혁신적으로 개선한 전략적 문제해결 논리와 새로이 개발된 절차적 기법을 학습하고, 그 기법을 활용한 전략적 과제해결 프로그램을 간략하게 살펴봅니다. 여기에서는 기존의 SWOT 분석기법에 의한 전략수립의 한계점을 극복하기 위하여 새로이 개발한 기법으로 필자의 역작인 뉴스와트전략과 SIS 프로그램의 전반적인 개요를 소개하고 있습니다. SIS 프로그램은 향후 전략적 의사결정의 프로세스의 기본적인 전략기법으로 자리 잡게 될 것으로 예상되고 있습니다.

SIS 프로그램에서는 우선, 전략적 과제를 어떻게 판별할 것인가를 중심으로 과제의 진단에 관한 절차를 구체적으로 소개하고 있습니다. 경영관리자는 수시로 등장하는 전략적 과제들을 판별하고 대응하고 있습니다. 그러한 전략적 과제들의 내용을 제대로 파악하지 않고, 등장하는 대로 단순하게 처리하는 경우, 경영관리자의 주의력과 체력은 소진되고, 전략적 성과는 떨어질 수 있습니다.

따라서 등장하고 있는 과제들을 경영관리자가 선행적(先行的)으로 파악하고 미리 대응할 수 있도록 하기 위하여 필요한 절차와 구체적인 전개방법을 검토합니다.

이어서 전략적 과제들의 해결을 위한 절차를 어떻게 구성하고 대응할 것인가에 대하여 살펴봅니다. 이를 위하여, 전략적 창조를 위한 기본적인 논리를 학습하고, 단계별 전략대응절차를 통하여, 전략대안의 구성에 관하여 학습합니다.

SIS 프로그램은 경영관리자들은 물론이고 전문적인 컨설턴트, 대학의 연구자들에게도 실용적인 전략기법으로 활용될 수 있습니다. SIS 프로그램은 기존의 SWOT 분석 기법의 문제점을 보완하고 있을 뿐만 아니라, 앤소프 교수님의 전략적 중점과제경영(Strategic Issues Management)의 취약점을 보강하여, 보다 환경대응의 유용성이 높은 전략대응을 전개할 수 있습니다.

이 방법에 대한 구체적인 절차와 기법의 활용은 이 책의 자매서인 「뉴스와트 전략 2.0 실천기법」에서 다루겠습니다.

마지막으로 부록에서는 경영관리자의 전략적 사고와 행동의 관리를 위하여 필요한 100가지의 행동관점을 요약해놓았습니다. 지면의 제약으로 이에 대한 구체적인 설명은 생략하였습니다. 이와 관련하여 심도 있게 다루어야 할 주요 주제에 관하여는 추후 후속적으로 발행될 전략마인드 시리즈와 관련 교육과정, 또는 세미나를 통하여 여러분과 함께 살펴보도록 하겠습니다.

■ 이 책의 주요독자

앞에서도 밝힌 바와 같이 이 책은 경영관리자의 성공적인 전략 전개와 업무혁신을 위하여 작성된 책자입니다. 그러나 이 책에서 소개되고 있는 전략적 과제분석 및 대응기법은 일반 경영관리자는 물론이고 경영자, 현장의 실무자들도 학습할 필요가 있습니다.

또한 경영컨설턴트나 사내 강사, 또는 기업경영교육을 담당하는 분들도 이 책자에서 다루고 있는 실천적 기법을 활용하여 기업 컨설팅과 교육내용을 향상시킬 수 있습니다.

이 책이 여러분의 업적신장과 기업발전, 국가발전에 도움이 될 수 있기를 간절히 기원 드립니다.

■ 감사의 글

이 책이 완성되기까지 여러분들에게서 발상과 도움을 받았습니다. 우선 이제는 고인이 되신 앤소프(H. I. Ansoff) 교수님께 가장 먼저 감사의 말씀을 드리고 싶습니다. 앤소프 교수님과 처음 교분을 맺기 시작했던 1993년부터 개인적으로 때로는 다양한 전략 워크샵을 통하여 2001년까지 앤소프 교수님은 제게 특별히 더욱 엄하고 심하게 질책하시는 한편, 유머와 직설적인 지적을 통하여 저의 부족한 점들을 일깨워주셨습니다.

이 책과 함께 저술한 「뉴스와트 전략」, 그리고 「뉴 패러다임의 전략경영」은 모두 앤소프 교수님의 지도와 족적을 토대로 전개되었습니다. 이 책에서 제시하는 논리나 패러다임이 앤소피안(Ansoffians)의 전략경영에 누(累)를 끼치지 않고 기존의 전략경영의 논리를 더욱더 발전시킬 수 있기를 희망하며 저술하였습니다.

또한 일본전략경영협회 나까무라겐이치(中村元一) 교수님은 독특한 분석방법과 실용적인 경영지혜를 솔직하게 교환함으로써 저의 발상을 자극하시고 쉽게 무뎌지는 연구의지를 강화시켜 주셨습니다.

필자의 창의적 이론연구와 기법개발활동에 있어서 국민대학교 BIT대학원의 전 성현 교수님, 김 승렬 교수님, 김 은홍 교수님께 진심으로 감사의 말씀을 전하고 싶습니다. 이 세 분 교수님께서는 늘 독창적이고도 합리적 관점에서 새로운 연구활동을 격려하시고, 다양한 지적과 건설적 비판을 아끼지 않으시고, 늘 세계 최고 수준의 이론과 기법창조를 완성하기를 권장하셨습니다. 그 기대에 미치지 못함을 늘 부끄럽게 생각합니다.

이 책의 본론과 SIS 프로그램의 개발에 있어서는 피터 앤토니오(Peter H. Antoniou) 박사와의 대담과 공동연구가 지대한 도움이 되었습니다. 이 분들에게 모두 진심으로 감사의 말씀을 드립니다.

또한 약 4년간에 걸쳐 이 책과 전략마인드 시리즈의 초안과 최종원고를 작성하는 동안 소홀히 대했던 아내와 어머님, 그리고 소중한 혁, 원, 현, 정, 웅 모두에게 참으로 미안하고, 고맙게 생각합니다. 이 책으로 감사의 뜻과 애정의 마음을 대신 전합니다.

2008년 5월

朴 東 濬

제6장 기업의 성장을 주도한다　193

제7장 전략개념을 충실히 한다　221

제9장 SWOT 기법을 전개한다 327

제10장 전략적 문제해결능력을 혁신한다 365

도표목차

제1장
경영관리자의 성공원칙이
바뀌고 있다

경영관리자의 성공책무
Manager's Responsibility for Success

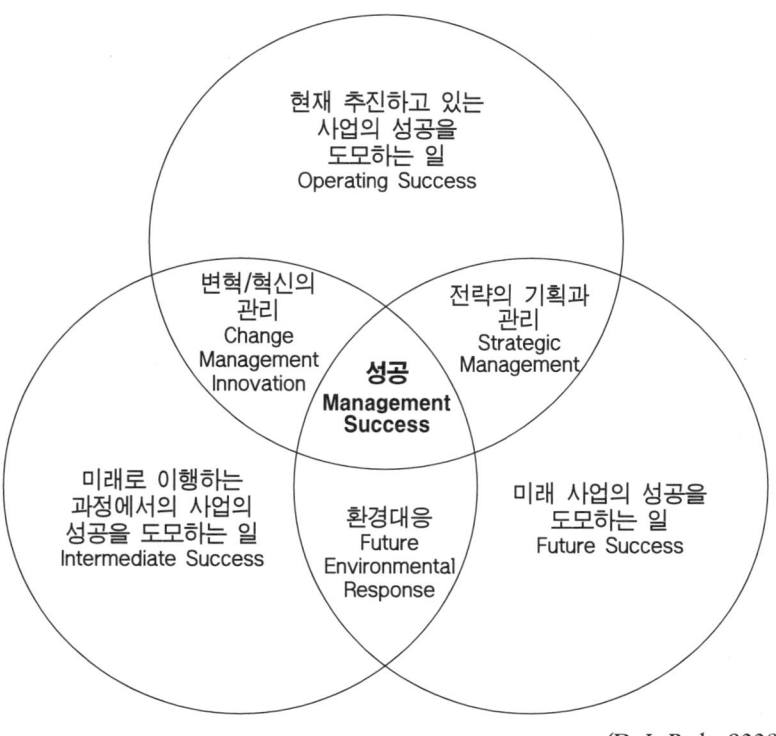

현재 추진하고 있는
사업의 성공을
도모하는 일
Operating Success

변혁/혁신의
관리
Change
Management
Innovation

전략의 기획과
관리
Strategic
Management

성공
Management
Success

미래로 이행하는
과정에서의 사업의
성공을 도모하는 일
Intermediate Success

환경대응
Future
Environmental
Response

미래 사업의 성공을
도모하는 일
Future Success

(D. J. Park, 2006)

제1장의 개관

제1장에서는 최근 본질적으로 변화하고 있는 경영관리자의 성공원칙의 변화내용과 경영관리자의 책무를 개관합니다. 또한 모든 부문의 경영관리자가 새롭게 인식을 강화해야 할 사업과 경영관리에서의 기획의 관점을 확인하고 전략적 대응의 선결요건인 전략적 문제해결과 기획능력에 관하여 조직구성원들의 수준을 점검하고, 그 대응을 위한 착안점을 제시합니다.

최근의 경영관리는 효과와 효율의 추구를 통해 성과를 제고하기 위하여 필요한 조직적 대응을 전개하고 있습니다. 그러나 이제부터 경영관리자들은 효과와 효율을 추구하는 것은 물론이고 그에 대한 질적인 관리를 수행할 것을 요구받고 있습니다. 그에 대하여 경영관리자는 어떠한 관점과 대응으로 보다 혁신적인 경영관리를 전개할 것인가에 관한 후속적인 논의를 전개하기 전에 관련된 기초적 개념들을 살펴봅니다.

독서의 지루함을 덜기 위하여, 새로 경영관리자로 부임한 Y팀장의 상황을 가정하여 경영관리자들의 성과를 높이기 위하여 필요한 논리와 행동에 관하여 살펴보겠습니다.

1. 경영관리자의 업무속성과 성공원칙이 변화하고 있다

■ '좀더 잘' 하는 것이 보편적 성공원칙

경영관리자라면 누구나 성공을 위하여 매진합니다. 어느 조직에 속해있건 경영관리자라면 예외 없이 성공을 열망하고 성공을 목표로 세우고 성공을 위하여 자신과 조직의 모든 자원과 노력, 그리고 시간을 투입하여 매진하고 있습니다.

경영관리자가 자신의 업무에서 성공하지 못하게 될 경우, 자신의 업무성과 뿐만 아니라 조직전체의 성과에 직접적으로 악영향을 미치게 됩니다. 따라서 경영관리자에게 성공적 업무수행은 경영관리자의 본연의 직무기준으로 자리 잡게 됩니다.

경영관리자의 성공적 업무수행은 무엇으로 판단합니까? 그것은 당연히 경영관리자의 업무성과에 의하여 판단합니다. 따라서 경영관리자의 성공은 업무성과에 따라 결정된다고 볼 수 있습니다.

경영관리자의 업무성과는 일을 좀더 잘 수행하는 것에 의하여 판단되므로 일을 '좀더 잘' 하는 것이 경영관리자의 미덕임에는 틀림이 없습니다.

따라서 생산활동이건 영업활동이건 또는 연구개발 활동이나 경영관리활동에서도 자신의 일을 '좀더 잘' 하는 것이 보편적인 성공원칙이라고 할 수 있습니다. 따라서 능률이나 생산성을 높이기 위한 기법이나 방안들이 다양하게 제시되고 있으며, 이에 관한 경영관리자의 지식과 현실적용 기술이 경영관리자와 기업조직의 경쟁력으로 작용합니다.

■ 그러나 '좀더 잘' 하려고 해도 성공하지 못할 때가 있다

현실적으로는 경영관리자들이 조직구성원들과 '좀더 잘' 해내고 있어도, 이상하게 사업의 성과가 좋지 못한 경우들이 등장합니다. 즉, 경영관리자가 조직구성원들과 수행하는 일들을 효율적으로 전개하고 있어도 매출이 늘거나 수익성이 개선되지 못하는 경우입니다.

예를 들어서 우리 주변에서 쉽게 접할 수 있는 영화관을 생각해보겠습니다. 모든 직원들이 부지런히 노력을 해서, 객석과 통로, 휴게실 등 건물내부를 청결하게 하고, 실내공기의 품질도 최상의 상태로 만들고, 에어컨도 최상의 상태로 가동되고 조명도, 직원들 서비스도 최고, 극장의 입구도 멋있게 갖추고 행운권과 경품 행사도 준비하고 상영하는 영화에 대한 홍보도 확대합니다. 그런데, 이상하게도 관객이 별로 없는 것입니다.

왜 그럴까? 그것은 바로 다름 아닌, 재미없는 영화를 상영하고 있기 때문입니다.

즉, 경영관리자를 비롯하여 조직구성원 모두가 효율적으로 일을 수행한다고 해도, 상영할 영화를 잘못 고르면, 영화관에 사람이 모이지 않는 것입니다. 그런데도 그러한 사실을 인지하지 못하고 좀더 잘 하면 성공한다는 원칙을 믿고 더욱더 열심히 청소를 하고, 광고를 늘리고, 판촉행사를 전개합니다.

이러한 경우, 효율을 추구하는 경영은 한계를 보이기 마련입니다. 따라서 드러커(P. F. Drucker) 교수님은 성공적 경영을 추구하고자 한다면 효율추구형(efficiency-driven) 경영에서 효과추구형(effectiveness-driven) 경영으로 이행할 것을 권장하였습니다.

■ 효율추구형에서 효과추구형으로

효과추구형 경영은 좀더 잘 하는 것도 중요하지만, 정말 해야 할 일을 하고 있는가에 초점을 맞추는 것이 중요하다고 관심의 중점을 변화시킵니다.

앞에서의 영화관의 예를 들자면, 고객들이 관람을 원하는 영화를 저렴하고도 편리하게 볼 수 있도록 하는 일에 초점을 맞추어 일을 수행하는 것이 중요한 것입니다. 따라서 해야 할 일, 즉 목표를 잘 설정하는 것이 중요하게 됩니다. 이와 같이 잘 설정된 목표를 중심으로 경영관리자를 비롯한 모든 조직구성원들이 일을 수행하는 것이 성공의 원칙으로 등장하게 됩니다.

<도표 1.1> 효과성과 효율성의 추구

		효과성의 실현 Effectiveness (E1)	
		No	Yes
효율성의 실현 Efficiency (E2)	No	실패/도산 E1 NO & E2 NO	수익성 저하 E1 YES & E2 No
	Yes	수익성 저하 E1 NO & E2 YES	높은 수익성의 실현 E1 YES & E2 YES

(D. J. Park 2007)

　따라서 목표를 잘 수립하는 일과 설정된 목표에 의한 업무의 추진과 관리가 중요하게 되므로, 소위 목표에 의한 관리 (Management by Objectives)가 경영관리의 성공원칙으로 자리 잡게 되었습니다.

　대부분의 기업들이 이와 같은 목표에 의한 관리체제를 확립하고 경영의 효과성을 제고하는 동안, 이제는 현실적으로는 기업 조직 간에 서로 유사한 목표를 추구하게 되는 일이 빈번하게 되었습니다.

　이러한 현상을 경험하게 됨으로써 경영관리자들과 조직구성원들은 효과성의 추구가 일정 수준의 경영성과를 제고하는 성공원칙으로 작용하지만, 때로는 효과성의 추구만으로는 경영성과를 높이는 데에는 한계가 있다는 것을 인식하기 시작하였습니다.

따라서 이제는 효과성의 추구에서 좀더 정밀한 형태의 성과추구(performance driven)의 경영이 주목되기 시작하였습니다.

■ 효과추구형에서 성과추구형으로

<도표 1.2> 기업의 성공원칙의 변화

	과거	최근	현재	미래
성공원칙	● 효율성	● 효과성	● 성과	● 창조성
경영관리특성	● 효율주도형 경영	● 효과주도형 경영	● 효과 ● 효율 ● 혁신	● 창조경영
성공기법	● 생산성 ● 능률	● 목표관리	● 전략성과 ● 운영성과	● 창조성과
성과배가를 위한 노력	● 효율제고	● 효과제고	● 효과/효율을 제고 ● 혁신의 추구	● 창조 ● 모험 ● 리스크의 극복
	● Efficiency Double-up Approach (EDA)	● Effectiveness & Efficiency Double-up Approach (EEDA)	● E-E-I (Innovation) Double-up Approach (EEIDA)	● New EEI Double-up Approach (NEEIDA) (ANEEIDA)*

* ANEEIDA: Advanced NEEIDA

(D. J. Park, Peter H. Antoniou, 2007)

기업의 성과를 높이는 방안으로 최근 여러 가지의 형태의 제안들이 등장하고 있습니다. 그중 가장 대표적인 제안은 경영의 각 기능적 성과를 극대화하는 방안입니다. 예를 들면, 재무적 성과를 높이는 방안들이 등장합니다. 이와 마찬가지로 시장성과를 중심으로 마케팅과 생산, 제품을 중심으로 혁신적인 방안들이 제시됩니다. 한편으로는 사업구조를 재편성하거나 경영의 시스템을 혁신하여 성과를 높이는 방안들도 제시됩니다. 여기에 최근에는 자원성과측면에서의 자원전략도 등장합니다.

따라서 기업경영의 성과를 높이기 위하여 경영관리자들에게 요구되는 업무의 내용도 과거와는 크게 변화되고 있습니다. 과거에는 관리의 초점이 편성된 사업의 계획을 잘 수립하고 계획대로 수행되고 있는가에 대한 감독자의 역할에 맞춰져 있었습니다. 그러나 이제는 스스로 해야 할 일을 찾아내고, 새로운 환경에서 요구하는 바에 합당하게 사업을 변혁하고 새롭게 전개하며 더욱이 조직과 사업의 성과를 높이는 일을 수행하는 역할이 강조되고 있습니다.

<도표 1.2>에서는 환경변화에 대응하는 기업의 진화와 그에 따라 변화하고 있는 성공원칙의 변화를 요약하여 설명하고 있습니다.

이제 미래의 성공원칙은 좀더 지능적인 난이도가 높은 창조성의 발휘로 이행하고 있습니다.

■ 「이다(EDA)」 방식에서 「니다(NEEIDA)」 방식으로

일부 선두 기업군에서는 이미 창조경영의 전개를 위하여, 관련된 기법과 운영방법을 연구 중에 있으며, 기술집약형 산업이나 서비스 산업에서는 시범적으로 적용을 시도하고 있습니다.

따라서 경영관리자의 업무추진의 내용도 이러한 변화추세에 맞추어 변화됨에 따라, 경영관리자의 역할 또한 새롭게 정비되고 있습니다.

도표의 아래에는 시간의 변화에 따라 경영관리자와 조직구성원들이 성과를 배가하기 위하여 추진해왔던 전개방법들의 특징을 조직의 경영관리자들과 조직구성원들이 기억하기 쉽게 약식으로 표현하여 이름을 붙여 놓았습니다.

즉, 효율중심의 성과배가 방법을 전개하던 「이다(EDA)」방식에서 효과와 효율을 추구하는 「이-다(EEDA)」 방식, 그리고 성과에 초점을 맞추어 혁신적 경영을 추구해오고 있는 현재의 「이--다(EEIDA)」 방식으로 전환되어 왔으며. 이제부터는 기존의 방식에서 한번 더 나아간 새로운 방식, 즉 「니다(NEEIDA)」 방식으로 전환되고 있습니다.

경영자와 경영관리자 워크샵에서 이와 같이 이름을 붙여서 설명을 하면, 쉬는 시간에 저에게 다가와서 이렇게 이야기들을 합니다. "워크샵 이후부터는 말 할 때마다 '무엇, 무엇을 했습니다, 또는 무엇을 합니다'라고 할 때마다, NEEIDA(New EEI Double-up Approach)가 떠오르게 되었습니다." 그렇게 생각이 들기 시작했다면, 일단 그 경영관리자는 자신의 업무와 조직, 그리고 사업을 전개할 때, 이미 새로운 접근방법이 무엇일까? 하고 생각을 움직이기 시작하게 된 것을 의미합니다.

■ 성과추구형에서 전략추구형으로

이제 21세기의 경영관리자는 전통적인 관리를 수행하던 역할에서 변모하여 전략적 경영관리자의 역할을 수행할 것을 요구받고 있습니다.

전략적 경영관리자는 현재의 사업성과를 100% 달성하는 형태의 경영관리에 만족하지 않습니다. 현재의 사업성과도 중요하지만 당면하게 될 미래의 사업성과를 염두에 두기 때문입니다. 따라서 현재중심적 경영관리의 초점을 현재와 미래로 확장할 뿐만 아니라, 현재 수행중인 업무에 대한 관리의 초점도 실행의 관리에서 선행관리와 후행관리를 병행하여 업무의 성과를 지속적으로 제고합니다.

뿐만 아니라 경영관리자가 수행하는 사업과 조직활동의 성공적 수행을 위하여 전략의 성공요인을 충족할 뿐만 아니라, 그와 동시에 전략의 수립측면에서의 선행적(先行的) 요건, 그리고 전략의 실천과정에서의 실행요건과 후행적(後行的) 요건을 동시에 충족하는 경영관리를 실천합니다.

전략의 수립측면에서의 선행적 요건은 제3장에서 살펴보는 바와 같이 환경에 대한 예비대응으로써의 성공요건을 말합니다. 여기에는 당면하고 있는 환경을 파악하고 그에 대응하는 전략내용의 편성을 어떻게 할 것인가에 대한 전략과 계획의 성과품질을 주목합니다.

실행요건은 전략의 실행과정에서 필요한 성공요건을 의미합니다. 구체적으로는 투입자원의 전개나 동원, 배치를 비롯하여, 전략행동의 실천에서 관리되어야 하는 성공요건들이 있습니다.

후행요건은 전략의 실천과 더불어 후방에서의 추격에 대비하고 기존의 전략을 정비, 보완하며 새로운 전략을 착수시킴으로써 전략의 성과를 더욱 배가시킬 수 있는 성공요건을 말합니다. 이와 같은 전략의 수립과 실천적 측면에서의 성공요건은 경영관리자의 전략경영의 실천관리행동에서 관장되어야 하는 직무입니다.

<도표 1.3>에서는 경영관리자가 전략경영의 성공적 실천을 위하여 수행해야 하는 직무를 구분하여 점검하고 있습니다. 이 도표의 왼쪽에는 경영관리자의 직무수행을 현재 추진 중인 사업과 관리업무의 실행관리와 전략적 업무대응의 실행관리, 그리고 전략적 혁신에 관한 직무를 수행해야 하는 직무와 변혁해야 하는 직무로 구분하여 살펴보고 있습니다.

도표에서 알 수 있는 바와 같이 현재 수행중인 업무성과에만 연연하는 경영관리자들은 주로 OA영역에 대한 업무, 다람쥐 쳇바퀴 돌 듯 움직이는 영역의 집중관리에 치중하고 있습니다. 이러한 활동에서 좀더 현상을 개선하고자 하는 경영관리자의 경우는

OA영역에서 확대된 OMA영역에 대한 업무관리를 전개합니다.

그러나 현재 수행중인 업무에서 보다 높은 성과를 실현하고자
경영관리자들은 OMA영역뿐만 아니라 기존의 업무에 대한 선행
적 요건과 후행적 요건을 병행합니다.

<도표 1.3> 전략경영의 실천관리를 위한 경영관리자의 직무점검
Management responsibilities for managers

Execution / Responsibility		선행요건 Preparedness and preliminary requirements 상황의 파악, 전략과 계획의 수립	실행요건 Action requirements 실행, 관리, 통제, 대응자원-조직 전개	후행요건 After action requirement 수정 보완 및 유지, 성과보상
실행관리 Operating Responsibility	현재수행 직무	OP	OA 다람쥐 쳇바퀴	OF
	현재직무 수정보완	OMP	OMA	OMF
전략대응관리 Strategic Responsibility	신규수행 직무	SP	SA	SF
	현재-신규직 무 수정보완	SMP	SMA	SMF
전략적 혁신관리 Strategic Innovation Responsibility	신규 수행요망 직무	SIP	SIA	SIF
	사업-전략 변혁직무	SIMP	SIMA	SIMF

P: Plan A: Action F: Feedback M: Modification
O: Operating S: Strategic I: Innovative

(D. J. Park, 2004, 2007)

기존의 사업을 수행함에 있어서 새로운 전략적 대응이 필요하
게 되면, 도표의 가운데 SP영역에 대응합니다. SP영역의 대응하
여 새로운 전략을 수립하면, 이어서 SA영역에 대응하고, 새로이
추진되는 전략적 사업의 성과가 미흡하면, 후속적으로 SF영역에

대한 대응을 통하여 새로운 SP를 전개하고 다시 SA영역에 집중합니다. 좀더 개선된 방법을 적용할 경우에는 SF영역에서 현재 수행중인 직무를 보완개선하는 SMP와 SMA영역으로 확대하여 SMA 대응을 통하여 그 성과를 제고합니다.

이와 같은 경영관리활동에서 성공적 결과를 도출하게 되면, 해당 전략적 사업은 다시 위쪽 O영역의 활동으로 전환됩니다.

따라서 전략적으로 업무를 전개하는 경영관리자들은 맨 위의 O영역과 가운데의 S영역의 활동을 결합 전개하며 선행(先行)과 실행, 후행적(後行的) 활동들을 점검합니다.

이보다 좀더 혁신적으로 전개하는 경영관리자들은 이상의 관리과정을 수행하면서, 혁신적 활동을 병행합니다. 즉, 기존의 OA 와 SA영역에서 더욱 확장하여 전략적 혁신을 추구하는 SIA활동영역을 주목하고, 그에 대응하는 관리활동을 전개합니다.

■ 「니다(NEEIDA)」 방식에서 「아니다(ANEEIDA)」 방식으로

따라서 성공적 경영관리자가 되려면 기존에 추구해오던 방법을 좀더 새롭게 혁신하여 전략적으로 대응할 필요가 있습니다. 즉, 기존의 경영관리자 및 조직구성원들의 업무수행의 방식을 전략적으로 변혁하여, 경영관리자의 현재 추진 중인 업무성과를 향상시키고, 전략적 환경대응능력을 혁신적으로 강화하여 전략적 성과를 높이는 것입니다.

이를 위하여 경영관리자가 보완하고 정비해야 할 경영관리의 관점과 새로운 경영관리기법들을 터득할 필요가 있습니다. 이와 같이 전략적 환경대응능력을 혁신적으로 강화하여 전략적 성과를 높이는 새로운 혁신적 방법을 「니다(NEEIDA)」 방식에서 더욱 진보한 방법이라는 관점에서 「아니다(ANEEIDA)」라고 정의하고 관련된 기법을 개발해오고 있습니다.[1]

---

[1] 이에 대한 영문표기는 다음과 같이 하였습니다. ANEEIDA: Advanced New

따라서 이 책에서는 최근 경영관리자에게 요구되고 있는 새로운 성공원칙을 모색하고 경영관리자의 업무성과를 더욱 배가할 수 있는 독창적이고 혁신적인 기법의 전개논리와 실천방법과 내용들을 살펴보도록 하겠습니다.[2]

2. 신임 Y팀장의 사례

■ 부임 첫날의 상황

새로 A사업부문의 기획팀장으로 발령을 받은 Y팀장은 신임 경영관리자가 되면 '경영관리자로서 제일 먼저 무엇을 해야 할 것인가?'에 대하여 자세히 알아보기 위하여 우선 규정집을 뒤적거립니다. 사규는 모든 업무의 기본을 정의해놓은 회사의 헌법과도 같기 때문입니다. 그런데 사규에 경영관리자의 직무나 책무를 명쾌히 그리고 구체적으로 기술해놓은 회사는 별로 많지 않습니다. 사규에 기술되어 있건 또는 아니건 간에, 최근 경영관리자의 기획능력을 강화해야 하는 필요성이 더욱 주목되고 있으므로 경영관리자의 기획업무와 기획기능을 중심으로 생각해보겠습니다.

Y팀장의 행동과 마찬가지로 경영관리자가 해야 할 일이 무엇인가를 알아보기 위하여 가장 좋은 방법은 회사의 규정집을 찾아보는 것입니다. 사규는 모든 업무의 기본을 정의해놓은 회사의 헌법과도 같기 때문입니다. 그런데 사규에 경영관리자의 직무나 책무를 명쾌히 그리고 구체적으로 기술해놓은 회사는 별로 많지 않습니다. 경영관리자로서 무엇을 계획하고 무엇을 실행해야 할 것인지에 대하여, 명쾌한 파악이 되질 못하고 있는 것입니다.

EEI Double-up Approach for managers

[2] 좀더 세밀한 기법의 학습에 대하여는 이 책의 자매서인 「뉴스와트 전략 2.0 실천기법」과 「전략포맷」, 「전략적 위기경영 실천기법」을 참조하시기 바랍니다.

그래서 회사의 전체 기획의 중심이라고 할 수 있는 기획부문
의 직무가 무엇인지를 참조하게 됩니다.

대부분의 경우, 사규에서 정의한 기획부서의 직무기술을 보면,
기획부서에서 추진해야 할 일들을 개념적으로 열거해놓은 것에
지나지 않습니다. 예를 들면, 회사의 장단기 발전계획 및 주요
사업계획의 수립, 사업총괄기획 및 조정, 예산의 편성 및 배정, 제
규정의 제정 및 배정, 조직정원관리, 사업부문의 평가, 이사회 및
대외 관리에 관한 사항, 대외홍보와 같은 일들이 기록되어 있습니
다.

회사마다 특성이 다르기 때문에 기획기능에 좀더 초점을 맞추
어 사규가 작성된 경우도 있습니다.

예를 들면, 경영계획, 전략계획의 수립 및 조정 관련업무, 전사
기획업무의 종합 및 조정, 중장기 사업기획의 수립, 종합 및 조정,
경영정보의 조사 및 기획보고, 경영진단업무의 수행, 경영혁신활
동 및 경영진단, 종합원가관리, 종합예산수립 및 실적관리, 전사
경영분석 및 평가, 부문 사업계획 종합 및 조정, 사업계획의 수립,
사업계획의 진도관리, 손익추정, 실적관리 및 분석, 손익관리의 추
진과 같은 직무들이 열거되어 있는 조직도 있습니다. 최근에는
이와 같은 일들의 대부분이 경영관리자의 직무영역 내로 흡수되
고 통합되고 있습니다.

Y팀장은 사규에 정의 되어 있는 이와 같은 일들에 대한 제목
만 봐도 갑자기 머리가 복잡해지기 시작합니다. 잠깐이라도 방심
했다간 큰일 나겠구나 하고, 책임자만이 느낄 수 있는 스트레스에
머리가 지끈지끈 해지는 것입니다. 일단, 경영관리자로서 해야
할 일의 행동반경을 명확히 파악하여 정리해두지 않는다면, 어디
에서 어떤 일들이 어떻게 날아올지 모를 정도로 혼란스럽게 됩니
다.

그래서 나름대로의 직감과 그동안의 세간의 경험을 총동원하여 Y팀장은 나름대로의 행동반경을 정하기 시작합니다.

"일단, 위에는 임원이 있고, 밑에는 직원들이 있다. 여기에서 출발하자. 내가 활용할 수 있는 관련부서로는 일단 생산, 품질, 인사, 경리, 기술연구소, 그리고 무엇보다도 경영기획본부가 있고, 이들은 우군이라고 생각해도 되겠지?"

퇴근을 앞두고 이렇게 생각을 시작하려는 순간, 사장실에서 호출이 떨어집니다. 업무수첩을 들고, 비서실로 달려 들어가 보니, 분위기가 심상치 않습니다.

"사장님이 회장실에서 꾸중을 들으신 모양입니다. 이유는 저희도 잘 모르겠습니다." 비서실에서 알리는 힌트에 궁금해지기 시작합니다.

"새로 부임해서 아직 준비가 충분히 안 되어 있겠지만, 내일모레 경영회의에서 발표할 경영분석자료, 평가 자료하고 수정전략계획안을 내일 오후 2시까지 준비해서 브리핑을 하세요."

여기에 토를 달수는 없는 상황이고, 신임이라고 봐달라고 할수 있는 상황도 아닙니다. 이미 배는 출항한 것입니다. 이제부터 준비를 하고, 자료를 수집하고, 분석을 해서, 결론을 만들 수밖에 없는 상황입니다. 그러니 비상이 걸린 셈입니다.

자리에 돌아와 부하직원들의 눈치를 먼저 봅니다. 일단, 직속직원을 부릅니다. "사장님께서 그러시는데, 경영분석자료, 평가자료하고 수정전략계획안을 내일 오후까지 마무리해서 보고하라하시는데…, 오늘 일정이 어떻게 되나?"

만약 다음과 같은 답변이 나오면 어떻게 될까?

"팀장님, 그 건에 대해서는 죄송합니다만. 전, 잘 모르겠는데요?"

불과 10년쯤 전까지도 이와 같은 경우에는 첫날부터 잔업에 들어가서 동원 가능한 요원들을 데리고 철야를 하였습니다. 신고식을 단단히 치루면서 일을 처리했었습니다. 최근에는 이와 같은 철야지시 같은 것은 생각하지도 못할 상황이기 때문에, 경영관리자가 「나홀로」 철야작업을 수행하기도 합니다.

밤사이 작업했던 내용을 기초로 직원들이 출근해서 일을 하는 동안, 새로 업무지시를 통하여 그동안 관계하지 않았던 계획안들이나 평가, 조정안들은 손을 대려니 이제는 판단이 제대로 서질 않습니다. 끼어들자니 엄두가 나지 않고, 빠지자니 체면이 말이 아닙니다.

이 때쯤에, 담당대리가 다가와 질문을 합니다.

"팀장님, G공장의 평가수치는 원가인상요인에 의하여 마이너스로 나왔습니다. 반면에 영업본부는 대형거래처에 대한 새로운 가격인하조건에 힘입어 매출액을 초과달성한 것으로 나왔습니다만, 손익목표기준으로 보면, 마이너스 폭이 전기 대비 15%나 증가하였습니다. 부문별 조정목표를 얼마로 잡도록 할까요?"

"각 부서에서는 어떻게 잡고 있나?"

"각 부서에서는 현재 목표를 20% 하향조정하겠다고 지난주에 자료를 보내왔습니다만,"

"사장님께서는 어떻게 생각하시고 계신건가?"

"그건 저희도 모릅니다."

"그러면, 어떻게 하는 것이 좋을까?"

"…"

이렇게 되면 갑자기 생각이 정지해버리는 듯한 강펀치를 맞은 셈입니다. 이런 상황은 작업실시중에 흔히 목격할 수 있는 상황입니다.

■ 경영관리자는 어떻게 해야 할 것인가?

이럴 때 경영관리자로서 '어떻게 해야 할 것인가?' 여기에 경영관리자의 노하우가 필요한 것입니다. 여기에서 멈칫거리다간, 내일 오전 중에도 지침을 내릴 수 없게 되고, 작업지휘를 받던 직원들도, 일이 제대로 진행되지 못하여, 더 이상의 결과를 기대할 수 없게 됩니다.

이를 부하직원들에게 위임할 수 있다면, 어떻게 될까?

"전에는 어떻게 했나? 이런 일이 처음 있는 것은 아닐 텐데?"

"그 전에는 팀장님이 지침을 주셔서 했습니다."라고 한다면, 이번에도 지침을 내려주어야 할 것입니다. 지침이 없으면, 일이 진행하지 못하는 부하직원들이 많기 때문입니다. 사실, 지침이 없는데도 불구하고, 일을 잘 처리해주는 부하직원들을 둘 수 있다면 참으로 좋을 것입니다. 그러나 100명중의 98, 99명은 지침이 없으면, 대체로 움직이지 않는다고 보아야 할 것입니다.

만약 전임 팀장도 그동안 부하직원들에 지침을 주지 않고, 그건 과장이 알아서 뽑아보라고 하던 스타일의 경우라면, 의외로 일이 잘 진행될 수도 있습니다. 이런 경우라면, 오히려 편하게 일을 할 수 있을지도 모릅니다. 그러나 이와 같은 경우에도 위험하기는 마찬가지입니다.

왜냐하면, 그렇게 해서 나온 안이라면, 그것은 과장의 지침을 팀장이 받아서 사장에게 올리는 셈이 되기 때문입니다. 설령, 사장실에서 다음날 사장님이 팀장의 개인적인 의견을 물어야 할 때조차도, 팀장의 입장에서 거꾸로 과장에게 그러한 지침을 왜 결정하게 되었는지에 대한 이유를 물어야 할 경우가 생길 수도 있기 때문입니다.

저는 유능했던 관리자가 새로운 자리를 옮기면서 무능한 관리자로 낙인찍히는 일을 여러 번 목격하였습니다. 그러한 일이 발

1. 경영관리자의 업무속성과 성공원칙이 바뀌고 있다 41

생하는 까닭은, 개인의 기본적 직무능력의 문제라기보다는, 새로
운 부서에서 요구하고 있는 직책과 직무의 수행이 그동안 다뤄왔
던 종류의 관리능력과는 상당히 다른 특성을 지니고 있을 때, 즉
특수한 상황에 대응하는 직무능력이 결여되어 있기 때문입니다.

따라서 새로운 사업부문이나 관리부문에서 자신에게 요구하고
있는 필요한 직무능력을 제대로 이해하지 못하고 제대로 대응하
지 못하게 될 경우, 누구건 간에 업무관리능력의 한계를 보여 무
능한 경영관리자라는 평가를 받게 된다는 점을 깨닫게 됩니다.

또한 경영관리자는 시간이 흐를수록, 새로운 일들에 대한 기획
활동에 있어서 무기력해진다는 점을 알게 되고 무척 놀라지 않을
수 없었습니다. 사람들에게 시달려서 그럴까? 하는 생각도 해보
게 되지만, 그 보다는 좀더 구조적인 문제들이 경영관리자를 괴롭
히고 있기 때문입니다.

기획의 정의
"기획이란 상황의 판단과 대응방안의 모색, 그리고 전략과 집행관리의
행동이다.

(D. J. Park, 2005)

기획이란 상황의 판단과 대응방안의 모색, 그리고 전략과 집행
관리의 행동을 의미합니다. 따라서 경영관리자들은 자신의 사업
활동이나 업무수행을 위하여 자신과 소속 조직구성원들의 기획활
동을 재정비할 필요가 있습니다.

그렇다면, 이제부터는 경영관리자들이 흔히 당면하게 되는 이
와 같은 현상들에 대하여 슬기롭게 극복하기 위하여 필요한 내용
을 살펴보도록 하겠습니다.

■ 경영관리자가 되면 우선 업무 스케줄을 점검하라

경영관리자가 되면, 경영진이나 회사사람들은 부임한지 얼마 되지도 않아서 새로 부임한 경영관리자들을 경영관리의 대가(大家)인 것처럼 간주하고, 여러 가지의 사업계획과 주요현안과제에 대한 대응방안을 요구합니다. 그러나, 그 누가 그 자리에 서게 된다 해도, 부서 업무를 파악할 수 있는 기회가 주어지지 않는다면, 그 누구도 의사결정을 제대로 내릴 수 없게 됩니다.

앞에서 예를 든 바와 같이 만약, 담당과장이 할 수 있고, 또 담당과장이 해야 할 일을 팀장에게 시킨다면, 그것은 조직능력의 낭비이며 또 한편으로는 월권인 것입니다. 물론, 의사전달계통이라는 것이 있으므로, 해당부서의 일은 부문의 책임자에게 떨어지는 것이 당연합니다. 한편으로는 과장급 부장이 있는가하면, 팀장급 과장도 있을 수 있습니다. 그러나 경영관리자라면, 당연히 해당 부문의 책임자의 역할을 잘 소화해내야 합니다.

그러나 경영관리자로서 업무파악과 준비를 위하여 최소한의 업무현황파악과 흐름을 이해할 수 있는 시간과 기회를 확보하지 않는다면, 회사와 개인을 위하여 바람직하지 못한 결과를 초래할 수 있습니다.

이와 같은 점들을 경영진께서 이해하지 못하고 있다고 보이지는 않습니다. 다만, 경영 현안과제들이 산적해있고, 시간과 자원이 부족하기 때문에, 이와 같은 일들이 발생할 수 있는 것입니다. 따라서, 부임 이전에, 업무 인수인계기간을 확보해두어야 합니다. 즉, 선임 관리자와 배석하여, 나름대로의 흐름을 이해하고, 업무내용을 숙지하기 위한 예비기간을 최대한 확보해야 합니다.

단, 이 시기는 아주 중요한 시기로써, 전임 관리자의 스타일을 답습하거나, 사고방식을 일부러 모방하려고 해서는 곤란합니다. 그 보다는 그동안의 해당부서의 사고방식은 어떠한 원칙에 입각해서 진행이 되어왔으며, 무엇이 그 원칙에 작용하고 있고, 보다 나은 방식이 있다면 그것을 어떻게 도입할 것인가를 생각해 두어야 합니다.

두 번째의 주의사항은 새로운 사업의 기획이나 현재 추진중인 업무의 변혁과 같은 일들은 단순한 서류작성 작업이 아니라는 점을 명확히 하는 일입니다. 새로운 일을 구상하거나 기존의 일들을 새롭게 구상하는 일은 상황의 파악하고 대응해야 할 과제를 인식하고 대응방안을 모색하여 대응해야 하는 중대한 업무 프로세스입니다. 이러한 일들을 제대로 검토하지 않고 대응을 전개하는 것을 무모(無謀)한 행동이라고 합니다.

따라서 경영관리자는 경영진의 업무지시에 대하여 반드시 판단과 모색을 위한 리드타임을 확보할 수 있도록 해야 한다는 점을 명확히 해야 합니다. 구체적으로는 '2주일 이내에는 새로운 기획안은 불가!'와 같은 원칙을 준비할 필요가 있습니다.

예를 들어, 사업의 기획활동에 대한 프로세스 처리 원칙을 확립합니다. 좀 건방진 제안 같기도 합니다만, 모든 지시는 특별한 경우를 제외하고, 최소 2주일의 상황판단과 대안모색의 작업기간을 확보하도록 하는 것입니다. 소관부서의 인원수와 상관없이 이러한 원칙은 당분간 현상을 파악하고 어느 정도의 윤곽을 잡을 때까지 고수할 필요가 있습니다.

이와 더불어 해당부서의 작업지시 관리표를 만들어 경영진에서 참조하도록 할 수 있다면, 더욱 효과적일 수 있습니다.

이러한 기획처리방식은 즉흥적인 경영진의 기획안 요구와 같은 조급성을 줄일 뿐만 아니라, 해당부서에서 만든 안(案)의 품질의 수준도 높일 수 있도록 합니다. 물론, 장기계획이나 전략계획과 같은 안들은 최소 4개월에서 1년 이상이 소요되기도 합니다. 그 대상과 정밀한 정도에 따라서, 좀더 장기적인 기간이 요구되기

도 합니다. 그러므로 경영관리자는 경영진에게 조금 죄송스럽기
도 하고, 마치 미운 오리새끼처럼 좋지 않게 보일지라도 품질확보
를 위한 시간을 반드시 얻어내도록 해야 하는 것입니다.

일단 시간을 얻어낸다면, 물론 제한된 시간 내에 최선의 품질
을 확보하기 위한 방법을 추진해야 할 것입니다.

3. 기획 스케줄을 관리하라

일단 경영관리자로 부임하면, 우선 해당부서의 연간 업무계획
과 분기별 업무계획을 정리합니다. 또한 조직구성원들에 대한 업
무별 과업을 분석하여 과업과 직무를 할당합니다. 그러나 경영관
리자는 기존의 업무계획의 수행 이외에 예기치 못한 새로운 업무
가 떨어질 것에 대비하지 않으면, 곤란에 처할 수 있습니다. 더
욱이 기존의 업무 계획조차도 일정대로 완벽하게 수행된다는 보
장도 없습니다. 그동안 실행해 왔던 계획내용의 품질을 감안한다
면, 기존의 계획 활동들도 재점검되어야 합니다. 그래서 업무의
여유도를 확보하는 것이 중요하게 됩니다.

따라서 기존의 업무계획의 일정과 내용을 실무자들로부터 보
고받고 그것의 실행품질과 계획품질에 대하여, 주도면밀하게 질문
하여 점검을 하도록 합니다, 단순히 수치만을 가공해서 만드는
계획안을 완성하기 위한 일정이라면, 그러한 계획활동과 추진일정
들은 대폭 수정되어야 합니다.

때로는 계획수립 작업에 대하여 구체적인 방식과 내용을 잘
모르기 때문에, 주먹구구식으로 또는 양식에 숫자만을 채우는 방
식으로 기획업무를 수행해왔을 수도 있습니다. 이러한 경우라면,
실무자들을 전문교육기관에 파견시켜 교육을 받도록 하는 보조적
인 행동들과 추진예산을 추가 편성하도록 해야 할 것입니다.

실제로 필자가 기획부서의 기획요원들이 전략기획기법들을 현장에 활용해서 전략계획을 수립해본 적이 있는가에 대한 현상파악에서 거의 대부분이 전략이나 계획수립기법에 대하여 실제 사용방법에 대하여는 상당히 무지하다는 점을 파악하고 크게 놀란 적이 있었습니다. 이것은 조그만 중소기업의 이야기가 아닙니다. 우리나라의 굴지의 재벌그룹 관계사들의 기획실무자들과 책임자의 경우를 말씀드리는 것입니다.

경영대학원에서 조차 기업조직에서 실제로 전개하는데 필요한 기획실무기법을 지도하는 곳은 거의 없습니다. 그러니, 대부분의 중소중견기업체의 실무자들이라면, 어쩌면 기획 실무에 대하여 거의 무지하다고 생각하고 경영관리자가 주도하여 실무자들의 기획 활동을 충실히 수행할 수 있도록 제로베이스에서 처음부터 시작한다고 생각하고 업무를 지휘하는 것이 좋습니다.

■ 추진방법론 브리핑을 받아라

따라서 경영관리자는 기존의 계획수립에 관한 일정을 근본적으로 재검토시키는 한편, 현행의 계획수립의 방법과 내용, 그 문제점들이 어떠한 것인지에 대하여 세밀히 보고 받도록 해야 합니다.

이 때, 보고를 받는 중에 소관부서의 직원들의 면면을 파악하실 수 있는 장점이 있습니다. 그 중에는 장황하고 말만 무성한 직원(허세 언론인)이 있는가 하면, 배짱은 없는 듯하지만 세심하며 늘 조심스러워 보이는 소심한 사람(꼼생원)도 있습니다. 어눌해 보이지만, 핵심을 짚고 있는 사람(지능적 형사)도 있고, 도대체 무슨 일을 어떻게 하고 있는 것인지 알 수 없는 사람(안개속의 존재)도 있습니다.

경영관리자가 이와 같은 부하직원들의 성향을 제대로 파악하지 못하게 된다면, 최종결과물인 사업기획안의 본질 또한 제대로

파악하지 못할 수도 있습니다. 따라서 업무추진방식에 대한 브리
핑을 받는 것은 아주 유용한 관리 수단이 됩니다. 이러한 방법을
통하여 매번 계획수립을 실시할 때마다, 실시할 담당자들에게 그
방법론과 추진내용에 대한 브리핑을 요구하면서 여러 가지의 관
련사항들을 점검할 수 있게 됩니다.

■ 브리핑 중에는 다음과 같은 점을 점검하라

다음의 체크리스트는 필자가 현장에서 컨설팅을 할 때, 기획부
서 요원들을 점검해보기 위하여 만든, 현장에서 활용하는 체크리
스트입니다. 이 체크리스트는 기획요원이나 스태프요원들의 제안
에 대한 검토나 확신여부, 방법론, 주장이나 견해에 대한 점검을
위하여 활용될 수 있습니다.

브리핑 중의 점검사항

① 보고자의 브리핑 준비내용과 절차, 브리핑의 전개방법을 점검하라.

② 보고자의 자세와 성의, 진실성 및 확신의 정도를 파악하라.

③ 보고자의 생각하는 방식, 결론을 선택하는 방법과 성향, 논리적 치밀성
  및 오류에 대한 현상을 파악하라.

④ 결론을 뒷받침하는 사실관계를 입증할 수 있는 자료나 근거에 허점이나
  불비점들이 있는지 파악하라.

⑤ 특정한 유명 방법론에 의존하면서, 그 방법론의 제약내용들에 대하여 검
  토하고, 그에 대비하기 위한 방안이 반영되어 있는지를 점검하라.

⑥ 특정부서, 특정부문, 특정기능에 대하여는 무비판적으로 평가하면서, 일
  부부서만 집중적으로 분석하려드는 성향이 있는지 파악하라. 또한 특정
  한 자료들에 대하여는 무비판적으로 수용하면서, 수치만으로 기획안을
  설명하려고 하는지 살펴보라.

⑦ 시간에 쫓겨 졸속으로 결론이나 내용을 급조한 것이 아닌지, 질문하라.

⑧ 현실성이 결여되어, 실천가능한 수치가 아님에도 불구하고, 보기 좋은
  수치목표들이 기획안에 반영되어 있는지 질문하라.

---

⑨ 발표하고 있는 수치나 결론들이 발표자의 개인적 견해인지, 아니면 다른 이들의 견해에서 비롯된 것인지를 질문하라.

⑩ 제기된 안이나 작성자료들이 이전부터 실시해왔기 때문에 요식적으로 작성된 것인지, 정말로 필요한 것이라고 생각되어 작성된 것인지를 질문하라.

⑪ 결론, 또는 예상하고 있는 가정들과 정반대의 경우가 발생하게 될 경우, 그 대응방안이 무엇인지를 질문하라.

⑫ 작성된 안이 누구를 중심으로 작성되었으며, 누구를 만족시키기 위한 것인가에 대하여 질문하라.

⑬ 부서별 달성수치목표들에 대한 관련부서와의 협의여부, 납득정도는 어떠한 것인지를 질문하라.

⑭ 현재 간과되고 있는 중점과제들이 있다면, 어떠한 것들인지, 그리고 현재 점검되고 있는 정도는 어느 정도인지를 질문하라.

⑮ 만약 현재의 방법을 기각하고 새로운 방법으로 안을 수립해야 한다면, 그 방법들은 어떠한 것들이며, 그것을 추진함에 있어서 어떠한 문제점들이 예상되는지를 질문하라.

(D. J. Park, 2002)

이와 같은 질문들을 통하여, '현재까지의 사업기획업무의 내용이나 기획품질, 또는 그 추진 방법들이 어떠했는지'를 살펴볼 수 있습니다.   만약, 그동안의 사업기획활동들이 날림공사로 이루어진 것이었다고 판명된다면, 원천적으로 우리 부서의 기획기능을 재정비할 각오를 단단히 해야 할 것입니다.

소관부서내의 기획업무의 품질이 만족스러운 수준에서 뒤떨어지거나 또는 불필요한 작업들에 연연하고 있다면, 두 말할 나위도 없이 그것은 조속히 시정되어야 할 것입니다.   문제는 '그것을 어떻게 효과적으로 신속하게 시정할 것인가'에 관한 것입니다.

그에 대하여는 후속되는 논의에서 계속 살펴보도록 하고, 이제부터는 경영관리자로서의 본연의 업무는 무엇이며, 어떠한 일을 해야 하는가에 대하여 살펴보도록 하겠습니다.

4. 경영관리자의 책무를 숙지하라

> 질문 1: 경영관리자는 무엇을 해야 하는가?

이와 같은 질문을 받게 되면, 경영관리자들은 종종 무엇을 해야 할 것인가에 초점을 맞추어 답을 하게 됩니다. 따라서 다음과 같은 형태의 답변들이 나오게 됩니다.

> 답 1. 경영관리를 수행합니다.
> 답 2. 직원들에게 일을 지휘, 지시하여 목표를 완수하는 일을 합니다.
> 답 3. 부서의 사업 및 관리책임을 집니다.
> 답 4. 사업을 해서 수익을 실현합니다.
> 답 5. 조직성과를 극대화시킵니다.

이와 같은 답변은 흔히 경영관리자들로부터 들을 수 있는 답변입니다. 그러나 다음과 같은 색다른 답변들도 등장합니다.

> 답 6. 조직구성원에게 경영관리 서비스를 실천합니다.
> 답 7. 미래의 경영자 수업을 받는 사람입니다.
> 답 8. 조직의 리더로서 사업과 조직을 지휘합니다.
> 답 9. 새로운 관점을 발굴하고, 사업의 변혁을 통하여 사회를 창조합니다.
> 답 10. 보다 더 부가가치를 높이기 위하여, 분발합니다.

이와 같은 질문과 답변을 통하여 각 경영관리자들은 무엇을 생각하고 어떻게 하고 있는지에 대하여 어렴풋하게나마, 각자가 수행하고 있는 업무의 특성과 내용 및 수준을 알 수 있습니다.

그러면 이번에는 경영관리자가 해야 할 일에 초점을 맞추지 않고, 스스로에게 초점을 맞추어 질문을 해봅니다.

> 질문 2: 경영관리자는 조직 내에서 누구인가? (무엇을 하는 사람인가?)

이와 같이 질문을 바꿔보면, 이번에는 조직 내에서의 지위, 책무, 역할과 같은 것을 중심으로 생각하게 됩니다.

> 답 11. 경영자와 실무자 사이에서 업무를 조정하는 사람입니다.
> 답 12. 소관부문의 사업계획을 세우고, 실행을 통제하고, 성과를 관리합니다.
> 답 13. 직원간의 업무배분과 조정을 통하여, 사업관리를 수행하는 사람입니다.
> 답 14. 현장에서 발생하는 문제들 중, 조직구성원들이 해결하지 못하는 일들을 해결하는 사람입니다.
> 답 15. 조직의 미션과 원칙을 정하고, 조직을 이끄는 사람입니다.

좀더 색다른 답변으로는 다음과 같은 답변들도 등장합니다.

> 답 16. 조직 내에서 정치를 잘 하는 사람입니다. 상황을 잘 읽고 처신을 잘해야 하지요.
> 답 17. 조직의 핵심으로 변화를 주도하는 사람입니다.
> 답 18. 경영간부회의에 참석하는 사람입니다.
> 답 19. 얼마 못가서 짤리는 사람입니다.
> 답 20. 신사업을 발굴해서 시도해볼 수 있는 직책입니다. 경영관리자가 아니면 누가 해보겠습니까?

이와 같은 여러 가지의 답변들을 통하여 경영관리자는 무엇을 하는 사람이고, 또 무엇을 해야 하는지에 대하여 모자이크 이미지를 파악할 수 있게 됩니다.

■ 경영관리자의 책무는 무엇인가?

책무(責務)란 직위에 따른 책임과 마땅히 해야 할 의무를 의미합니다. 책임이란 「맡아서 해야 할 의무」라는 의미이고 의무는 「마땅히 해야 할 일」이므로 결국, 「해야 할 일을 스스로 맡아서 완수해야 것」이라고 할 수 있습니다.

> 책무 : 1. 해야 할 일을 스스로 맡아서 완수해야 하는 것

이것을 책무에 대한 제1의 정의라고 하겠습니다.

영어단어의 개념을 빌려서 살펴보자면, 책임에 해당하는 단어는 「Responsibility」와 의무는 「Duty」이므로 의무의 이행이라고 볼 수 있습니다. 여기에서 Duty는 '직위, 직분에 따라, 반드시 해야 하는 일'을 의미합니다. 그런데 흥미롭게도 Responsibility는 책임, 또는 의무라는 뜻도 있습니다만, 그 언어구성을 보면 「Response + ibility」로 되어 있습니다.

Response는 어떠한 자극이나 영향을 미치는 것에 대하여 대응하는 것을 의미하므로 그 본래의 의미를 중심으로 본다면, Responsibility는 「대응할 수 있는 것」이라는 의미로 해석할 수도 있습니다. 이와 같은 의미를 토대로 본다면, 책무는 「해당직분 또는 직위에서 대응할 수 있는 것, 또는 대응해야 하는 것을 마땅히 수행하는 것」이라고 할 수 있습니다. 이것을 제2의 정의라고 하겠습니다.

> 책무 : 2. 해당 직분, 또는 직위에서 대응할 수 있는 것, 또는 대응해야 하는 것을 마땅히 수행하는 것

책무의 제1의 정의와 제2의 정의를 중심으로 본다면, 경영관리

자는 마땅히 경영관리자로서 해야 할 일을 잘 찾아서 잘 수행하는 것이 본분입니다. 따라서 해야 할 일을 잘 찾아내서 잘 수행하는 것에 대하여 부지런히 연구하고, 경영관리자로서 해야 할 일을 실행함에 있어서 성과를 지속적으로 향상시킬 필요가 있습니다.

이와 같이 이야기를 하고 있으면, 대부분의 경영관리자들은 관심을 보이지 않게 됩니다. 경영관리자들은 좀더 명쾌한 답변을 원하고 있기 때문입니다.

그래서 필자는 경영관리자에 대한 책무를 한 마디로 요약해서 정리하자면, 「성공하는 것」이라고 정의합니다. 즉 경영관리자 임무의 핵심적 주제는 성공입니다. 그리고 그 성공이 기업조직 전체의 성공으로 이어지는 것이 경영관리자의 책임입니다. 따라서 경영관리자의 책무는 바로 「기업과 사업의 성공을 도모하기 위한 일을 수행하는 것」입니다.

경영관리자의 제1의 책무

경영관리자의 제1의 책무는 기업과 사업의 성공을 도모하기 위한 일을 수행하는 것이다.

따라서 자신과 조직의 성공을 실현하는 경영관리자는 자신의 책무를 다하는 것입니다. 특별히 더 잘하고 못하고는 차후의 이야기입니다. 얼마나 더 성공할 것인가는 우선 성공을 하고난 뒤의 문제이기 때문입니다.

그러자면 우선 경영이란 무엇인가를 다시 한번 확인해볼 필요가 있습니다. 경영에 대한 정의는 다양하게 내려지고 있습니다. 간략하게 예를 들면, 수익을 실현하는 조직적 행동이나 경영조직의 운영을 통하여, 경영자원을 전환 또는 활용하여 고객에게 가치를 제공하는 활동과 같이 설명되기도 하고, 간략하게 경영은 창조 활동이라고 설명되기도 합니다.

사전에는 경영에 대하여 다음과 같이 정의되고 있습니다.

경영 [經營]
1. 기업이나 사업을 관리하고 운영함.
2. 기초를 닦고 계획을 세워 어떤 일을 해 나감.
3. 계획을 세워 집을 지음.
4. [북한어] 궁리하여 일을 마련하여 나감.

출전: 네이버 국어사전

경영관리 (business management)
경영조직체를 만들고 그것을 운영하는 일.

이 경영관리의 기능은 ①계획, ②조직, ③지휘, ④조정, ⑤통제 등 다섯 가지 요소로 이루어진다고 한다.

경영의 대규모화에 따라서 경영직능이 전문화되기 때문에, 전문가적인 경영자의 출현이 요구되기에 이르렀다.

그러나 이 같은 직능은 간부만이 수행하는 것이 아니고 전문기술자, 중간기술자, 사무직원, 하부감독도 그 한 몫을 담당한다.

출전 : 매일경제, 경제용어사전

일반적으로 경영은 「사업목적을 수행하기 위하여 사업조직과 필요자원을 편성하고 필요한 관리활동을 전개함으로써 최종 재화나 서비스로 창출하여 제공하는 조직적 활동」이라고 할 수 있습니다.

이와 같은 경영활동은 순간적으로 수행되는 것이 아니라, 조직과 연관 이해관계인들과의 다양한 결합관계와 사업과 업무의 전개 프로세스를 거쳐 수행됩니다. 따라서 시간의 전개과정을 살펴본다면, 경영활동은 현재지향적 활동과 미래지향적 활동이 섞여 있습니다.

따라서 경영관리자의 제2의 책무는 시간의 전개과정의 관점에서 볼 때, <도표 1.4>에서 보는 바와 같이 현재의 기업 및 사업활동에서의 성공과 미래의 기업 및 사업활동에서의 성공을 동시에 추구해야 합니다.

경영관리자의 제2의 책무

경영관리자의 제2의 책무는 기업이 수행하는 현재의 사업성공과 미래의
사업성공을 도모하기 위한 일을 수행하는 것이다.

〈도표 1.4〉 경영관리자의 성공책무의 구분
Manager's Responsibility for Success

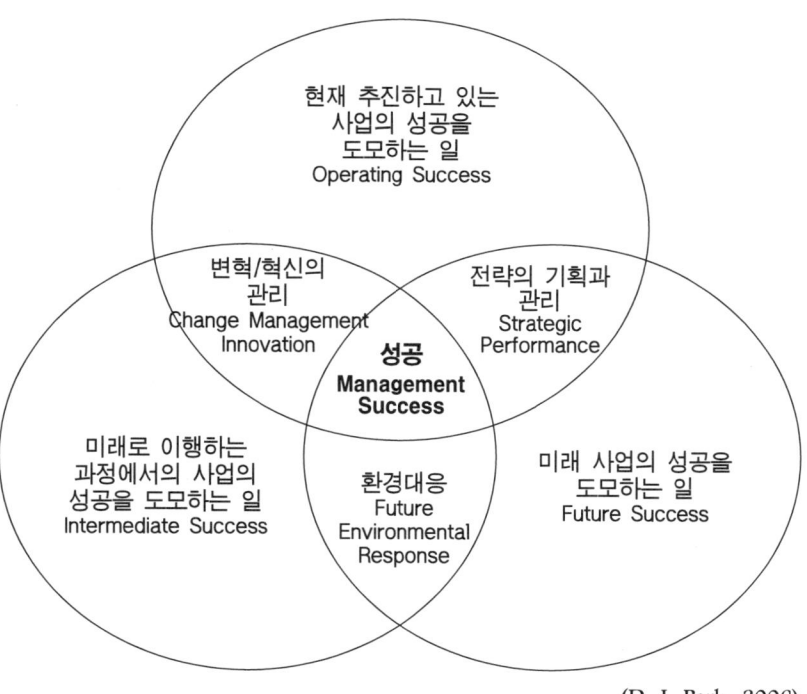

(D. J. Park, 2006)

■ 기업도 개인도 성공하는 경영이 되어야 한다

기존의 경영학에서 논의되는 기업의 성공, 경영성공, 사업의
성공에 있어서 간과되고 있는 참으로 중요한 한 가지가 있습니다.
그것은 바로 다름 아닌, 기업의 활동주체인 각 개인의 성공에 관
한 관점입니다.

이상하게도 기업전략이나 사업전략, 경영전략의 성공적 기획과 수행활동에서 시장이나 제품, 기술, 품질과 같은 것은 종종 거론되면서도, 정작 기업에 속하여 기업활동을 전개하고 있는 조직구성원들의 개인에 대하여는 논외로 하는 것입니다.

여기에는 「기업이 성공해야 각 개인들이 성공한다」는 전제가 작용하고 있기 때문입니다. 이러한 관점은 현재 산업계에서 널리 받아들여지고 있는 관점이며 이를 편의상, 조직구성원 각 개인의 성공을 위한 「기업성공선행(先行) 명제」라고 하겠습니다. 그러나 이와는 반대로 「기업을 구성하는 개인들이 성공해야 기업이 성공한다」는 가설도 성립할 수 있습니다. 편의상 이와 같은 가설을 기업성공을 위한 「개인성공선행(先行) 가설」이라고 하겠습니다.

이와 같은 두 가지의 관점을 결합해보면 다음과 같은 흥미로운 매트릭스를 구성해볼 수 있습니다.

<도표 1.5> 기업과 개인의 성공여부
Corporate and Employee Success Matrix

기업과 개인의 성공여부		기업의 성공 Corporate success	
		○	×
개인의 성공 Personal success	○	1영역: CSPS 기업과 개인이 모두 성공	3영역: CFPS 개인은 성공하지만 기업은 실패
	×	2영역: CSPF 기업은 성공하지만 개인은 실패	4영역: CFPF 기업과 개인이 모두 실패

C: Corporate P: Personal S: Success F: Failure

(D. J. Park, 2007)

<도표 1.5>에서는 개인과 기업의 성공에 관한 결합관계를 설명하고 있습니다. 이 도표를 통하여 기업과 개인의 성공관계가 어떻게 구성되는지에 따라, 개인과 기업이 지속적인 성장을 가능하게 할 수 있는지에 대하여 판단할 수 있습니다. 도표의 제1영역은 기업도 개인도 모두 성공하는 경우를 반영하고 있습니다. 그러나 제2영역은 기업은 성공하지만 개인은 실패하는 경우를 반영합니다. 예를 들면, 개인의 희생 하에서 기업이 성공하게 될 경우의 영역이라고 할 수 있습니다. 제3영역은 개인은 성공하지만 기업은 실패하는 경우를 반영합니다. 즉, 개인은 자신의 목적과 개인의 성장을 실현하지만, 기업은 오히려 성과가 떨어지는 경우라고 할 수 있습니다. 제4영역은 개인도 기업도 모두 실패하는 경우입니다.

경영관리자가 어떠한 영역에서 성공을 추구할 것인가에 대하여는 두말할 나위 없이 제1영역이라고 할 수 있습니다. 그러나 제2영역에 속하고 있는 조직구성원들이 있다면, 그것은 주의하여 대응할 필요가 있다고 할 것입니다.

만약 개인이 희생되고 있음에도 불구하고 기업만 성공한다면, 그 개인은 제2영역에서 제3영역으로 자신의 행동을 이행할 가능성이 있기 때문입니다. 종종 외부에 기업기밀을 유출하거나 내부적 비리에 대한 내부 고발자들은 이와 같은 행동의 배경에 제2영역과 제3영역에서의 보상에 관한 심리적 유혹과 관련이 있습니다.

따라서 경영관리자들은 제2영역과 제3영역에 속하는 조직구성원들을 어떻게 하면 제1영역에서 활동할 수 있도록 할 것인가에 대하여 주의를 기울일 필요가 있습니다.

만약, 경영관리자 스스로가 제1영역에 속하지 않고 있다면, 자신의 성공행동의 영역을 제1영역으로 변모시키기 위하여 스스로 노력하지 않을 경우, 자신과 조직구성원들의 성공적 지휘는 곤란하게 됩니다.

이러한 성공행동영역의 변화를 주도하기 위하여 필요한 관점은 다음 장에서 설명하는 경영성공 8P 모델을 통하여 살펴보도록 하겠습니다.

■ 기업국가론

최근 필자자 주도하는 전략경영 워크샵에서 경영관리자들에게 '앞으로 얼마나 이 회사에서 근무하실 예정입니까?'라는 질문을 해보면, 흥미로운 점을 파악할 수 있습니다.

20년 전쯤에는 자신의 기업조직내 잔존기간을 10년 이상 고려하던 사람들도 많았지만, IMF 이후 점차 줄어들어서 최근에는 거의 예측불허의 상황으로 변모하였기 때문입니다.

오히려 이러한 질문을 던지는 필자에 대하여 의아하게 생각하는 사람들도 많습니다. 사정이 이와 같다보니, 이러한 분들과 함께 장기 전략을 논의하는 일이 쉽지 않게 되었습니다. 본인 스스로가 언제까지 일할 수 있을 지도 모르는 불안 속에서 다양한 리스크를 예상하고 극복해야 하는 전략적 사업전개를 모색한다는 것은 아무래도 어려운 일입니다.

이번에는 우리 회사가 얼마나 오래 생존할 것인지에 대하여 질문을 해보면, 그에 대한 확신도 줄어들고 있습니다. 우리의 경영관리자의 기업인생에 대한 현실인식이 이와 같다면, 이러한 인식은 재고(再考)되고 수정되어야 합니다.

이제는 우리가 근무하는 기업을 보는 눈을 새롭게 할 필요가 있습니다. 우리의 인생에서 가장 황금기를 보내는 기업인생을 살펴보면, 사람들은 기업에 근무하면서 아이를 낳고 자녀를 키우고 결혼을 시킵니다. 기업은 각 조직구성원들에게 이러한 기업인생을 보살피며, 국가에서 보살피지 못하는 일도, 기업조직에서 챙겨

주는 일들이 많아지고 있습니다.

　이러한 기업역할의 변모는 조직구성원들이 기업인생을 살아가
는데, 필요한 것들을 채워줄 뿐만 아니라 심지어는 체계적인 국가
에서는 조치하지 못하는 일도 충족시켜줍니다.　기업인생을 중심
으로 본다면, 국가보다도 각 조직구성원들은 기업에서 보다 많은
것을 얻게 됩니다.　더욱이 기업의 활동무대 또한 세계적으로 확
대되어 조직구성원들 자신의 세계적 터전을 확장해나가는 기회와
가능성을 제공하고 있습니다.

　이러한 기업들은 이제 우리의 후손이 일하는 터전으로 기업을
변모시켜가며 새롭게 만들어 가고 있는 것입니다.　우리의 기업들
도 사력 100년을 넘기거나 바라보는 기업들이 늘고 있으며, 현재
우리가 근무하고 우리의 기업인생을 완성하는 바로 이 터전이 우
리의 후손들이 일하는 터전으로 성장해나갈 것입니다.

　필자는 이러한 기업의 존재와 역할은 마치 하나의 국가와도
같이, 영역과 조직, 문화, 가치관 그리고 행정과 법체계를 확립하
고 어설픈 형태의 국가보다 더욱 영속적으로 성장하며 번영해갈
것이라는 점에서 기업국가론이라는 개념을 제시하고 있습니다.

　따라서 이제부터는 우리가 근무하던 바로 이 직장에 우리의
자녀들이 입사하고, 그리고 또한 더욱 발전시켜, 우리의 후손들이
일할 수 있는 터전으로 만들어가야 하는 것입니다.

　이와 같은 기업국가론의 관점에서 본다면, 우리의 성공은 바로
우리의 후손의 성공으로 이어지는 것이며, 우리의 기업행동의 일
거수일투족은 모두 우리의 창조적 기업역사로 남게 되는 것입니
다.　이러한 기업관에 기초한다면, 우리의 성공은 비단 우리 자신
의 성공에 그치는 것이 아니라는 점을 깨닫게 됩니다.

　이는 마치 농부가 경지를 정리하거나 경작할 때, 우리의 후손
이 계속 이 땅에서 수확활동을 하면서, 생활을 영위할 것을 염두

에 두어 영농활동을 하는 것과 마찬가지라고 할 수 있습니다.

따라서 이와 같은 기업관(企業觀)과 성공관점은 경영관리자가 가장 먼저 점검해야 할 관점이라고 할 수 있습니다. 경영관리자가 이러한 관점을 강화하고, 현재의 자신과 기업의 성공을 위하여 매진할 때, 지속가능한 기업성장이 가능하게 됩니다.

그러나 경영관리자가 이러한 점에 유의하지 않고 자신과 조직구성원들의 개인적 실패에 대하여 방임하고 방심한다면, 기업의 지속적인 성공은 어렵게 됩니다. 그것은 <도표 1.5>의 제3영역에서 유발되는 바와 같은 바람직하지 못한 현상들이 기업 활동의 성장과 발전, 그리고 기업행동의 성공적 수행을 억제할 뿐만 아니라, 치명적인 위기를 유발할 수도 있기 때문입니다.

대부분의 기업조직이나 정부조직에서 추구하고 있는 윤리경영이나 윤리헌장들이 실제로는 바람직한 행동강령들을 반영하고 있음에도 불구하고, 종종 이러한 일들이 제대로 수행되지 못하고 있는 이유에 대하여 필자는 조직구성원들이 윤리를 잘 몰라서 그렇다는 지적도 제시됩니다.

그러나 한편으로는 기업윤리가 제대로 수행되지 못하고 있는 가장 근본적인 이유는 조직구성원들이 비윤리적이기 때문이라기보다는 조직구성원들이 자신이 투입해온 노력이나 희생에 대한 대가를 제대로 받지 못하고 있다는 판단이나 심리적 동기가 반영되기 때문입니다. 즉, 이러한 현상에는 조직구성원들 자신이 투입하고 기여한 노력이나 양보한 것들에 대하여 제대로 대우받지 못하고 있다고 여기거나 또는 지나친 기대를 하도록 한 경영자나 관리자에게도 일말의 책임이 있는 것입니다.

그러한 점에서 경영관리자는 기업과 조직, 모두가 성공할 수 있는 경영을 전개하기 위한 노력을 경주할 필요가 있습니다. 그

러한 점에서 현재의 조직구성원들에 대한 단기적 성과평가방식
또한 점차적으로 보완해갈 필요가 있습니다.

■ 확대되고 있는 경영관리자의 성공책무

경영관리자의 성공책무는 <도표 1.3>에서 간략히 살펴본 바와
같이 경영관리자의 기본적인 업무에 대한 책무인 기존의 업무활
동의 실행관리 뿐만 아니라 전략실행관리, 그리고 전략혁신관리의
책무와 결합하여 살펴보면, <도표 1.6>과 같이 18가지의 영역으
로 구성됩니다.

<도표 1.6> 경영관리자의 책무
A Manager's Responsibilities

		현재의 성공 Present Success	현재에서 미래로의 이행과정의 성공 Intermediate Success	미래의 성공 Future Success
실행관리 Operating Responsibility	소관부서	OP	OI	OF
	전사적	OCP	OCI	OCF
전략대응관리 Strategic Responsibility	소관부서	SP	SI	SF
	전사적	SCP	SCI	SCF
전략적 혁신관리 Strategic Innovation Responsibility	소관부서	SIP	SII	SIF
	전사적	SICP	SICI	SICF

P: Present I: Intermediate F: Future C: Corporate
O: Operating S: Strategic I: Innovative

(D. J. Park, 2004, 2007)

소속하고 있는 기업의 특성에 따라 경영관리자의 전사적 책무
에 대한 부담이 경미할 수도 있고, 또는 전문적 부서에서 전략적
혁신관리와 같은 책무를 수행하는 경우도 있습니다. 그러나 이와

같은 경우에도 소관사업과 관련하여 수행해야 하는 경영관리자의
책무는 면제되지 않습니다.

따라서 경영관리자는 이 도표를 중심으로 현재 경영관리자가
수행해야 할 책무가 무엇인지를 파악해볼 필요가 있습니다. 그리
고 수행해야 할 책무 중에 현재 이행되지 못하고 있는 책무가 무
엇인지, 그리고 이행되고 있는 책무에 대하여는 그 수준은 어떠한
지 스스로 점검해볼 필요가 있습니다.

만약 책무이행에 필요한 능력이 부족하기 때문에 책무이행을
제대로 못하고 있다면, 그러한 능력들은 시급히 보완하고 강화시
킬 필요가 있기 때문입니다.[3]

---

[3] 만약, 조직내 인사교육부문에서 이러한 점을 파악하고 있다면, 당면하고 있는
환경 하에서 경영관리자의 성공을 위해 해야 할 일들을 새롭게 인식하도록
하고, 그 책무의 이행을 강화하기 위한 교육훈련 프로그램을 지속적으로 편
성 시행함으로써 경영관리자 그룹을 지원할 필요가 있습니다.

제2장
경영관리자의 경영성공 8P 모델

Management Success 8P Model

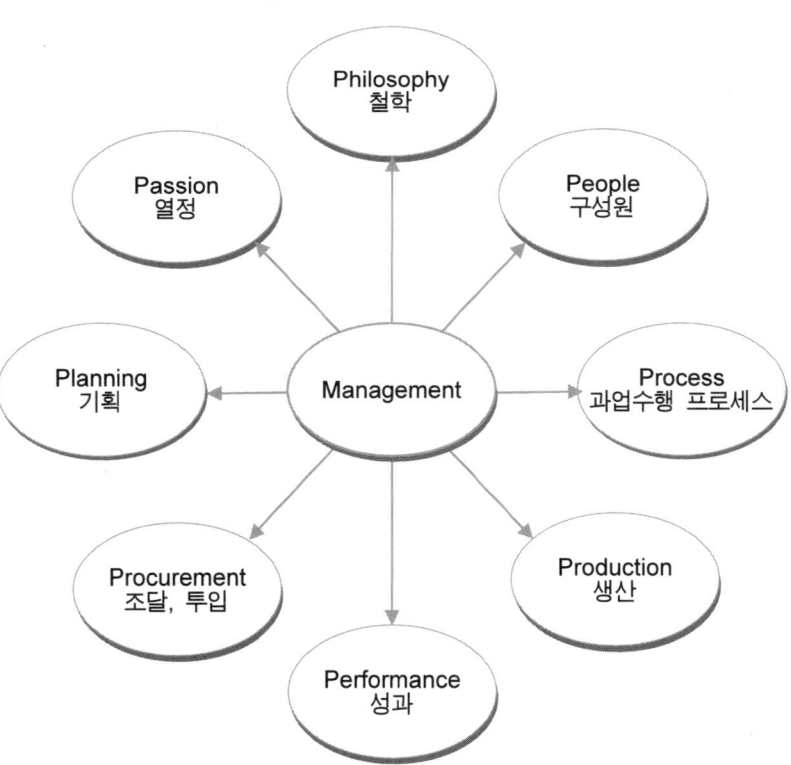

(D. J. Park, Peter H. Antoniou, 2004, 2006)

제2장의 개관

제2장에서는 경영관리자가 자신과 조직의 경영관리의 성과를 높이기 위하여 고려해야할 경영성공의 패러다임을 살펴봅니다. 구체적으로는 경영관리자의 전략적 대응능력을 좌우하는 핵심성공역량 8P 모델을 통하여 경영관리자가 주목해야할 자신과 조직 구성원들의 역량과 그 관리를 위한 착안점을 살펴봅니다.

이 기법은 언뜻 보기에는 맥킨지의 7S 모델과 유사하게 보입니다. 그러나 맥킨지의 7S 모델은 외부에서 기업을 전체적으로 파악하고 컨설팅을 수행하는 입장에서 그 개선방안을 모색할 경우에 유용하지만, 조직구성원의 입장에서 스스로 자신의 업무를 중심으로 전개할 경우에는 현실적 적용성이 떨어지기 때문에 경영관리자가 일반적인 조직의 경영관리기법으로 적용하는데 어려움이 많았습니다.

이러한 현실적인 문제점에 대응하고 경영관리자가 스스로 자신과 조직구성원들의 성공역량을 증진시킬 수 있도록 하기 위하여 필자와 연구동료인 피터 앤토니오(Peter H. Antoniou)와 함께 만 4년에 걸쳐 미국에서 개발한 8P 모델은 기업현장에서 손쉽게 적용할 수 있도록 2004년부터 고안하여 2년간의 시험적용을 거쳐 국내에서는 2007년에 소개하게 되었습니다.

이 기법이 우리의 경영관리자 여러분의 성공적 경영전개를 위하여 조직구성원의 성공역량을 강화해나가는데 유용한 착상과 도움이 될 수 있기를 희망합니다.

여기에서 주목해야 할 내용들은 다음과 같습니다.

1. 경영관리자가 발휘해야 할 경영성공모델은 무엇인가?
2. 우리의 성공역량이 제대로 발휘되지 못하고 있는 핵심역량들은 무엇이며, 어떻게 개선할 것인가?

1. 성공적 경영관리자의 업무모델

■ 경영관리자가 추진해야할 경영성공 8P 모델

　경영관리자의 입장에서, 경영의 성공적 전개과정에 1차적으로 필요한 핵심적인 구성요소들을 중심으로 살펴보면 <도표 2.1>과 같이 크게 8가지로 살펴볼 수 있습니다. 영문 머릿글자로 8가지의 P로 정리하였기 때문에 저는 이 도표를 경영관리자의 경영성공 8P 모델이라고 부르고 있습니다.

<도표 2.1> 성공적 경영을 위한 8대 핵심관리요소
(Management Success 8P Model)

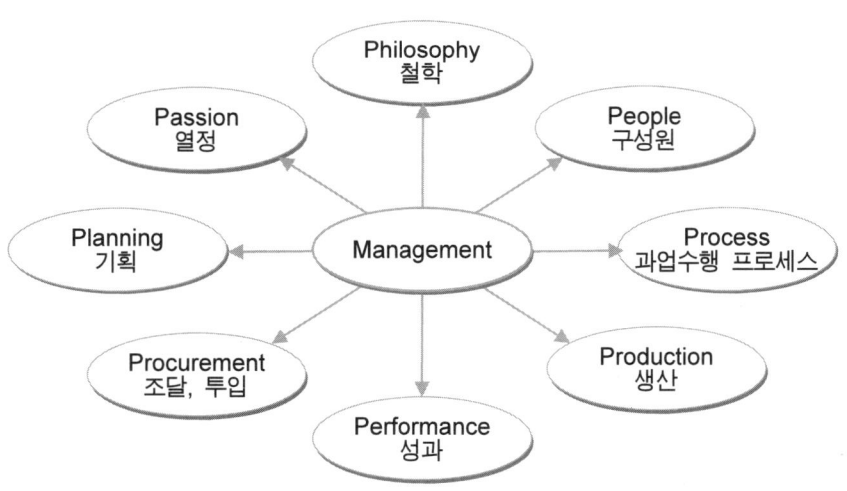

(D. J. Park, Peter H. Antoniou, 2004, 2006)

　이 8P 모델은 필자가 동료 연구자인 피터 앤토니오 교수와 함께 경영자 및 관리자들을 중심으로 전략경영과 관련된 워크샵의 지도활동에서 경영관리자들과 함께 직무에 대한 반성과 개선을 위하여 경영관리자의 역량진단과 전략적 핵심역량을 강화하기 위

하여, 활용하기 위하여 개발한 기법입니다.[4]

조직내에서 경영관리활동을 수행하면서 다양한 형태의 과업들을 수행하게 됩니다.   이와 같은 과업들은 직책과 직무, 그리고 사업의 내용에 따라 달라질 뿐만 아니라, 환경의 상황과 조직내 여건에 따라 변화됩니다.

기업경영의 성공을 위하여 필요한 경영관리자의 핵심적 관리 요소 또는 핵심역량은 <도표 2.1>과 같이 8가지로 구분하여 볼 수 있습니다.

■ 기획 (Planning)

경영관리자가 반드시 갖추어야 할 첫 번째의 역량은 기획역량입니다.   앞에서도 살펴보았지만 기획이라는 업무활동은 당면하고 있는 현상에 대하여 대응하기 위하여 필요한 대안을 모색하고 그 실천을 위한 행동을 계획하고 판단하는 활동을 의미합니다.

이와 같은 기획역량은 기획부문의 경영관리자에게만 필요한 것은 아닙니다.   단순한 조립업무만을 수행하거나 또는 단순한 접객서비스의 업무만을 수행하는 부문의 경영관리자라 할지라도 기획역량은 현대의 경영관리자에게는 반드시 갖추어야 하는 필수역량입니다.

단순조립업무를 수행하는 관리자의 경우, 조립활동에 필요한 인력, 설비, 자원 및 조립공정의 관리활동에서 보다 높은 성과를 지속적으로 올리고, 개선해나가고자 할 때, 현상의 진단과 분석, 그리고 개선을 위한 기획능력이 필요합니다.   현장에서 종종 등장하는 현상입니다만, 갑자기 수주물량이 증대하거나, 또는 감소하였을 경우에 대처할 수 있는 능력도, 해당부문의 경영관리자의 기

---

[4] 8P 모델에 의한 경영간부 및 중간관리자의 전략적 경영관리 역량향상 교육 프로그램은 전략적 사고증진과 전략적 환경대응기법, 8P 모델역량의 강화 워크샵으로 구성됩니다.

획역량에 달려있습니다.

접객 서비스를 담당하는 경영관리자의 경우에도, 주간 또는 월간 고객만족의 실태를 분석하고 그 성과를 제고하고자 한다면, 무엇이 당면하고 있는 현장의 문제인가를 파악하여, 그 대안을 모색합니다. 또한, 수시로 변화하고 있는 고객의 행동을 예측하고 미리 대응하고자 하는 경영관리자라면, 현장에서 일어나고 있는 문제현상 뿐만 아니라 경쟁기업의 점포에서는 어떠한 계획으로 움직이고 있는가를 파악하고, 예측하여 선행대응을 전개합니다.

이와 같이 기획기능은 사업부문이건, 관리부문이건, 현장부문이나 기술부문이건 간에 기업경영의 성공을 도모하는 경영관리자라면, 반드시 확보해야 하는 성공역량입니다.

■ 요소의 확보와 투입 (Procurement)

두 번째로는 프로큐어먼트(procurement), 즉 경영관리활동에 필요한 투입요소들을 확보하고 운영하는 것입니다.

경영관리자가 당면하고 있는 상황에 대응하기 위하여 필요한 대응방안을 기획하여 실행에 옮기고자 할 때, 우선적으로 동원해야하는 필요 자원과 자금, 설비, 기술과 같은 사업의 투입요소가 제대로 전개되지 못할 경우, 해당 사업을 제대로 전개할 수 없게 됩니다. 따라서 경영관리자가 주의를 기울여 관리해야 하는 성공요소는 이와 같은 투입요소들을 제 때에, 최적으로 배치할 수 있는 능력입니다.

조직 내에서는 대부분의 경우, 만성적인 자금부족, 또는 자원부족상태에 처해있습니다. 만약 일시적인 현상이 아니라, 장기적으로 자금이나 자원이 남아돌고 있다면, 그것은 전략적으로 문제가 있다는 것을 의미합니다.

즉, 기업은 늘 시장의 상황에 따라, 기존의 사업을 변혁하거나

새로운 사업을 전개하면서, 전략적 투자를 전개합니다.   전략적
투자는 단기간에 투자의 회수가 완료되지 않으므로, 기업 전체적
관점에서는 자금의 과부족 상태에 처하게 됩니다.

<도표 2.2> 요소투입의 3원칙
The 3P Principles of Procurement

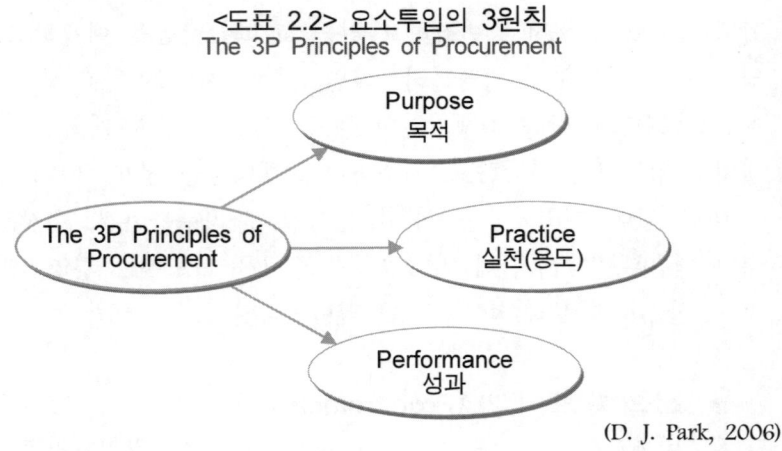

(D. J. Park, 2006)

따라서 경영관리자가 맡고 있는 소관사업을 보다 더 잘하기
위하여 새로운 시도를 전개하고자 할 때, 내부적인 자원과 자금의
쟁탈전이 벌어집니다.   이와 같은 내부적 자원쟁탈전은 기업내부
에서 자금과 자원을 가장 중요하고 가장 효율적으로 전개할 수
있도록 하는 자원배분 메커니즘을 발휘하게 됩니다.

그러나 경우에 따라서는 정말로 중요한 곳에 적정한 자금이나
자원이 제대로 배분되지 못하여 성과를 왜곡할 수 있습니다.   이
와 같은 경우, 어떤 이들은 위에서 잘못해서 그렇다고 하는 경우
도 있지만, 그러나 그러한 일이 발생하는 것은 전적으로 경영관리
자가 자초한 경영관리자의 책임이라고 할 것입니다.

기업의 자금이나 자원, 설비, 기술과 같은 투입요소들의 배분
은 철저하게 실천용도(practice)와 목적(purpose) 그리고 성과
(performance)에 따라 전개됩니다.   필자는 이 세 가지를 요소투

입의 3원칙이라고 부르고 있습니다.

경영관리자들이 사업에 필요한 자원이나 자금 등의 투입요소들에 대한 목적과 용도, 그리고 성과를 제대로 제시하지 못하거나 그 운영에서 미흡한 점이 발생하게 되면, 해당 사업에 대한 자금이나 자원배분 등의 투입은 제약됩니다.

때로는 예산부서나 인사부, 기술연구소, 실험실, 구매조달부문 그 밖의 자원할당을 관장하는 부서들과의 업무조정에 대하여, 경영관리자들이 거부감을 느낄 수도 있습니다. 그러나 사업의 성공적 수행을 위하여, 예산과 자원확보를 위한 쟁탈전을 벌이는 것은 결코 잘못된 일이 아닙니다. 좀더 적극적으로 추진하고자 하는 사업계획을 정비하고 사업논리를 잘 점검하여, 예산과 자원확보를 위하여 매진할 필요가 있습니다.

이와 같은 경영관리자들의 노력을 어떤 사람들은 조직 내의 정치적 관계로 이해하고자 할 수도 있습니다. 그러나 그것은 정치적이라고 하기 보다는, 일의 성취를 위한 열정과 접근방법의 차이라고 할 수 있습니다.

경영관리자들이 좀더 예산과 자원확보를 위하여 노력을 기울일수록, 기업의 자금 및 자원활용의 효과성은 증대됩니다. 또한 확보된 자원과 자금을 유효적절하게 활용하기 위하여 사업전개의 일거수 일투족을 점검합니다.

만약, 기업에서 자금도 넉넉하고, 최고품질과 최고 성능의 기술과 설비, 그리고 세계 제일의 인적자원을 활용하여 사업을 전개한다면, 그보다 더 부러울 일은 없을 것입니다.

그러나 대부분의 경우에는 무엇이건 부족한 자원상태 하에서, 경영을 전개하기 마련입니다. 자원이건 사람이건 기술이건 무엇인가 부족한 상황에서 사업을 전개해야 하므로 경영관리자가 필요하게 되는 것입니다.

따라서 투입요소들을 어떻게 최적화시킬 것인가에 대한 세밀한 점검과 대응을 고려해야 하는 것입니다.

■ 수행과업의 프로세스 (Process)

다음으로 유의해야 할 요소는 경영관리자의 업무수행, 과업전개의 프로세스입니다. 경영관리자의 업무 프로세스 역량은 기업경영의 성과를 좌우하는 핵심역량입니다. 경영관리자의 업무는 여러 가지의 과업(tasks)들로 구성되어 있으며, 그러한 과업을 전개하는 프로세스가 잘못 수행되고 있다면, 경영관리자의 성과가 제대로 올라갈 수 없음은 당연한 일입니다.

우선 경영관리자 스스로의 기본적인 업무 프로세스를 최상의 성과창출수준으로 향상시켜야 합니다. 예를 들면, 부족한 시간을 적절히 배분하고 동원하여 소관사업을 관리하고, 부문간의 업무조정, 경영층과의 정책결정과 같은 일에서 원활하고 성과가 높은 업무 프로세스를 전개해야 할 것입니다.

이와 같은 기본적인 업무 프로세스 뿐만 아니라 경영관리자가 흔히 간과하기 쉬운 것으로, 소관부서내의 의사결정 프로세스와 업무의 예외적 상황에 대한 프로세스를 들 수 있습니다.

보통의 경우는 의사결정 프로세스에 대하여 거론할 때, 경영자의 의사결정에 대한 현상들을 이야기 합니다. 그러나 작은 단위이건 큰 단위이건 간에, 경영관리자가 주재하고 지휘하는 의사결정의 경우는 의사결정이라기 보다는 지시, 또는 결정과 같은 표현으로 사용됩니다.

작은 부서 내에서의 의사결정 또한 경영자의 의사결정과 크게 다르지 않습니다. 이에 대하여 '경영관리자의 의사결정은 조직의 상층부의 의사결정에 따르는 것이므로 기업조직내의 부서의 의사결정은 최종적인 것이 아니며 따라서 경영자의 의사결정과 다르다'라고 답변하는 경영관리자들도 있습니다.

그러나 최고경영자의 의사결정도 자세히 들여다보면, 제약조건이 있기는 마찬가지입니다. 예를 들어서, 신규사업에 대한 투자의사결정의 경우, 이사회의 눈치를 보지 않을 수 없습니다. 또한 이사회는 주주들의 눈치를 보게 되어 있습니다.

여기에서 눈치라고 표현하였지만, 실제로는 발의한 여러 가지의 추진계획안들의 타당성이나 그 실적에 대하여 평가를 받고 결정도 받게 되는 것입니다. 이와 마찬가지로 경영관리자도 소관부서의 사업과 관련하여 의사결정을 내립니다. 단, 경영진과의 차이점이 있다면, 경영진은 경영관리자들과는 달리 전사적 관점과 기업전략적 관점에서 추가적으로 판단을 해야 한다는 점입니다.

만약, 사업부문의 경영관리자가 사업전략과 기업전략적 관점에서 제대로 의사결정을 내린다면, 경영진도 크게 반대할 이유는 없습니다. 대체로 경영진으로부터 거절을 많이 당해본 경영관리자라면, 그와 같은 맥락을 쉽게 이해할 수 있습니다.

경영관리자들이 유의해야 할 두 번째의 프로세스는 예외적 상황에 대한 의사결정입니다. 예외적 상황에 대한 의사결정에는 예기치 못한 돌발상황의 발생이나 경영오류의 등장으로 사업수행에 크고 작은 지장을 초래하게 될 경우에 내리는 의사결정이 있습니다.

이와 같은 경우, 그 대응 프로세스가 확립되어 있지 못하거나 그에 대한 대비책이 마련되어 있지 않거나 또는 어떻게 대응해야 할지 모를 경우, 상황에 대한 해결성과는 떨어질 수밖에 없게 됩니다. 예를 들면, 주요한 핵심생산설비의 부품이 사고로 망실되거나, 특수한 기능인력의 이직, 또는 주요 제품생산의 원료에 대한 법적 기준의 변화와 같은 경우, 또는 생산시설이나 현장에서의 화재, 제품(품질)의 변질과 같은 위기 상황에 어떻게 대응할 것인가에 대한 경영관리자의 업무처리 프로세스는 해당 사업의 성과

뿐만 아니라 전사적으로도 중대한 성패를 좌우하게 됩니다.

그렇다면 이와 같은 일에 대하여 대응하고 대응하는 누가 맡아야 하는가? 물론 이와 같은 일에 대한 책무는 당연히 경영관리자의 본분입니다.

■ 생산 (Production)

생산은 기업의 본연의 핵심활동입니다. 제조업이라면, 제품을 생산하지만, 서비스업이라면 서비스를 창출할 것입니다. 이를 일괄적으로 창출의 관점에서 공히 생산이라고 부르겠습니다.

생산활동과 그 활동에서 전개되는 최종 산출물은 기업과 조직의 존재목적과도 같습니다. 최종 산출물이 없다면, 마케팅도 영업도 의미가 없게 됩니다. 그러나 조직활동의 최종 산출물이 기업의 모태인 사회에서 배척되거나 거부되는 종류의 것이라면, 그것은 바람직하지 못한 생산활동으로 평가됩니다. 왜냐하면, 아무리 조직적인 노력을 기울여, 계획과 투입, 그리고 효율적인 업무처리의 프로세스를 전개해서 생산활동을 수행한다고 해도, 기업의 모태인 사회에서 받아들여지지 않을 경우에는 귀중한 시간과 자원을 투입하여 '쓸데없는 짓'을 하고 만 셈이 되기 때문입니다.

따라서 생산활동은 언제나 최종 사용자를 최우선으로 고려하면서 전개되어야 합니다. 그런데 종종, 생산현장이나 서비스 현장을 조사해보면, 작업자들에게 그와 같은 의식이 점차 결여되고, 제품이나 서비스 품질은 엉망인 경우를 종종 목격하게 됩니다.

이러한 작업자들도 결국은 자신의 모태인 사회에서 출발하고 있으므로 사회인의 눈으로 자신의 생산제품이나 서비스를 평가합니다. 그러나 작업의 양이 늘어나고 작업의 난이도가 증대하며, 작업수행의 피로도가 올라가게 되면, 사회인의 눈으로 평가하는 관점이 퇴락하고 작업자의 편의와 자신의 입장에서만 일을 수행하려고 합니다.

경영관리자는 이와 같은 생산활동을 관리하여, 최종 재화나 서비스의 품질을 높이고 보다 높은 사용자 가치를 추구할 수 있도록 관찰, 감독, 통제활동을 수행합니다. 최종 재화나 서비스의 품질에 대한 감독책임은 품질 검수부서에서만 지는 것이 아니라, 명백히 경영관리자가 책임을 져야 하는 것입니다.

좀더 성공적인 경영관리자는 기존의 제품이나 서비스 품질의 유지에 만족하는 수준에서 그치지 않고, 좀더 향상된 제품이나 서비스를 제공하기 위하여, 집요한 노력을 기울입니다. 대부분의 기술개발은 첨단의 기술연구소에서 전개되는 것이 아니라 조직의 각 현장에서의 기존 제품이나 서비스를 좀더 잘 제공하기 위한 시도에서 출발합니다.

■ 성과 (performance)

경영관리자의 활동은 자신의 성과와 조직의 성과가 결합되어 있습니다. 그래서 경영관리자에 대한 업적성과를 평가하는 것은 단순 작업자의 업적성과를 평가하는 것과는 명확히 다릅니다.

경영관리자의 성과는 최종적으로는 소관부문의 전체성과에 의하여 결정됩니다. 따라서 경영관리자가 스스로 소관부문의 최종성과를 제고하기 위하여 노력하지 않을 경우, 경영관리자의 성과는 인정받지 못하게 됩니다.

따라서 경영관리자는 어떻게 하면 소관부서의 성과를 극대화할 수 있는가를 연구하고 실천해야 합니다.

또한 제1장의 경영관리자의 책무에서 살펴본 바와 같이 경영관리자는 현재의 사업성과에만 치중하지 않고, 최소한 2~3년은 앞을 내다보고 3년 뒤의 미래 성과를 고려해야 합니다. 따라서 현재의 일에만 매진하다가 3년 뒤의 일에 대하여 대비하지 않을 경우, 경영관리자 본인은 물론이고, 소관사업이나 기업 전체에 중대한 영향을 미칠 수 있습니다.

이와 더불어 성과에 대한 관점을 새롭게 할 필요가 있습니다.

<도표 2.3> 경영관리자가 주목해야 하는 내부적 성과

관리해야 할 성과항목 / 시간의 전개	조직성과 Organizational Performance	투입자원성과 Resource Performance	운영성과 Operating Performance	재무성과 Financial Performance	사업성과 Business Performance	경영성과 Management Performance
현재성과 Present Activities	ORGP	RP	OPEP	FP	BP	MP
현재에서 미래로 이행하는 과정성과 Intermediate Activities	ORGI	RI	OPEI	FI	BI	MI
미래성과 Future Activities	ORGF	RF	OPEF	FF	BF	MF

(D. J. Park, 2007)

대체로 성과를 논의할 때, 사업추진의 성과만을 강조하는 경향이 있습니다. 그러나 경영관리자가 주목해야 하는 성과는 <도표 2.3>에서 보는 바와 같이, ①조직성과, ②투입자원성과, ③현업의 운영성과, ④재무성과, ⑤사업성과, ⑥경영성과를 관장하고 그 성과의 수준을 높여야 합니다.

여기에 외부적 성과를 고려한다면, <도표 2.4>에서 보는 바와 같이 4가지가 추가됩니다. 즉, ⑦제품 및 시장성과, ⑧고객성과, ⑨사회성과, 그리고 마지막으로 ⑩수익성과가 있습니다.

　　이와 같은 필수적 성과항목들에 대하여 경영관리자가 명확하게 그 책무를 인식하고 있다면, 해당 부문의 성과는 비록 일시적으로는 크게 개선되지 못할 수는 있어도 결과적으로는 향상될 수밖에 없습니다.　그것은 경영관리자가 해당 성과항목들을 중심으로 부단히 그 실태를 주목하고 개선을 위한 주의와 노력을 기울이기 때문입니다.

<도표 2.4> 경영관리자가 주목해야 하는 외부적 성과

관리해야 할 성과항목 시간의 전개	제품 및 시장성과 Market Performance	고객성과 Customer Value & Performance	사회성과 Societal Performance	수익성과 Profitability
현재성과 Present Activities	MP	CP	SP	PP
현재에서 미래로 이행하는 과정성과 Intermediate Activities	MI	CI	SI	PI
미래성과 Future Activities	MF	CF	SF	PF

(D. J. Park, 2007)

　　그런데 상당히 많은 조직에서 경영관리자가 주의하고 노력을 기울여야하는 성과항목에 대하여 <도표 2.3>의 OPEP에 해당하는 내부의 사업 또는 관장하고 있는 업무 운영에 대한 성과에 치중하고 있습니다.

　　이와 같이 경영관리자의 성과에 대한 책무와 관심을 제한적으로 부여하는 기업조직에서는 조직 내에서 성장할 수 있는 사업의 여력과 발전가능성 및 시장성을 확보하고 있을 경우에도 사업의 성장과 발전을 기대하기 어렵게 될 뿐만 아니라, 경영관리자의 성장과 발전에도 스스로 제약을 가하게 됩니다.

이와 같은 성과의 향상과 더불어서 경영관리자가 특히 주목해야 할 점이 있습니다.

경영관리자의 성과는 원천적으로 조직구성원들의 노력을 결집하여 실현됩니다. 따라서 조직구성원들의 귀중한 노력을 최대한 효과적으로 발휘할 수 있도록 하는 경영관리자의 관리행동과 지휘력이 중요한 성공요인이 됩니다.

그런데 조직구성원들의 노력과 업무의 성과는 기계설비의 성능과 성과와는 달리 편차가 많이 발생합니다. 여기에 경영관리자의 애로사항이 있습니다. 더욱이 조직구성원들의 성과에 대한 평가의 원칙이 애매해지면, 그에 대한 관리가 어렵게 되고, 결과적으로는 지휘와 통솔에 어려움이 유발됩니다.

최근에는 상사에 대한 다면평가제도가 실시되면서 경영관리자들은 좀더 어려운 국면에 처해있는 실정입니다. 따라서 성과의 문제는 조직구성원의 관리의 문제와 연동하여 고려하지 않으면 제대로 해결되지 못하게 됩니다.

이와 관련하여 조직 내에서 특히 확립해야 할 점이 조직구성원들의 노력과 성과에 대한 리워드(Reward)를 어떻게 할 것인가에 관한 것입니다.

■ 조직구성원 (People)

조직구성원의 중요성에 대하여는 부연하여 설명드릴 필요가 없을 것입니다. 조직구성원들은 경영관리자의 분신과도 같이 경영관리자와 생각과 뜻을 같이 하여, 최종 산출물을 창조하고 성과를 올리는 주역으로 활동합니다.

기업에서 최종 산출물을 창조하는 전 과정에서 조직구성원들의 역량과 행동성과는 조직의 성과에 직결됩니다. 따라서 경영관리자들은 조직구성원들의 역량과 행동성과를 보다 더 높이기 위하여, 지휘하고 행동을 촉진하며, 육성하고, 잘못된 행동을 교정합니다.

경영관리자의 조직구성원에 대한 리더십이 종종 강조되고 있는 이유는 바로 경영관리자의 지휘능력을 제고함으로써 조직구성원들의 행동성과를 제고하기 위한 것입니다. 그러나 경영관리자의 리더십의 강화만으로는 조직성과가 크게 개선될 수 있을지는 확신할 수 없습니다. 아무리 경영관리자의 리더십이 개선된다고 할지라도, 앞에서 살펴본 바와 같은 여러 가지의 성공요소들이 간과될 경우에는, 그것이 종이호랑이와 다를 바 없기 때문입니다.

더욱이, 최근에는 조직구성원들의 근면, 성실, 창의, 연구와 같은 노력들을 제고하기 위한 경영관리자의 역할이 새로이 조명되고 있습니다. 이러한 역할을 충실히 수행하기 위해서는 경영관리자가 스스로 공부하고, 모범을 보이며, 연구하고 창조하는 경영관리자로 변모해야 합니다.

앞에서 성과항목에서도 언급한 바 있습니다만, 경영관리자가 조직구성원들에 대한 성과를 높이고자 한다면, 리워드 시스템(reward system)을 정비할 필요가 있습니다. 리워드는 보상(報償)이라는 개념으로 번역되고 있습니다. 그러나 필자는 보상과 같은 형태의 번역이 경영관리자와 조직구성원들의 태도와 심리를 잘못 유도하고 있다고 판단하고 있습니다. 보상(報償)은 남에게 진 빚이나 신세를 갚는 것과 같은 의미로 사용되는 개념입니다. 이와 발음이 같은 보상(補償)이란 손해를 입은 것에 대하여 되갚아주는 것을 의미합니다.

그 어떤 것도 조직구성원들의 성과기여에 대한 기여분을 제공하는 것으로 해석되지 않습니다. 리워드의 개념은 회사의 성과에 기여한 자원과 설비, 조직구성원들에 대하여 기여한 정도만큼 베

풀어주는 것을 의미합니다.

예를 들어, 중요한 기계설비가 있어서 그것이 우리 사업의 수행에 중요한 기여를 했다면, 그에 대하여 충분히 애정을 가지고 설비를 보전하고 기름칠을 하고 부품도 애지중지하게 다룹니다. 과거에 농가에서 농사를 지을 때, 소가 농가에서는 중요한 생산의 역할을 했습니다. 따라서 소가 머무를 곳을 만들어주고, 먹을 것을 준비해주고, 잘 보살펴줍니다. 그렇게 하지 않으면 농사를 계속하기 어렵기 때문입니다.

조직구성원의 경우에도, 사업수행에 필요한 업무를 수행하면서 중요한 성과를 올리는 핵심적 역할을 수행하므로 그와 같이 애지중지하면서 보살펴줍니다. 그것이 리워드인 것입니다.

그런데 그것을 단지 보상이라는 관점에서 화폐로 환산하고, 돈을 주면 끝이라는 식의 시스템이 공식화되면서, 조직 내에서는 이상한 방식과 형태의 평가 시스템이 자리를 잡게 됩니다. 조직구성원들에 대한 회사의 배려도 불분명해지고, 언제든 '짜를 수 있다'와 언제 '짤릴지 모른다'는 생각이 조직내에서 팽배하면서 리워드의 내용은 보너스나 인센티브의 개념으로 변모합니다.

보너스는 상(賞)의 개념이 강하며, 인센티브는 자극 또는 유인의 의미가 강하게 받아들여집니다. 현대의 조직과 산업심리에서 인센티브는 사람들을 좀더 자극적으로 변모시키는 데에는 도움을 주었을지 모르지만, 참다운 리워드의 관점은 상실하고 만 것은 아닌가하는 생각이 듭니다.

보너스나 인센티브와 달리 리워드는 성과에 기여한 정도에 따라 보상하는 것을 의미합니다. 예를 들어, 자본을 빌려서 투입하면 그에 합당한 자본비용이나 이자를 지급합니다. 설비를 구입하여 설비운영을 하면 성과와 성능을 유지하기 위하여 필요한 것을 투입해줍니다. 직원의 경우에도 직원이 열심히 노력해서 회사의 성공에 기여를 하면 그 기여에 대하여 필요한 보상을 경제적, 심리적, 사회적, 조직적 조치로 성취할 수 있도록 실시해줍니다.

따라서 참다운 리워드의 개념은 조직구성원들이 역량이 떨어져서 성과가 미흡하면, 인센티브나 보너스를 줄이는 것이 아니라, 조직구성원들의 역량을 파악하여 그 역량을 높여주고, 더욱더 성과를 올릴 수 있도록 하는 관리의 관점에서 파악되고 실천되어야 하는 것입니다.

이러한 조직구성원들에 대한 리워드의 노력이 제대로 강구되어야, 차기 회계기간에서의 새로운 성과향상을 위한 포워드(forward)가 가능해지며, 그러한 가능성이 현실적으로 발휘되어야 경영관리자가 조직구성원들을 통솔하여 사업과 경영의 진행관리(managing forward)를 수행할 수 있게 되는 것입니다.

따라서 경영관리자는 이러한 리워드에 대한 관점을 조직 내에서 명확히 확립하고 조직구성원들과 함께 우리 부서의 리워드시스템을 어떻게 만들어갈 것인가를 구체적이고 세부적으로 설계해 나가야 합니다.

이러한 것을 불분명하게 하고, 방치하게 되면, 조직구성원들은 자신들의 노력에 대한 반대급부로 급여나 인센티브를 요구하게 되고, 경영관리자들이 제대로 대응하지 못하게 되면, 자신들의 세력을 통하여 권리를 주장하는 형태로 변모하게 됩니다.

종종 노조의 활동에서 경영자를 적대적으로 만드는 행동을 보이는 가장 근원적인 이유는 바로 이러한 리워드 시스템이 부적절하게 운영되기 때문에 비롯됩니다. 노조활동이 부정적으로 전개되고 있는 기업조직에서는 조직내 경영관리자의 행태와 리워드시스템이 어떻게 전개되고 있는지를 정밀하게 파악해 볼 필요가 있습니다.

이러한 형태의 관리를 저는 리워드 관리(managing reward)라고 하고 경영관리자의 주의와 노력을 촉구할 것을 당부하고 있습니다. 이와 같은 조직구성원들에 대한 리워드 관리가 제대로 수행될 때, 경영관리자는 비로소 사업관리의 관건을 확보할 수 있게 되기 때문입니다.

이와 더불어 경영관리자가 주목해야 할 또 한 가지의 관점은 상향관리(Managing upward)와 하향관리(Managing downward)입니다. 그동안 우리 경영관리자들은 관리를 한다고 할 때 흔히 아래 사람을 관리한다는 생각을 주로 하게 됩니다. 그러나 경영관리자의 입장에서 볼 때, 그와 같은 조직내 지위적 관점에서만 본다면, 현실적으로 오류에 빠질 수 있습니다.

예를 들면, 지위가 높은 사람은 좀더 사업의 현실에 대하여 잘 이해하고 있다고 판단하는 오류입니다. 저는 이러한 현상을 「지위판단에서 오는 오류, 줄여서 지위의 오류(positional fallacy)」라고 정의하고 있습니다.

지위의 오류는 판단뿐만 아니라 책임에 대하여도 작용합니다. 예를 들면, 조직구성원의 특정한 실수에 대하여도 지위가 높은 사람이 책임을 지도록 편성합니다. 실수는 A라는 사람이 했을 경우에도, 책임은 D라는 사람에게 지우는 시스템은 뭔가 이상합니다. 이러한 경향은 자원의 동원이나 활용, 심지어는 모든 의사결정에 있어서도 마찬가지입니다. 최근에는 이러한 현상이 변화하고 있는 추세이지만, 아직도 대종을 이루는 경향을 보면, 지위의 오류가 종종 작용합니다.

이에 대한 대표적인 경우가 경영관리자와 경영자와의 관계에서 목격됩니다. 즉, 경영관리자는 경영자를 보좌하지만, 경영관리자가 경영자와의 관계를 설정할 때, 스스로 상하관계로 설정하려는 경향이 있다는 점입니다. 이와 같은 경향은 부하직원에 대한 관점과도 동일시됩니다.

경영관리자가 경영자와의 관계에서 상하관계로 인식할 때, 경영관리자는 상부의 경영자를 조직구성원으로 인식하지 않습니다. 따라서 자신이 관리해야 하는 대상으로 파악하지 않게 됩니다.

바로 이러한 점이 경영자와의 협력관계를 구성하는데 근본적인
난제로 작용합니다. 그러나 대부분의 성공적 경영관리자들은 경
영자를 사업의 파트너이며 협력자로 대우합니다.

<도표 2.5> 성공적 경영관리자가 수행해야 하는 관리의 방향

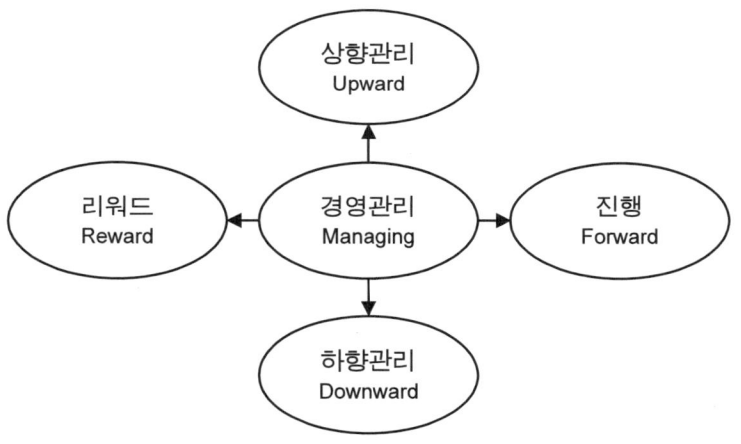

(D. J. Park, 2002)

그러한 관점이 경영관리자의 의식에서 살아서 움직일 때, 조직
구성원들을 협력자이며 파트너라는 의식을 가능하게 합니다. 따
라서 성공적 경영관리자들은 다음과 같은 관점에서의 경영관리를
성공적으로 수행합니다.

■ 열정 (Passion)

성공적인 경영관리를 위하여 기업행동의지의 측면에서 경영관
리자에게 요구되는 것은 열정입니다. 아무리 유능하고 총명한 사
람이라도 일에 대한 강렬한 열정이 없다면, 복잡하게 지루하게 전
개되는 경영활동에서의 성과가 어떠할지는 눈에 보이듯 선명하게
보입니다.

> 사막의 난공사를 이루는 열정이나 거대한 댐을 만드는 건설현장에서 우리는 열정을 느낍니다. 밤늦게까지 문제와 씨름하는 연구소의 실험실에서도 열정을 느끼고, 밤늦게까지 환자를 돌보고 귀가하는 간호원에게서도 열정을 느낍니다.
>
> 열정은 영어로는 'passion'이라고 합니다만, 이 말은 라틴어 passio, passus + ion)에서 왔다고 합니다. 여기에서 passus는 기독교의 예수님의 수난을 의미한다고 합니다. 즉, 인간에 대한 사랑의 열정이 순교로 이어진 엄청난 의미의 열정을 의미하는 것입니다. 이와 발음이 비슷한 그리스어 파토스, 또는 패이서스(pathos) 또한 '연민의 정(을 자아내는 성질)'을 의미합니다.
>
> 박동준, SERI 전략경영연구회 포럼-전략과 경영에 대한 에세이 중에서, 2003.11

열정은 아무리 불가능한 상황 속에서도 인간의 행동을 추스르게 하고, 아무리 가혹한 상황 하에서도 앞으로 향해 나아가게 하는 힘의 원동력으로 작용합니다.

열정적인 경영관리자는 소극적이고 무기력한 조직구성원들에게 추진력을 발휘할 뿐만 아니라, 제품의 결함이나 최종 사용자의 불편사항에 대하여 경청하여, 자신이 대응할 수 있는 최선의 방안을 강구하도록 합니다. 일에 열정적으로 매진하는 경영관리자는 눈빛도, 걸음걸이도, 말소리도, 문제해결의 방향이나 내용도 그렇지 않은 경영관리자와는 명확히 다릅니다.

경영관리자가 이와 같은 열정을 발휘하여 사업과 업무에 임할 때, 프로정신과 프로자세가 확립될 뿐만 아니라, 일과 사업의 전문가로써의 성공적인 성과를 높게 창출해냅니다.

■ 철학 (Philosophy)

마지막으로 경영관리자는 철학을 확립하여야 합니다. 철학이라고 하면, 너무 거창하고 어려워 보이지만, 쉽게 표현하자면 경영관리행동의 원칙을 정하는 것이라고 할 수 있습니다.

우리가 기업현장에서 수행하는 활동들은 대부분 경영관리의 사고방법에 의하여 수행됩니다. 예를 들면, 예산을 절감한다거나 시간을 효율적으로 활용한다거나, 불량을 줄이는 등의 행동은 모두 성공적 경영관리의 사고방법에 입각한 행동들입니다.

그러나 이와 같은 사고와 행동들이 서로 상충되거나 조율해야 할 경우, 그 판단원칙이나 방향이 제대로 설정되지 않으면, 종종 혼란을 유발하게 됩니다. 따라서 사업과 관련하여 사업철학을 확립할 필요가 있습니다. 이와 같은 원칙을 설정하는 것을 조직이나 기업이념, 또는 사업이념이라고 할 수도 있고, 행동원칙이라고 할 수도 있습니다.

경영관리자는 기업과 사회, 그리고 자신의 사업조직을 효과적으로 운영하기 위해서 필요하다면 새로운 원칙을 설정하고 그 원칙을 지휘하여 사업을 전개할 수 있어야 합니다. 예를 들면, 새로운 사업환경이나 경영환경의 변화가 예상될 경우, 그에 합당한 사업원칙이나 경영원칙을 수립함으로써, 사업부문의 경영행동을 바람직한 방향으로 이끌어 갑니다.

경영관리자의 철학이 궁극적으로는 조직구성원들이 확립하고 준수해야 할 사고방식과 논리적 체계를 명확하게 할 뿐만 아니라 당면하고 있는 현상에 대응하는 행동의 기틀을 구성합니다.

예를 들면, 새로운 사업의 전개나 기존의 사업변혁을 위하여 경영의 원칙을 수정해야 할 경우에도 어떠한 것을 바꾸고 어떠한 것은 바꿔서는 안 되는지에 대한 판단도 바로 경영관리자의 철학에 따라 달라집니다.

콜린스(J. Collins)와 포라스(J. I. Porras)는 초일류기업에 관한 연구에서 성공적인 기업들의 특성으로 상황에 따라 흔들리는 것이 아니라 어떠한 상황에서도 반드시 고집해야 하는 원칙에 관하여 언급하고 있습니다.[5]

---

[5] James C. Collins and Jerry I. Porras, Built to last: successful habits of

즉, 핵심가치와 목적으로 구성되는 핵심이념(core ideology)을 명확히 설정하고 그 원칙을 전개해나가는 능력이 성공적인 경영관리자에게 요구되는 것입니다.

경영관리자가 사업원칙을 명확하게 수립하지 않고, 우왕좌왕할 경우, 사업행동에 대한 판단이 혼란스럽게 되며, 조직구성원들의 행동 또한 혼란스럽게 됩니다. 이와 같은 혼란은 새로운 전략이나 조직의 변화를 추구할 때에도 등장합니다.

가장 비근한 예를 들면, 수익원칙의 추구를 들 수 있습니다. 모든 것을 수익원칙에 입각하여 판단하는 것은 잘못된 것은 아닙니다. 그러나 성공적인 기업에서는 수익만을 유일한 기업의 원칙으로 받드는 것이 아닙니다. 콜린스와 포라스의 지적을 좀더 살펴보겠습니다. 6)

홍미롭게도 대부분의 초일류기업들에 대한 연구에서 경영대학원에서 가르치는 교의라고 할 수 있는 수익극대화나 주주이익의 극대화같은 것을 최고의 원칙으로 추구한 기업들은 찾아볼 수 없었다. 그러한 기업들은 외견상 돈을 벌어들이는 것이 추구하는 목표들 중의 하나인 것처럼 보이지만, 실제로 많은 성공적인 기업들은 단지 돈을 벌어들이는 것보다는 경제적 행위이상의 것을 추구해왔음을 알 수 있다.

이와 마찬가지로 경영관리자가 수익의 추구만을 유일한 원칙으로 설정하고 그것에만 입각하여 사업전개를 할 경우, 사업의 지속적인 성공을 실현하기 어렵게 됩니다. 뿐만 아니라, 수익원칙의 적용도 단기적 수익의 실현과 장기적 수익실현은 그 내용과

visionary companies, HarperCollins Publishers Inc., 2002. pp.46-80

6) J. Collins and J. I. Porras, ibid, pp. 46~80

관점에 따라 사업추진의 내용이 달라집니다. 이와 같은 경우, 경영관리자의 원칙설정과 해석, 그리고 운영에 대한 철학이 요구됩니다.

　대부분의 조직의 구심력은 경영관리자의 확고한 철학과 그 실현의지에 입각하여 발휘되기 때문입니다.

　이상으로 간략하게 성공적 경영을 위한 경영관리자의 관리의 중점인 8가지의 항목을 살펴보았습니다. 이와 같은 8가지의 중요한 핵심관리요소를 참조하여 경영관리자가 무엇을 해야 하는가에 대하여 점검해볼 수 있습니다.

2. 8P 모델을 이용한 경영관리자의 업무현상파악

■ 경영관리자의 관리중점에 대한 현상의 파악

　앞에서 제시한 경영성공의 8P 모델에 입각하여, 우리의 경영관리자의 실상은 어떠한가를 <도표 2.6>과 같이 점검해봅니다.

　<도표 2.6>은 몇 년 전까지만 해도 해당업계에서 선두기업의 지위에 자리하던 기업의 경영관리자들의 자기진단의 예시를 옮겨 놓은 도표입니다.

　도표에서 보면 알 수 있는 바와 같이, 경영관리자들의 자기분석을 통하여 국내 선두기업의 지위를 경쟁기업체에게 넘겨주게 되는 이유를 알 수 있습니다.

　즉, 과업수행(P3)에서는 거의 선두기업의 수준을 유지하고 있지만, 일에 대한 열정(P7)도 떨어지고 있으며, 전략적 대응을 모색하는 기획능력(P1)이나 투입관리(P2), 생산활동과 최종산출물(P4)이 상대적으로 열세에 있습니다. 그와 같은 요인들과 함께 조직구성원(P6)의 역량도 떨어지고 있으며, 성과(P5)에 대한 관리도 상대적으로 떨어진다고 판단되고 있습니다.

이에 대하여 가장 격차가 큰 P7의 열정을 먼저 강화해야 한다고 하는 경영관리자들도 있습니다. 그러나 명확한 전략적 방향모색과 전략적 전개를 통한 성공에 대한 확신이 뒷받침 되지 않을 경우에는 떨어져가는 조직의 사기도 본인의 열정도 쉽사리 강화되질 않습니다.

<도표 2.6> 경영관리자의 8P 수준 (예시)

	Planning P1 기획	Procurement P2 투입관리	Process P3 과업수행	Production P4 최종산출	Performance P5 성과	People P6 구성원	Passion P7 열정	Philosophy P8 원칙과 철학
세계최고	5	5	5	5	5	5	5	5
국내최고	4	4	4	4	4	4	4	4
보통	3	3	3	3	3	3	3	3
문제수준	2	2	2	2	2	2	2	2
형편없다	1	1	1	1	1	1	1	1
수준진단	3.5	3.8	4	3.9	3.8	3.8	3.2	3.9
격차 (격차2)	0.5 (1.5)	0.2 (1.2)	0 (1)	0.1 (1.1)	0.2 (1.2)	0.2 (1.2)	0.8 (1.8)	0.1 (1.1)
비고	E	C	A	B	C	C	F	B

(D. J. Park, P. H. Antoniou, 2007)

더욱이 모처럼 조직구성원들의 열정을 불러일으키는 일을 성공할 경우에도 그것을 지속적으로 전개하고자 한다면 경영관리자가 나머지 일곱 가지의 P를 세밀하게 운용함으로써 조직의 성공경험을 확대하고, 그 성과를 높일 필요가 있습니다. 물론 경영관리자가 앞에서 언급한 리워드 시스템을 새롭게 점검하고 정비하는 일에 주의와 노력을 한층 더 기울일 필요가 있습니다.

특히 새롭게 다져진 열정을 최종적인 성과로 전환시키고자 한다면, 당면하고 있는 현안과제들에 대하여 전략적 판단을 강화하여 시행착오를 줄이고 대응활동에 주의를 기울이지 않으면 조직의 열정과 새로운 시도들은 좌절하기 쉽습니다.

따라서 이에 대한 경영관리자의 각오를 새롭게 다지고 다시 선두탈환을 위한 전략과 방법을 모색하는 일을 선두로 하여 나머지의 P들을 효과적으로 운용하여 대응하는 것이 중요합니다.

<도표 2.7> 경영관리자의 8P 진단 레이더 차트 (예시)

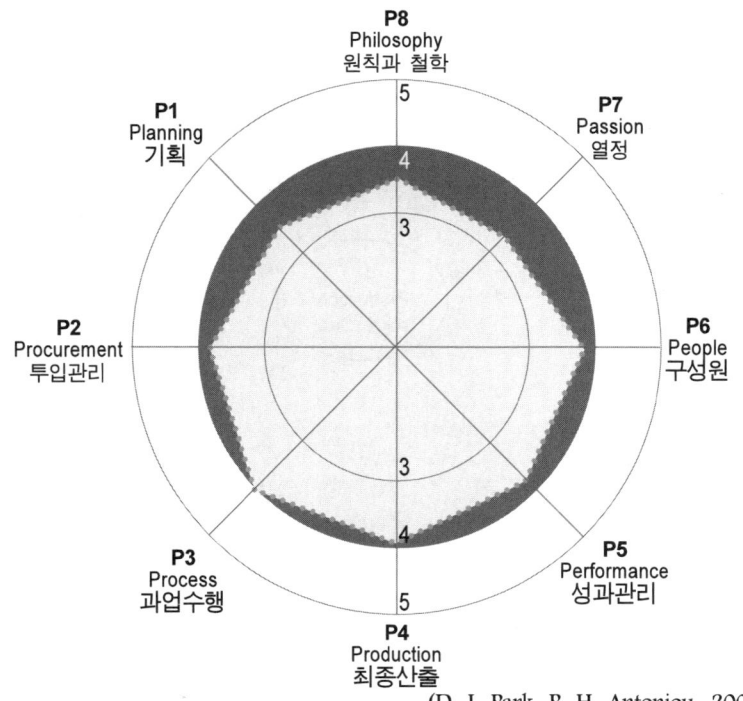

(D. J. Park, P. H. Antoniou, 2007)

<도표 2.8> 8P의 상호연관관계

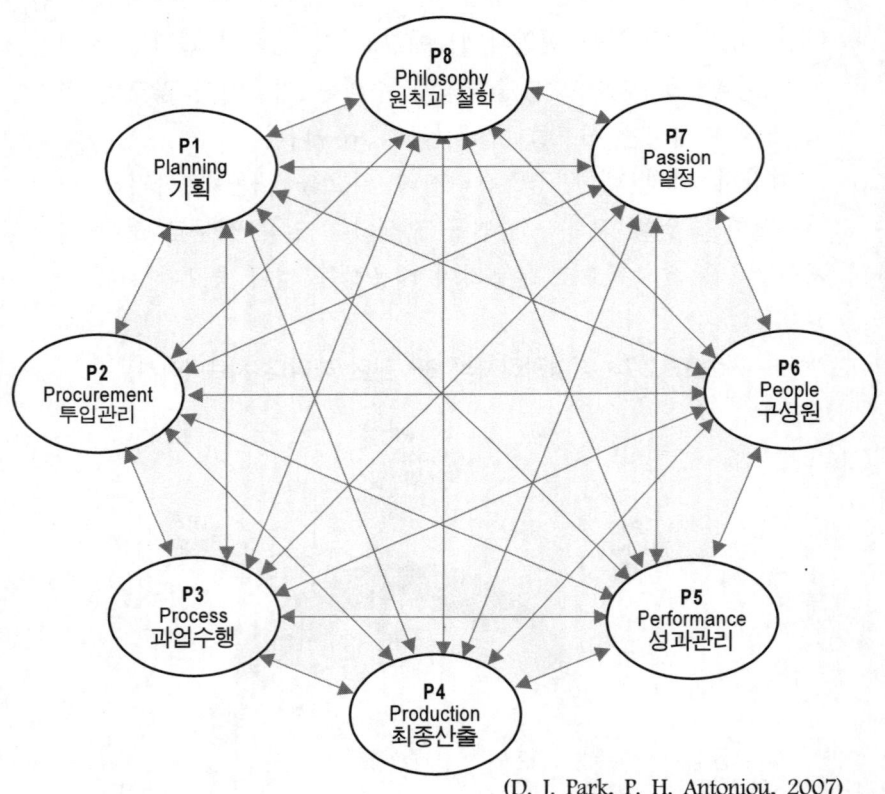

(D. J. Park, P. H. Antoniou, 2007)

이제부터는 특히 8P의 첫 번째에 해당하는 경영관리자의 기획 활동에서의 성과를 제고하고 전략적 사고와 대응역량의 향상에 초점을 맞추어 살펴보도록 하겠습니다.

제3장

조직의 업무기획품질을 높인다

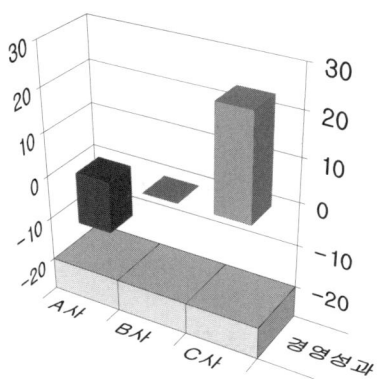

제3장의 개관

　제3장에서는 경영관리자가 자신과 조직의 업무성과를 높이기 위하여 고려해야할 업무기획의 품질에 관하여 살펴봅니다. 구체적으로는 업무기획품질을 위한 15가지 체크리스트를 통하여 조직구성원의 기획실태와 능력을 점검하고 경영관리자가 무엇을 대응해야 할 것인지에 대한 착안점을 살펴봅니다.

　여기에서 주목해야 할 내용들은 다음과 같습니다.

1. 경영관리자가 살펴보아야 할 업무의 기획품질에는 어떠한 것들이 있는가?
2. 소속 조직구성원들의 업무수행에서 기획품질을 높이기 위하여 주목해야 할 활동이나 보완해야 할 일들은 무엇인가?
3. 조직구성원들의 기획행동을 지휘하기 위하여 경영관리자가 유의해야 할 점들은 무엇인가?

---

1. 부서내 기획활동의 업무품질을 관리하라

■ 기획활동의 업무품질이 떨어진다는 것은 무엇을 의미하는가?

　경영관리자가 담당하고 있는 부서의 기획업무품질이 떨어진다는 것은 기획업무의 성과가 기대에 미치지 못한다는 것을 의미합니다. 기획업무의 성과가 바람직한 수준에 이르지 못한다면, 기업과 사업부문의 경영력이 제대로 발휘될 수 없을 뿐만 아니라, 더욱 중대한 것은 치명적인 전략적 기회의 상실이나, 시장의 실패를 유발시킬 수 있게 됩니다.

　기획활동의 업무품질이란 「기획활동업무가 조직, 또는 사업의 성공을 결정하는 정도」라고 정의할 수 있습니다. 좀더 쉽게 표현하자면, 기획업무의 충실한 수행에 따라, 기업 또는 단위조직이 보다 나은 경영성과를 얻게 되는 정도라고 볼 수 있습니다. 1장의 서두에서 살펴본 「이-다(EEDA)」 방식의 관점에서 본다면 기획업무의 품질은 기업의 성과 또는 사업부문의 성과에 따라 측정된다고 할 것입니다.

피터 드러커(Peter F. Drucker) 교수님의 표현을 원용하자면 기업의 성과는 효과성과 효율성의 곱으로 표현할 수 있습니다.

기업경영(또는 사업부문 경영관리)의 성과 = 효과성 × 효율성

이와 같은 공식으로 표현하면, 누구나 쉽게 이해하고 있는 것처럼 보입니다. 더욱이 효율성과 효과성과 같은 익숙한 표현으로 설명한다면, 더욱 그러합니다. 그러나 그와 같은 익숙한 표현이 실제로 어떠한 개념이며, 어떠한 내용을 지칭하고 있는지를 제대로 이해하고 있지 못하다면, 이와 같은 공식은 거의 무의미한 표현에 지나지 않습니다.

경영관리자는 이와 같은 식의 표현에 대하여 거의 명확히 이해하고 있을 것이라고 믿습니다만, 기억의 상기를 위하여, 간략히 살펴보자면 다음과 같습니다.

즉, 여기에서 「효과성(effectiveness)」이란 드러커 교수님의 정의를 그대로 옮기자면, 「Do right things」에 관한 것입니다. 우리말로 옮기면, 「right thing」을 하는 것, 즉 옳은 일을 하는 것입니다. 여기에서 중요한 것은 일을 하되 '옳은' 일에 초점을 맞추어야 한다는 점입니다.

그렇다면 '무엇이 옳은 것이고 무엇이 옳지 않은 것일까?'에 관한 검토가 있어야만 합니다.

예를 들어서 우리 회사가 병원이라고 합시다. 그렇다면, '병원으로써 정말로 옳은 사업을 하고 있는 것인가?'에 관한 성찰이 필요하게 되는 것입니다. 이에 대한 반성을 거쳐서 정말로 병원으로써 옳은 일을 하고 있다면, 그것은 효과성이 100%를 달성하고 있다고 볼 수도 있습니다.

마찬가지로, 우리 부서의 업무품질을 살펴보기 위해서는, 무엇을 해야 우리 부서가 정말로 옳은 일을 하고 있는가에 대한 반성이 이어져야만 우리 부서의 효과성을 이야기 할 수 있는 것입니다. 이와 같은 말씀을 드리게 되면, 대부분의 부서에서는 "우리는 꼭 필요한 일을 하고 있고, 그것은 모두 '옳은(Right)' 일입니다"라고 답하는 분들이 많이 있습니다. 그러나, '우리 부서에서는 정말 꼭 해야만 하는 일들을 하고 있는 것인가?' '우리 회사의 해당 부서로써 정말로 해야만 하는 일들을 하고 있는 것인가?' '혹시, 회사를 위하여 정말 필요한 일이 아닌, 쓸데없는 일들을 하고 있는 것은 아닌가?' 이러한 질문을 하게 되면, 상당수의 직원들은 답변을 머뭇거리게 됩니다.

'만약 그러하다면, 효과성이 낮은 일들을 하고 있다'는 셈이 되는 것입니다.

다시 드러커 교수님의 표현을 통하여 「효율성(efficiency)」을 살펴본다면, 「Do things right」라고 설명하고 있습니다. 이것은 일을 하되 일을 '제대로' 하는 것을 의미합니다. 즉, 엉뚱하게 하거나, 잘못되게 하거나 쓸데없는 방식으로 하는 것이 아니라, '제대로' 하는 정도가 바로 효율성을 결정한다는 것을 의미하는 것입니다.

예를 들어서 다시 병원을 예로 든다면, 환자를 치료하는 것이 병원이 해야 할 일이고, 그 일을 「제대로(right)」 하려고 한다면, 부작용이 적은 처방을 하되, 보다 저렴한 처방이 가능하다면, 그렇게 하는 것이 옳은 행동일 것입니다. 또한 환자에게 건강상태를 유지하면서도, 빠른 치유를 위하여 최선을 다하는 것이 제대로 하는 일일 것입니다.

그런데 예를 들어, 세간에 들리는 소문과도 같이, 산부인과에서 산모에게 가급적이면 정상분만 보다도 더 불편하고, 회복기간이 많이 들고, 아이에게 수유도 못하게 할 뿐만 아니라, 치료비도 많이 드는 제왕절개를 의도적으로 유도한다면, 그것은 「제대로(right)」 하는 일이 아닐 것입니다.

마찬가지로 우리 부서에서도 일을 제대로 하지 않는다면, 그것은 분명 효율성이 떨어진다고 할 것입니다.

앞에서 경영성과는 효과성과 효율성, 이 두 가지의 곱의 형태로 표현하였습니다만, <도표 1.1>에서 살펴본 바와 같이 이 두 가지가 곱의 형태가 되면, 각 기업간의 결과는 더욱 더 편차가 커지게 됩니다.

■ 세 회사간의 경영성과의 차이(예시)
편의상 세 회사 모두가 비슷한 정도로 열심히 하는데(효율성에는 차이가 없고) 효과성에서만 차이가 있다고 가정해봅시다.

A회사의 효과성 (쓸데없는 일 60% : 바른 일 40% = 0.4)
B회사의 효과성 (쓸데없는 일 50% : 바른 일 50% = 0.5)
C회사의 효과성 (쓸데없는 일 30% : 바른 일 70% = 0.7)

A회사의 효율성 (제대로 하는 일의 정도 60% = 0.6)
B회사의 효율성 (제대로 하는 일의 정도 60% = 0.6)
C회사의 효율성 (제대로 하는 일의 정도 60% = 0.6)

A회사의 경영성과 $0.4 \times 0.6 = 0.24$
B회사의 경영성과 $0.5 \times 0.6 = 0.30$
C회사의 경영성과 $0.7 \times 0.6 = 0.42$

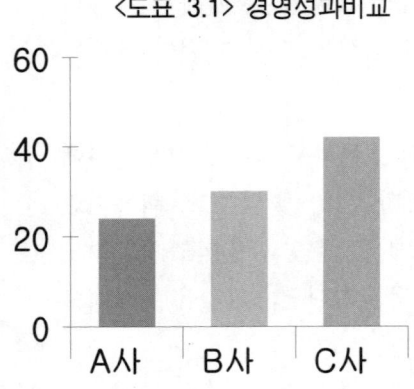

<도표 3.1> 경영성과비교

모두가 비슷한 정도로 열심히 일을 하고 있다면, 아무래도 꼭해야 하는 일이 차이를 벌리게 되는 것을 알 수 있습니다. 그러나 이와 같은 평면적인 계산이 가능하다고 할 경우에도, 효과성을 이와 같이 생각하기보다는, 좀더 「Do right thing」의 원천적인 의미에 가깝게 해석해본다면, 다음과 같이 살펴볼 수 있습니다.

즉, 「Do right thing」의 반대는 「Do wrong thing」이며, 「right」와 「wrong」를 부호적으로 살펴보면 「플러스」와 「마이너스」의 방향을 지니고 있음을 알 수 있습니다.

따라서 효과성을 계산할 때, 잘한 일과 못한 일의 정도를 효과성의 부호를 반영하여 플러스와 마이너스의 부호를 반연한 수치로 측정할 필요가 있습니다.

그와 같이 계산한다면 A, B, C사의 효과성은 다음과 같이 계산됩니다.

A회사의 효과성 (쓸데없는 일 60% : 바른 일 40% =-0.6+0.4=-0.2)
B회사의 효과성 (쓸데없는 일 50% : 바른 일 50% =-0.5+0.5=0)
C회사의 효과성 (쓸데없는 일 30% : 바른 일 70% =-0.3+0.7=0.4)

그렇다면,
A회사의 경영성과   -0.2 × 0.6 = -0.12
B회사의 경영성과   0 × 0.6 = 0
C회사의 경영성과   0.4 × 0.6 = 0.24

따라서 세 회사간의 차이는 <도표 3.2>에서 보는 바와 같이 극명하게 달라집니다. 쓸데없는 짓을 하지 않고, 꼭 해야 할 일

<도표 3.2> 경영성과비교(2)

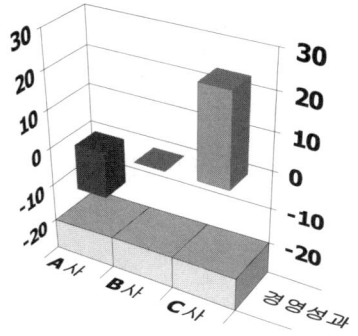

<도표 3.3> 경영성과비교(3)

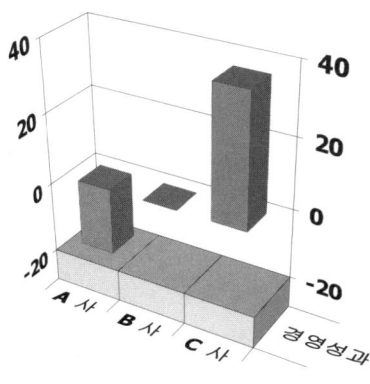

을 하는 것, 즉 효과성의 차이가 경영성과의 차이를 대폭적으로 다르게 하는 것입니다.

여기에 그 일을 제대로 하는가 하는 효율성 변수를 변화시켜본다면, 더욱 흥미로운 현상을 발견할 수 있습니다. 예를 들어 이 세 회사가 경쟁적으로 효율성을 높여서 더욱 열심히 하게 되었다고 해봅시다. 그래서 A사는 95%, B사는 94%, C사는 92%의 효율성을 올리게 되었다고 가정해봅시다. 열심히, 그리고 지혜를 동원해서 효율을 높였으므로 그 성과는 당연히 개선되어야 합니다. 효율성만을 중심으로 본다면, A가 가장 높고 C사가 가장 성과가 저조해야 할 것입니다.

그러나 앞에서의 수식을 활용해본다면, 그 결과는 <도표 3.3>과 같이 기대하는 바와는 상당히 다른 양상을 보이게 됩니다.

A회사의 경영성과 $-0.2 \times 0.95 = -0.19$
B회사의 경영성과 $0 \times 0.94 = 0$
C회사의 경영성과 $0.4 \times 0.92 = 0.368$

A사의 성과는 효율성의 증가에도 불구하고 기업활동의 효과성이 더욱 더 떨어지게 되는 한편, C사의 성과는 상대적으로 효과성이 높기 때문에 효율성의 증가분

에 힘입어 그 경영성과가 개선됨을 알 수 있습니다.

이러한 결과가 의미하는 것은 효과성을 상실한 채로 쓸데없는 짓을 가장 효율적으로 일 해봐야 그것은 무의미한 일이며, 심지어는 기업실패로 가는 지름길이라는 점을 일깨워주는 것입니다.

따라서 기획 업무품질도 이와 같은 성과의 관점에서 정리해본다면, 기획업무의 효과성과 효율성의 곱으로 살펴볼 수 있습니다.

「이-다(EEDA)」 방식에서 좀더 개선된 방식의 「이--다(EEIDA)」 방식의 관점에서 본다면 효과성과 효율성 그리고 혁신성을 추가해서 살펴볼 수 있습니다.

즉, 기존의 기획업무의 방식을 혁신적으로 개선하여 그 성과를 높이는 형태입니다. 이제부터는 현재까지의 기획업무의 방식에서 좀더 진보하여 경영관리자와 소관부서의 조직구성원들의 기획활동의 품질을 높이기 위한 방법을 연구해야 할 것입니다. 그렇다면 이제부터는 경영관리자가 주목해야 할 소관부서의 조직구성원들과 경영관리자 본인의 업무의 기획품질에 관하여 살펴보도록 하겠습니다.

2. 경영관리자의 업무기획품질 점검 15가지 체크리스트

■ 우리의 업무기획품질은 어느 수준인가?

이제부터는 우리 부문의 업무활동의 기획품질을 살펴보기 위하여 15가지의 필요한 점검의 관점을 생각해보도록 하겠습니다. 우리 회사의 전반적인 상황을 염두에 두고, 경영관리자가 관리해야 할 기획활동의 내용과 특성을 참조하여 비교 진단해 봄으로써 우리 경영관리자와 소속 조직구성원들의 기획대응활동을 점검해 보시기 바랍니다.

① 일은 많고, 실천성과가 낮은 것은 아닌가?

먼저 계획의 실천성과를 살펴본다면, 업무의 기획품질이 낮은 회사에서는, 계획수정이 빈번하면서도 그 성과가 낮습니다. 그러나 업무의 기획품질이 높은 회사에서는 그 실천성과는 높게 됩니다.

업무의 기획품질	높다	보통	낮다
①업무계획의 실천성과	업무계획의 실천성과가 높다	실천성과가 높지는 않지만, 성과가 있는 편이다	계획의 수정이 잦고, 실천성과가 낮다

계획은 본질적으로 불확실한 환경변수들과 불투명한 미래를 조명하여 수립된 것이므로 빈번히 수정될 수 있습니다. 수정이 안 되는 것이라면, 오히려 그것이 문제의 소지가 있다고 할 수도 있습니다. 그러나 업무의 기획품질이 낮은 경우, 그 수정의 내용이나 방법이 조악하고, 또한 천편일률적이며, 문장의 표현방법의 수정이나 수치조작만으로 계획을 완성하려고 하기 때문에 그 실효성이 대단히 낮습니다.

문제는 이러와 같은 업무 기획활동의 경우, 직원들의 능력 탓으로만 돌리기에는 구조적인 문제가 있다는 점을 간과하기 쉽다는 점입니다. 물론 잘 나가는 회사의 사업기획활동을 추진하는 요원들을 보면 그렇지 못한 경우의 회사보다 유능한 사원들이 많은 것처럼 보이기도 합니다.

그러나, 우리나라의 실정을 감안해 볼 때, 대부분의 기획사원들의 수준에 하늘이 인정하는 수준의 천재와 둔재만큼의 능력차이가 있다고 보기는 힘듭니다. 오히려 사업이나 업무의 기획활동을 수행하는 요원들의 능력을 생각할 때, 능력보다는 현실적으로 당면하고 있는 문제에 초점을 맞추어 볼 필요가 있습니다.

예를 들면, 업무 기획방식의 내부적 관성도 문제이지만, 경영진에서 기획부문, 그리고 각 부문에 대한 업무지시방식과 기획활동의 의견에 대한 수용방식이 어떠한가에 따라, 각 기획활동의 내용은 다르게 변모하게 된다는 사실입니다.

또한 경영진에서 기획부서와 각 부문의 기획활동에 대하여 지나치게 많은 것을 요구하고 있는 현상이 문제가 될 수도 있으며, 경영진이 업무활동이나 사업기획의 난이도나 질적 문제를 등한시하고, 무조건 '지시하고 쥐어짜면 나온다'는 식의 태도가 「조직의 기획문화」를 졸속으로 유도하게 될 수도 있습니다.

그래서 경영관리자가 업무의 정확한 파악과 사업기획활동의 현실 상황에 대하여 제대로 파악하는 것이 선결과제로 대두되는 것입니다. 물론 조직내에서 기획활동을 수행하는 요원들을 이론과 지식, 그리고 방법론으로 중무장시키고 정예화시켜야 함은 당연한 일입니다. 그러나, 그러한 일에도 절차와 방법이 있습니다.

또한 사업이나 업무기획의 최대, 최중요 고객인 경영진의 요구방식을 보완할 필요가 있습니다. 즉, 기획은 쥐어짠다고 해서 무조건 기획안이 나오는 것이 아니라는 점을 설득할 필요가 있습니다.

그러나 그러한 제언을 경영층에게 섣불리 하다간, 무능하고 건방진 관리자라는 인식을 받을 수도 있으므로 좀더 현명한 방법을 동원하는 것이 좋을 것입니다. 즉, 예를 들어 전략계획이라면, 경영진을 위한 체계적인 전략계획관련 고급 세미나를 참여하거나 또는 경영간부들을 중심으로 전략경영워크샵을 실시하는 것을 권장하고 기회를 제공하는 것입니다.

경영진이 그와 같은 세미나와 워크샵을 통해서 제대로 학습하고 실전에서 활용하고 전개할 수 있게 된다면, 사업기획이나 경영기획에 대한 주문사항이나 요구방식이 크게 달라지기 때문입니다.

② 낮은 업무품질의 기획행동이 고착화되고 있는 현실

경영관리자들이 조직을 이끌어가는 현실을 살펴보면, 우선 그
지휘능력에 문제가 많다는 점이 지적되고 있습니다.

업무의 기획품질	높다	보통	낮다
②조직 선도력	선도적인 역할을 수행한다	협조적이며, 때로는 무관하다	관련부서와 마찰이 심하다

특히 새로운 사업이나 환경에 대응하기 위한 업무의 변혁을 위
하여 상황을 인지하고 판단하며, 새로운 계획을 주도하고 조직을
이끄는 지휘능력의 한계가 기업경영과 기업성장에 중대하게 작용
하고 있습니다.

이는 기획부문과 현업부서와의 관계에서도 마찬가지입니다.
기획부서가 현업부서를 제쳐두고 나 홀로 기획을 하는가하면, 협
의보다는 독자적인 행보를 진행하기도 하고, 기획부서는 본부부서
이고 지시를 하는 부서이며, 현업부서에서 기획을 이해해고 따라
줘야 한다는 식의 독단적인 경우, 기업전반에 걸쳐 기획업무의 품
질이 낮을 수밖에 없습니다.

이와 마찬가지로, 경영관리자와 실무자의 관계에서도 상사는
기획, 실무는 실천과 같은 형태로 이루어지거나 또는 실무는 기획
과 실천을 수행하는데, 경영관리자는 무기획으로 일관하는 경우,
기획성과는 낮을 수밖에 없습니다.

■ 개선되어야 하는 경영관리자의 기획행동의 성과와 기능

반면에, 경영관리자들이 기획활동을 강화하여 사업부문의 문제
점들을 사전에 파악할 뿐만 아니라, 그에 대한 보정적 조치들을
함께 연구하고, 해결방안들을 지원하며, 촉진적 활동을 통하여 소
관부서의 차기 사업활동들을 선도해나가는 회사들이나 정부조직

은 기획활동의 업무품질이 높게 됩니다.   이와 같은 기획활동은
위로는 경영진과 수평적으로는 현업부서의 사이에서 사업연구 및
사업개혁과 사업개발활동을 촉진하게 됩니다.

　본사 기획부문을 보면, 우리나라의 정부조직의 일부 기획부문
은 물론이고 일반 기업조직에서도 일부 기획부문은 이와 같은 면
에서는 진화가 더딘 것 같습니다.   예를 들면, 명칭조차도 ○○기
획부, ○○기획실과 같은 명칭을 사용하고 있지만, 반드시 수행해
야 할 본연의 활동인 기획의 내용이 무엇인지에 대하여 분명하지
않습니다.

　예를 들면 전사기획, 경영기획 때로는 사업기획, 때로는 규정
이나 제도, 때로는 전사적 조정을 수행한다는 점에서 사업계획의
취합조정(사실 이 부분은 조정이라기보다는, 숫자 배분에 치중하
여 다소 무의미한 작업이 되는 경우도 많습니다만), 심지어는 이
사회와 감사기능의 보조활동 수행, 경영진이 필요한 경영정보 및
의사결정자료의 생산 및 조달과 같은 일들이 기획실 주변에서 기
획부문의 기능을 계속 편향적으로 활용하면서 압력을 행사합니다.

　때로는 여러 가지 형태의 개선활동도 기획부문의 단골손님입
니다.   경영개선, 수지개선, 사업개선은 물론이고, 제도개선이나
결재방식의 개선조차도 기획을 경유합니다.

　심지어는 경영진의 신년사를 작성하기도 하고, 신설 자회사의
정관이나 규정도 기획부서에서 만듭니다.   만능 엔터테이너라는
직함이 오히려 맞을 듯한 기획부서의 속사정은 사실 많이 다릅니
다.   사정이 그와 같다 보니, 기획부서의 진화라는 것은 거의 생
각해보기 힘든 이야기입니다.

　진화보다는 적응하기에도 바쁜 실정이기 때문입니다.[7]

----

[7] 이런 까닭에 기획에서는 최소한의 시간에 다양한 요구사항에 대한 결과물들
　　을 만들어 내기 위하여 기존의 유사한 내용의 참조자료들을 가장 신속하게
　　동원할 수 있는 능력이 필요하게 됩니다.   이러한 특성은 창조적인 문제해결

■ **기획부문과 경영관리자의 사업부문에 대한 리더십은 어떠한가?**

이와 같이 조직내에서 기획기능이 제대로 수행되지 못할 경우, 기획부서와 경영관리자의 현업에 대한 리더십이라는 것이 제대로 발휘될 여지가 없게 됩니다. 기획부서나 경영관리자가 '현업을 리드한다는 것은 무엇을 의미하는 것인가?'에 대하여 생소하게 생각하는 분들도 많습니다. 그러나 경영관리의 대표적인 흐름을 참조해 본다면, 경영관리자와 기획부문에서의 기획기능의 리더십이 얼마나 중요한지 잘 알 수 있게 됩니다.

즉, 「계획→실천→평가」로 이어지는 「관리 사이클」에서 경영관리자들과 조직의 기획부문은 가장 선두에서 움직이고 있습니다. 따라서 회사조직에서는 경영관리자들과 기획부문에서 지휘하는 방향으로 각 부문이 움직입니다. 따라서 각 사업부문이나 관리부분에서는 경영관리자의 전략과 기획, 그리고 머릿속 생각에 의하여 사업활동이 전개됩니다. 물론 회사마다, 이와 같은 방향제시를 하는 형태와 내용은 조직내 기획기능의 전개실정에 따라 제각기 천차만별일 수도 있습니다.

예를 들어, 백화점과 같은 유통업계에서는 본사기획부문이 취약한 편입니다. 대부분의 사업기획은 매장을 중심으로 전개되고 있기 때문에, 명칭은 어떠하건 간에 본사의 기획기능이 아예 없는 곳도 있습니다. 마찬가지로 지점을 중심으로 움직이고 있는 은행 또한 본사의 기획기능이 취약합니다.

생산본부가 중심인 회사들의 경우에도 마찬가지입니다. 예를 들어, 대형 자동차 회사의 계열사, 또는 협력회사로 존립하면서 주요부품을 전량 납품하고 있는 회사라면, 본사 기획기능이 별도로 필요하지 않다고 생각하는 회사들이 많습니다. 가장 중요한

보다는 기존의 방법들의 활용이나 가공에 연연하게 하며, 문제해결 그 자체보다는 문제해결과정에 더욱 더 신경을 쓰게 되는 현상을 유도하게 합니다.

경영의 관심사는 자동차 회사의 주문수량을 제때에 만족스러운 품질로 제조하여 납품할 수 있도록 하는 일일 것입니다.

그러나 이와 같은 종류의 회사들의 경우에도, 사실은 「전사기획」이나 「사업기획」 부문이 불필요한 것은 아닙니다. 다만, 현재의 체제하에서는 그러한 일들을 기획부서에서 제대로 수행되지 못하고 있지만, 예를 들면 「사장실이나 임원실에서 관장」하고 있을 뿐입니다. 그러나 사정이 이와 같을 때, 경영진의 기획기능이 제대로 갖춰지지 못하였거나 제대로 발휘되지 못할 경우, 심각한 문제가 발생하게 된다면, 그 타격은 치명적입니다.

예를 들어, 백화점의 경우, 인근에 대형 경쟁업체가 출현한다거나, 규모는 작지만, 중형 할인 점포들이 들어선다면, 그에 대한 조직의 전사적 대응은 쉽지 않게 됩니다. 만약 사장이나 기획임원이 다른 현안과제들에 쫓기어 전략적 대응을 방임하고 있거나 부득이 방치할 수밖에 없는 상황이라면, 그 백화점의 전략대응활동이 전면적으로 방임되고 지연될 수밖에 없기 때문입니다.

그러한 연유에서 특정인을 중심으로 조직의 주요기능이 위임될 경우, 조직의 전체적 성과가 특정인의 행동성과에 따라 좌우될 수밖에 없기 때문에, 조직부문의 제도적 기능으로 수립하고, 체계화하는 것이 중요한 것입니다.

은행의 경우에도, 사업을 점검하고, 새로운 방향을 제시하며, 전체조직을 이끌어 갈 수 있는 부문이 결여되어 있다면, 새로운 금융혁명과 글로벌 경쟁의 환경 속에서 생존해나가기는 쉽지 않을 것입니다.

협력회사 형태의 기업조차도, 납품처가 문제가 생기거나 생산라인을 변경하게 된다면, 치명적인 영향을 입을 수도 있습니다. 이와 같은 전략적 취약성의 문제는 체계적으로 전사전략을 검토하고 정비해나가지 않는다면, 기업행보의 방향조정이나 전략적 성장과 같은 이야기는 먼 이웃나라 이야기로 간주되고 맙니다.

기업의 전체적 관점에서 볼 때 「기획기능은 각 사업부서들의 현재 활동뿐만 아니라 장래의 활동을 예비하고, 계획하며, 그에 대한 최적의 대안을 모색하여 회사를 이끌어가는 일을 수행」합니다. 따라서 각 사업부서의 사업활동기능을 선도하게 되는 것입니다. 예를 들어, '기존의 국내영업의 규모와 방식을 전면 개편하는 한편, 신년도부터 진출한 해외공장의 제품주력시장은 미국 및 중국을 공략하도록 한다'는 식의 전사전략은 역시 경영관리자들과 본사의 기획부문에서 선도하고 이끌어야 하는 것입니다.

해외시장까지 들먹거리지 않는다 하더라도, 예를 들어 A자동차의 협력기업으로 A자동차에만 납품하던 생산 및 경영 시스템에서 외국의 B업체에도 납품할 수 있도록 하는 것도 경영관리자와 기획부문에서 동시에 접근해야 할 일입니다.

이러한 일들은 전사적 관점에서 각 사업부문을 조망하고 회사의 장래를 설계하며 지휘하는 일을 의미하는 것입니다. 그런데, 전사적 기획활동에서 사업부문의 선도능력이 결여되어 있다면, 그 기획업무는 극히 제한된 것에 머무르지 않을 수 없으며, 최악의 경우에는 사업부문의 기획기능과 유리된 채로, 기업전체적인 기획활동이 따로 움직이는 현상이 발생하게 됩니다.

이와 같은 경우, 각 부문의 경영관리자들이 전략적으로 움직이지 않는다면, 전사적 전략대응성과나 사업부문별 기획성과는 제고되지 않습니다.

따라서 이러한 점들을 극복하기 위하여, '각 사업부문에서 기획의 품질을 어떻게 제고할 것인가?'에 대한 문제는 앞으로 경영관리자가 재임 중에 반드시 극복하고 완수해야 할 핵심적인 주제이며 책무인 것입니다. 어쩌면, 이러한 현상에 대하여 좀 익숙해지거나, 또는 이제부터는 제대로 할만하다고 생각될 즈음이면, 유감스럽게도 경영관리자가 자리를 떠나게 될 지도 모릅니다. 그러나 그와 같은 경우에도 경영관리자의 기획능력이 향상되고 사업행동을 전략적으로 선도적으로 수행하는 일은 우리 조직내에서 반드시 그리고 철저하게 완수되어야 합니다.

물론 회사마다 필요에 따라서는 이러한 일들을 전사기획을 주관하는 기획부문이 아닌, 사업본부의 사업기획부문에서 수행할 수도 있습니다.

그룹기업의 경우 지주회사 기능을 수행하고 있는 그룹본사의 사령탑이 제대로 기능하지 않는다면, 사업총괄 기획부문에서 이 기능을 수행하고, 사업본부별로 각사의 입장이 되어 각사의 전사기획을 이끌어갈 수도 있습니다. 그러나 기업그룹 내에 그룹기조실이 없고, 그룹 회장 밑에 바로 여러 사장들이 존재하는 경우라면, 전사기획부문을 확보하여 이에 대응하는 것이 필요합니다.

단일 기업의 경우에도 업종과 회사의 환경에 따라, 예를 들면, 생산기획에서 전사 기획을 맡게 될 수도 있습니다. 이러한 경우라면, 생산기획부문에서 일상적인 업무기획 뿐만 아니라, 장기적인 기업전략 및 사업전략기획을 수행하여야 합니다. 그렇게 된다면, 생산기획부문이 본사 기획기능을 수행하게 되는 셈입니다.

유감스럽게도, 이러한 회사의 경우, 종종 생산기획부문이 주로 단기적인 시각, 즉 근시안 신드롬이나, 또는 부서이기주의, 또는 마케팅 관점의 부재로, 제한적인 성장에 머무르게 되거나, 중대한 환경변화의 경우, 부적응기업으로 전락할 소지가 높다는 점이 문제점으로 거론됩니다. 따라서 본사 기획부문이 전격적으로 현업의 부문으로 편입되는 현상에 대하여, 전사적 성과관리의 관점에서 별도의 대안을 마련하지 않는다면, 각 부문의 성과는 제한될 소지가 있습니다.

■ 경영관리자의 기획활동도 전면적으로 개선되어야 한다

　본사 기획부문의 역할이 재정비되어야 하는 것과 마찬가지로 경영관리자의 기획활동도 새로이 강화되고 개선되어야 합니다. 최근의 기업환경은 그 복잡성과 난기류가 급속히 증대되고 있을 뿐만 아니라, 경쟁의 국면 또한 비연속성이 급속히 증대하고 있기 때문입니다.

　예를 들면, 과거에는 경쟁이 주로 시장에서 형성되어, 시장요소(market factors)에 의한 경쟁이 시장에서 평가되고, 따라서 시장요소에 의한 경쟁성과를 관리해왔다고 볼 수 있습니다.

　즉, 기업행동에 대하여 시장에서 작용하는 요소를 시장요소라고 한다면, 가격과 교환 또는 고객의 구매행동에 관련된 시장요소들에 의하여 경쟁전략이 전개되어 왔습니다. 이들을 경쟁전략에 있어서 원천적 시장요소들(primary market factors)이라고 할 수 있습니다.

　그러나 이제는 시장요소만을 충족시키는 경쟁전략은 그 유용성이 떨어지고 있습니다. 동일한 품질이나 기능이라면, 가격 또는 구매의 편의성과 같은 시장요소들이 중요한 경쟁의 무기가 될 수 있습니다.

　품질을 중시하는 전략에서는 원천적 공급요소들(primary supply factors)에 의한 경쟁전략을 강조하게 됩니다. 공급요소에 의한 경쟁전략에서는 공급과정에서의 경쟁우위를 필요로 하게 됩니다. 여기에는 기술, 자원, 프로세스와 시스템, 그리고 경영 및 생산활동의 각 역량들이 중요한 경쟁전략으로 등장합니다.

　앞에서 언급한 시장요소의 충족, 즉 가격이나 거래조건과 같은 형태의 경쟁전략은 공급요소의 전략적 관리가 선행되지 않을 경우, 경쟁전략의 유효성을 상실합니다.

　이와 같은 공급요소들의 전략적 관리는 복합적 경쟁을 유발합니다. 이제는 시장요소만에 의한 경쟁이 아니라 공급요소들과의 복합적 경쟁개념이 적용됨에 따라서, 어느 한 가지의 경쟁요소만의 충족으로는 경쟁을 할 수 없는 상황이 전개되고 있습니다.

따라서 전략적 대응에 필요한 관리의 내용과 수준도 고도화되어 가고 있을 뿐만 아니라, 환경변화의 복잡성과 난기류 수준의 증대, 그리고 기업 환경요인의 급속한 변화는 특정 부문에서의 기획능력으로 해결하기에는 역부족인 상황으로 전개되고 있습니다.

이러한 상황이 일반 부문의 경영관리자에게 소관부문의 전략적 대응의 여지를 확대시키고 있으며, 그 성과를 부문별로 관리하지 않으면, 곤란한 현실로 변모시키고 있는 것입니다. 따라서 기존의 경영관리자의 기획행동을 대폭 강화하는 것이 급선무로 부각되고 있습니다.

그래서 각 부문의 업무기획에 있어서 경영관리자의 지휘능력과 관리능력이 더욱 강조되고 있는 것입니다.

③ 계획수립의 방법이 품질을 좌우한다

계획수립의 방법은 회사마다, 기획부서마다, 그리고 경영관리자의 역량에 따라 제각기 다릅니다. 그러나 정부조직을 비롯하여 모든 기업조직에서 한 가지 공통점이 있다면, 어떠한 조직이건 어떠한 부문의 경영관리자이건 비슷한 형태의 계획서를 만든다는 점뿐입니다.

업무의 기획품질	높다	보통	낮다
③계획수립의 방법	계획수립 방법선택의 여지가 많다	보편적인 방법을 선호한다	한정적인 방법에 의존한다

그러나 그 계획서를 어떻게 만드는가에 대하여 살펴보면, 그 내용과 방식이 제각기 다르지만, 방법전개의 치밀한 정도만 봐도

그 계획의 품질을 미루어 짐작할 수 있게 됩니다. 일단 문제의 정의나 목표의 설정부터 제각기 천차만별입니다.

문제를 정의하는 방법이나 목표를 설정하는 방법도 여러 가지이지만, 그것을 어떻게 해결하고 실천해나갈 것인가를 찾아내는 대안모색의 방법 또한 여러 가지입니다. 또한 그것을 어떻게 구체화해나가고, 수량과 기간, 담당자를 배정하고 할당하는 방법을 정리하고 표현하는 방식 또한 제각기 다릅니다.

그러나 흥미로운 사실은 보고서의 형태가 이상하게도 비슷비슷하다는 점입니다. 그래서 적어도 경영관리자가 되면, 누구나 보고서에는 능통해있다고 보는 것이 당연한 것입니다. 그런데, 그 보고서의 품질이 천차만별이라는 것을 제대로 이해하는 사람들은 의외로 많지 않다는데 또한 문제가 있습니다.

어디에서나 비슷한 지질의 A4용지에 비슷한 형식으로 작성된 보고서를 모두가 비슷하게 보는 것은 어쩌면 인지상정일지도 모릅니다. 그러나 내용의 질(質)의 문제로 들어가면, 그 내용이 천차만별이라는 점을 부인할 수 없습니다. 그래서 "보고서 없이 보고해라! 회의자료 없는 회의"와 같은 것을 모토로 하는 조직들이 생겨나기도 하였습니다.

공식 회의에 반드시 결부되는 것이 '보고서'다. 따라서 회의문화 개혁은 보고서 문화 개혁으로 이어진다. LG생활건강은 '보고서 없는 사무실'을 만들고 있는데, 대리나 과장급들이 보고서를 만드느라 온종일 시간을 빼앗겨온 관행을 없애고 있다. 반드시 기록해야 할 내용이 아니라면 굳이 문서 보고서를 만들 필요가 없다. LG생활건강 오강국 과장은 "그전에는 회의에서 오래 얘기해야 서로 만나는 듯하고 회의도 하는 듯했다. 그래서 보고서 없는 회의에 잘 적응이 안 됐는데, 이제는 완성된 보고서를 준비하는 데 시간을 쓸데없이 묶이는 일이 거의 없어졌다"고 말했다.

한겨레신문, 2006년03월17일 제601호

대체로 좋은 경영성과를 올리고 있는 회사의 경우, 계획수립의 방법이 다양하며, 계획의 성질에 따라 계획수립방법들을 선별적으로 사용합니다. 또한 그 방법들은 쓸데없이 복잡하지 않고, 단순한 원칙들을 활용하며, 상식에 입각하고 있다고 할 정도로 명쾌한 논리를 선호합니다. 이는 마치 검도 유단자가 검의 종류를 마다하지 않는 것과 유사하다고 할 수 있습니다.

그러나 경영성과가 높지 않은 회사에서는 기획활동에서 의외로 복잡한 산식과 통계, 복잡한 분석방법에 치중하여 답도 제대로 나오지 않는 전략기법에 연연합니다.

적이 눈앞에서 어른거리고 있는 데에도 장비가 복잡하고 그 성과도 불확실한 계산 방법을 사용하기 위하여 땀만 뻘뻘 흘리다가 시간만 보내는 것입니다. 그러다보니 계획품질이 좋지 않는 것은 당연한 것입니다. 게다가 더욱 나쁜 것은, 계획수립의 마지막 단계에서 '방법론은 역시 한계가 있다'고 하고, 과거에 만든 안에 수치와 몇 가지 용어들을 더하여, 계획안을 마무리해버리는 것입니다.

경영관리자는 조직구성원들이 이러한 방법을 사용하는 듯한 생각이 든다면, 즉시, 그 방법을 수정하도록 하는 것이 현명합니다.

적군의 동향이나 방향을 파악하는 데에는, 최고급의 수퍼 컴퓨터가 필요한 것은 아닙니다. 아직은 육안이나 경험만으로도 충분히 파악할 수 있습니다. 그동안 보도되고 있는 정보나 인터넷으로 검색하더라도, 어느 정도의 움직임은 충분히 파악할 수 있습니다.

경영관리자의 전략적 대응에서 중요한 것은 우선 나가야할 방향을 설정하는 것이므로, 육안과 상식적 판단으로도 어디로 가야하는지를 알아내는 데에는 충분하다는 것입니다. 물론, 상식적 판단을 제대로 하려면 일련의 정보와 추세, 그리고 핵심적 전략의 개념과 기법들을 제대로 이해해야 합니다. 그러나 그러한 점에 대하여는 거의 무시하고 방치한 채로 미숙한 전략기법에 지나치게 의존하려는 경영관리자들이 의외로 많습니다.

④ 계획수립의 기간선택이 중요하다

경험이 부족할수록 계획기간을 짧게 잡습니다. 그것은 의욕이 강해서라고 볼 수도 있지만, 경험이 부족하기 때문에 뭐가 얼마나 걸리는지를 잘 모르게 되고, 결과적으로는 기간을 대충 잡는 경향이 나오는 것입니다. 만약 부하직원들이 이와 같이 기간을 짧게 잡게 되면 결국 골탕을 먹는 것은 경영관리자 쪽입니다.

계획수립은 밀가루 반죽을 해서 빵을 만드는 것과는 근본적으로 다른 일입니다. 어떤 이는 정보를 가공해서 만들어내는 프로세스 측면에서는 유사하다고 하기도 하지만, 그러나 밀가루는 눈에 보이기도 하고 어디 있는지 찾아볼 수도 있으며, 더하고 빼기도 쉽고, 가공만 하면 빵을 만들 수 있지만, 계획이라는 것은 전혀 그렇지 않습니다.

업무의 기획품질	높다	보통	낮다
④계획수립 기간선택	최적기간 선행대응	최단기간 반응형 대응	최단기간 무리한 계획과 사후대응

우선 계획요소들이 대부분 눈에 보이는 것들이 아닙니다. 더욱이 가공이라는 것도 생각처럼 쉽지 않습니다.

예를 들어 국가경영을 생각해 보겠습니다. 「국가」의 살림살이를 주관하는 정부의 정책성과를 높이기 위한 계획을 수립한다고 할 때, 주요 정책목표와 성과지표를 고려하게 됩니다. 근래에는 이러한 정책의 기획에서 산출과정, 그리고 집행과정에 대하여, 정

부의 각 부문들의 프로세스를 평가하고, 피드백하는 중앙의 기구
도 설립되어, 부처의 정책행동을 비교평가하고 있습니다.

또한 정부부문의 정책전개와 집행과정에서 혁신적 성과를 거
둔 부처에 대하여는 그 성과를 공개하고, 필요한 정책자원이나 예
산을 지원하는 인센티브 제도를 도입하여, 정부의 각 부문에서 다
양한 형태의 혁신활동이 전개됨으로써, 보다 효율적인 정부로 변
모하기 위한 노력을 기울여왔습니다.

따라서 각 부처에서는 혁신성과를 제고하기 위한 업무의 파악
과 새로운 혁신 계획을 수립하기 위한 조직적 노력을 기울이지
않을 수 없게 되었습니다. 그러한 혁신활동에 대한 조직적 노력
을 경주해왔기 때문에, 각 정부부처에서는 고유한 정부 서비스 기
능이 대폭 향상되는 한편, 내부의 업무효율성의 증대, 불필요한
예산의 절감과 같은 혁신성과를 경험하고 있습니다. 참으로 바람
직한 현상이 아닐 수 없습니다.

그러나 아무리 정부부문에서 혁신활동을 열심히 하고, 결과적
으로 국가경영의 만족도 지수가 아무리 높아도 민생을 위한 조치
들을 중심으로 하는 핵심적인 만족도가 낮다면, 진정한 혁신의 의
미를 상실하게 됩니다. 정부의 행정과 업무의 프로세스가 아무리
개선되어도, 국민의 생활수준이 향상되지 못하고 있다면, 그것은
무엇인가 잘 되고 있다고 하기에는 '뭔가 이상하다'라는 생각을
하지 않을 수 없게 되는 것입니다.

예를 들면, 범죄가 늘고 있는가? 이민이 늘고 있는가? 자살
이 늘고 있는가? 저소득층의 생활수준이 향상되고 있는가? 경
제활동인구의 실업률이 높은 수준은 아닌가? 국민이 느끼고 살
아가는 삶의 행복지수는 높아가고 있는가?

이러한 관점 중, 어느 한 가지만 살펴보아도 나라꼴이 어떻게

되는지 잘 알 수 있게 되는 것입니다. 따라서 좀더 본질적인 목표에 관하여 핵심지표를 중심으로 점검해 본다면, 현상에 대한 이해가 완전히 달라질 수 있습니다.

이와 같이 '핵심을 파악하는 기획'의 방향과 방법을 제대로 선택하지 않고, 기획에 소요되는 기간을 부적절하게 편성하게 된다면, 경영관리자의 기획품질은 제한될 수밖에 없습니다. 여기에서 경영관리자가 파악해야 하는 경영과 기획의 요령은 '핵심을 제대로 파악해야 하며, 기획에 소요되는 기간을 확보하지 않으면 기획의 성과나 품질은 보장할 수 없다'는 착안입니다. 이에 대하여는 핵심을 파악하는 방법과 관련하여 이 책의 후반부에서 살펴보도록 하겠습니다.

기획활동의 기본설계라고 할 수 있는 계획수립에 대한 기간편성은 ①계획에서 다루어야 할 내용의 난이도, ②계획에서 다루어야 하는 대상 분야의 범위와 크기, ③계획에 동원되는 방법론과 ④필요한 정보와 자료, ⑤계획수립에 참여하는 책임자와 실무자들의 계획능력과 전략지능, ⑥계획수립활동에 필요한 자원의 지원, ⑦최고경영층의 지원과 몰입, 그리고 마지막으로 ⑧계획수립에 허용되는 절대시간의 길이에 따라 결정됩니다.

경우에 따라서는 최단기간 내에 기획활동을 능숙하게 완수하는 경영관리자들이 유능하게 생각될 수도 있습니다. 그러나 일반적으로는, 기획 업무의 대상과 범위 그리고 그 복잡성이나 해결해야 할 과제의 난이도에 따라, 판단의 과정과 시간은 증대하기 마련입니다. 이와 같은 경우, 속단에 의한 결론은 졸속의 기획안으로 귀결될 소지가 높습니다.

더욱이 당면하고 있는 상황에 대응하는 방식이 사후적 대응일 경우에는 파생적으로 심각한 추가적 문제현상들을 유발하게 되는 경우가 많습니다.

따라서 기획의 대상과 범위, 내용에 따라 기한을 적절히 편성할 수 있도록 하는 것이 중요합니다.

현실적으로는 경영관리자들에게 기획활동에 필요한 시간을 충실히 허용하게 되는 경우는 거의 없다고 해도 과언이 아닙니다.

따라서 경영관리자는 상황에 대응할 수 있는 시간을 미리 확보하기 위한 방법을 생각해두는 것이 요령이 됩니다. 즉, 상황에 대하여 미리 대응하는 방법을 전개함으로써, 환경에 대한 예비대응에 필요한 리드타임을 선행적으로 활용하고, 사전에 그 대응여력을 확보하여 대응성과를 관리하도록 하는 것이 필요합니다.

■ 관행적 계획수립활동을 중단하고 계획기간의 유연성을 확보하라

계획수립활동은 조직이 처해있는 상황에 대응해야 하는 환경대응전략활동의 일환이며, 따라서 선행대응을 전개하기 위한 사전활동으로 미리 대비하는 작업이므로, 신년 사업계획을 전년도 9월부터 작업해서 12월에 끝내는 식의 관행적 계획수립활동은 수정될 필요가 있습니다.

필요하다면, 12개월치의 사업계획 뿐만 아니라, 24개월치의 사업계획, 또는 40개월치의 사업계획처럼 기간계획의 기간단위의 조정은 물론이고, 현재시점에서 편성해야 할 사업계획은 2차년도의 사업계획 뿐만 아니라 3차년도 사업계획을 동시에 출발시켜야 할 경우도 발생합니다. 따라서 경영관리자는 계획수립활동에 필요한 작업기간의 유연성을 확보하고 기간계획(1년, 2년, 3년 등)의 기간유연성도 확보할 필요가 있습니다.

뿐만 아니라, 계획수립의 착수시기도 유연하게 편성할 수 있어야 합니다. 즉, 내년도 사업계획수립을 금년도 하반기에 착수하는 것이 아니라, 예를 들면 금년도 상반기, 그것도 1/4분기부터 착수할 수 있도록 하는 것이 필요합니다.

이러한 계획수립착수시기의 유연성을 확보할 경우, 경영관리자의 안목과 시간의 지평을 확대할 수 있을 뿐만 아니라, 선행대응과 예비대응의 여력을 확보하여, 차년도의 사업성과를 높일 수 있는 시간, 자원, 그리고 추가적으로 고려해야 할 대안들의 품질을 제고함으로써, 그 성과를 높일 수 있게 됩니다.

■ 계획과 실행의 순환구조를 강화하라

계획과 실행은 순환구조의 전개를 통하여 계획을 토대로 실행의 성과를 판별하고, 그 실행성과를 통하여 새로운 계획을 발전시켜가는 발전적 순환구조, 또는 성장적 순환구조를 형성합니다.

따라서 계획은 실행의 품질을 높이며, 실행의 품질성과를 분석하여 계획의 품질을 다시 높여가므로, 계획을 잘 수립하면, 이미 절반의 성공은 보장됩니다.

또한 실행의 품질이 높아지면, 계획의 품질을 더욱 높일 가능성이 배증되므로, 계획과 실행의 선순환구조는 기하급수적 성과의 제고가 가능한 현실을 보여줍니다.

기한	1년	2년	3년	4년	5년	6년	7년	8년	9년	10년
원금	1	1.2	1.44	1.73	2.07	2.49	2.99	3.58	4.3	5.16

예를 들어 초기 투자액 1억원으로 사업을 시작한다고 할 경우, 매년 20%의 순이익을 발생시키는 아주 확실한 계획을 제대로 추진하게 된다면, 2차 년도에는 1억2천만 원으로 움직여서 다시 3차 년도에는 1억4천4백만 원으로 움직이게 됩니다.

처음에는 그 차이가 얼마 되지 않는 것 같지만, 20%의 지속적인 증가라면, 실로 엄청난 차이입니다. 10년 만에 5배 이상으로 성장한 것이기 때문입니다. 이것이 10년 이후부터는 더욱 성장규모가 두드러지게 변화합니다.   15년차에는 12배, 18년차에는 22배, 그리고 20년차에는 32배로 성장하는 것입니다.

기한	11년	12년	13년	14년	15년	16년	17년	18년	19년	20년
원금	6.19	7.43	8.91	10.70	12.84	15.41	18.49	22.19	26.62	31.95

만약, 사업수행에 따라 좀더 발전하여, 좀더 높은 성과를 거두는 계획을 수립할 수 있게 되고, 또한 그 실행성과 또한 효과적으로 관리되어, 10년차부터는 25%의 높은 수익을 거두게 되었다고 하면, 20년차에는 48배로 성장하게 됩니다.

기한	11년	12년	13년	14년	15년	16년	17년	18년	19년	20년
원금	6.45	8.06	10.08	12.60	15.75	19.69	24.60	30.75	38.44	48.05

물론 이와 같은 예시는 현실적으로는 전혀 불가능한 수익률이라고 생각할 수도 있습니다.   그러나 이와 같은 일이 실제로 불가능한 것은 아닙니다.

20년만의 48배의 성장은 실제로 대단한 것도 아닙니다.   세계적인 초대형 기업이 아니더라도, 예를 들어 우리나라의 대표적인 식품회사중의 하나인 삼립식품의 경우, 1968년의 총자산과 20년 뒤의 총자산을 비교해보면, 347.92배의 높은 성장을 실현하였음을 알 수 있습니다.   그동안의 물가상승을 감안한다하더라도 참으로 대단한 일이 아닐 수 없습니다.   그러나 만약에 계획과 실행의 발전적 순환관계가 지속되지 못하고, 소극적 또는 부정적 순환관계가 지속된다면, 이와 같은 성장은 사실 불가능하게 됩니다.   이와 같은 놀라운 성장은 우리나라의 대부분의 성공적인 기업들이 역사적으로 이룩해온 성장의 실례중의 하나에 불과합니다.

그러나 이와 같은 실적을 모두가 동일하게 거두는 것은 아닙

니다. 동업계의 국내의 선두업체인 해태제과의 경우에는 아쉽게
도, 시장점유율도 상대적으로 열세였던 크라운제과에 인수되는 비
운을 맞이하게 되었다는 사실을 기억할 필요가 있습니다.

<도표 3.4> 삼립식품의 자산변화 추이

삼립식품	1968년	1978년	1988년	1998년
자산총계	295	16,024	102,637	201,270
성장의 실현		54.32배	347.92배	682.27배

단위: 백만원
출처: SPC 60년사, p.522, SPC, 2006

따라서 경영관리자는 계획과 실행의 순환관계를 전향적, 발전
적, 성장적 관계로 이끌어가는 것이 중요한 책무로 부여됩니다.
　계획과 실행의 선순환관계와 더불어 유의해야 할 것은 계획과
실행 간의 순환 사이클을 단축하고 그 성과를 제고하는 것입니다.

■ 계획과 실행의 순환 사이클을 단축하라
　계획과 실행의 순환 사이클을 결정하는 것은 ①시간과 공간의
물리적 요소, ②계획과 실행주체의 업무수행역량을 중심으로 하는
인적 요소, ③계획과 실행의 통제방법과 시스템을 중심으로 하는
시스템 요소, ④의사결정과 지휘체계를 구성하는 리더십 요소, ⑤
계획과 집행의 조직편성과 조직구조를 중심으로 하는 조직구조,
⑥자원의 확보와 전개를 중심으로 하는 자원요소, ⑦ 계획의 실행
전개의 진행성과와 교정행동을 중심으로 하는 관리요소, 그리고
마지막으로 ⑧ 계획과 실행의 대 전제인 기업환경의 변화 또는
정부조직의 경우에는 정책환경의 변화와 영향력을 중심으로 하는
환경요소에 의하여 결정됩니다.
　아무리 계획이 탁월해도, 그것이 제때에 제대로 실행으로 실천
되지 못한다면, 그것은 계획성과를 제대로 실행성과로 완성시킬

수 없게 됩니다. 성과적 측면에서 고려한다면, 계획은 실행을 전제로 하고 있으며, 너무도 당연한 이야기지만, 계획수립의 관점에서 계획을 살펴보는 것이 아니라 실행의 관점에서 계획을 조망해야 합니다.

또한, 실행의 타이밍에 필요한 계획이 제때에 제대로 조달되지 않으면, 그 계획은 유용성을 대폭 상실하게 됩니다. 따라서 실행과정중에 예견되는 문제현상들에 대한 극복방안을 사전에 점검하고 준비해둘 필요가 있습니다.

뿐만 아니라, 계획단계에서 준비하지 못한 예비대안들에 대하여, 실행의 과정 중에도 지속적으로 준비하여, 실행과정에서 발생하는 사안들에 대하여, 신속히 대응계획을 제공할 수 있도록 함으로써, 필요한 계획이 제때에 조달될 수 있도록 하는 것이 중요합니다.

또한 연간계획이나 신사업계획과 같이 수행하는 계획 프로세스를 개선하여, 계획에서 실행에 이르는 순환 사이클 타임을 최대한 단축할 수 있도록 경영관리자를 비롯한 스태프 부문의 계획역량을 강화시키는 조치를 강구하는 것이 중요합니다.

여기에는 계획수립방법론을 강화하고, 가급적이면 부문별로 통일적 방법론을 활용할 수 있도록 경영관리자가 솔선하여 업무지도의 차원에서 우리 사업과 관련된 기획기법이나 기획사고방식, 전략적 환경대응, 전략적 과제해결기법과 같은 교육활동을 지속적으로 수행하는 것이 중요합니다.

⑤ 업무능력도 다시 살펴봐야 한다.

경영관리자가 관장하고 있는 요원들의 계획수립 수행에 필요한 업무능력의 확보 여부가 계획업무품질을 좌우한다는 점에는 이견이 없는 듯합니다. 그러나 무엇이 기획업무능력이냐에 대하여는 의견이 달라집니다. 혹자는 기획력이라고 하기도 하고, 혹자는 문제해결력이라고 하기도 합니다. 또는 창의력이나 정확하게 일처리를 수행하는 능력을 이야기하기도 하고, 정보력, 종합적 사고나 분석력과 같은 이야기들을 하기도 합니다. 그러나 이와 같은 식의 능력구분은 편의상 개념적 구분으로 설명하고 있을 뿐, 기획의 핵심을 설명하는 것이 아닙니다.

■ 기획은 필요를 충족하는 일이다

근본적으로 「기획이라는 일은 필요를 충족하는 일」입니다. 여기에서 「필요를 충족한다는 것은 기업의 행동을 통하여, 사회적 필요를 충족시키는 것」을 말하는 것입니다.

예를 들어, 최고의 기획가는 누구일까? 혹자는 세계대전 중에 전략을 잘 세운 사람들 중에 거론하고자 하실 것입니다.

그러나 저의 견해로는 기업경영의 측면에서 본다면, 우리나라 기업그룹을 들자면 삼성, 현대 그룹의 최고경영자들이나 마이크로소프트의 빌 게이츠나 애플의 스티브잡스와 같은 사람들을 꼽고 싶습니다. 물론, 앞에서 예를 든 삼립식품과 같은 우수기업들의 최고경영자 또한 예외가 될 수 없습니다. 즉, 「사회의 (새로운) 니즈를 적시에 파악해서 기업행동으로 만족시켜나가는 사람이 바로 기획가」인 것입니다.

이와 같은 정의로 살펴보자면, 기획능력을 복잡하게 표현하고 있다가는 참다운 기획요원을 선발해내기란 아주 어렵게 됩니다.

예를 들어 창조성을 평가한다고 해봅시다. 현재 창조성을 테스트하는 기발한 방법이 발명되어 활용되고 있다고 가정을 해보겠습니다. 그러나 조직 내에 창조성이 높은 사람들이 있다고 해서 그것이 다 발휘되는 것도 아닙니다. 오히려, 가장 멍청한 듯한 사람이 가장 기가 막힌 제품을 만들어 냅니다. 에디슨을 보세요. 누가 그를 천재라고 합니까? 천재적 창조성을 지녔다고 할 수 없는 사람들이 대부분의 획기적인 제품들을 만들어 냅니다.

조직 내에서 운이 좋아서 창조성 테스트에서 좋은 성적을 거둔 사람들을 우리 부서에 뽑았다고 해봅시다. 그들이 정말로 창조성을 발휘해서 창조적인 기획안이 나올 것인가? 이에 대하여는 그 누구도 자부할 수 없습니다.

창조성이 발휘되는 조건을 조직 내에서 충족하지 못하면, 각 개인들의 창조성이 자동적으로 발휘되지 못합니다. 이는 기획력 또한 마찬가지입니다.

대부분의 우리나라 사람들은 획일적인 교육제도 하에서 거의 평균적으로 일반화 된 중등과정 교육을 마친 사람들입니다. 좀더 공부를 한 사람들이라고 해도 표준화된 대학입학전형을 거쳐 또한 비슷한 대학교재와 비슷한 강의실에서 또한 일반화된 대학교육을 마친 사람들입니다. 그중에서 취업이 된 사람들은 대부분, 다양한 기준으로 집요하게 선별하여 선발된 사람들입니다.

따라서 그 능력간의 차이가 별로 대단하지 않다는 것입니다. 그렇다면 능력 있는 사람을 선발하는 것보다는 능력이 발휘되는 조건을 만들어 주는 것이 보다 더 중요하다는 점입니다.

요즘같이 취업이 힘든 상황에서 우리 부서에 근무하고 있는 사람들이라면, 그래도 이 시대, 이 나라에서는 나름대로 똑똑한 편에 드는 사람들입니다. 그런 사람들이 능력이 없다고 한다면, 그것은 제대로 된 판단이라고 할 수 없습니다. 조직구성원들의 능력에 대한 지적을 하는 것도 중요하지만, 경영관리자의 입장에서는 오히려 '어떠한 방식으로 능력을 발휘하고 있는가?'에 대한 점검이 있어야 하는 것입니다.

대체로 성과가 좋은 기업의 기획활동을 보면, 그 사고방식이나 추진방법에 있어서 보다 넓은 시야를 가지려고 노력합니다.

업무의 기획품질	높다	보통	낮다
⑤계획수립요원의 업무능력	합리적 사고와 창조적 사고의 조화 사회적 필요의 충족능력, 시간확장능력	합리적 사고	제한적 사고 획일적 사고

또한 현재 확보되어 있는 시장을 중심으로 어떻게 넓힐 것인가? 고객층을 어떻게 더욱 심화시킬 것인가? 또는 어떻게 하면, 경영관리자들이 보다 새로운 사회적 니즈를 우리가 충족시켜나갈 것인가를 연구합니다. 따라서 현재의 성과에 안주하지 않고, 시간의 지평을 미래로 확장하여, 사회적 필요의 충족능력을 확장해나가는 것입니다.

반면에 성과가 떨어지는 기업의 경우에는 경영관리자들이나 조직구성원들이 제한적 사고방식을 고집하려는 특성이 있습니다. 기업조직의 외부에서 볼 때에는 '도대체 이 조직은 왜 이럴까?'하는 생각이 들 정도로 답답한 생각이 들지만, 본인들은 전혀 그와 같은 생각의 한계와 기존의 방식을 고집하는 것에 대하여, 불만도 없고 문제의식도 갖지 않으려 합니다. 어쩌면 여기에는 기업 활동을 총괄하고 있는 경영진이나 상사의 문제가 용해되어 있을 수도 있습니다.

■ 경영자의 기획업무활동 지휘능력이 떨어질 때

예를 들면, 새로운 일의 기획활동을 특정 지위 또는 부문의 하수인으로 두고, 복잡한 일들을 전개하지 않으려는 동기가 작용하거나, 또는 새롭게 경영기획을 전개하기보다는 기존의 체제하에서 안주하려는 이유에서 그럴 수도 있습니다. 그렇다면, 해당 조직의 기획활동은 '불운하지만 할 수 없는 상황'에 처해있다고 단정해버리고 체념하고 지낼 수도 있습니다.

그러나 달리 생각해본다면, 기획활동은 해도 되고 안 해도 되는 선택적 기능이 아니라 경영관리자의 필수적 환경대응 기능이며, 실제로 어떠한 경우이건 제대로 대책을 강구하자고만 한다면, 대응할 수 있는 대책들을 발굴할 수 없는 것도 아닙니다.

또한 경영관리자는 경영자의 부족한 기획역량과 활동을 지원하고, 기업경영의 사령탑의 일원으로서 기업행동을 이끌어가는 직분이라는 것을 감안한다면, 경영자의 기획지휘능력이 떨어지기 때문에 경영관리자들 또한 이에 대하여 소극적 대응을 전개한다는 것은 명백히 직무유기이며, 책무방임이라고 할 수 있습니다.

따라서 이에 대한 대응을 위하여, 경영관리자는 경영층과의 의사소통방법을 학습하고, 어떻게 하면 기업조직의 성공을 위하여, 상하좌우의 조직구성원들을 기획하고 지휘해나갈 것인가를 공부하여야 할 것입니다.

이에 대응하기 위한 실천적 방법의 일환으로 기업실패경로의 인식과 대응을 위한 D 위기 시나리오 기법과 SIS 프로그램을 제8장과 제9장, 제10장에서 살펴보도록 하겠습니다.

단, 조직구성원들이 제한적 사고에 빠져들어 있다고 생각된다면, 경영관리자들은 이러한 점들을 극복하기 위한 대책을 마련하고 소관부서내의 조직구성원들의 제한적 사고방식을 흔들어 깨워, 우리 부서만이라도 새로운 환경대응을 전개해 나갈 수 있도록 준비해야 할 것입니다.

만약 각 개인들의 전략적 사고방식이나 환경대응방식에 문제가 있다고 파악된다면, 이에 대하여 체계적으로 대응할 필요가 있습니다.[8]

---

[8] 이에 대하여는 다음의 전략 마인드 시리즈를 참조.
박동준, 「뉴스와트전략 2.0 실천기법」, 김승렬, 박동준 공저, 「전략적 위기경영 실천기법」, 소프트전략경영연구원, 2008.

⑥ 업무추진방법도 선택대상이다

업무의 기획품질	높다	보통	낮다
⑥기존의 방법, 원칙의 적용	기존의 방법, 원칙에 구애받지 않는다	기존의 방법, 원칙을 참조한다	기존의 방법, 원칙을 준수한다

기획활동의 업무품질에 영향을 미치는 요인으로 기획활동의 업무추진방법과 원칙의 적용방식이 있습니다. 기획업무의 추진에 있어서 의존하는 방법들은 대체로 검증된 방법을 사용하게 됩니다.

예를 들어서 사업기획방법이나 전략기획방법과 같은 방법선택은 어디에선가 누구에 의해선가 활용되었던 방법 중에 성공적으로 기여하게 된 방법을 사용하는 것입니다. 그러나 여기에서 반드시 생각해두어야 할 것은 그것이 어떤 회사가 어떠한 환경과 이유에서 누가 중심이 되어 그러한 방법을 어떻게 사용하게 되었는지를 명확하게 이해해야 하는 것입니다.

특정한 방법에 너무 지나치게 의존하게 된다면, 숲을 보되 나무를 보지 못하는 우를 범할 수 있습니다. 중요한 것은 제한적인 기획의 방법에 너무 의존하지 말라는 점입니다. 그동안의 방법들이 공개되지 않았을 뿐이며, 상당히 많은 회사에서 나름대로의 경영기법들을 개발하여 독자적으로 사용하고 있습니다.

그러한 기법들을 회사마다 개발해서 사용하는 까닭은 나름대로의 사정이 있습니다. 그것은 추진해야 할 기획의 목적과 목표, 그리고 당면하고 있는 과제의 특수성 때문입니다.

유의해야 할 점으로는, 아직 그 성과가 검증되지 않은 실험적 방법들의 적용에 대하여, 그 방법의 적용을 검토할 수 있어야 한다는 점입니다. 불확실성, 비연속성이 증가하여 난기류의 수준이 높아지게 될 수록, 전혀 적용해보지 못한 기법이나 새로운 실험적 시도가 증대합니다. 이와 같은 경우, 미경험의 상황을 익숙한 방법으로만 대응하려 할 경우, 스스로 기업활동의 성과를 제약할 수 있습니다.

⑦ 조직구성원들의 기획활동의 참여도를 관리하라

기획업무활동의 관계자들이 참여하는 정도 또한 기업업무의 품질을 좌우합니다.

업무의 기획품질		높다	보통	낮다
⑦ 기획활동에의 참여	경영진 (경영 관리자)	적극적 참여	최소한의 참여	참여도가 아주 낮다 지시와 보고를 듣는 정도
	현업 동료	적극적 참여	최소한의 참여	회의에 겨우 참석하고 서류만 제출
	외부 기획 지원	적극적 활용	가능하면 활용	거의 활용하지 않음

어떤 회사에서는 기획담당임원이 직접 기획실무자들과 함께, 전략을 구성해나갑니다. 작업 중에는 누가 실무자이고 누가 임원인지 구분이 되지 않을 정도로, 정말 열심히 합니다. 물론 전체적인 작업의 윤곽을 세우고, 세부 과업별로 요원들에게 작업을 할당하며, 나름대로 한 몫을 수행합니다. 중간에 의사결정이 요구되는 사항이 등장하면, 거침없이 의견을 내려줍니다.

이와 같은 회사라면, 그 기획업무의 품질과 성과가 높지 않을 수 없습니다. 더욱이, 발표자가 기획안의 발표 시에는 최고경영진에게 발표중간에 지원발언도 해줍니다.

그러나 그렇지 않은 회사들도 많이 있습니다. 경영진이 기획회의에 잠시 참석해서 필요성이나 원하는 결론만을 말해 놓고, 나중에 최종발표만을 원하는 경영진들도 많이 있습니다. 이런 경우, 기획안은 계획을 세우는 사람과 발표를 듣는 사람의 사이에서

괴로워합니다.

현업부서의 참여도 또한 제각기 다릅니다. 기획안에 현업부서에서 참여하는 정도가 높을수록, 그 실현가능성은 높게 됩니다. 물론 이 경우, 참여의 방법과 내용을 어떻게 이끌어 가는가 하는 것도 문제가 됩니다만, 어쨌거나 현업의 참여가 기획품질을 결정하는 데 또한 중요한 역할을 하는 것에는 이론이 없습니다.

경영성과가 높은 회사의 경우, 외부 기획그룹이나 전문가들의 조언을 적극적으로 활용하는데, 유능합니다. 반면에 성과가 낮은 기업일수록 그러한 일에 서툽니다. 성과가 낮은 기업일수록, 자신의 문제를 상의하는 방식이 서툴고, 또한 약점을 보이고 싶어 하지 않기 때문에 솔직한 접근이 어렵습니다. 심지어는 외부전문가들을 활용하는 방법 또한 졸렬하기도 하여, 써먹고 버리자는 식의 사고방식으로 대우하기도 합니다.

그러다 보니 외부전문가들은 최선을 다하려하지 않고, 일하는 흉내만 냅니다. 결과가 나쁠 것은 자명합니다.

물론, 외부 전문가들 중에는 윤리적인 행동양식을 확신할 수 없는 경우도 많이 있습니다. 예를 들면, 회계법인이나 컨설팅업체들의 컨설턴트들 중의 일부는 이와 같은 기업정보와 기밀에 대하여 윤리적 행동에서 부적절한 태도와 행동을 보여 온 경우가 여러 번 있었습니다. 그러나 좀더 슬기롭게 대처한다면, 경영성과가 좋은 기업들의 대응처럼, 외부의 기획지원을 잘 활용할 수 있는 방법이 없는 것도 아닙니다.

⑧ 기획 대안의 준비방법에 유의하라

대안의 준비방법을 보면, 결과를 보지 않아도 그 기획업무의 품질을 이해할 수 있습니다.

즉, 성과가 좋은 기업들은 대안을 사실자료에 입각하여, 전략적 전개방법을 통하여 다양한 대안들을 편성합니다. 경우가 바뀌게 되면, 관련된 대안들 중에 최적의 대안들을 선별하여 수정합니다.

업무의 기획품질	높다	보통	낮다
⑧대안의 준비	다양한 대안	제한적 대안	대안의 부재

그러나 성과가 낮은 기업들은 대안이 결여되어 있거나 대안 부재의 경우가 많습니다. 상황이 달라져, 새롭게 방향을 수정하여 대응하려고 해도 대안을 만들 방법에 미숙하고 준비된 대안들이 없으니, 적절한 대책이 나오질 않습니다. 결과적으로 기업은 대응 타이밍을 상실하고, 기획안은 즉시 수명을 종료합니다.

따라서 경영관리자들은 핵심적 대안을 어떻게 하면 만들 수 있는지를 연구하고, 필요한 기법을 발굴, 또는 학습하여 기민하게 대안을 창출해 낼 수 있도록 대비하여야 합니다. 이를 위하여 다음 장부터는 핵심적 대안을 구성하고 실천성과를 높이기 위하여 어떻게 할 것인가에 관하여 살펴보겠습니다.

⑨ 경영관리자의 리더십을 확보하라
경영관리자의 기획활동에 대한 리더십을 보면, 회사에 따라서 상하, 수평적으로 능동적이고 적극적인 관계설정을 확장해나가는 조직이 있는가하면, 제한적이고 폐쇄적으로 업무를 추진하는 조직 부문이 있습니다.

여기에서 상하에 관한 리더십이라 함은 제2장의 <도표 2.5> (p.79)에서 살펴본 바와 같이 경영관리자의 임원 및 최고경영층과의 커뮤니케이션과 정보의 제공, 의사결정 등에 있어서 주도적인 역할을 수행하는 것을 말합니다.

예를 들어, 10개월 뒤에 해결해야 될 문제에 대하여, 앞으로 2
달 뒤부터는 대응해야 할 경우, 마침 경영진이 당면하고 있는 현
안과제에 골머리를 썩느라 대응할 엄두를 못 내고 있다면, 미리
사전 검토를 마치고, 경영진에게 대응조치를 미리 예고하여 준비
하도록 이끄는 것입니다.   이것이 상층부에 관한 리더십입니다.

업무의 기획품질	높다	보통	낮다
⑨리더십	협동적 리더십, 예지적, 선행적(proactive) 대응	권위주의적 리더십 반응적(reactive) 대응	리더십이 있다고 착각 반응적(reactive) 대응

마찬가지로 관계부문 등에 대하여 이와 같이 예지적으로 워밍
업을 준비하도록 이끌면서 보완적인 조치를 이끌어간다면 기획활
동 측면에서의 수평적 리더십이 있다고 할 수 있습니다.

이와 같은 리더십의 차이가 경영성과의 차이를 크게 벌어지게
합니다.   경영관리자의 소관사업부문의 경우에도 이와 같은 상층
부에 대한 리더십과 수평적 리더십의 발휘여부에 따라, 소관사업
부문의 성과가 크게 달라집니다.

⑩ 시간, 공간의 관점을 강화하라

시간과 공간에 대한 관점의 차이가 기획품질의 차이를 가져옵
니다.   근시안적인 시간관점을 지닌 기획활동은 늘 신년계획과 분
기계획에 치우쳐 있습니다.

심지어는 지시받은 기획안만을 작성하면서 365일을 보내는 기
획부문도 있습니다.   그러나 경영성과가 높은 기업의 경우, 시간
의 지평을 장기, 중기, 단기로 구분하며, 그 시간의 구분도 제품과
시장의 주기와 변수들을 충분히 감안하여 시간을 지평을 넓히는
한편 조밀하게 편성합니다.   이와 마찬가지로 경영관리자의 소관

사업에 대한 지평도 다양하게 편성해볼 필요가 있습니다.

업무의 기획품질		높다	보통	낮다
⑩시간/공간에 대한 관점	시간	근접된 미래와 장래	미래	불확실
	공간	현재의 시장과 앞으로 출현될 시장, 산업영역	현재의 연장선상에서의 사업공간영역	과거의 연장선상에서의 사업공간영역

성과가 낮은 기업의 계획지평은 극히 단순하게 편성되어 예를 들면, 5년, 3년, 1년과 같이 부르기 좋고 듣기 좋은 기간을 임의로 선정하여 제멋대로 편성을 합니다.

이러한 차이는 공간개념에서도 마찬가지입니다. 예를 들어, 기업활동의 대상영역이나 현제품의 시장에 대한 공간개념도 현재의 시장점유율을 토대로 허수와 실수를 점검하고, 시장의 확장, 축소 가능성이나 변화가능성을 고려하는 점에 있어서도 각 회사마다 상당한 차이가 있습니다.

사업공간이란 물리적, 지리적으로 기존의 공간을 중심으로 이야기 되지만, 실제로는 신제품이나, 새로운 니즈 그리고 미개발의 영역까지 포함하고 있습니다. 따라서 그 공간인식의 치밀성, 대범성, 그리고 그 내용과 범위에 따라서 기획안에서 다루고 있는 내용의 범위가 각기 달라지는 것은 당연한 것입니다.

따라서 계획에서 대상으로 하고 있는 공간의 인식이 제한적으로 되어 있거나, 또는 과거의 연장선상에서 파악하고 있다면, 경영관리자는 이를 수정하도록 하여야 합니다.

⑪ 경영진과의 역할을 정비하라

경영진의 역할에 대한 관점 또한 업무품질에 지대한 영향을

미칩니다.   다른 조직구성원이나 부서들의 경우도 그렇지만 경영
관리자의 경우, 이러한 관점은 더욱 중대합니다.

업무의 기획품질	높다	보통	낮다
⑪경영진과의 역할에 대한 관점	경영진의 역할과 조화를 유지	경영진의 역할을 보좌	경영진의 지시에 의한 역할 수행

만약, 경영관리자나 기획부문은 사장의 시녀라는 생각을 가지
고 있다면, 경영관리자나 사업부문 그리고 기획부문에서 수행하는
기획활동의 성장은 사실상 제한될 수밖에 없습니다.

정말로 심각한 문제는 최고경영자는 그렇게 생각하지 않고 있
는데, 경영관리자나 또는 각 기획부문에서 스스로가 그렇게 생각
하게 되는 현상이 나타날 때입니다.

예를 들면, 경영관리자 스스로 '우리는 결론을 내릴 수 없다,
결론을 내릴 수 있는 사람은 최고경영자일 뿐, 우리는 보조적인
자료만을 올릴 뿐이다'라는 식입니다.   이러한 답변은 실제로 우
리나라 굴지의 그룹중의 한 그룹회사의 경영관리자들의 이야기입
니다.

■ 경영관리자의 기획안으로 이미 회사의 운명이 결정된다

그러나 경영관리자들이 작성한 기획안들은 어떠한 기획안이건
이를 잘 살펴보면, 이미 결론이 나와 있습니다.   결론을 백지로
한다고 하더라도, 기획안을 잘 살펴보면 어떠한 결론이 나와야 할
것인가 정도는 회사생활을 조금 한 사람들이라면 이해할 수 있습
니다.

다음과 같은 예를 생각해봅시다.

> 1. 문제의 제기 : 주력제품 A의 매출감소(2년차)
> 2. 현황분석 :
>   ● 가격경쟁력이 떨어짐
>   (동종 품목중 최고가격, 경쟁제품 보다 최고 2만원이 비쌈)
>   ● 기능 및 디자인의 진부화 (경쟁제품의 세련된 디자인)
> 3. 대안 :
>   ● 가격인하
>   ● 제조생산성의 향상
>   ● 제품기능 및 외장의 변경(신제품개발)
> 4. 결론 : ?

이와 같은 안이라면, 대안으로 거론된 일들 중에 대부분이 결론으로 채택될 것입니다. 결론은 내리지 않았지만 이미 구조적으로 어떠한 방향으로 가야할 것인가가 명확하기 때문입니다.

이는 마치 사과 3개를 가지고 이를 사이좋게 나눠먹기 위하여 두 명의 형제들이 의견을 나누는 경우와 같습니다.

형이 동생에게 '사과 하나를 들어 보이면서 하나 먹을래 아니면 하나도 안 먹을래?' 하는 아이들 퀴즈를 생각해보겠습니다. 하나도 안 먹는 것보다는 하나라도 먹는 것이 좋다는 결론을 이미 선택지에 담고 있기 때문입니다. 그러나 대안의 제시로 '네가 사과 3개를 다 먹을래? 아니면 하나 반씩 먹을래? 그것도 아니면 너는 하나만 먹을래?'가 아니라는 점이 이 퀴즈의 맹점입니다. 물론 더 심한 경우에는 전혀 먹을 것을 권하지 않을 수도 있습니다.

여기에서 형은 경영관리자, 그리고 동생은 의사결정을 내리는 경영자로 바꾸어 보면, 상황이 좀더 잘 이해됩니다. 제안자의 권능이라는 것이 이와 유사하다고 할 것입니다.

그러나 경영진에서 볼 때, 기획부문이나 경영관리자들이 만족할 만한 수준의 대안들을 제시하지 않는다면, 경영진은 스스로 나머지 대안을 생각해내려 할 것입니다. 뿐만 아니라, 경영자가 도출한 대안들의 검토지시가 일상화되는 현상이 자리 잡게 됩니다. 그러한 일들이 반복적으로 전개되다보면, 기획활동은 경영자의 싱크탱커나 브레인으로서가 아니라 시녀의 활동으로 전락하게 됩니다.

이와 같은 일이 반복되는 사이에 경영관리자는 자신의 생각을 버리는 것이 일반화되고, 경영자의 생각을 그대로 따르거나 모방하는 일이 습관처럼 자리잡게 됩니다. 결국, 사업의 기획은 경영자가 하는 셈이므로, 이를 수행해야 하는 기획이나 경영관리자들이 사업을 기획할 수 있는 기회를 스스로 상실하게 되고, 결과적으로 시키는 일만 하게 되어, 할 일이 없게 되는 것입니다.

결국 밑에서는 불평만 늘게 되고, 경영자는 경영관리자들이 맡아서 처리해야 할 일을 소화주지 못하니까, 경영자의 의사결정 부담만 가중되어, 경영관리자들의 활동 쪽을 바라보는 눈이 고울 수가 없게 됩니다. 그렇게 되면, 또 경영관리자들의 무능함이 노출되어 수시로 경질되고, 반복적으로 이런 일이 계속되면, 서로 공멸해가는 모습의 전조가 보이기 시작됩니다. 참으로 안타까운 일입니다.

성공적인 기업에서는 사업이나 경영의 기획활동에서 경영진과 경영관리자들에 대한 협동적 역할배분에 철저합니다. 이는 마치 음식점의 메뉴편성과도 유사하다고 할 것입니다.

음식점에 손님이 오시면, 메뉴를 고릅니다. (물론 메뉴는 이미 경영관리자들의 기획활동을 통하여 편성한 대안들입니다.) 손님은 메뉴를 적절히 보고, 이것저것 골라서 주문을 합니다. 어떤 요리는 좀 싱겁게 해주고, 어떤 요리는 마늘을 좀더 넣어달라는 주문도 곁들입니다. 그러면, 그에 합당한 요리를 내놓습니다. 이

와 같이 유능한 경영관리자들은 기획활동을 통하여 경영자의 니
즈와 회사의 경영자원들을 배합하여 기업운명이라는 이름의 요리
로 만듭니다. 그 요리솜씨를 발휘하는 과정에서 경영자의 선택을
최적화시킵니다.

그러나 성과가 낮은 기업에서는 기획활동에서 경영자의 니즈
나 회사의 운명 따위는 신경을 쓰지 않습니다. 만드는 사람은 만
드는 것에만 신경을 쓰고, 주문하는 사람은 주문에만 신경을 씁니
다. 요리가 나와도 제대로 맛도 안보고, 만드는 사람도 제대로
만들지 않습니다. 그러니 제대로 요리가 될 수 없습니다. 평가
도 제대로 되지 않으며, 가격도 제대로 지불되지도 않고, 식사도
제대로 되지도 않습니다. 경영자의 생각 속에는 나는 월급을 주
는 사람이니까, 시키는 사람이고 경영관리자들은 월급쟁이니까 시
키는 대로 하는 사람일 뿐입니다.

이와 같은 경우, 세퍼레이션 신드롬9)에 빠져, 계획과 실천의
분리현상이 일어나게 됩니다. 여러 가지의 이유가 있을 수 있지
만, 기업전체의 기획활동의 관점에서 본다면, 경영관리자의 측에
서도 일말의 책임이 있습니다. 즉, 최고경영자에 대한 설득노력
과 접근방법에 대한 성의부족이 그것입니다.

⑫ 기획활동에 참여하는 사람들의 자기인식을 새롭게 하라

업무의 기획품질	높다	보통	낮다
⑫기획활동에 대한 자기관점	기획활동을 기업창조활동의 핵심이라는 자기인식	기획활동을 경영진 보좌역할로 인식	기획활동을 서류작업으로 인식

---

9) 세퍼레이션 신드롬(Separation Syndrome): 계획과 실행이 따로 유리되어 실패
   하는 현상을 말합니다. 이민광, 박동준 공저, 기업병-우리회사는 괜찮은가?,
   소프트전략경영연구원, 1994 참조

기획활동에 참여하는 사람들의 자기관점 또한 문제가 될 수 있습니다. 예를 들면, 기획활동을 서류작업 및 잔업전담반의 활동으로 인식하는 한 기획활동의 업무품질이 제고될 수 없습니다.

그러나 성공적인 기업의 경우, 기획활동을 수행하는 경영관리자와 작업요원들의 자기인식은 「보다 나은 기업의 창조를 위하여 기업활동의 효과적 전개와 발 빠른 변신, 그리고 기업활동영역의 창조와 사회기여」와 같은 높은 자기인식이 있습니다.

더욱이 선행적 관점에서의 적극적 시도를 수행함으로써, 경쟁력을 제고합니다.

⑬ 기획품질확보를 최우선과제로 하라

또한 경영관리자의 기획활동에 대한 품질 인식도 제각기 다릅니다.

업무의 기획품질	높다	보통	낮다
⑬기획품질 에 대한 인식	사업부문 및 전사기획업무의 성과에 대한 피드백 및 성과에 의한 점검의 일상화	기획업무는 그 성과를 인식할 수 없지만, 부서별 성과관리와 부문별 업무의 조정 및 전사통솔을 위하여 필수적인 것으로 인식	기획업무는 그 성과를 판단할 수 없고, 단지 방향제시와 부서의 통합조정을 위하여 수행하는 것이라고 인식

소관부문 및 전사적인 기획업무의 반성과도 연관이 있습니다만, 경영성과가 떨어지는 기업의 경우, 기획업무를 경영의 요식행위와 같이 생각하고, 그저 필요하니까 수행하는 것이라는 인식이 강합니다.

그러나 성공적인 기업에서는 기획활동에는 일정한 프로세스를 갖추고, 그 성과를 나름대로 피드백하며, 업무의 질적 성장을 위하여 노력합니다. 더욱이 단위부문의 성과를 기획품질과 연관시켜 기획의 수준을 높이기 위한 참조수단으로 평가의 일상화를 도모합니다.

⑭ 기획업무기준을 확립하라

기획업무를 수행하는 기준 또한 천차만별입니다. 대체로 경영성과가 떨어지는 기업의 경우, 기획의 척도를 예산 관리적 관점에 입각하여 추진합니다. 따라서 관리회계적 관점이 기획의 기본으로 자리 잡습니다.

업무의 기획품질	높다	보통	낮다
⑭기획업무 수행기준	우선순위, 중점관리, 80점 만점주의, 전략성과, 리스크 대응	전반 관리	예산관리 사업관리

경영분석은 재무회계적 기법에 의존하며, 수치에 의한 평가와 계획이 대종을 이룹니다. 설령 수치로 표현되지 않거나 수치가 나오지 않는 경우라도 반드시 수치로 표현하지 않으면 직성이 풀리지 않게 됩니다. 예를 들면, A사업부문의 신년도 목표는 매출액 1000억, 수익목표는 80억과 같은 식입니다.

그러나 초일류기업이라고 불리는 기업들은 수치목표는 단지 참조수단으로 활용할 뿐, 좀더 새로운 관점에서 목표를 남다르게 보려고 합니다.

예를 들면, 다소 피상적인 표현이기도 하지만, 고객사회에서 가장 좋은 기업으로 인정받는 일과 같은 목표를 중심으로 기획의 기본을 삼습니다.

따라서 우선순위를 중심으로 중점관리를 전개합니다. 또한 새로 등장하게 될 예측하기 힘든 상황에 대응하는 전략적 대응관리를 전개하여, 기업에 당면하게 되는 리스크를 극복하기 위한 조치들을 강구합니다.

이러한 점에서 기획활동업무의 관리기준이 다르게 됩니다.

⑮ 기획내용의 충실성에 만전을 기하라

형식과 내용에 대한 관점 역시 기획품질을 좌우하는 요소입니다. 예를 들어 숙제를 하는 학생을 생각해봅시다. 좋은 성적을 올리는 학생들은 리포트의 분량에 연연하지 않습니다. 어떻게 하면 과제를 잘 해결할 것인가에 초점을 맞추어 다양한 논리구성과 자료의 제시, 그리고 조건부 결론이나 예외사항과 같은 고려해야 할 점들을 정리합니다. 반면에 대충 숙제를 해치우는 학생들은 형식에 치중하여 내용에는 그다지 신경을 쓰지 않습니다.

심지어는 「논문 베껴 쓰기에 대한 윤리적 평가와 나의 견해」라는 리포트를 작성함에 있어서도 친구의 리포트를 그대로 베껴냅니다.

업무의 기획품질	높다	보통	낮다
⑮형식과 내용	떡보다 더 좋은 것은 없을까? 양보다 질	보기 좋은 떡이 먹기도 좋다. 적당한 것을 고른다.	떡은 다 떡, 먹기 좋으면 그만이다, 다다익선

이와 마찬가지로 기획안들의 경우에도, 작성하는데 의의가 있는 듯한 기획안들이 즐비합니다. 경쟁전략을 수립하는 기획에서도 경쟁사의 전략을 베끼는 경우도 이와 같다고 할 것입니다.

흥미로운 사실은 그와 같은 기획안조차도 많으면 많을수록 참조할 것이 많아서 좋다고 생각하기도 합니다. 그러나 점검되지 않은 대안들이 많으면 많을수록 판단의 혼란만 증가합니다. 그러다 보니 성과가 떨어지지 않을 수 없습니다. 물론 조직 내에서 이러한 형태의 기획행동을 요구하는 경영자들이 없는 것은 아닙

니다. 그러한 점에서 경영관리자의 전략의식과 사고방식이 잘못
된 조직에서는 내용보다는 형식에 치중한 기획활동이 보편화됩니
다.

　　반면에 경영성과가 높은 기업에서는 계획서의 양보다는 질에
치중합니다.　마찬가지로, 내용에 충실하기 위한 노력의 일환으로
다양한 검토사항들이 메모됩니다.

<도표 3.5> 경영관리자의 업무 기획품질과 성과의 진단

업무의 기획품질		높다	보통	낮다
①업무계획의 실천성과		업무계획의 실천성과가 높다	실천성과가 높지는 않지만, 성과가 있는 편이다	계획의 수정이 잦고, 실천성과가 낮다
②조직을 이끄는 정도		선도적인 역할을 한다	협조적이며, 때로는 무관하다	관련부서와 마찰이 심하다
③계획수립의 방법		방법선택의 여지가 많다	보편적인 방법을 선호한다	한정적인 방법에 의존한다
④계획수립 기간선택		최적기간 선행대응	최단기간 반응형 대응	최단기간 무리한 계획과 사후대응
⑤계획수립요원의 업무능력		합리적 사고와 창조적 사고의 조화 사회적 필요의 충족능력, 시간확장능력	합리적 사고	제한적 사고 획일적 사고
⑥기존의 방법, 원칙의 적용		기존의 방법, 원칙에 구애받지 않는다	기존의 방법, 원칙을 참조한다	기존의 방법, 원칙을 준수한다
⑦ 기획 활동 에의 참여	경영진 경영관리자	적극적 참여	최소한의 참여	참여도가 아주 낮다 지시와 보고를 듣는 정도
	현업 동료	적극적 참여	최소한의 참여	회의에 겨우 참석하고 서류만 제출
	외부 기획 지원	적극적 활용	가능하면 활용	거의 활용하지 않음

⑧대안의 준비	다양한 대안	제한적 대안	대안의 부재
⑨리더십	협동적 리더십, 예지적, 선행적(proactive) 대응	권위주의적 리더십 반응적(reactive) 대응	리더십이 있다고 착각 반응적(reactive) 대응
⑩시간 공간에 대한 관점	**시간** 근접된 미래와 장래	미래	불확실
	공간 현재의 시장과 앞으로 출현될 시장, 산업영역	현재의 연장선상에서의 사업공간영역	과거의 연장선상에서의 사업공간영역
⑪경영진의 역할에 대한 관점	경영진의 역할과 조화를 유지	경영진의 역할을 보좌	경영진의 지시에 의한 역할 수행
⑫기획활동에 대한 자기관점	기획활동을 기업창조활동의 핵심이라는 자기인식	기획활동을 경영진 보좌역할로 인식	기획활동을 서류작업으로 인식
⑬기획품질에 대한 인식	기획업무의 성과에 대한 피드백 및 성과에 의한 점검의 일상화	기획업무는 그 성과를 인식할 수 없지만, 부문별 업무의 조정 및 전사통솔을 위하여 필수적인 것으로 인식	기획업무는 그 성과를 판단할 수 없고, 단지 방향제시와 부서의 통합조정을 위하여 수행하는 것이라고 인식
⑭기획업무 수행기준	우선순위, 중점관리, 80점 만점주의 전략 관리, 리스크 대응	전반 관리	예산관리 사업관리
⑮형식과 내용	떡보다 더 좋은 것은 없을까? 양보다 질	보기 좋은 떡이 먹기도 좋다. 적당한 것을 고른다.	떡은 다 떡, 먹기 좋으면 그만이다, 다다익선

(D. J. Park, 2002, 2006)

이상에서 살펴본 바와 같이 기획업무의 품질에도 여러 가지가 있고, 그 품질을 결정하는 요인들에도 여러 가지가 있다는 점을 경영관리자가 유의해야 할 15가지의 점검항목을 중심으로 살펴보았습니다. <도표 3.5>에서는 이 항목들을 종합하여 전체를 하나의 도표에 요약하였습니다.

이 도표를 통하여, 우리 경영관리자들의 업무수행에 필요한 기획의 품질을 점검해볼 수 있습니다.

우리 조직의 기획활동에 대한 품질점검을 마치면, 이제부터 할 일은 경영관리자의 입장에서 우리 부서의 기획업무품질을 어떻게 향상시킬 것인가에 대한 준비와 실천을 해야 할 것입니다.

<도표 3.6> 기획업무품질 진단표

우리부서 업무의 기획품질		높다	보통	낮다
①계획의 실천성과		○	●	
②현업부서를 이끄는 정도		○		●
③계획수립의 방법		○		●
④계획수립의 기간선택		○		●
⑤계획수립요원의 업무능력		○	●	
⑥기존의 방법, 원칙의 적용		○	●	
⑦ 기획활동에의 참여	경영진	●○		
	현업 동료	○	●	
	외부 기획지원	○		●
⑧대안의 준비		○	●	
⑨기획 리더십		○	●	
⑩시간과 공간에 대한 관점	시간	○		●
	공간	○		●
⑪경영진의 역할에 대한 관점		○	●	
⑫우리부서에 대한 자기관점		○		●
⑬기획품질에 대한 인식		○		●
⑭기획업무 수행기준		○	●	
⑮형식과 내용		○	●	

(D. J. Park, 2002)

■ 우리 부서의 업무의 기획품질 수준을 사전에 예측한다

기업활동이나 사업수행의 업무기획품질을 점검하기 위하여 <도표 3.6>과 같은 진단표를 활용할 수 있습니다. 이 진단표를 이용하여 우리 부서의 기획활동의 품질과 수준이 어느 정도인지

점검해볼 수 있습니다.

<도표 3.6>에서는 가상의 사례를 통하여 경영관리자들의 업무 기획활동에 대한 품질을 상정하여 진단한 결과를 예시하였습니다.

만약 우리 부서의 업무품질이 도표와 같이 진단되었다면, 이제 부터 경영관리자는 우리 부서의 업무품질을 개선하기 위하여 각 항목별로 서서히 움직여야 할 것입니다.

이와 같은 경우, 이 15가지 항목들 중에 무엇부터 움직일 것인 가의 문제가 생기게 됩니다. 또한 어떻게 움직여야 할 것인가도 문제가 될 것입니다. 여기에서 점검된 항목들은 서로 깊은 연관 을 지니고 있는 것들도 있으며, 이러한 항목들을 어떻게 할 것인 가에 대하여 너무 고민할 필요도 없습니다.

일단 이러한 점들이 문제라는 사실을 인지한다면, 그것만으로 도 큰 성과입니다. 무엇을 고쳐야 할 것인지를 경영관리자가 제 대로 알고 있다면, 절반은 해결되었다고 봐도 과언이 아닙니다. 해결은 이제부터 관심을 갖고 경영관리자의 핵심성공역량 8P를 발휘하여 이제부터 추진하면 되기 때문입니다.

3. 조직구성원의 기획행동을 지휘하라

■ 기획사고에서 기획하는 행동으로 이끌어야 한다

물론 이 작업은 조직구성원의 사고방식만을 변화시킨다고 완 성되는 일은 아닙니다.

대부분의 경우, 기획요령이나 실무기법을 교육할 경우, 흔히 경험할 수 있는 현상으로, 본인이 무엇인가 개선하고 해결하려고 하는 강렬한 의지가 반영되지 않을 경우, 기획에 관한 지식은 실 제로 완전히 발휘되지는 않습니다. 따라서 경영관리자가 앞에서 살펴본 바와 같은 8P 관리요소들을 성공적으로 동원하고, 경영관리자의 원칙과 열정을 투입하며, 조직구성원들을 지휘하여 「기획하는 행동」으로 면모시킬 필요가 있습니다.

다시 원점으로 돌아가서 업무의 기획품질을 결정하는 요소를 효과성과 효율성, 그리고 혁신성과 창조성의 관점으로 살펴보도록 합시다. 그러한 관점에서 살펴보고자 한다면 기획업무의 효과성을 결정하는 것들과 효율성을 결정하는 것들을 우선 점검해야 할 것입니다.

■ 경영관리자의 기획업무 효과성을 점검하라

경영관리자의 기획업무의 효과성이란 말을 정의하려고 하면, 왠지 부담스럽게 여기는 분들이 많습니다. 그렇다면 좀더 쉽게 접근해보도록 하겠습니다. 다시 드러커 교수님의 표현을 빌려서 생각해보도록 하겠습니다. 기획활동에 있어서 「옳은 일을 수행하는 것(do right thing)」은 무엇입니까?

무엇이 경영관리자의 기획에 있어서 「옳은 일(right thing)」일까? 그렇게 이야기 한다면, 다시 규정집에 정의되어 있는 단어들이 마구 튀어나옵니다. 그런데, 왠지 속이 시원하지 않습니다. 그것은 규정집이 잘못되어 있는 것이 아니라, 그 어의적인 표현이 사람을 답답하게 하는 것입니다.

좀더 솔직하게 말씀드리자면, 그 표현이 너무 어렵다는 것입니다. 구체적으로는 그러한 표현이 현장에서는 제대로 이해되지 않는다는 말입니다.

예를 들어 우리 조직의 전체 기획활동을 주관하는 기획부서를 생각해봅시다. 기업의 사규에 정의되어 있는 기획활동의 업무분장내용 중에 가장 대표적으로 접할 수 있는 전략계획의 수립 및 조정을 예를 들어보겠습니다. 유감스럽게도 기획부서내에서도 이에 대하여 제대로 명확히 이해하고 있는 기획요원들이 많지 않습니다.

전략계획의 수립은커녕, 전략계획이 무엇인지, 어떤 절차로 수행해야 하는지, 어떤 경우에 함정이 있는지에 대하여도 제대로 모르고 있는 경우가 태반인데도 규정집에는 그렇게 써있는 것입니다. 물론 경영학을 전공한 경우, 그 절차에 대한 이론적 개념은 이해하고 있습니다. 그러나 학교에서 배운 대로 실제로 작성을 하려고 하면, 그것이 엄두조차 나지 않는 것입니다.

규정집에 보기 좋게 정의 되어 있는데, 세부추진절차는 어떻게 되어 있어야 하는지에 대하여 절차도, 방법도 규정되지 않은 채로 비어 있습니다.

사업총괄기획은 또 어떻습니까? 부문사업계획들을 합치는 기획을 말하는 것일까? 사업총괄기획을 영어로 표현하면 어떻게 되는가? 장단기 발전계획과 전략계획은 어떻게 다른 것인가? 두 가지 계획은 다르게 짜는 것인지, 아니면 유사하게 수립하는 것인가? 조직정원관리는 또 어떠한가? 정원의 기준은 무엇에 기초한다는 것인가? 흔히 T/O라고 하는 정원관리는 무엇을 기준으로 해야 하는 것인가? 경영진단업무는 또 무엇인가? 일종의 경영컨설팅이라고 이해한다면, 우리의 기획요원들이 경영컨설턴트라는 말인가? 아니면, 외부의 경영진단업무를 용역 주고자 할 경우, 이를 관장한다는 것인가? 이 모든 것이 불분명합니다.

이와 같이 명확한 개념이나 방법론도 제대로 모르는 일들이 규정에는 마땅히 해야 할 일로 정의되어 있고, 또 기획에서는 365일 내내 그 일을 수행하고 있는 것처럼 보이는 것입니다.

여기에서 경영관리자가 할 수 있는 일중의 한 가지는 제대로 수행하지 못하고 어물쩍하게 방치되고 있는 직무들에 대한 표현은 당장 없애버리는 것입니다. 조직의 각 부문에서 스스로, 잘 알지도 못하는 용어들로 자신의 직무를 옭아매는 일은 하지 말아야 하고 다른 조직구성원들도 옭아매지 않도록 하는 것입니다. 이는 일반 경영관리부문이나 기술연구소, 일반 사업부문에서도 예외가 되지 않습니다.

차라리 그런 것을 표방하는 것보다는, 무엇이 옳은 일인지 잘 모를 경우라면, 역설적이지만, 쓸데없는 짓이라도 하지 말아야 하는 것입니다. 제 할 일도 제대로 못하면서, 쓸데없는 용어와 작업들로 자신과 다른 부문들을 매어두고 시달리게 한다면, 그것은 분명 경영상의 죄악입니다.

따라서 그러한 경영상의 죄악을 예비하려면, 그러한 규정에서 명확히 하고 있는 직무의 지식과 능력을 제대로 확보하고 정비하지 않으면 안 됩니다. 그러나 그와 같은 능력을 확보하지 못하고 있다면, 다음과 같은 두 가지 점에서 기존의 기획활동을 점검해야 합니다.

첫째는 우선, 그동안 쓸데없는 짓들을 하던 일들을 과감히 중단해버리는 것입니다. 성과도 없고, 형식적인 것들도 과감히 중단해버립니다. 경영평가회의도 그것이 제대로 된 평가회의가 아니라면, 건의 드려서 폐지해버립니다. 쓸데없는 숫자놀이로 열심히 일하고 있는 부서의 사기를 떨어뜨리는 것보다는 한 번이라도 더 현장에 내려가 실무자와 관리자들을 격려해주고 조언을 해줄수 있다면, 오히려 그것이 평가회의보다 훨씬 나은 결과를 가져다줄 것입니다.

따라서 없애고 중단하고, 폐지할 일들을 찾아내는 것입니다. 그것이 진정으로 「옳은(right)」한 일이 아니라면 말입니다.

둘째로 「무엇이 꼭 해야 할(right) 일인데, 그동안 실천되지 못했는가? (또는 못하고 있는가?)」를 찾아냅니다. 이 점은 쉽게 눈에 띄지 않을 수도 있습니다. 그러나 경영관리자는 그 일이 어떠한 일들인지를 반드시 찾아내야 합니다.

필요하다면, 고객과 이해관계인들을 부지런히 찾아다니면서 '무엇이 우리가 꼭 해야 할 일인지'를 찾아내야 합니다. 앞에서 예를 든 영화관의 경우라면, 도대체 관객이 원하는 영화는 무엇인지를 부지런히 확인하고 정보를 입수하는 것이 필요한 것입니다.

이를 위하여 필요하다면, 관련업계는 물론이고 정부 및 관련기관, 업계의 전문가 그룹, 심지어는 경쟁기업이나 경쟁기업의 연관기업이라도 찾아다니면서, 우리가 무엇을 해야 할 것인지에 대하여 파악해내야 합니다. 그리고 그러한 일들에 대하여 최소한으로, 현재의 판단이 정확한 것은 아닐지 모르지만, 그러한 일들의 종류를 파악하고 앞으로는 "어떤 방향으로 움직여야 하겠다"하는 정도의 가설적 결론을 가지고 있어야 합니다.[10]

이러한 발상이 기업행동의 당위적 관점을 강화할 뿐만 아니라 환경 내에서 기업이 추구해야 할 환경대응행동의 내용과 수준을 한 차원 높이고 그 성과를 크게 개선할 수 있는 첫 걸음이 됩니다.

한편, 경영관리자와 조직구성원들이 업무추진에 필요한 역량을 확보하고 있다면, 이제는 <도표 3.7>에서 보는 바와 같이 변화와 변혁에 대하여 판단을 정비합니다.

경영관리자의 변화와 변혁에 대한 판단기준은 새로운 사업의 기획이나 경영의 쇄신에 대한 판단 못지않게 중요한 판단입니다. 예를 들면, 중요한 사업원칙으로 작용하는 기준들은 확실히 점검해둡니다.

---

10) 이러한 것에 대하여 판별이 불명확할 경우에는 경영관리자 나름대로의 식견을 중심으로 국가나 사회가 우리 회사에 부여하고 있는 환경명령을 중심으로 해석하고 대응하는 방법도 있습니다. 박동준, 뉴스와트 전략 2.0 실천기법, 제5장 참조, 소프트전략경영연구원간, 2008

<도표 3.7> 경영관리자가 기획활동에서 점검해야 할 일

		필요한 업무	
		해야 할 일	해서는 안 될 일
현재의 실태	하고 있는 일	현재의 일을 보다 더 잘 수행하도록 점검하고 통솔	현재 하고 있는 일을 과감히 중단하고 없앤다 쓸데없는 일을 하지 않는다
	하지 않는 일	해야 할 일을 추진하도록 지휘통솔한다	쓸데없는 일을 하지 않도록 한다

		수행해야 할 일	
		하고 있는 일	하지 않고 있는 일
변화와 유지	변화요망과제	현재 하고 있는 일의 내용과 방식을 변화시키기 위하여 지휘통솔한다	그동안은 수행하지 않았지만 이제부터는 해야 할 일을 수행할 수 있도록 변화를 지휘통솔한다
	유지/고수해야 하는 일	현재 유지하고 있는 일을 계속 수행할 수 있도록 지휘통솔한다	그동안은 수행하지 않았지만 앞으로는 지속적으로 수행할 수 있도록 지휘통솔한다

(D. J. Park, 2007)

아무리 효율적, 효과적으로 일을 수행하는 것이 중요하다고 할 지라도, 반드시 고수하고 유지해야 하는 것이 있다면, 그것은 반 드시 경영관리자가 유지하도록 주의를 기울여야 합니다.

이와 같은 판단원칙을 소홀히 할 경우 회복할 수 없는 파국을 경험하게 될 수 있습니다. 예를 들면, 생산원가를 낮추기 위한 행동에서 인체에 유해한 품질의 제품을 제조하거나 환경오염을 유발하는 기업행동을 이끌게 되는 경우를 들 수 있습니다.

<도표 3.7>과 관련하여 조직구성원의 기획행동을 지휘할 때, 유의해야 할 관점중의 하나는 원칙 또는 당위(當爲)와 현실에 관한 관점입니다.[11]

■ 당위와 현실

우리가 당면하고 있는 동일한 현상을 바라볼 때에도, 서로 다른 관점을 갖고 있을 때, 그 판별이 달라집니다. 그럴 때에는 사고방식이 다르기 때문에 그런 것이라고 생각해버리고 말거나, 서로의 관점의 차이를 규명하고, 적극적으로 상황을 해결하려고 노력하는 바람직한 경우도 있지만, 대부분의 경우 상황을 무시하거나, 소란을 일으키는 것이 불편하고 귀찮기도 하여, 방임하기도 합니다.

<도표 3.8> 원칙과 현실

		합법성(당위, 또는 원칙) De jure	
		No	Yes
실재성 (實在性) De facto	No	(4) 현실적으로도 합법적으로 해당되지 않는 것	(2) 합법적으로는 해야 하는데 현실적으로 되지 않고 있는 것
	Yes	(3) 합법적으로는 해서는 안 되는 것이지만 현실적으로 실행되고 있는 것	(1) 합법적으로도 현실적으로도 준수되고 있는 것

(G. Nakamura, 1999, D. J. Park, 2006)

---

11) 당위관점에 대한 이해는 이 책의 자매서 「뉴스와트 전략 2.0 실천기법」 제3장 문제해결의 논리와 절차를 참조하시기 바랍니다.

그러나 주목해야 할 현상으로 서로 다른 관점이 아니라, 서로 동일한 관점으로 같은 현상을 바라볼 경우에도 이상하게 다른 결론이 나는 경우가 종종 있습니다.

<도표 3.8>의 (2)에 해당하는 난에서 보는 바와 같이, 사람들이 머릿속에서는 당연히 그렇게 해야 한다고 믿고 있음에도 실제로 그렇게 하지 않는 것이 대부분의 사람들의 일상이라면, 그러한 현상이 제대로 된 것인지, 아니면 제대로 되지 않은 것인지에 대한 판단도 기준도 불분명하게 됩니다.

또한 도표의 (3)에 해당하는 영역에 속하는 현상들에 대하여는 마땅히 그렇게 해야 한다는 사실을 인지하면서도 현실적으로는 그렇지 못하기 때문에, 그것은 이상(理想)에 지나지 않고 현실은 늘 그런 것이라는 생각을 하게 하기도 합니다.

현실적으로, 조직내에서 새로이 바람직한 기준을 설정하고자 할 경우거나 또는 현상에서 당면하고 있는 문제들을 해결하고자 할 때, 이러한 차이가 발생하게 될 경우, 조직의 바람직한 환경대응성과를 어렵게 합니다.

예를 들어, 고객이 회사를 상대로 불만사항을 거론하게 되거나, 국민이 정부를 상대로 정책적 요구사항을 제기할 경우에도, 그것은 현실적으로 너무 지나친 이상적인 주장에 지나지 않는 것이라고 판단하게 된다면, 그러한 요구사항들에 대한 대응은 불가능하게 됩니다. 만약에 그러한 요구사항을 경쟁기업 측에서는 당연히 해야 할 일이라고 판별하여 그에 미리 대응한다면, 상황은 어떻게 전개될 것인지 미루어 짐작해볼 수 있을 것입니다.

따라서 경영관리자는 <도표 3.9>에서의 A조직과 B조직의 사고방식과 행동특성에 유의하여 살펴볼 필요가 있습니다. 이 도표는 기업이나 정부조직 구성원들이 당연히 해야 한다고 믿는 것과 실제의 행동의 전개에 있어서 당위관점에 대한 차이가 이해관계

인들의 요구사항에 대하여 각각 대응행동방식과 내용 면에서 큰
차이를 유발하고 있음을 설명하고 있습니다.

<도표 3.9> 이해관계인 요구사항에 대한 조직의 당위적 관점차이

A 조직		합법성(당위, 또는 원칙) De jure	
		No	Yes
실재성 (實在性) De facto	No	(4) 고객(이해관계인)이 거부하는 행동을 우리는 하지 않고 있으므로 아무런 문제가 없다.	(2) 고객(이해관계인)의 요구는 합리적이지만, 조직의 입장에서는 현실적으로 대응할 수 없다.
	Yes	(3) 고객(이해관계인)은 우리보고 그렇게 해서는 안 된다고 하지만, 현실적으로는 그렇게 할 수 밖에 없다.	(1) 고객(이해관계인)의 요구가 지당하고, 우리도 당연히 그렇게 하고 있다.
B 조직		합법성(당위, 또는 원칙) De jure	
		No	Yes
실재성 (實在性) De facto	No	(4) 고객(이해관계인)이 거부하는 행동을 지금 우리는 하고 있지 않지만, 언제 우리가 실수로라도 하게 될지 모르므로, 각별한 대비책을 강구하고 늘 주의하는 것이 필요하다.	(2) 고객(이해관계인)의 요구가 지당하다. 우리의 현실을 적극적으로 바꾸어 그에 신속히 대응해야 한다.
	Yes	(3) 고객(이해관계인)이 우리보고 그렇게 해서는 안 된다고 하므로, 현재까지 지속해오던 이런 일들을 과감히 일소하고 새롭게 일을 수행하자.	(1) 고객(이해관계인)의 요구가 지당하며, 더 잘 하기 위하여, 기존의 실재를 더욱 개선하자.

(D. J. Park, 2006)

■ 당위관점이 다르면 문제의 해결내용도 다르다

<도표 3.9>에서 보는 바와 같이 A기업은 도표 내에서 각 항목들에 대하여 현실적으로 그 어떠한 추가적 노력도 기울이려고 하지 않고 있습니다. 그러나 B기업의 경우에는 각 항목들에 대하여 어떻게 하든, 더 잘해보기 위한 노력을 경주하려고 애를 쓰고 있습니다. 고객 또는 이해관계인의 입장에서 어떠한 쪽에 더 관심과 애정을 갖게 될 것인지는 명확하다고 할 것입니다.

이와 같은 현상에 대한 인식의 차이를 편의상 「당위적 인식편차」라고 부르겠습니다. 환경에 처하고 있는 조직에서 당면하고 있는 현상에 대한 당위적 인식편차가 그 대응의 성과를 좌우하게 된다는 것을 알 수 있습니다.

따라서 「당위적 인식의 확대」는 현상에 대한 관점을 근본적으로 변화시킬 뿐만 아니라, 그에 대한 해결의 방식에도 차이를 가져오게 됩니다.

그렇다면, 당면하고 있는 여러 가지의 복합적 요소들로 구성된 문제현상에 대하여, 당위적 인식을 스스로 확대하고 개선하지 않고, 성과가 불확실한 졸속대안으로 고식적으로 대응하게 된다면, 기업이건 정부이건 간에, 그 성과가 제약될 것은 명확합니다. 더욱이 당면하고 있는 현상이 초래할 결과에 위험도가 클 경우, 이와 같은 대응방식을 고수하고 있다면, 그것은 스스로 실패를 자초하는 것과 마찬가지 입니다.

제4장
긴급대응업무를 관리한다

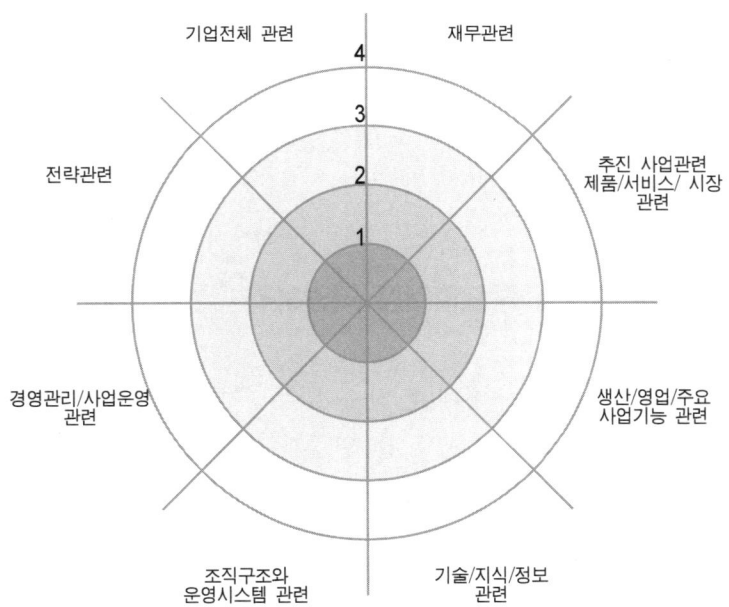

제4장의 개관

제4장에서는 경영관리자가 수행해야 할 중요한 업무과제에 대한 인식과 긴급하게 대응해야 하는 과제에 관하여 살펴봅니다.

여기에서 주목해야 할 내용들은 다음과 같습니다.

1. 경영관리자의 중요업무는 무엇인가?
2. 우리 사업부문, 우리 회사에서 긴급하게 수행해야 할 과제들은 어떠한 것들인가?   그러한 과제들을 어떻게 파악할 것인가?
3. 경영관리자의 전략능력을 강화하기 위하여 무엇을 해야 하는가?

---

1. 경영관리자의 중요업무를 파악하라

경영관리자들이 수행해야 하는 업무 중에는 일처리의 긴급성에 따라 긴급하게 처리해야 할 일들과 그렇지 않은 일들로 구분됩니다.   아무리 일을 잘 해내는 경영관리자라고 할지라도, 일처리의 긴급성 요건을 제대로 충족하지 않으면, 무능하다는 평을 듣기 쉽습니다.

신임 경영관리자들의 경우에는 아직 현황파악이 잘 되지 못하여 당면하고 있는 사안들이 어떠한 것이 긴급한 것인가에 대한 판별능력이 떨어질 수 있으므로 일처리의 우선순위 배정에 혼란을 경험하게 됩니다.

이러할 경우, 제가 종종 권장하는 방법들 중의 한 가지를 살펴

보겠습니다. 물론, 여러 가지의 방법들이 있지만 신임 경영관리
자의 입장에서는 여러 가지의 착안점을 찾는데 유용하기 때문에
간략히 소개해보겠습니다.

■ 이해관계인을 중심으로 해야 할 일을 찾는다

우선 편하게 사용할 수 있는 노트를 준비합니다. 그리고 쉽게
붙였다 떼었다 할 수 있는 포스트잇을 준비합니다.

<도표 4.1> 경영관리자의 중요업무 현황의 파악

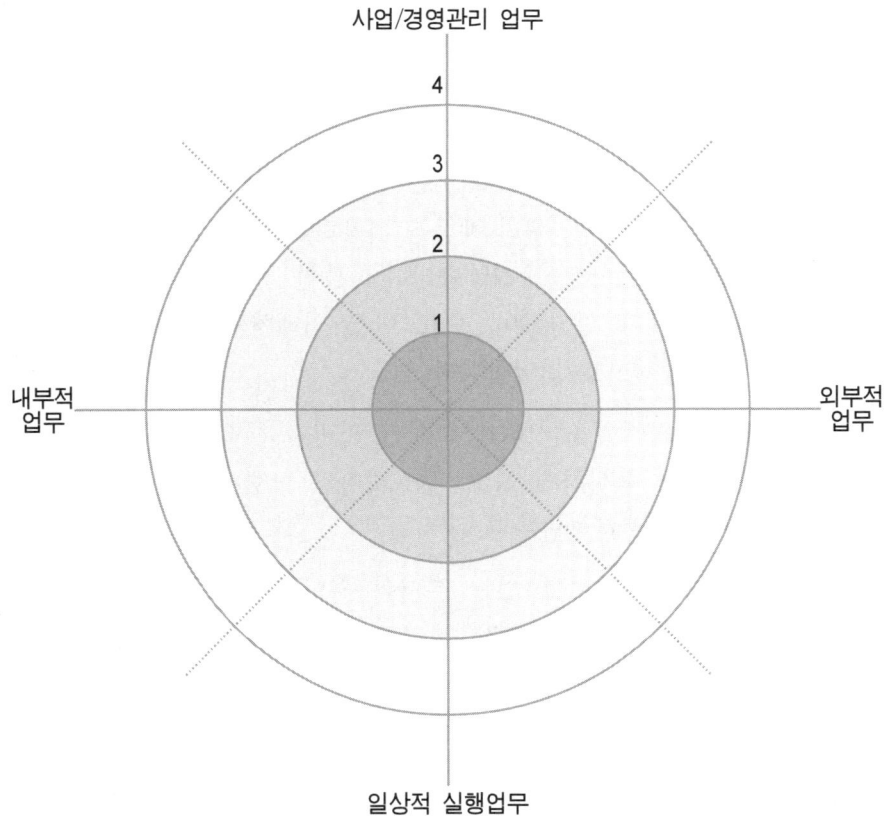

(D. J. Park, 2006)

그리고, 큰 모조전지에 가장 먼저 우리 부문의 기획활동에서의 「해야 할 일(right thing)」을 찾아내기 위하여 <도표 4.1>에서 보는 바와 같이 우리 부서의 사업을 중심으로 큰 원과 중간원 그리고 작은 동심원을 그립니다.

그 중심에는 우리 경영관리자와 경영진을 넣습니다. 그리고 서서히 바깥 원 쪽을 향하여 우리 회사와 밀접한 관계가 있지만, 거리가 있는 사람이나, 부문, 단체, 기관들을 정리합니다. 물론 고객을 어디에 넣을 것인가는 작성자의 마음에 달려있습니다. 중간원에 넣어도 좋고, 작은 원이나 큰 원에 넣어도 좋습니다. 그러나 큰 원의 바깥으로 빼지 않는 것이 좋을 듯합니다. 사실 이 종이 안에 들어간다는 것은 우리의 표적이며, 일단 고려대상이므로, 어디에 소재하고 있어도 무방합니다.

이제부터는 이 원그림을 중심으로 우선 만나야 할 사람들을 인터뷰합니다. 고객관련 인터뷰는 그동안의 지인을 중심으로 시작합니다. 예를 들면, 우리 제품을 사용하는 지인이나 선배, 또는 은사를 주요 대상으로 올려놓습니다. 또한 본사 기획부문, 영업부문, 생산부문과 협의하여, 주요 단골 거래처와 대형 거래처의 고객들을 집중적으로 면담합니다.

그리고 부하직원을 시켜서 그동안 소비자 클레임에 관한 원본 리포트를 모두 복사하게 하고, 필요하다면 작성자와 불만 신고자의 연락처도 확보해놓습니다.

내부감사를 담당하고 있는 부서의 책임자와 실무자와의 회의도 예약해 놓습니다. 심리적, 물리적 거리는 가까운 편이고 또한 수시로 뵐 수 있는 경영자와의 인터뷰는 나중에 할 수 있도록 하고, 우선은 현재 추진 중인 일을 보고합니다.

현재추진중의 일의 제목은 우리부서의 현황분석 및 업무점검이라고 간략히 보고드릴 수 있을 듯합니다. 관련부서의 부서장과 주요 스태프 요원들과도 인터뷰를 하고, 비교적 인기가 없다고 생각되는 부서도 점검을 합니다.

이 때의 인터뷰의 관점은 경영관리자가 해서는 안 될 일과 꼭 해야 할 일을 찾아내는 것입니다. 그러나 인터뷰에서 상담자들이 그러한 대답을 정확하게 주지 않을 수도 있습니다. 기대하고 있는 바와는 달리, 상담자들은 회사가 꼭 해야 할 일과 회사가 현재 하고 있는 쓸데없는 일에 초점을 맞추어 이야기를 하려들려고 할 것입니다. 그런데 사실 이와 같은 정보를 통하여 우리 부서가 해야 할 일이 무엇인지를 발굴해낼 수 있습니다.

이러한 답을 정리하는 과정에서 현재 우리 사업부문에서는 왜 이런 쓸데없는 일을 하고 있는지, 그리고 왜 꼭해야 할 일이 간과되고 있었는지, 그러한 일들에 대하여 경영관리자로서 해야 할 일과 하지 말아야 할 일이 무엇인지를 뽑아낼 수 있게 되는 것입니다.

예를 들어, 소비자의 불만사항 중에 환불이 제대로 되지 않는다는 클레임이 들어왔다고 해보겠습니다. 환불이 제대로 되지 않는다는 것에는 여러 가지의 요인들을 생각해볼 수 있을 것입니다.

우선, 소비자 불만 처리가 신속하게 이루어지지 않았다는 점입니다. 소비자상담실에서 일단, 물건의 하자나 불만의 내용을 해당부서에 신속히 통보하지 않았다면, 여기에서부터 문제가 있습니다. 해당부서에서는 그 제품하자의 원인을 부품에 있다고 하고, 구매부서에서는 자재나 제조 쪽이 문제가 있다고 하면서 시간을 보냈다면, 여기에는 나름대로의 이유가 있을 것입니다.

즉, 클레임이나 불량에 대한 감독 시스템이 잘못되어 있을 뿐만 아니라, 그 시스템의 피드백 시스템 또한 잘못 돌아가고 있다는 점을 알 수 있습니다. 더욱이 물건은 회사로 반환되었음에도 불구하고 경리 쪽에서 환불이 신속하게 되지 않고 있다면, 자금의 집행에도 문제가 있다는 점을 암시합니다.

<도표 4.2> 경영관리자의 중요과업의 파악

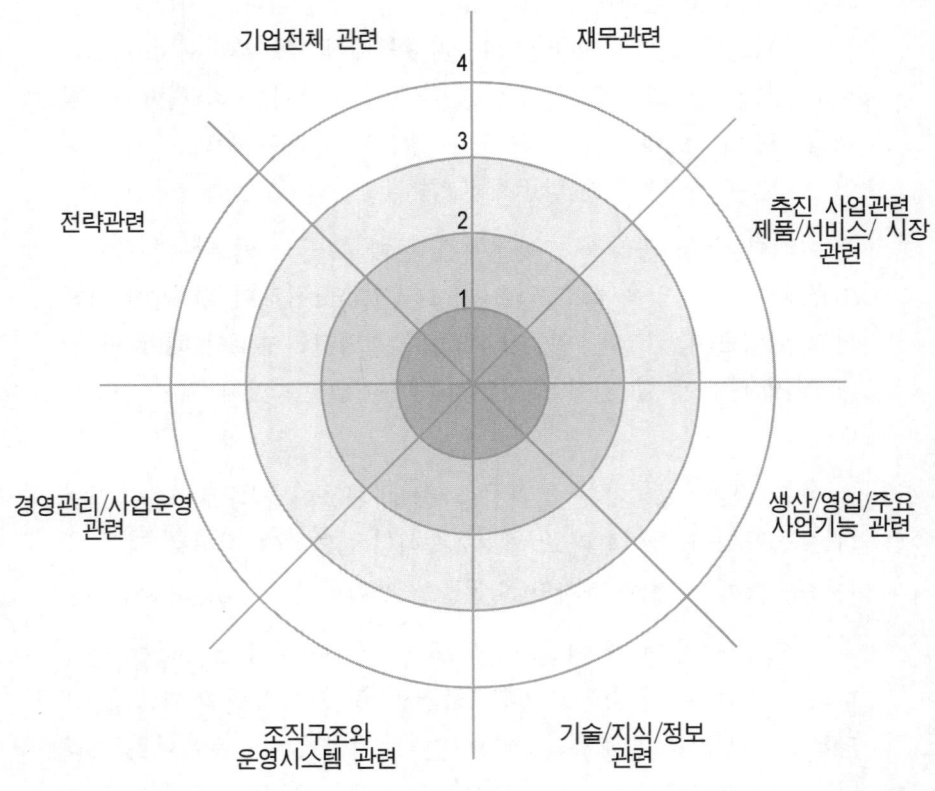

(D. J. Park, 2006)

　　그럼에도 불구하고, 해당기간 중에 경영회의에서는 이와 같은 점이 거론되지 않을 뿐만 아니라, 이에 대한 해결의 노력이 기울여지지 않고 있다면, 이 회사는 경영 시스템에 문제가 많다는 점을 노출하고 있는 것입니다. 그런 데에도 여전히 경영혁신팀에서는 다양한 혁신운동을 주창하면서 이에 대한 대책은 마련되지 아니하고 있다면, 그것 또한 혁신활동의 목적과 활동의 대강을 다시 한번 살펴봐야 할 일입니다.

현행 부서별 평가 시스템에 이와 같은 문제가 제대로 해결되지 못하고 있다면, 점심식사 때에 애용하는 단골식당보다도 비합리적인 경영 시스템을 운영하고 있다는 것과 다를 바 없게 됩니다. 그렇다면 일단 이러한 점들은 경영관리자가 살펴보아야 할 경영개선활동의 영역내로 조준됩니다.

■ 해야 할 일들을 주요 항목별로 분류한다

이번에는 <도표 4.2>에서 보는 바와 같이 경영관리자가 해야 할 일들을 주요한 경영관리의 8가지의 항목을 중심으로 검토합니다.

이와 같은 분류와 정리를 통하여, 경영관리자가 대응해야 할 과업들이 무엇인지에 대하여 전사적 관점과 사업부문의 관점에서 살펴볼 수 있게 됩니다.

■ 경영관리자의 기획활동 3대과제

여기까지의 논의를 토대로 확인할 수 있는 일들은 <도표 4.3>과 같이 세 가지 종류의 일들이라는 점을 알 수 있습니다.

첫째, 현재 소관부문에서 수행되고 있는 일의 추진과 관련되어 기획활동에서 해야할 일을 파악하고 대응하는 일입니다.

둘째, 현재 소관부문에서 수행되고 있는 일의 성과를 더욱 증진하기 위하여 필요한 일과 관련되어 보강 또는 폐기와 같이 기획활동에서 개선해야 할 일들을 파악하고 대응하는 일입니다.

그리고 세 번째로는 소관부문에서 현재 해야 할 일들 중에 시도되지 못하고 있거나, 시도되었지만 제대로 수행되지 못하여 지

속적인 경영성과의 증진을 도모하지 못하고 있는 일의 내용을 파
악하고 새로운 대응을 전개하는 일입니다.

<도표 4.3> 기획활동의 3대과제

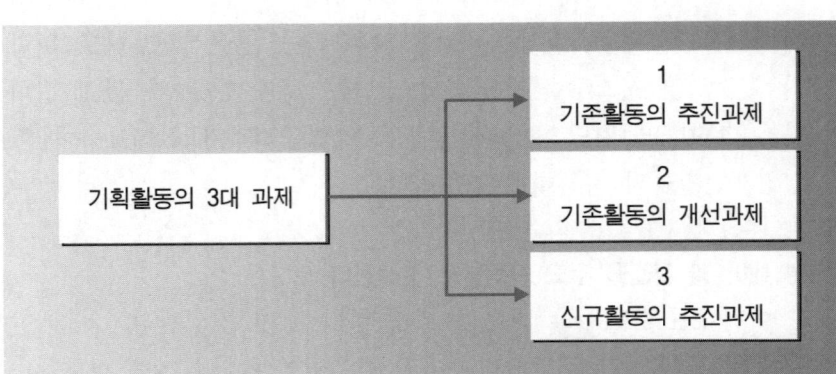

(D. J. Park, 2006)

이 세 가지를 편의상 기획활동의 3대과제라고 부르겠습니다.

2. 긴급과제를 파악하라

앞에서 살펴본 바와 같은 현상에 대한 판단을 토대로 이제부
터는 우리 회사와 우리 사업부문에서 당면한 과제들을 현재부터
6개월 이내에 긴급 추진해야 할 당면과제와 1년 이내에 수행해야
할 과제들이 무엇인가를 <도표 4.4>에서 보는 바와 같이 부서별
로 계층별로 취합합니다.

또는 당면하고 있는 특정한 중점과제를 중심으로 이러한 사항
들을 뽑아내어 우선순위를 부여해서 취합할 수도 있습니다. 이러
한 작업을 수행할 때 몇 가지의 유의사항을 조심한다면, 경영관리
자들이 무엇을 해야 할 것이며, 또 나아가 우리 회사가 무엇을 해
야 할 것인지에 대한 윤곽을 파악하고, 대충 해야 할 일들을 가늠

해볼 수 있게 됩니다.

<도표 4.4> 우리 회사의 긴급조치 요망 과제

순위	6개월 내에 추진해야 하는 과제	1년 이상 소요되는 당면과제
1	신규사업의 지연	장기계획의 부재로 시설 등 투자방향의 혼란 및 착수시기의 지연
2	전문인력의 부족	규정 및 사규의 재정비
3	제품 경쟁력의 감퇴	직원 교육강화
4	제품납기의 지연 및 시설의 낙후	시설이전
5	감사실의 불필요한 업무감사, 보고	국제 규격획득
6	예산의 확충	연구소 및 실험실의 확충
7	영업과 생산의 의견조율	영업본부의 독립
8	연구개발능력의 부족	종업원지주제의 확대
9	홍보부족	성과급의 확대
10	업무추진비 확대	증자

이러한 방법은 부서내 업무활동에서 각 계층별로, 그리고 관련 부서의 의견을 수렴시킬 수 있을 뿐만 아니라, 향후 중점 공략대상을 동시에 파악할 수 있다는 장점이 있습니다.

■ **취합된 의견들의 숨겨진 의미를 파악하라**

예를 들어 <도표 4.4>과 같이 의견이 취합되었다고 가정해 보겠습니다.

이와 같은 의견의 내용들은 경영관리자 자신의 손과 발, 그리고 약간의 품을 팔아서 얻은 정보들을 토대로 경영관리자 정도의 연륜과 경험이면 간단한 추론에 의하여 파악이 충분히 가능한 일들입니다.

도표와 같은 점들이 파악되면, 일단 경영관리자는 나름대로의 진위여부나 이러한 의견들이 개진된 배경을 읽을 수 있어야 합니다. 예를 들어, 단기적인 과제들로 거론된 사항들을 보면, 몇 가지 사안들은 소관부서의 변명성 요구사항들이라는 점을 알 수 있습니다.

물론 생산부서의 당면과제로 시설이 낙후되었다거나, 그 때문에 가동이 원활하지 못하여 납기가 지연되고 있는 것이 당연하다는 식의 논리가 깔려있습니다. 게다가 예산과 업무추진비의 확대를 요구하고 있습니다. 한편으로는 연구개발능력이 떨어지기 때문에, 새로운 제품의 개발이 어렵다는 것을 당연시하고 있습니다.

그렇다고 너무 감정적으로 반감을 가지고 적대시하거나, 해당부서를 지나치게 굴절된 시각으로 보는 일은 삼가야 합니다.

도출된 당면과제를 보면, 생산부문의 적극적 멘탈리티가 떨어지고 있다는 점을 알 수 있습니다. 또한 영업부문의 요구사항과 마찰이 많고, 의견조율이 잘 되지 않고 있다는 점이 표출되고 있습니다. 이러한 문제의 원인이 어쩌면, 납기의 이행이 잘 되지 못하기 때문에 시작된 것일 수도 있고, 그러한 점에 대하여 고객의 요구사항을 충족하기 위하여 영업에서 생산부문에 조건을 달리하고 있는지도 알아봐야 할 것입니다.

물론 생산시설의 기술적합성이나 내용년수도 다시 한번 점검해봐야 할 것입니다. 더욱이 설비보전 관리책임자의 설비점검 및 관리일지를 살펴봐야 할 것입니다. 설비보전요원의 정원관리나 생산설비별 이력관리도 점검되어야 할 것입니다. 어쩌면, 생산부문의 체질과 업무방식 상에 상당한 문제가 노출될 수도 있습니다. 그래서 그런지 감사 쪽에서도 종종 스포트라이트를 비추고 있는 것처럼 보입니다.

즉, 이와 같은 의견취합의 경우, 행간에 숨어 있는 점들을 제대로 파악하지 못하고 이를 걸러내지 않고 우선 추진과제로 기획에서 전개한다면, 그 역시 또 쓸데없는 짓을 하게 되는 셈입니다. 따라서 이러한 맥락을 유의 깊게 살펴보는 것이 하나의 요령이 될 수 있습니다.

그러나 어찌되었건 사업계획의 전개가 신속하지 않다는 점과 장기계획의 부재로 투자가 신속하게 실행되지 못하고 있다는 점도 파악되었습니다. 규정의 개선도 일단 유의해볼 필요가 있습니다. 또한 제품의 연구개발 및 실험실의 유명무실로 이를 확충해야 할 점도 파악되었습니다.

나머지 부분은 어느 회사나 단골처럼 거론되는 이야기들입니다. 그러한 부분에 대하여는 경영자의 결단이 필요한 것이므로, 일단 과제 리스트에는 삽입하더라도, 경영관리자가 우선 주목해야 할 점은 몇 가지로 압축해서 요약하여 살펴볼 수 있게 됩니다.

예를 들면, 규정의 개폐는 기획부문에서 주도해야 할 것입니다. 그러나 규정의 개폐는 업무분석이라는 막대한 작업이 기다리고 있습니다. 따라서 업무분석을 하기 전에는 거의 무의미한 작업입니다. 또한 현재의 여건상, 업무분석까지 착수하기에는 어려움이 있을 수도 있습니다. 그렇다면 일단 시급히 조치해야 할 것을 제외하고는 6개월 뒤의 고려사항으로 미루도록 합니다.

나머지 부분 중에서도 증자는 무조건 말처럼 쉽게 증자되는 것이 아니므로, 증자의 필요성이나 신규사업계획과 수익전망, 그리고 기존사업의 구조조정 등이 병행되어야 하는 것이므로 일단 그것도 6개월 뒤의 과제로 넘겨놓습니다.

그렇다면, 중장기 사업계획 또는 전략계획을 마련하는 일이 남게 됩니다. 물론, 신규투자 사업계획의 완성과 같은 일은 지금부터 착수해야 할 일로 올라오게 됩니다. 그렇다면 일단 당장 추진해야 할 과제 리스트에 올려놓습니다.

이와 같이 진행을 하다보면, 대체로 몇 가지로 압축해서 경영관리자의 기획활동에서 해야 할 일들이 보이기 시작합니다. 그렇다면 이제는 효과성에 관한 문제는 해결되는 셈입니다.

<도표 4.5> 기획사고와 완수도에 의한 경영성과

기획사고의 충실도	높다	행동지연, 행동결여로 기획성과의 미실현	기업성장실현
	낮다	기획부재, 방향성의 상실	표류와 빈번한 시행착오
		낮다	높다

기획실천의 완수도

(D. J. Park, 2001)

그러나 여기에서 파악되지 못하는 일들이 있을 수 있습니다. 예를 들면, 전략적 중점과제로 선정해서 추진해야 할 일들 중에 몇몇 중요한 일들이 '반드시 해야 할 일'의 리스트에서 빠져버린다면, 기획업무의 효과성이 크게 상실됩니다.

■ 해야 할 일들은 반드시 한다

따라서 여기에서 유념해두어야 할 것으로, 경영관리자가 반드시 확실시하고 넘어가야 할 자세중의 한 가지는 「해야 할 일은 반드시 한다」는 각오입니다. 만약, 체력이나 힘이 떨어져서 목표를 100% 완수하지 못하는 경우라면, 그것은 「자신의 의지와 자원을 동원하여 얼마나 열심히 했는가?」에 관한 문제입니다. 그러나 만약, 체력의 문제가 아니라, 「해야 할 일」을 일부 간과하였다면, 그것은 「생각과 논리, 그리고 치밀성」에 관한 문제입니다.

경영관리자의 기획활동에 대한 관리는 경영관리자의 8P 성공 모델에서의 핵심역량의 확보와 기획의 치밀성 - 이 두 가지를 모두 완수하여야 합니다. 특히 「경영관리자의 기획사고의 충실에 만전을 기하는 일」에 우선순위를 두어야 하는 것입니다.

■ 왜 경영관리자의 「기획하는 행동」을 충실히 해야 하는가?

그 이유는 다음과 같은 2가지가 있습니다.

첫째로, 기업행동의 실천은 계획에 입각하여 전개되지만, 경영관리자들이 환경의 변화에 수반하여 새로운 환경대응을 위한 기획활동을 의도적으로 주관하여 계획하여 관리하지 않아도, 현재 추진 중인 사업활동은 기존의 「방향성」과 「추진관성」에 따라서 경영실천을 계속 주관하게 됩니다.

때로는 그러한 방향성이 사업의 관성에 따라 자동적으로 설정되기도 하는데, 그것은 현업 부서의 존립을 유지하고 그 성과를 실현하기 위하여, 제각기 독자적인 사업지능을 발휘하려고 하기 때문입니다. 이럴 경우, 기획지능이 현업에서 작용하게 되며, 또한 실천을 주관하게 됩니다. 물론 이러한 기획지능이 사업부문에서 제대로 발휘되려면 일정한 요건이 필요합니다.[12]

예를 들면, 제한된 경영자원 하에서도 일정한 수익을 실현해야 하는 등의 압력요소가 등장하면, 그에 대응하기 위하여 경영관리자와 사업부문의 기획지능을 발휘하게 하는 요인이 됩니다.

사업부문에서 경영관리자들이 기획지능을 발휘하게 될 경우, 본사 기획부분에서는 사업부문의 기획을 보조하고, 좀더 거시적인 관점에서 방향제시와 정보제공, 대안의 흐름을 조정하는 일을 전개할 수 있게 됩니다.

---

[12] 기획지능의 발휘에 대하여는 박동준, 뉴스와트 전략 제6장 환경지능경영론 (소프트전략경영연구원, 2005)을 참조하시기 바랍니다.

사업부문의 기획지능은 주로 현재 추진 중인 사업단위를 중심으로 발휘되거나 최소계획기간의 지평 내에서, 예를 들면 1년, 또는 분기계획을 중심으로 발휘되는 경향이 있습니다.

구체적으로 살펴보면, 사업부문에서 전개하는 기획기능은 우선 당면하고 있는 제품과 시장, 생산활동을 중심으로 전개되며, 주로 현재 당면하고 있는 일들과 다음 분기에 수행해야 할 일들에 대부분의 관심을 집중합니다. 그것은 각 사업부서가 현재의 사업실천을 전제로 하고 있을 뿐만 아니라, 실행에 대한 업무결과를 관장하고 당면하고 있는 목표달성의 부담을 져야 하기 때문에 업무기획의 범위를 우선 당장 실현하고 있는 것들과 시급한 것들에 집중하려는 경향이 있기 때문입니다.

더욱이 사업부문에서는 현재 설정된 과업을 완수해야 하는 책임이 가장 중요하기 때문에, 사업부문 경영관리자들의 기획지능은 주로 현재적인 것과 우선 소속부서에서 당면하게 될 긴급사항들에 초점을 맞추게 됩니다. 그래서 좀더 계획지평을 확대하게 되면, 자신들과는 거리가 먼 것으로 간주하고, 경영관리자의 우선순위 고려대상에서 밀려나게 됩니다. 따라서 전사 기획부문에서 이러한 현실에 대하여 보완적인 역할을 수행하게 됩니다.

또한 사업부문 조직구성원들의 기획지능이 결여되어 있는 경우에는, 새로운 사업과 업무기획을 통한 환경대응과 같은 지능적 활동이 도외시되고, 사업의 관성에 의한 현업의 업무추진에 매진하게 됩니다.

따라서 경영관리자들이 이에 대하여 스스로 기획기능발휘의 구조적 한계점을 극복할 수 있도록 세심한 주의를 기울이고, 경영관리자의 환경대응활동의 전략적 성과를 지속적으로 관리하는 관리행태를 강화하기 위하여 노력을 배가해야 합니다.

둘째로, 전사 기획부분의 기획활동에서 기업의 성장이나 존립을 위하여 반드시 고려해야 할 중요사항들을 간과하게 된다면, 회사 전체가 그러한 긴요한 과제들을 방치하게 될 수 있기 때문입니다.

이럴 경우, 앞에서도 예시한 바와 같이 '그것은 경영진, 즉, 사장책임이다'라고 미룰 수도 있습니다. 그러나 그렇게 막연하게 책임회피를 한다면, 그것은 경영관리자의 도리가 아닙니다. 기획부문을 두는 까닭은 경영진이 직접 나서서 기획의 일을 할 수 없기 때문이 아닙니다. 대부분의 경영진들은 나름대로의 기획논리와 사업과 경영의 기획지능을 충분히 발휘하고 있습니다. 절대로, 경영진의 기획지능을 과소평가하지 않기를 바랍니다.

그런데도 조직 내에 기획부문과 경영관리자를 별도로 두는 근본적인 이유는 경영진은 경영진 나름대로의 추진해야 할 과업이 산적해 있기 때문입니다. 그래서 경영진과의 경영관리자, 그리고 본사 기획부서간의 업무분업이 시작되는 것입니다.

전사 기획부서는 이와 같은 이유에서 독립적으로 부서를 유지하게 됩니다. 그러나 전사 기획부서에서 일반 사업부문의 전략을 모색하거나, 또는 사업부문의 경영관리자들을 대신하여 새로운 전략적 사업을 창출하는 일을 수행하는 것은 아닙니다. 물론 일부 사업에 대한 방향제시나 사업확장이나 축소에 대한 기준을 설정하는 등의 전략적 방향제시나 대안의 제시는 할 수는 있습니다. 그러나 그러한 일들조차 주요한 실행책임은 근본적으로 경영관리자들의 몫입니다.

■ 경영관리자의 기획책무는 반드시 완수되어야 한다

경영관리자가 이제부터 가장 강화해야 할 책무가 바로 경영관리자의 기획책무의 완수입니다.

그러한 점에서 볼 때, 전략적 과업들에 대한 중요사안들을 방치하는 행위는 경영관리자의 기획책무상의 죄악으로 다루어져야 합니다.   따라서, 시종일관 반복적으로 강조되어야 할 것은 바로 경영관리자의 기획책무는 방치, 방임되어서는 안 된다는 점입니다.

대부분의 실패하는 기업들의 실패원인을 보면, 각 부문의 경영관리자의 책임과 의무의 충실한 이행과 밀접한 관련이 있음을 알 수 있습니다.   물론 최종의 책임은 최고경영자의 부담입니다.

그러나 각 부문에서 사전에 환경변화의 조짐에 대응하고 각 부문별 경영과제들에 대한 대비를 충실히 한다면, 기업의 환경대응성과는 크게 차이를 보이기 마련입니다.   따라서 소관부서내에 인원이 부족하거나 기획역량의 한계로 주요한 전략적 과제를 지금 당장 해결하지 못할 경우라도, 반드시 그러한 과제들을 해결요망과제로 부각시키고 경영진과 관련부문에 주지시키는 일을 귀찮게 여겨서는 곤란합니다.

경영관리자가 전개해야 할 긴급과제와 긴급조치에 관하여 세부적인 작업전개는 제8장에서 살펴보겠습니다.

그러면 이제부터는 효율에 관한 점을 살펴보겠습니다.   경영관리자의 기획활동에 대한 효율성 점검이라고 한다면, 해야 할 일들을 제대로 하고 있는가에 대하여 살피는 것입니다.

다시 말하면, '제대로 하고 있는가?   또는 쓸데없는 방식으로 하는 것은 아닐까?'에 대한 점검을 해야 하는 것입니다.

예를 들어, 우리 사업부문의 전략계획을 수립한다고 할 때, 그 업무를 제대로 하지 않거나 또는 쓸모없는 방식으로 하고 있다면, 그것은 기획활동의 효율이 낮다고 할 것입니다.   이러한 현상은 본사 기획부문의 기획활동이건, 사업부문의 사업기획활동이건 다르지 않습니다.

3. 경영관리자의 전략능력을 강화하라

■ 경영관리자의 전략지원조직을 구성하라

기획업무를 제대로 전개하지 않고, 기획의 추진방식 또한 유용성을 상실하고 있다면, 그러한 기획활동에 따라 추진하는 사업활동의 결과가 목표하는 바와 다르게 나올 확률이 크기 때문에, 그 효과성 또한 떨어집니다. 따라서 경영관리자는 그동안 추진했던 조직구성원들의 기획의 추진방식을 개선하고 절차와 새로운 전략적 기법들에 대한 교육훈련을 강화해서 기획활동의 프로세스 성과를 높일 수 있도록 조치하여야 합니다.

특히 기획능력을 강화하기 위한 교육훈련에서는 전략수립을 위한 절차와 기법, 또는 양식의 작성요령과 같은 지식의 전달교육보다는 실천적으로 수행할 수 있는 실전 워크샵 형태의 교육을 지속적이고 반복적으로 전개할 수 있도록 지휘하는 것이 중요합니다.

또한 관련부서와 협조하여 전사적으로 「전략지원 및 활동조직(strategic activity group)」을 편성하고 관리자급의 전략 리더와 전략 퍼실리테이터들을 양성해놓을 필요가 있습니다.[13] 이러한 기획지원요원들을 확보함으로써 각 단위조직별 전략활동들을 지원할 수 있을 뿐만 아니라, 조직의 전체적인 전략의 수립과 자원계획, 전략전개에도 효과적으로 활용할 수 있습니다.

경영관리자는 조직내부적으로 전략지원조직을 확보함으로써 기획활동의 효율성을 대폭 높일 수 있습니다. 뿐만 아니라 전략적 기획의 지속적 검토를 통하여 추진사업과 전략의 지속성을 확보할 수 있는 장점이 있습니다.

---

[13] 당면하고 있는 환경의 특성이나 조직구성원의 편성에 따라, 외부적 전략대응과 내부적 전략대응에 필요한 지원조직을 구분하여 전개하는 것도 고려할 수 있습니다. 외부적 전략과 내부적 전략에 대하여는 이 책의 자매서,「전략포맷」을 참조.

■ 경영관리자의 전략재량을 확보하라

다음의 대화는 Y팀장이 속해 있던 회사에서의 이야기입니다.

경영자 : 지난달에도 사장님께서 말씀하셨지만, 9월까지는 우리도 5년 장기계획을 새로 정비해야 하는데, 기획부서와 각 사업부서에서는 어떻게 할 생각인가?

관리자 : 일단 6월까지 두 달 동안 초안을 만들고, 수정을 3개월에 걸쳐 수행할 생각입니다만,

경영자 : 사업부문별로 매출목표와 추정손익도 나오겠지?

관리자 : 연차별 목표로 나누어 수치화할 수는 있을 것입니다.

경영자 : 신규사업들은 어떻게 할 생각인가?

관리자 : 현재 신규추진중인 D사업을 중심으로 추진계획을 준비할 생각입니다.

경영자 : 자본계획이 중요하니까, 이에 대하여 세밀하게 준비해주게, 이사회에서도 이 부분을 신경 쓰고 있는 것 같아.

관리자 : 증자관련 투자계획은 별도로 준비하도록 하겠습니다.

경영자 : 참, 내년 1월부터 로고를 바꾸기로 하였는데, 우리 사업과 관련된 장기비전은 이번 5년 장기계획 작업에서 도출할 수 있겠지?

관리자 : 비전이라는 것이 결국 장기목표와 비슷한 것이니까, 지난번에 만든 것을 수정해서 대충 만들어 보겠습니다.

경영자 : 그렇게 하지, 그리고 기획팀 내에 사람 충원하는 것도 인사위원회에 이야기 해놓았으니까, 일단 우리 부서 내부에서 찾아보고, 없으면 가을 신입사원 모집 때에 같이 하면 어떨까?

관리자 : 그건, 좀 곤란한 것 같습니다. 지금 필요한 직급은 중견 대리급하고 재무회계를 좀 할 수 있는 중견사원이 필요한데, 회사내부에서는 마땅히 해당자도 없고, 그나마 좀 떨어지지만 예산담당대리를 원했는데, 그 쪽도 사람이 없다고 난리입니다. 전에도 말씀드렸지만, 다음 달에는 충원이 되어야 할 것 같습니다.

경영자 : 그렇다면, 사장님께 말씀드려보도록 하지. 지금, 사장님도 인원 때문에 걱정이 많으신 것 같네. 쓸만한 사람은 부족하고, 수익성은 기대에 미치지 못하고, 급여 베이스를 낮출 수도 없고…,

관리자 : 그러면 전략계획은 외부 컨설팅용역을…,

경영자 : 가급적이면, 우리 자체적으로 하자고. 외부용역 같은 것은 생각하지도 말게나. 지금 기획 쪽은 예산이 없잖아. 관리본부 전체에도 이미 예산이 마이너스예요. 일단 6월 20일까지 초안을 만들어 발표하게나.

관리자 : 예, 알았습니다.

 이상과 같은 대화내용에서 이 회사의 기획활동의 업무흐름을 대충 짐작할 수 있게 됩니다.

 이러한 내용을 통하여 여러 가지의 의견들이 제시될 수 있습니다만, 우선 이 회사에는 경영관리자의 기획활동 뿐만 아니라 본사의 기획부문에 대한 업무예산이라는 것이 별로 없다는 점을 알 수 있습니다. "기획활동에 무슨 예산이 필요해?" 관리부장의 이야기입니다. 아마도 월급을 주고, 사무실 경비, 간단한 교통비, 식대와 같은 것으로 기획업무예산을 생각하는 모양입니다. 조금 관대하게 굴어서, 자료비나 정보비로 책정해주면서 생색을 낼 수도 있습니다.

 상황이 이럴 경우, 경영관리자의 기획활동은 움직이기 힘들어지기 시작합니다. 만약에 새로운 원료의 비교분석을 위한 정보처리를 위하여 소프트웨어가 필요하다면, 전산실 예산으로 움직여야 합니다. 전산실에 해당 항목에 대한 예산이 배정되어 있지 못하면, 해당 소프트웨어의 구입은 어려워집니다. 사업기획요원 및 사업부문별 프로젝트 팀원들에게 필요한 교육이나 워크샵을 시켜야 할 경우, 이번에는 교육예산으로 움직입니다.

경영관리자들이 새로운 기획활동을 전개하려고 해도 그에 필요한 예산과 자원이 배정되지 않으므로 하던 일이나 잘하는 것이 합당하다는 생각이 지배적으로 움직이게 됩니다. 심지어는 새로운 사업에 대한 기획에서는 당장 수익이 발생하는 것도 아니므로, 경영관리자의 업적 성과에도 도움이 되질 않습니다. 기업이 당면하고 있는 치열한 경쟁상황과 급변하는 환경에 대응하기 위하여 경영관리자들이 스스로 전략적 대응활동을 전개하려는 참으로 소중한 행동과 의지가 고스란히 자멸해버리고 맙니다.

따라서 경영관리자는 소관부서의 재량예산 범위 내에 전략적 대응을 전개할 수 있는 전략적 자원과 예산을 확보하는 것이 중요합니다. 예를 들면, 최소한 사업비의 5%만이라도 전략적 예산을 확보하는 것이 중요합니다. 만약 기업이 처하고 있는 환경의 난기류가 극심하고 비연속성이 높다면, 전략적 대응을 전개할 수 있는 자원과 예산의 규모를 더욱 높여야 합니다.

또한, 경영관리자가 위에서 시키지도 않은 새로운 일을 시도하다가 자칫 잘못하기라도 한다면, 이제부터는 감봉, 견책, 좌천 또는 사퇴를 각오해야 합니다. 그러니 새로운 일이나 도전적인 일을 할 맛이 안 나는 것도 당연합니다. "최선을 다해서 일을 제대로(right) 하라구? 쓸데없는(wrong) 소리 좀 하지 말아요!"라고 진심으로 외치고 싶을 때가 한 두 번이 아닐 것입니다.

경영관리자들이 전략적으로 움직이려고 해도, 각종 시스템이 경영관리자를 비롯한 조직구성원들을 스스로를 제약하기 때문입니다.

따라서 이와 같은 경우에는 새로운 전략적 과제에 대한 경영진의 인식을 새롭게 하고, 그에 대응하기 위한 절차와 방법을 개선하여, 현재의 구조적 문제점을 해결하기 위하여, 경영관리자가 직접 나서는 수밖에 없는 것입니다.

앞의 사례에서 알 수 있는 또 다른 사실은 필요한 기획요원의 인원선발에 대하여 경영진의 관심이 저조하다는 점입니다. 기본적으로 사람이 왜 필요한지에 대한 인식이 부족한 듯한 것처럼 보입니다. 이러한 현상이 나타나게 된 이유로는 기획부문이나 경영관리자들의 문제인식에 대한 호소력이나 설명력이 부족한 점에도 일말의 책임이 있다고 할 수 있습니다.

기획업무가 진행되는 쪽으로 눈을 돌려보면, 경영관리진과 실무자가 모두 장기계획에 대한 기본적인 이해가 부족하다고 할 수 있습니다. 마치 신년예산을 작성하듯 1년 계획들을 묶어서 5년으로 연장시켜놓은 것에 불과한 계획안을 장기계획이라고 부르고 있는 듯합니다. 산술적으로 본다면, 5년은 1년씩 5번 합쳐 논 것이므로, 각각 편성하여 연결시키면 장기계획이 되는 셈입니다. 그러나 장기계획이라는 것은 1년 계획과는 그 편성의 내용과 성질이 본질적으로 다른 것입니다. 우선 계획지평을 어떻게 편성하는가에 따라 계획에서 상정하는 환경의 내용과 범위가 달라집니다. 1년 뒤를 보는 것과 5년 뒤를 보는 것이 다를 것이 명확히 다르기 때문입니다. 만약 환경변화의 전체상을 제대로 보지 못하게 된다면, 그 계획내용의 편차가 훨씬 더 커질 것은 명확하게 됩니다. 이는 마치 2차원 포물선을 그리며 상승하는 추세에 대하여 1차원의 직선을 그리며 진행하는 추세라고 판단하는 것만큼의 차이를 유발하게 됩니다.

장기계획이 필요한 까닭은 급속하게 변화하고 있는 환경 하에서 현재의 경영 및 사업구도를 어떠한 방향으로 이끌어가야 할 것인가를 점검하고 파악하여 구체적인 행보를 기획하기 위한 것입니다.

예를 들어서, 피부질환연고를 생산하는 제약업계에서 '재생피부조직에 관한 약품관련 사업에 진출할 것인가?'를 생각해 볼 수 있습니다. 이와 같은 경우, 연고제품을 패치제품으로 전환할 것인가? 언제 그 기술을 상용화할 것인가? 피부재생기술과 치료기술 간의 접목은 어떻게 할 것인가와 같은 장기적인 대응행동을 결정하게 됩니다.

물론, 개략적이나마 시장규모나 수익규모도 추정은 할 수 있습니다. 그러나 이러한 경우, 3년차의 수익예산과 1년차의 수익예산의 내용은 아주 다른 것입니다. 해당사업에 대한 예산은 투자손익분기점을 지날 때까지는 모두 적자로 편성될 것입니다. 그것이 3년 반이 걸릴 수도 있습니다. 3년차까지는 해당사업의 본격화가 되지 못하고 있기 때문에 해당사업의 운영을 위한 예산에서 수익성의 확보는 사실상 불가능하게 됩니다. 그래서 장기계획은 일반 사업예산편성 방식과는 성질이 다른 것입니다.

더욱이 실패의 확률도 있습니다. 중간에 포기하게 될 수도 있으며, 또는 매각되거나 합작의 형태로 전개될 수도 있습니다. 따라서 장기계획에서는 수치계획이 중시되는 것이 아니라, 사업내용 중심의 계획안이 핵심이 됩니다.

또한 환경의 변화추세를 감안하여, 어느 분야에서 어떠한 방향으로 사업을 전개할 것인가에 관한 의사결정의 내용이 상당한 비중을 차지하게 됩니다. 그러므로 이 회사의 경우, 신년사업계획을 편성하듯 장기계획을 수립한다면, 그 기획의 전개방법이 잘못될 확률이 높다고 할 것입니다.

물론 이와 같은 계획에서도 전략적 투자에 대한 자금과 경영자원의 동원을 위하여 계수계획을 편성합니다. 더욱이 계획내용에 있어서도 상황에 따라 대응할 수 있도록, ABC안을 편성합니다. 이러한 계획은 상황을 전개하면서 지속적으로 보완되고 수정작업을 통하여, 정밀한 형태를 갖추게 됩니다.

■ 실수와 허수를 구별하라

또 한 가지, 주목해야 할 점은 신규사업인 D사업에 대한 검토와 전략적 점검이 어떻게 되어 있는지에 대한 고려가 결여되어 있다는 점입니다. 현재 신규추진사업의 피드백을 어떻게 할 것인지에 대한 사항도 명확하지 않은데, 전략적 분석도 제대로 하지 않은 채로 이 사업을 확장시키는 방향으로 장기계획을 편성하게 된다면, D사업뿐만 아니라 무리한 사업확장에 따라 전사적으로 위험에 빠지게 될 소지도 크다는 점을 간과하고 있습니다.

그렇다면, 현재의 기획방식을 전면 재검토하지 않을 수 없다는 이야기가 됩니다. 회사와 사업을 제대로 성장시키고 발전시키고자 노력해야하는 기획부문과 경영관리자들이 일을 이와 같이 추진하고 있다면, 그것은 오히려 회사의 운명을 그르치는 일을 「신속하게 유도하게 하는 것」과 다를 바 없는 것입니다.

이런 상황에서 자본예산을 편성한다면, 실제로는 「허수(虛數)」가 크게 작용할 것이 빤합니다. 구체적으로 예를 들면, 새로 주력사업으로 기대하고 있는 D사업의 전망을 낙관적으로 편성하고, 그 사업을 확대하여 수익을 올리는 것처럼 움직이게 될 것이 뻔하기 때문입니다.

그럴 경우, 전략적 검토를 통하여 수익성을 확보할 수 있는 E사업이나 F사업은 고려조차 되지 않은 채로, 또한 전략적으로 조속히 시장철수 또는 사업철수를 해야 할 D사업은 검증되지도 않은 채로, D사업에 대한 투자 확장의 과오를 범하게 될 소지가 커지는 것입니다.

■ 전략적 포트폴리오를 점검하라

대체로 이와 같은 일은 제2세 경영자가 자신이 새롭게 발의한 신규사업에 매진하면서 종종 목격되는 일이기도 합니다. 그동안의 기존제품을 대체할 D사업에 사활을 걸고 사업확장에 매진하면서, 쇠락의 길을 걷게 되는 회사에서 이와 같은 일을 종종 목격하게 됩니다.   이러한 상황은 D사업의 진행과정을 주도면밀하게 전략적으로 검토하면서 E, F사업들을 적절히 착수해가면서 전략적 포트폴리오를 편성, 관리하게 될 경우, 충분히 예방될 수 있는 일들입니다.

그러나 실제로는 그 기획방법이 결여되거나 또는 쓸데없는 짓으로 기획업무를 수행하면서, 기업의 운명을 기울게 하는 경우가 많이 있습니다.   이러한 일 또한 예방되고 반드시 고쳐져야 하는 것입니다.

■ 가정을 점검하라

대체로 우리가 당면하는 상황에 대하여 대응하는 논리들은 가정(假定)에 입각하여 편성됩니다.   즉, '상황이 이렇게 진행된다면…' 각 부문에서 A는 이렇게 하고 B는 저렇게 한다는 논리입니다.

따라서 내년의 사업계획을 편성하는 것도, '현재의 상황이 이렇고 앞으로는 이럴 것이다'라는 가정에 입각하여 사업계획을 편성합니다.   그러한 관점에서 본다면, 현재의 우리의 현실은 과거에 편성했던 가정들의 현실화에 따른 것이라고 볼 수 있습니다.

그러나 '아, 그것은 아닙니다.   우리는 가정하지 않고, 그냥 흘러가는 대로 굴러오면서 그저 열심히 해왔을 뿐입니다'라고 이야기 하는 N 과장 같은 사람들도 있습니다.   엄밀하게 보면 N 과장과 같은 사람들도 실제로 향후 상황에 대하여 가정을 하지 않았다고 하지만, 논리적으로 본다면, 다음과 같은 두 가지의 가정 중에 한 가지의 가정을 전개하고 있다고 볼 수 있습니다.

가정 1: 미래의 상황은 현재(또는 현재의 추세)와 변함이 없을 것이다.

결론 1: 따라서 현재와 같은 방식으로 대응을 해도 문제가 없을 것이다. 특별한 대책은 필요 없다.

가정 2: 미래의 상황은 현재(또는 현재의 추세)와는 다를 것이다.

결론 2: 따라서 무엇인가 변화에 따라 대응하지 않으면 안 된다.

즉, N 과장이 특별한 가정을 하지 않았다는 것은 특별한 가정이 필요하지 않다는 것을 의미하고, 그것은 새로운 형태의 대응행동을 전개하지 않아도, 당면하게 될 상황에서 큰 문제가 없을 것이라고 「가정」을 하고 있기 때문입니다.   그러나 N 과장과 같은 사람들의 경우에도, 다음과 같이 상황이 전개된다면, 자신의 현실에 대한 가정이 어떠한 것이었는지를 파악할 수 있게 됩니다.

만약에 전년도에 지금의 매출을 2배로 올릴 수 없다면, 전원 2년간 상여금은 지급할 수 없으며, 월급도 매년 30%씩 삭감할 수밖에 없다는 지침이 내려졌다고 해보겠습니다.   외부의 상황은 전혀 12개월간 전혀 변하지 않았다고 할 경우에도, 이와 같이 내부적으로 문제가 있다면, '매출을 2배로 올리지 못하게 된다면 어떻게 될까?   그리고 매출을 2배로 올리려면 어떻게 해야 할까?'와 같은 생각을 하였을 것입니다.

이와 같은 생각은 상황의 전개조건에 따라 자신의 현실이 다르게 될 것이라는 가정에 입각하여 전개된 것입니다.   여기에서 흥미로운 사실은 가정을 통하여 생각이 움직이기 시작한다는 점입니다.   가정이 맞건 틀리건 그것이 중요한 것이 아닙니다.   가정이 우리 자신과 조직구성원들의 생각을 움직이게 하는 씨앗이 된다는 것이 중요한 것입니다.

따라서 우리가 기존에 설정해오는 가정의 내용과 「가정하는 일」에 대하여 좀더 새롭게 생각할 수 있어야 합니다. 그동안 여러 조직의 경영관리자들과 워크샵을 수행하다보면, 바로 이와 같은 가정에 대하여 쓸데없는 것이라고 생각하거나 「가정하는 일」에 대하여 의미를 부여하지 않는 경우를 많이 경험할 수 있었습니다. 그것은 가정의 허구성이나 임시성 때문입니다. 즉, '가정은 현실이 아니다'라는 생각이 자신을 지배하기 때문입니다.

그러나 우리가 현재 설정하고 있는 가정은 미래에 대한 생각의 출발점이 된다는 사실에 주목할 필요가 있습니다. 그렇다면 현재의 현실 또한 과거에 나름대로 설정했던 가정에 영향을 받아서 귀결된 것이라고 볼 수 있습니다. 그렇다면 '가정은 현실이 아니다'라는 관점은 논리적으로 타당성을 상실하게 됩니다. 즉, 현재의 가정은 현실이 아니지만, 현실은 과거의 가정에 영향을 받아서 성립되고 있기 때문입니다. 그렇다면 현재의 가정은 미래의 현실에 영향을 미치게 된다고 할 수 있습니다.

따라서 현재의 가정이 잘못되어 있다면, 내년도 또는 미래의 사업전략은 그 유효성을 상실할 수 있습니다. 따라서 현재의 가정은 무엇인가를 늘 점검해야 하는 것입니다.

구체적으로 예를 들자면, 현재 잘 팔리고 있는 이 제품이 내년도 후년도 그리고 그 다음 해에도 계속 잘 팔릴 것이라고 생각하고 있는지를 점검하는 것입니다. 만약 N 과장이 그렇게 생각하고 있다면, 그것은 현재의 상황과 시장에서의 우리의 제품수용이 계속해서 유지된다는 가정을 하고 있는 것입니다. 만약, N 과장이 채택하고 있는 그 가정이 내년의 현실에서 부정된다면, 어떻게 될까요?

이때부터는 그동안 전혀 생각이 움직이지 않던 N 과장도 다음과 같이 생각이 돌아가기 시작합니다. "현재의 생산계획에 따라 A 제품의 출하는 평균적으로 월간 15만대, 만약 내년부터 안 팔리기 시작한다면, 재고가 60만대를 넘고, 비용은 얼마가 늘고, 할인 폭을 얼마나 할 수 있을까? 제품계획을 바꾸려면, 설계부터 바꿔야 하는데, 신제품은 지금 X31 수준이고…"

따라서 경영관리자는 자신과 조직구성원들의 평소의 생각하고 있는 가정들을 유의하여 점검하는 것이 필요합니다.[14] 뿐만 아니라 조직구성원들과 함께 우리의 사업과 시장, 주요 경영자원과 협력업체, 경쟁기업, 정부정책 등과 관련하여 다양한 형태와 다양한 내용들로 편성된 가정들을 수시로 설정해보고 논의해보는 기회를 수시로 마련하여 관리하는 것이 중요합니다. 가정이 생각하고 대응하는 사원들을 만드는 씨앗이 되기 때문입니다.

■ 잔상효과를 경계하라

가정과 더불어 경영관리자가 유의할 것으로 현상을 바라보는 시각에서 잔상효과를 경계해야 한다는 점입니다. 잔상(殘像)은 시각적으로 외부의 자극이 사라진 뒤에도 감각 경험이 지속, 재생하여 생기는 자극의 상(像)을 의미합니다. 이러한 잔상효과는 시각적 효과임에도 불구하고, 현상이나 사물을 바라보고 인식하는 관점에서도 발휘됩니다.

현재까지 진행되어온 환경의 현상이 지속될 것처럼 인식하는 잔상효과가 작용할 경우, 현재 당면하고 있는 실상을 인식하는데 장애요인이 됩니다. 전략을 수립하거나 새로운 환경대응을 전개하고자 할 때, 이와 같은 잔상효과는 경영관리자와 조직구성원들이 새로운 형태와 방식의 전략적 대응을 억제합니다.

---

14) 이에 관한 실용적이고 구체적인 절차를 소개하고 있는 참고서로 추천할 만한 책자는 다음을 참조. 이상현, 브리프케이스-컨설턴트의 서류가방에 담긴 경영전략, 소담출판사, 2001

한때, 유행처럼 널리 소개되었던 제로베이스(zero-based)의 사고 방식은 이와 같은 잔상효과를 완전히 일소하고 현상에서 사실 (fact)에 입각하여 철저히 재구성할 것을 주창하고 있습니다. 그러나 제로베이스의 사고방식을 전개할 경우에도 잔상효과를 배제하지 않을 경우, 제로베이스 사고방식은 제대로 되지 못합니다.

따라서 당면하고 있는 현실과 조만간 이행하게 될 현실에 입각하여 그 실상(實像)을 조명하고 실상에 입각한 대응을 전개할 필요가 있습니다.

만약, 어제의 환경과 오늘의 환경에서의 변화가 전무하여 환경에서의 실상의 변화가 거의 없다면 어제까지 파악한 내용을 중심으로 잔상에 입각한 대응을 전개하여도 무리가 없습니다. 대응해야 할 표적이 이동하지 않을 경우에 해당한다고 할 것입니다.

그러나 표적이 서서히 이동하거나 그 형태를 변화시키고 있다면, 그리고 현상파악에 있어서 우리 자신에게 길들여진 잔상이 작용하는 것을 제거하지 않을 경우, 표적에 대한 정확한 인식은 사실상 불가능하게 됩니다.

더욱이 환경이 비연속적으로 변화하거나 변화의 내용과 속도가 증대하여 환경의 난기류 수준이 높아질 경우에는 더더욱 이와 같은 잔상효과에 대하여 경계하여야 합니다.

잔상효과를 없애는 방법은 ①대응해야 할 환경에 대한 초점을 명확히 하고, ②표적에 가급적 최대한 가까이 접근하여 근접거리에서 탐색, 정찰, 척후활동을 강화하고 ③외부적 입장에서 현상과 현실을 인식하여 보완하며,[15] ④추측이나 경험에 입각한 판단을 배제하고 ⑤철저하게 사실정보에 입각하여 ⑥적극적인 현실대응 활동을 전개하는 것입니다.

---

[15] 현실인식에 대한 관점의 강화는 이 책의 자매서인「전략적 위기경영-실천기법」제4장과「전략포맷」제3장 전략성공모델을 참조.

제5장
조직의 전략적 역량을 강화한다

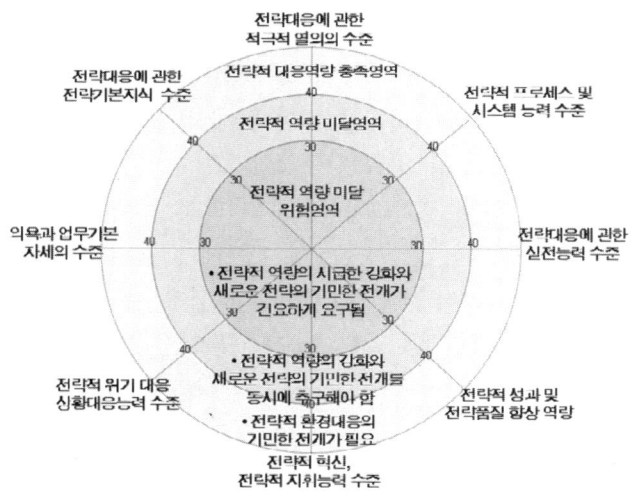

제5장의 개관

제5장에서는 경영관리자와 조직구성원들의 전략적 능력을 점검하고 어떠한 역량을 보완할 것인가에 착안하기 위하여, 간이 점검 체크리스트를 이용하여 조직의 전략능력 진단을 실시합니다.

이와 같은 진단을 통하여 전략적 능력을 파악하고, 지속적으로 전략적 능력을 향상시키기 위하여 경영관리자가 무엇을 해야 할 것인가에 관하여 대안을 모색할 수 있습니다.

여기에서 주목해야 할 내용들은 다음과 같습니다.

1. 전략적 능력의 진단을 어떻게 할 것인가?
2. 간이 진단을 통하여 나타난 결과에 대하여, 경영관리자가 우선적으로 실시해야 할 일들은 무엇인가?
3. 지속적으로 우리 조직구성원들의 전략적 능력을 강화하기 위하여 우리 부문과 연관부문에서 수행해야 할 일은 무엇인가?
4. 경영관리자가 직접 소관 부서의 직원들을 중심으로 전략실전의 지휘활동을 전개하고자 할 때, 필요한 지휘능력을 어떻게 확보할 것인가?
5. 최단기간동안에 우리 사업부문의 조직구성원들의 전략적 능력을 강화하기 위하여 실시할 수 있는 조치들은 어떠한 것들이 있는가?

1. 조직의 전략적 역량을 점검하라

경영관리자는 수시로 자신과 조직구성원들의 전략적 환경대응 역량을 파악하고 점검할 필요가 있습니다. 조직구성원들의 역량 강화에 대한 주무부서는 인적자원의 능력개발을 담당하는 부서입니다.   그러나 사업수행과 전개를 위하여 필요한 모든 기능적 능력과 수시로 변화하는 환경에 대응하기 위하여 필요한 지능을 인적자원부문에서 모두 파악하여 개발해줄 것을 기대하는 것은 현실적으로 불가능합니다.

인적자원의 능력개발부문에서는 각 조직부문에서 공통적으로 필요한 기본적 역량을 충족하기에도 바쁘기 때문입니다.   더욱이 최근에는 능력개발에 관한 전문적 서비스를 외부로 위탁하는 경향이 늘고 있기 때문에 우리 경영관리자가 주목하고 있는 전략적 역량이나 전략적 지능을 그에 의하여 충족하는 것이 더욱 기대하기 어려운 실정입니다.

따라서 소관부문 조직구성원들의 전략적 역량을 강화하는 일은 경영관리자를 중심으로 하여, 내부적 대응으로 해결책을 찾아가지 않을 수 없습니다.   그러므로 평소에 조직구성원들의 전략적 역량을 강화하는 것은 기업의 전략적 성과를 지속적으로 관리하기 위하여 주의를 기울여야 하는 경영관리자의 중요한 책무로 대두됩니다.

이와 같이 확립된 조직구성원들의 전략적 역량은 경쟁기업에서 쉽게 모방하지 못하기 때문에, 조직의 전략적 역량은 기술보다도 더 강력한 전략적 경쟁무기로 작용합니다.

경영관리자가 조직구성원의 전략적 역량을 강화하려면 먼저 현재의 조직의 전략적 역량이 어떠한가를 점검할 필요가 있습니다.

■ 조직의 전략적 역량을 진단하라

여기에서 소개하는 전략적 능력진단기법은 필자가 기업조직의 경영관리자들의 전략적 역량을 진단할 때 사용하기 위하여 개발한 전략적 능력진단 체크리스트를 이용한 간이진단기법입니다.

<도표 5.1> 환경대응전개의 프로세스와 전략적 능력진단

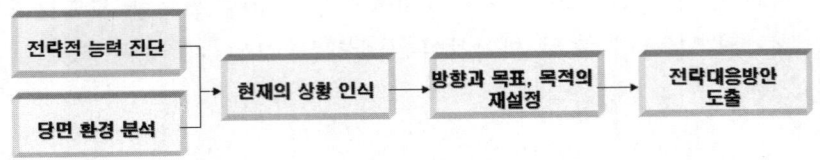

전략적 능력진단

STRATEGIC CAPABILITY - PREPAREDNESS DIAGNOSIS
[SCPD-S 진단기법]

- 전략적 능력진단은 조직이 당면하고 있는 환경에 대응하기 위하여 필요한 역량과 능력을 갖추었는가를 판별하여, 전략적 대응의 출발점으로 삼기 위하여 수행하는 작업을 말합니다.

- 따라서 전략적 능력진단을 통하여, 각 조직에서 필요한 전략적 핵심역량의 내용과 능력충족을 위한 수단을 적절히 선택할 수 있으며, 기업의 전략적 의사결정과 전략행동의 기틀을 정비할 수 있게 됩니다.

- 전략적 능력진단 작업은 기업이 당면하고 있는 환경과 조직구성원의 능력과 역량, 그리고 기업이 보유하고 있는 경영 시스템, 조직구조, 사업능력, 제품 및 서비스 능력, 기술력, 생산력, 환경과 상황에 대한 대응능력, 전략적 자원능력을 포함하는 전반적인 능력을 진단하고 점검합니다.

- 이 간이형 전략적 능력 진단기법은 소프트전략경영연구원에서 저작권을 확보하고 있습니다. 따라서 우리 기업조직에서 조직구성원들이 기업의 국제경쟁력을 높이고 전략적 능력을 강화하기 위하여 사용할 경우를 제외하고, 저작권자와의 협약 없이 영리적 목적으로 활용할 수 없습니다.

ⓒ D. J. Park, 소프트전략경영연구원, 2005

■ 간이형 전략적 능력진단(SCPD-S)으로 우리의 현실을 파악한다

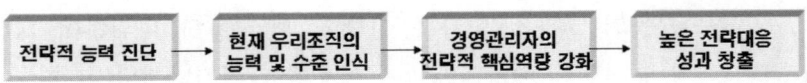

  기업의 다양한 전략능력 및 전략자원능력을 결정하는 핵심적 주체는 바로, 전략실행의 주체인 경영관리자와 조직구성원들입니다. 따라서 조직구성원들의 전략적 능력의 수준이 기업과 조직의 전체적인 전략성과창조에 지대한 영향을 미칩니다.

  따라서 이 SCPD-S 진단기법을 통하여 경영관리자는 조직내에서 필요한 전략 능력과 핵심역량의 수준을 파악할 수 있으며, 그에 입각하여 체계적인 대응방법을 착안할 수 있습니다.

  이 SCDP-S 진단기법을 통하여 경영관리자는 물론이고 실무자 및 책임자, 그리고 인적자원개발을 담당하고 있는 주요 스태프 부문에서는 각 조직부문에서 전략대응활동의 성공적 수행을 촉진하는데 필요한 최소한의 조직구성원들의 능력요소들이 무엇이며 어떠한 절차를 통하여 조직의 전략능력을 신속히 강화할 것인가를 스스로 파악할 수 있습니다.

■ 전략적 능력진단이 왜 중요한가?

<도표 5.2> 전략적 능력진단의 중요성

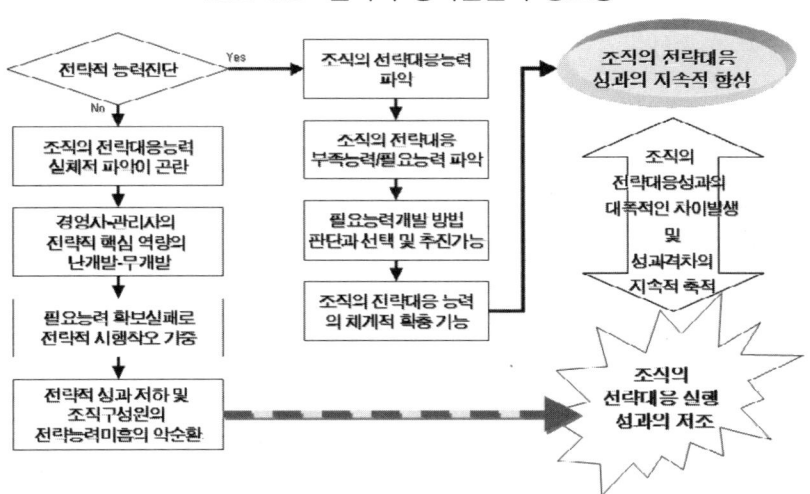

© D. J. Park, 소프트전략경영연구원, 2005

■ 경영관리자의 8가지 기본적인 전략역량과 현실에 관한 점검

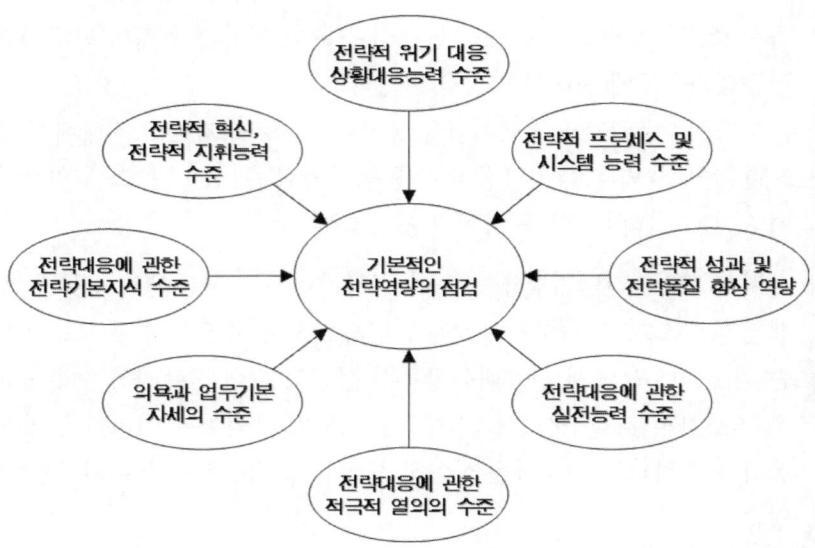

© D. J. Park, 소프트전략경영연구원, 2005

■ 간이 전략능력진단을 위한 점검항목의 구성

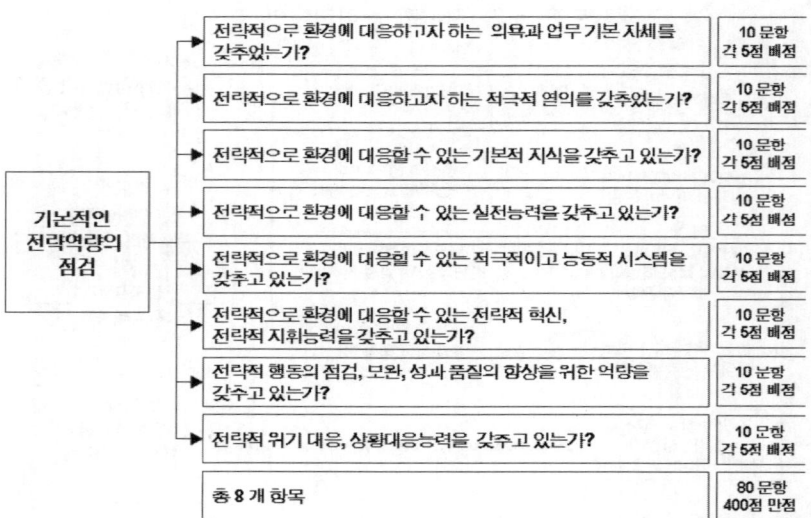

© D. J. Park, 소프트전략경영연구원, 2005

1. 전략적 의욕 및 업무기본자세의 확인

● 우리의 경영관리자들과 조직구성원들의 전략적 의욕과 업무기본 자세의 실상은 어떠한가?

1. 자신의 담당업무를 철저히 완수하고자 하는 의욕이 높다. (　)
2. 자신의 업무와 부서의 업무를 새롭게 개선하고자 하는 업무태도가 확립되어 있다. (　)
3. 고객대응성과를 높이기 위하여 부단히 연구하고 개선하고자 한다. (　)
4. 업무시간, 업무 품질 의식이 높다. (　)
5. 각자의 업적 성과와 부가가치 생산성을 높이기 위하여 일상적 노력을 기울인다. (　)
6. 경영진의 별도 지시가 없어도, 경쟁기업보다 잘 하기 위하여 조직구성원들이 합심하여 노력한다. (　)
7. 수시로 당면하고 있는 문제점들을 발견하고 그의 해결을 위하여 경영관리자들이 대응하고자 한다. (　)
8. 조직구성원들의 능력향상을 위하여 경영관리자들이 지도활동을 수행하거나 또는 직원의 능력향상교육을 실시한다. (　)
9. 고객의 불만사항이나 고객의 새로운 요구사항을 수시로 찾아내서 대응하기 위하여 아주 특별한 노력을 기울인다. (　)
10. 경영관리자들이 스스로 기업과 조직의 성장과 발전을 위하여 최선의 노력을 기울인다. (　)

배점	1	2	3	4	5	전체문항의 합계점수
의욕과 자세	아주 낮다	낮은 편이다	보통이다	높은 편이다	아주 높다	

2. 전략적 적극성, 열의의 확인

● 우리의 경영관리자들과 조직구성원들의 전략적 적극성, 열의는 얼마나 강한가?

11. 상황의 변화에 따라 능동적으로 자신의 업무와 조직구성원들의 업무를 변화시켜 대응한다. (   )

12. 우리의 경영관리자들은 경쟁사보다 먼저 무엇인가를 해내려고 노력한다. (   )

13. 시장에서의 성과, 경영성과의 결과를 반성하고, 그 성과의 개선을 위하여 스스로 앞장서 부단히 노력한다. (   )

14. 자신의 부문만으로 해결할 수 없는 일이 발생할 경우, 동료 및 협조 부서를 끈질기게 설득하여 문제를 해결해나간다. (   )

15. 조직구성원들에게 전략적 발상을 장려하고 새로운 전략을 찾아내기 위하여 분주히 노력한다. (   )

16. 새로운 시장의 개척이나 신제품 개발, 신사업 창조를 성공적으로 해내기 위한 노력을 경주한다. (   )

17. 조직이 한계상황에 당면하게 될 때에, 새로운 돌파구를 찾아내어 전력투구한다. (   )

18. (글로벌) 고객, (글로벌) 시장에서 요구하는 새로운 요구사항들을 미리 파악하여 대응한다. (   )

19. 주어진 조건하에서 대응능력이 부족할 경우, 필요한 능력을 확보하기 위하여 남다른 노력을 경주한다. (   )

20. 수시로 우리의 전략을 점검하고, 수정하여 전략적 성과를 높이기 위하여 매진한다. (   )

배점	1	2	3	4	5	전체문항의 합계점수
적극성/ 열의	아주 낮다	낮은 편이다	보통이다	높은 편이다	아주 높다	

3. 전략적 기본지식의 숙지여부

● 경영관리자와 우리의 조직구성원들의 전략적 기본지식 수준은 어떠한가?

21. 경영전략, 성장전략, 경쟁전략, 혁신전략, 자원전략, 기술전략, 시장전략, 제품전략, 생산전략, 품질전략, 정보전략, 글로벌 전략, 제휴 전략, 철퇴전략과 같은 실천적 전략에 대한 이론적 지식과 실무적 전개기법에 능통하고 있다. (   )

22. 전략적 의사결정의 기법과 절차에 대하여 숙지하고 있다. (   )

23. 전략적 사고, 발상, 아이디어의 전개, 사업화, 제품화에 대한 기법과 절차를 숙지하고 있다. (   )

24. 전략 수립에 관한 절차와 기법을 숙지하고 있다. (   )

25. 부문별 전략의 수정과 보완절차에 대하여 능통하다. (   )

26. 계획의 실천을 위한 조직화 및 행동계획의 절차수립에 대하여 능통하다. (   )

27. 전략의 실행주체에게 요구되는 전략적 목표의 전개와 행동계획의 피드백의 실제적 기법들을 숙지하고 있다. (   )

28. 언제나 특정한 상황하에서 전략적 기법을 통하여 당면하는 문제를 파악하여 해결해나갈 수 있다. (   )

29. 전략적 발상의 한계를 극복하기 위한 전략논리에 대하여 숙지하고 있다. (   )

30. 전략의 실행을 위한 조직화, 실천에서 당면하게 되는 저항요소에 대하여 잘 알고 대응하고 있다. (   )

배점	1	2	3	4	5	전체문항의 합계점수
전략지식수준	아주 낮다	낮은 편이다	보통이다	높은 편이다	아주 높다	

4. 전략적 환경대응 실전능력의 수준

> ● 우리의 경영관리자와 조직구성원들의 전략적 환경대응의 실전능력수준은 어떠한가?

31. 중요한 전략적 과제가 등장할 경우, 신속히 전략적 대안을 편성하여 대응할 수 있는 방안을 도출하고, 이를 실천에 옮길 수 있다. (   )

32. 중요한 전략을 중심으로 부문 또는 기업의 사업을 재구성할 수 있다. (   )

33. 전략적 사업추진에 필요한 부족 자원을 조직의 내부 또는 외부에서 염출해낼 수 있다. (   )

34. 당면하고 있는 상황의 흐름에 따라, 대응할 수 있는 전략적 대안들을 수시로 점검하고, 상황대응활동을 전개할 수 있다. (   )

35. 전략적 환경대응에 필요한 전략행동의 전개를 위하여 의사결정자에게 관련된 잘못된 점을 보고하고, 시정해나갈 수 있다. (   )

36. 연관조직의 비협조적인 상황에도 무릅쓰고, 기업과 조직의 생존을 위하여, 혁신적 전략의 입안과 추진을 전개할 수 있다. (   )

37. 단기적 전략성과 뿐만 아니라 장기적 관점에서의 전략적 자원대비, 역량강화, 사업의 거점의 확보와 같은 활동을 전개한다.(   )

38. 경쟁사에 대한 주요 전략정보의 노출이나, 기밀, 핵심기술과 같은 요소들에 대한 통제와 인적, 물적, 시스템적 보호 및 관리에 만전을 기하고 있다. (   )

39. 새로운 전략적 발상을 보호, 양성하고 그 실현을 위하여 특별한 조치를 강구하고 있다. (   )

40. 전략실행의 실패요소들을 점검하고, 실패 내용을 관리하며, 전략적 대응에 보완적, 전향적, 촉진적으로 활용한다. (   )

배점	1	2	3	4	5	전체문항의 합계점수
전략대응실전능력	아주 낮다	낮은 편이다	보통이다	높은 편이다	아주 높다	

5. 환경대응의 전략 시스템 능력의 수준

● 우리가 당면하고 있는 환경에 대응하는 전략 시스템의 능력수준은 어떠한가?

41. 우리의 전략적 과제 인식과 전략수립 및 대응 프로세스는 조직 구성원들이 자발적, 자율적으로 참여하고 상황에 합당한 전략을 신속하게 편성하고 대응할 수 있도록 유연하게 편성되어 있다. ( )

42. 우리의 경영관리자들은 전략적 과제의 인식과 효과적인 대응을 전개하는데 필요한 전략적 기법과 지식, 절차를 조직적으로 능숙하게 전개할 수 있다. ( )

43. 주요한 전략의 수립과 대응에 있어서 조직의 각 부문에서 필요한 전략자원을 동원하여 실천전략을 주도적으로 편성하고 신속히 대응하고 있다. ( )

44. 중장기적 관점에서 우리 조직의 전략적 성공을 위하여, 필요한 전략자원들의 중장기적인 확보방안을 모색하고 있다. ( )

45. 예외적 상황이 등장할 경우, 필요한 전략자원들을 예비자원, 또는 타 전략부문으로부터 신속하게 전환배치 할 수 있다. ( )

46. 우리 조직의 부문별 경영관리자들은 필요할 경우, 전략 기획-실행-평가-보완에 이르는 전략 프로세스를 능숙하게 관리할 수 있다. ( )

47. 전략 수립과 실천에 필요한 정보의 수집과 전달, 의사결정의 각 단계에서 주요한 정보가 간과되거나 시간이 지연되지 않고, 적시에 신속하고 효율적으로 처리된다. ( )

48. 새로운 환경에서 요구하는 전략 프로세스나 기법을 수용하여 지속적으로 조직의 전략 시스템을 혁신, 진화시켜가고 있다. ( )

49. 조직의 각 부문에서 주요한 현장의 전략정보가 수시로, 전략 수립-실행-평가-보완에 이르는 각 전략 프로세스에 투입, 반영되어, 구체적인 전략의 정밀도와 품질을 제고시킬 수 있도록 전략 시스템을 운영, 관리한다. ( )

50. 전략 시스템 각 프로세스의 진행속도와 각 단계별 처리내용은
    경쟁기업보다 효과성, 성과, 품질 면에서 탁월성을 확보하고 있
    다. (   )

배점	1	2	3	4	5	전체문항의 합계점수
전략대응 시스템수준	아주 낮다	낮은 편이다	보통이다	높은 편이다	아주 높다	

6. 전략적 환경대응 지휘능력의 수준

● 우리의 경영관리자들의 전략적 환경대응의 지휘능력수준은 어떠한가?

51. 중요한 전략적 과제가 등장할 경우, 신속히 해당 부문내의 적임
    자들을 선발하여 전략적 상황인식과 대응조치를 위한 팀을 지휘
    할 수 있다. (   )

52. 전략적 환경대응에 필요한 이해관계인들과 신속한 커뮤니케이
    션을 통하여, 긴급하게 대응할 수 있는 대안들을 편성하고, 관련
    된 이해관계인들을 상대로 전략의 실행을 지휘할 수 있다. (   )

53. 전략적 사업추진에 필요한 부족 자원의 확보를 위하여, 수단전략
    의 전개와 그 지휘를 수행할 수 있다. (   )

54. 불확실한 상황에 대응하기 위하여, 필요한 단계별 대응조치를 구
    도하고 지휘할 수 있다. (   )

55. 예측이 곤란한 상황에 대응할 수 있는 전략적 상황타개 훈련을
    지도, 지휘할 수 있다. (   )

56. 평소에 조직구성원들에게 전략적 상황의 인식과 이해, 필요한 전
    략조치에 관하여 원활하게 보고, 회의, 논의할 수 있도록 지도하
    고, 그 대안창출활동을 촉진, 지휘한다. (   )

57. 여러 가지의 전략대안들 중에, 어떤 것부터 해결해 나가야 할 것
    인지에 대하여 전략적 우선순위를 능숙하게 배정하고 그에 따라
    대응조치를 전개해나간다. (   )

58. 새로운 경쟁자의 등장이나, 돌발적으로 경쟁이 불리한 상황이 발생할 경우, 침착하게 상황을 타개해 나갈 수 있다. (   )

59. 중요한 전략적 과제에 대한 해결을 관련 부문이나 담당자들에게 무난하게 위임할 수 있다. (   )

60. 전략실행 중의 실패요소, 저항요소, 불확실한 요소들에 대하여, 직접 관찰하고 검토하여, 그 대응활동을 지휘한다. (   )

배점	1	2	3	4	5	전체문항의 합계점수
전략지휘능력수준	아주 낮다	낮은 편이다	보통이다	높은 편이다	아주 높다	

7. 전략적 행동의 수정, 보완 및 성과 품질능력의 수준

● 우리의 경영관리자들의 전략적 행동의 수정, 보완 및 성과 품질 능력의 수준은 어떠한가?

61. 중요한 전략적 과제의 대응성과가 불확실하거나, 부분적인 성과 지연상황이 목격될 경우, 신속히 해당 대응전략의 내용을 수정, 보완할 수 있다. (   )

62. 전략 추진에 필요한 전략적 자원들을 제대로 동원하지 못할 경우, 이에 대한 보완적 조치를 강구할 수 있다. (   )

63. 전략기획에서 편성된 전략상황의 판단과 가정들이 잘못되었을 경우, 이에 대하여 전략실행의 과정에서 단계적으로 재점검하고, 전략행동의 완급, 범위, 규모를 재조정할 수 있는 관리활동을 전개한다. (   )

64. 전략기획단계에서 고려하지 못한 상황변수들이 긴요하게 작용하게 되어, 전략의 내용과 대응행동을 수정해야 할 경우, 해당 부문별로 필요한 전략수정 및 행동통제를 신속히 체계적으로 관리한다. (   )

65. 전략적 행동의 추진 및 전개시에 해당 부문 또는 특별팀을 중심으로 수시 또는 주기적으로 전략적 행동의 평가와 점검을 체계화하여 관리하고 있다. (　)

66. 전략적 행동의 추진 및 전개시에 주요한 상황정보, 실천에 따른 진척사항 등을 부문별로 신속히 파악하고 그 대응을 관리, 지휘하고 있다. (　)

67. 초기의 전략수립내용이 미흡할 경우, 그 실행과정에서 계획의 내용을 보완, 심화시키고, 실천전략을 더욱 보강시켜나가기 위한 관리활동을 전개하고 있다. (　)

68. 부분적으로 예측이 가능할 경우, 상황을 사전에 파악하여 그 대응을 위한 모의 전략워크샵을 전개하고 그 전략대안들을 관리하고 있다. (　)

69. 전략추진과 관련하여 필요한 기밀사항이나 보안유지에 대한 별도의 관리노력을 기울이고 있다. (　)

70. 전략의 기획에서 실천에 이르기까지 전략성과를 전문적으로 지원할 수 있는 별도의 유능한 전략자문그룹을 활용하고 있다. (　)

배점	1	2	3	4	5	전체문항의 합계점수
전략행동수 정능력	아주 낮다	낮은 편이다	보통이다	높은 편이다	아주 높다	

8. 전략적 위기대응, 상황대응 능력의 수준

● 우리의 경영관리자들의 전략적 위기대응, 상황대응능력의 수준은 어떠한가?

71. 전략적 사업추진과정에서 돌발적 위기상황이 등장하였을 경우, 그에 대응할 수 있는 전략전환조치를 강구할 수 있다. (　)

72. 전략적 돌발상황이나 전략적 성과가 저조할 경우, 이에 대하여 적절히 대응할 수 있는 조직과 필요한 유능한 인재들을 확보하고 있다. (   )

73. 현 단계에서는 명확하지는 않지만, 조만간 당면하게 될 위기요소나 특수상황 등을 지레짐작으로나마 판별해내고 그에 대한 대비책을 강구할 수 있다. (   )

74. 전략적 위기가 경쟁기업이나 시장환경에서 유발되지 않고, 조직 내부적으로 유발될 경우, 위기상황을 사전에 파악하고 신속히 상황통제 및 대응을 전개할 수 있다. (   )

75. 주요한 전략적 위기 요소들에 대한 대응 시스템과 대응조치에 관한 매뉴얼을 개발하여 이에 대한 모의 훈련이나 대응조치에 대한 보완조치 등을 관리하고 있다. (   )

76. 새로운 전략적 기회가 파악될 경우, 신속히 전략기획부문에게 통지하고, 해당 부문, 관련 부문에서는 새로운 전략적 기회를 장악할 수 있는 부문별 전략수립 및 대안창출 활동을 적극적으로 관리하고 있다. (   )

77. 전략적 성과가 기대 수준에 미달될 경우, 신속히 전략추진행동의 포기, 또는 철퇴를 지휘할 수 있다. (   )

78. 새로이 변화하는 환경에서 새로운 전략대응방법을 요구할 때, 필요한 전략능력의 확보와 실천을 위하여 별도의 노력을 적극적으로 기울인다. (   )

79. 전략추진에 필요한 전략역량의 한계에 봉착할 때, 기존의 전략자원의 편성과 역량을 혁신적으로 개선하기 위하여 별도의 노력을 기울인다. (   )

80. 전략의 실천주체인 조직구성원들의 전략 역량을 강화하기 위하여, 각별한 관심과 투자, 노력을 기울인다. (   )

배점	1	2	3	4	5	전체문항의 합계점수
위기상황대 응능력	아주 낮다	낮은 편이다	보통이다	높은 편이다	아주 높다	

■ 간이 진단의 종합평가

<도표 5.3> 전략적 능력진단 종합평가표

평가항목	1 기본적 업무의욕 및 자세	2 전략수립 추진에 관한 열의	3 필요한 전략실천 기초지식	4 전략적 환경대응 실전능력	5 전략적 시스템 능력	6 전략적 지휘능력	7 전략적 성과관리 역량	8 전략적 위기대응 상황대응 능력	총점
평가점수									
기준점수	40	40	40	40	40	40	40	40	320
격차									
격차순위									

(D. J. Park, 2006)

진단평가 요약표에 의한 지도요령 및 워크샵 교육지도 내용 편성의 착안점

● 본 간이진단작업을 직급별로 실시하여 직급별 역량실태를 파악하고, 그에 따라 대상자별 교육지도를 기획할 것.

● 업종별 선두기업은 기준점수를 40이상으로 편성함.

● 격차수준이 기준점수로 부터 10점 이상 차이가 날 경우 해당 평가항목에 대한 역량강화를 위하여 기업의 특성에 맞는 교육 및 워크샵이 필요함. 필요시 레이더 차트를 만들어서 한 눈에 분석할 수 있도록 함

● 1,2 항목에서의 수준진단이 기준에 미달할 경우, 전사적으로 전략적 위기의식이 취약하므로 경영관리자는 이에 대하여 주목하고 시급한 개선을 위하여 각별한 주의와 노력을 기울일 필요가 있음

● 3~7항목에서의 수준이 기준에 미달할 경우, 해당 기업의 환경 및 사업특성, 조직특성을 파악하여 체계적인 전략 워크샵의 심도 있는 지도가 요망됨

● 제8항목의 수준이 기준에 미달할 경우, 최고경영층을 위시하여 전략적 위기경영을 위한 실전 워크샵을 전개함.

● 전항목의 수준이 기준에 합당할 경우, 해당기업의 전략 상황에 따라 차별화된 전략 워크샵을 실시함.

2. 조직의 전략적 역량을 강화하라

■ 간이 진단 평가의 레이더 차트 분석

이상과 같은 종합진단을 마치면, <도표 5.4>에서 보는 바와 같이 경영관리자는 자신과 조직구성원들의 전략적 능력을 중심으로 어떠한 역량을 보완해야 할 것인지를 파악합니다.

<도표 5.4> 전략적 능력진단평가의 레이더차트 분석

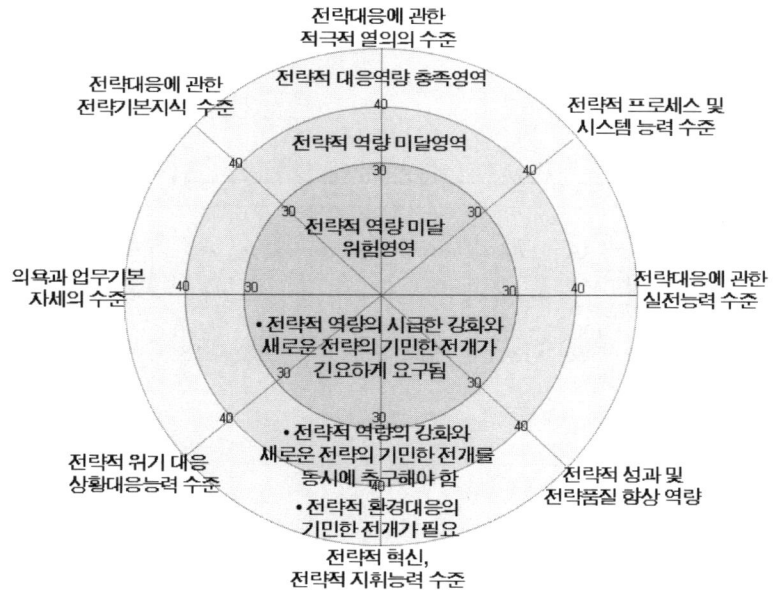

(D. J. Park, 2006)

필요하다면, 관련부서와 공동으로 능력에 대한 진단을 수행합니다. 예를 들어, 신규사업의 수행이나 복잡한 환경에 대응하기 위하여 여러 부문이 공동대응을 전개하거나 특별 조직이 편성되었을 경우, 이상과 같은 점검을 통하여 관련된 조직구성원들의 능력진단을 통하여 전략적 대응의 성과를 짐작해볼 수 있으며, 또한 어떠한 능력을 보완하여 그 성과를 높일 것인지에 대한 판단을 내릴 수 있습니다.

전략적 능력을 향상시키는 일은 단기간에 달성될 수 없으므로 경영관리자는 이에 대한 사전적 대비를 강화해야 합니다.

<도표 5.5> 조직구성원의 전략적 능력진단평가

	직급별	경영 관리자	부문별 관리자	실무자	전략 스태프	지원부문	계 (평균)
우리 조직의 진단 총점	제1차						
	제2차						
	계(평균)						

기업조직의 전략실행수준 등급판정	AAA	AA	A	B	C	D	E	비고 .
기준점수	400 ~366	365 ~341	340 ~320	320 ~271	270 ~221	220 ~181	180이하	
경영 관리자								
조직구성원								
전략 스태프								
지원 부문								
평균(총점)								

(D. J. Park, 2006)

특히 전략적 능력은 당면하고 있는 상황에 따라 발휘되는 내용이 다르기 때문에, 일반적인 교육이나 훈련을 통한 지식과 기법을 학습하는 정도에 그쳐서는 곤란하며, 실제로 적용하고 그 기량을 발휘할 수 있도록 몸소 체득할 수 있는 형태의 실전 워크샵을 통하여 능력을 강화하도록 유의합니다.

<도표 5.6> 조직구성원의 전략적 능력강화를 위한 필요교육내용의 예시

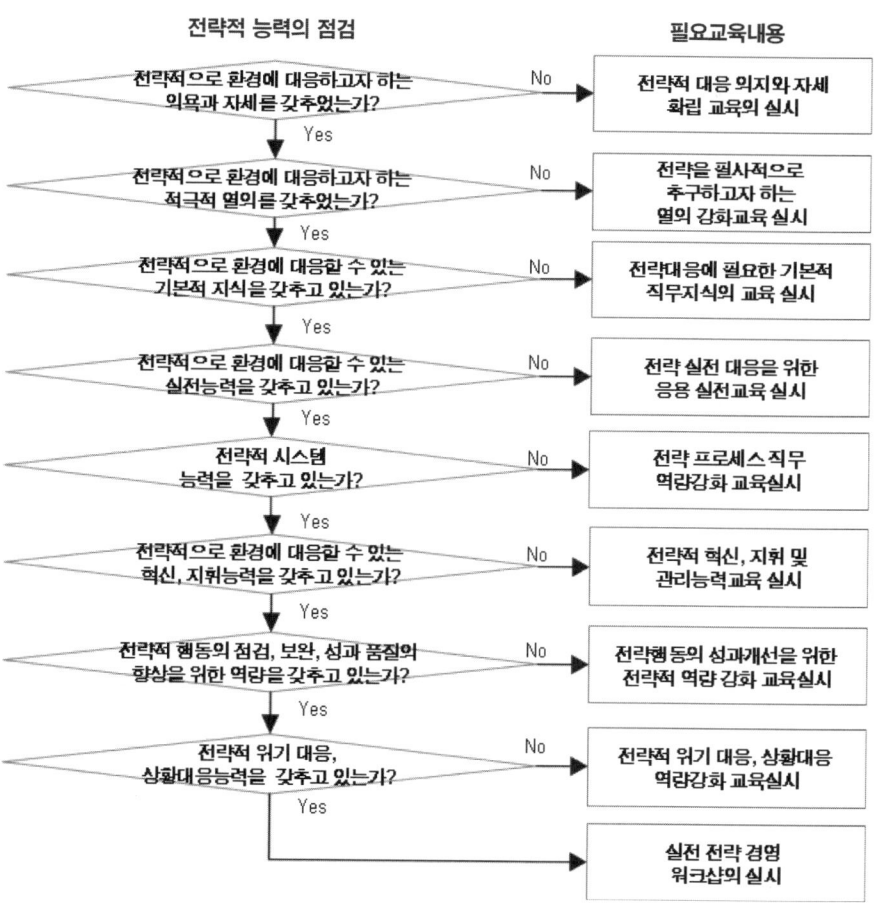

　　<도표 5.6>은 경영관리자가 전략적 능력의 기본적 역량별로 대응해야 하는 교육내용을 어떻게 편성할 것인가에 대한 가이드라인을 제시하고 있습니다.

　　따라서 필요한 전략적 과업이나 프로젝트, 또는 전략적 변혁이나 전략적 대응의 내용과 범위, 특성에 따라 관련된 조직구성원들을 선별적으로 또는 부문별로, 점검하여 필요한 조치를 수행하도록 합니다.

　　이와 관련하여 경영관리자가 지휘할 때 참고할 수 있는 교육 프로그램의 내용을 부록으로 제시하였습니다.

제6장
기업의 성장을 주도한다

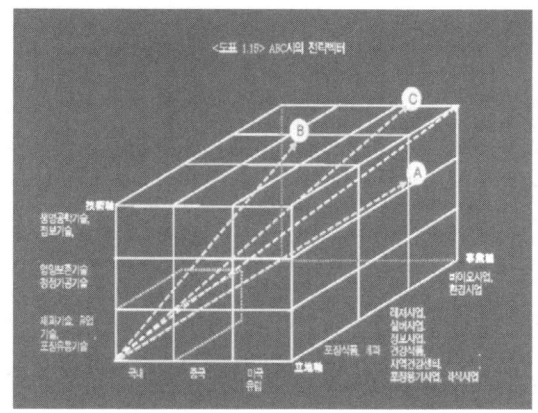

제6장의 개관

제6장에서는 경영관리자가 주목해야할 기업의 성장경로와 성장전략을 살펴봅니다. 이를 위하여 전략벡터를 어떻게 구성하는지에 대한 사례를 통하여 경영관리자가 소관하는 사업과 기업의 전략벡터와 성장전략에 대한 방향모색을 점검합니다.

기업의 성장은 경영자와 경영관리자가 지휘합니다. 우리의 경영관리자들은 그동안 스스로 사업의 방향을 정하기보다는 정해진 사업에 매진하는 일을 충실히 해오는 과정을 반복하면서 종종 방향설정에 대한 감각을 상실할 때가 있습니다.

제6장을 통하여 경영관리자의 성장과 조직의 성장을 위하여 핵심적으로 알아야 할 성장전략의 모색방법을 이해할 수 있기를 바랍니다.

여기에서 주목해야 할 내용들은 다음과 같습니다.

1. 성장전략을 구성하는 전략경로들은 어떻게 구상할 수 있는가?
2. 우리의 사업 또는 기업의 전략벡터를 실제로 만들어 보고, 향후 5년 내에 추진해야 할 전략경로를 어떻게 확정할 것인가?
3. 우리의 제품과 서비스, 시장, 기술, 사업 등을 재구성해야 한다면, 어떠한 형태로 재구성할 것인가?
4. 현재 우리의 기술전략은 무엇을 기초로 편성되어 있는가?
5. 현재 추진 중인 성장전략은 전략벡터의 어느 경로를 지향하고 있는가?
6. 만약, 현재 상정되고 있는 성장전략을 수정해야 한다면, 그 이유는 무엇이며, 어떻게 수정해야 할 것인가?
7. 최종적으로 확정된 성장전략의 벡터를 실현하기 위하여 필요한 전략능력과 자원은 무엇이며, 그 동원가능성은 어떻게 되는가?

1. 기업의 전략적 성장을 관리하라

■ 기업행동, 사업의 진행과정을 주목하라

저는 수학을 별로 잘 하질 못하여, 저에게 수학은 별로 좋아하는 과목은 아닙니다. 그런데, 고등학교까지 배운 수학적 사고라도 이를 잘 적용해보면, 현재의 경영의 과제들도 상당부문 새로운 관점에서 해결대안을 찾아볼 수 있게 합니다.

고등학교의 수학과목에서 미분과 적분이라는 것을 배웁니다. 저는 미분을 배울 때, 2차 함수의 기울기를 구하는 도함수를 도출하는 것으로부터 배웠던 기억이 납니다.

$y=x^2$라는 함수는 U자 형태로 증가하는 형태의 곡선이므로 그에 접하는 직선의 기울기의 값은 x 좌표가 변하게 되면 계속 달라집니다. 그런데 이 함수에 대하여 x를 기준으로 미분하면 도함수는 $y'=2x$가 되어서, 해당 위치에 x의 상수값을 넣으면 그것 참 신기하게도 언제든지 그와 접하는 기울기가 척척 나오는 것입니다. 저는 아직도 그것을 신기하게 생각하고 있습니다.

기업은 어느 한 가지의 지능이나 또는 역량, 자원만으로 성립되는 것이 아닙니다. 기업을 구성하는 다양한 핵심요소들이 결합되고 상호작용의 관계를 거쳐 최종결과물의 형태로 제품이나 서비스를 공급합니다.

시간을 기준으로 하여 기업행동의 함수를 만들어본다고 해봅시다. 기업행동 또는 성과는 흔히 이야기 되는 것과 같이 사람, 물자, 돈에 의하여 결정된다고 가정해봅시다. 그렇다면 기업행동은 사람과 물자와 돈으로 구성된 함수로 표현할 수 있습니다. 이것이 곱의 형태로 되어 있는지, 합의 형태로 되어 있는지, 또는 곱과 합의 혼합형태로 되어 있는지, 상수와 변수가 정확히 무엇인지는 아직 잘 모릅니다.

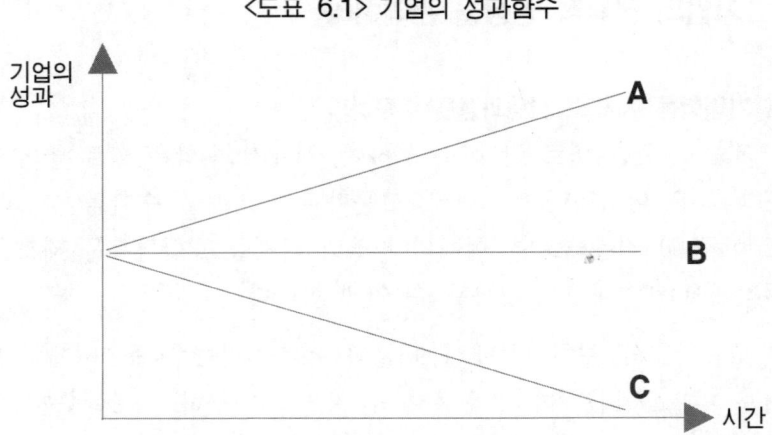

<도표 6.1> 기업의 성과함수

또한 각 사람이나 물자나 돈이 2차함수의 형태로 성립되는지 3차함수로 성립되는지 잘 모르겠습니다. 그래서 잘 모르는 형태지만 어떠한 형태이건 함수가 존재한다고 가정해봅시다.

기업경영 요소의 투입을 변화시키면 성과가 변화합니다. 이 성과를 시간에 따라 편성해보면 <도표 6.1>의 그래프 형태로 상정해볼 수 있습니다.

경영요소를 투입하여 성과를 올리는 함수가 1차 함수의 형태라면 다음과 같은 세 가지의 경우를 생각해볼 수 있습니다.

우선 A형태라면, 지속적으로 경영요소를 투입함에 따라, 시간에 따라 성과가 증진하는 경우가 될 것입니다. 그러나 B형태라면, 시간에 따라 성과가 변화하지 않는 경우가 될 것입니다. 이와 마찬가지의 논리로 C형태라면 시간이 흐를수록 사업의 성과가 떨어지는 경우가 될 것입니다.

누구나 A함수를 기대하고 좀더 잘되기 위한 노력을 합니다. 따라서 그 기울기를 더욱 높이기 위한 조치를 취하려고 하고, 기업지능을 발휘하여 보다 향상된 결과를 창출해내기 위한 기업노력을 경주합니다.

그런데 몇 년의 시간이 지나도 성과가 향상되지 아니하고 B형태와 같이 기업은 답보상태를 유지하거나, 또는 C형태와 같이 퇴보하게 된다면, 여기에는 분명히 문제가 있는 것입니다. 어떠한 기업이건 자신의 함수가 어떠한 것인지는 세월이 흐르면 알게 되는 것입니다.

그런데 이상과 같은 세 개의 함수를 미분하면, 몇 년이나 기다리지 않아도 그 결과를 알 수 있게 되는 것입니다.

A함수를 미분하면 그것이 양의 수라는 것을 알 수 있습니다. B함수는 '0'의 수치가 나오고 C함수는 마이너스 값이 나오게 됩니다. 미분값의 부호를 알 수 있다면 우리 기업의 성과함수가 어떠한지를 알 수 있게 되는 것입니다.

물론 경영경제분야의 수학을 이용하여, 함수의 결정식은 여러 가지의 형태로 제시할 수 있습니다. 여기에서는 특정 함수를 소개하고자 함은 아니므로, 그래프의 형태로만 이해를 대신하겠습니다.

■ 탄생기에서부터 결정된 기업운명

여기에서 주목할 점은, 어떤 회사는 처음부터 내내 A형태의 함수를 유지하고 그 기울기를 높여 가는가 하면 어떤 회사는 처음부터 B형태 또는 C형태의 함수를 가지고 움직인다는 점입니다. C형태의 회사들은 조만간 도태되므로, 사람들로부터 주목되지도 않고 원인도 제대로 파악되지 않은 채로 소멸해버립니다. B형태의 회사들은 성장을 하지 않고, 10년 전이나 지금이나 늘 그 모양으로 겨우겨우 생존을 하고 있으며, 심각한 환경변화나 구조적 문제가 발생하게 되면, 위급한 상황에 처하게 됩니다.

이와 같은 기업들은 예를 들면, 경영이나 업무기능의 부전과 같은 현상들이 만연해 있습니다. 기업지능은 크게 발휘되지 아니

하며, 기업행동도 교정되지 않습니다. 기업지능은 낮은 수준에서
머물고, 활동성도 떨어져 서서히 왕성한 시장력에 의하여 밀려나
가는 것입니다.

■ 기업의 성장함수도 변화한다

　그런데 흥미로운 사실은 처음에는 <도표 6.1>에서 A형태의 함
수를 유지하던 기업들도 상황에 따라서 그리고 시간의 흐름에 따
라서 B형태나 C형태의 함수로 전이되거나 변형되는 상황에 처할
수 있다는 점입니다.

<도표 6.2> 기업의 성장경로와 성장한계

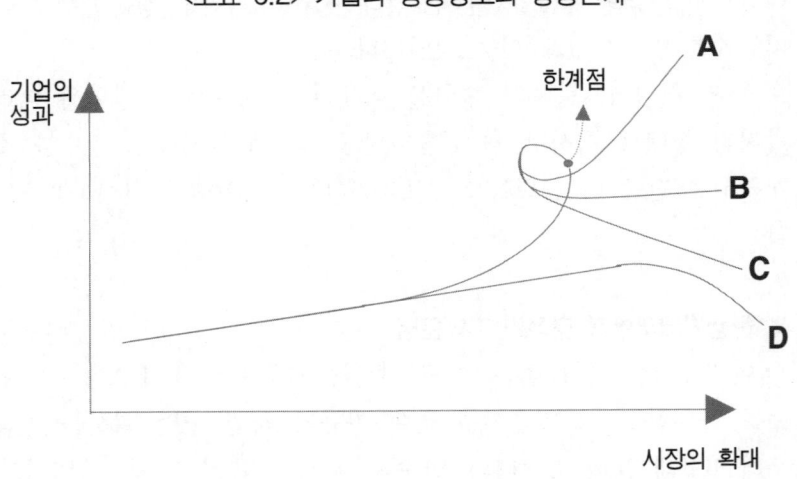

(D. J. Park, P. H. Antoniou 2002)

　무엇이 이러한 기업함수의 변화를 유발하는가에 대하여 주목
할 필요가 있습니다. 한동안 성장을 구가하던 상당수의 기업들이
더 이상 성장을 하지 못하고 답보, 성장지연 또는 추락의 경로를
경험하는 기업들을 보면 어느 틈에, 기업의 함수가 변화하고 있음
을 간과하고 있기 때문입니다.

소위 도함수 값이 플러스에서 제로 또는 마이너스 값으로 변화하게 되는 것입니다. 실제로는 수식처럼 간명하게 단순화시키기에는 어려움이 많이 있습니다만, 경영관리자는 이와 같은 기업행동과 성과에 관한 함수적 변화를 주목해야 합니다.

이러한 현상에 대한 연구는 다양하게 시도되고 있습니다. 성공요인이나 실패요인에 대한 연구를 비롯하여, 이러한 가설과 검증에 관한 실증적 시도도 다양하게 전개되고 있습니다. 경영관리자가 이러한 기업성공요인이나 실패요인과 같은 점들에 관하여 이론적 연구를 실시해야 할 이유는 없습니다. 그러나 우리 회사의 성공요인이나 실패요인, 또는 성과를 제약하는 요소들이 무엇인지에 주목하는 일은 당연한 것입니다.

기업성장 또는 수익성과를 시장의 확대와 같은 요소와 결합해본다면, 또 다른 유의점을 찾아낼 수 있습니다. <도표 6.2>에서 보는 바와 같이, 시장이 확대와 더불어 기업의 수익, 또는 성과는 향상됩니다. 그러나 일정 수준의 시장확대에 이르면, 한계점에 이르러 더 이상 시장이 확대되지 못하고 성장이 정체됩니다.

여기에서는 몇 가지의 대응경로들이 있습니다. 돌파구를 찾아내서 기업내부를 정비하고, 환경을 돌파해나가는 경로인 A와 현재의 수익을 유지하면서 시장을 확대하는 B, 그리고 시장확대를 전개하면서 수익이 감소되는 C, 아니면 한계점에 머물러 있고자 할 수도 있습니다.

■ 기업의 성장에는 시장압력과 수익억제력이 작용한다

이와 같은 상황은 흔히 기업성장의 과정에서 목격되는 현상입니다. 다음의 <도표 6.3>의 그래프의 경우를 보면, 초기에는 성장전략을 중심으로 기업전략이 전개됩니다. 이 때에는 창업단계의 전략적 역량들이 총동원됩니다.

<도표 6.3> 기업의 성과함수: 시장확장과 시장압력

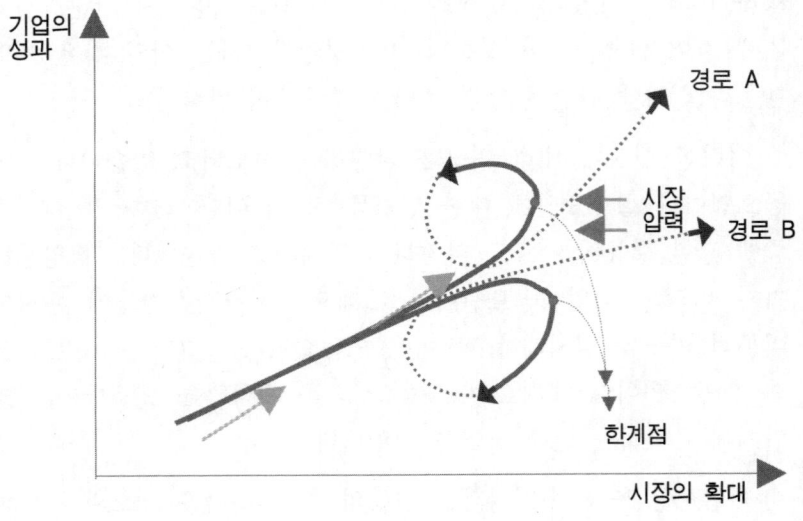

(D. J. Park, P. H. Antoniou 2002)

그러나 시장진입단계에서 성공하여 일정 수준의 시장확대가 이루어지면, 이제는 다양한 형태의 시장압력을 받게 됩니다.

구체적으로는 경쟁압력이나 시장에서의 고객반응의 변덕, 소비 조건의 변화와 같은 일들이 기업의 시장활동에 압력을 행사하기 시작합니다.   이러한 압력은 기업의 시장확대에 대한 저항 또는 대항세력으로 작용하고, 확장의 움직임은 정체됩니다.   물론 조직 이 시장압력에 견디지 못하고 내부적인 역량을 제대로 발휘하지 못하게 되면, 확장 이전에 성장은 지연되고, 도태됩니다.

내부역량이 이러한 조건에 적응하고 적절히 대응하게 될 경우 에도, 시장압력이 작용하게 되면, 아무리 광고나 판촉활동을 확대 해도 더 이상의 국내시장의 확장은 되지 않습니다.

라이프사이클의 관점에서는 이를 성숙과 포화상태의 단계라고 부릅니다. 이를 해결하는 대표적인 논리로 신제품 개발전략과 제품 포트폴리오 이론이 있습니다.

<도표 6.3>에서 보는 바와 같이 경쟁압력과 시장압력은 시장의 확장을 저지할 뿐만 아니라, 서서히 시장에서 밀어내려는 움직임을 강화시켜가고, 따라서 확대된 시장은 축소되기 시작합니다.

이 때, 경로 A의 형태로 진행되어 시장의 확대는 당분간, 더 이상 전개되지 않게 되더라도, 수익을 제고하는 기업이 있을 수 있는가하면, 경로 B의 형태로 시장의 압력이 강해지면, 수익이 대폭적으로 압박을 받는 형태의 기업이 있습니다. 예를 들면, 첨단 기술의 의료기기시장이나, 방위산업과 같은 형태의 기업들중에는 더 이상의 시장의 확대가 이루어지지 않아도, 수익을 제고하고 있는 기업들이 있습니다. 물론 그러한 수익은 무한정 제고되는 것은 아닙니다. 여러 가지 형태의 수익압박 압력요인이 작용하기 때문입니다. 그러나 상당수의 기업들은 시장이 더 이상 확장하지 않게 되면, 수익이 감소하는 경로 B의 형태의 궤적을 보입니다.

<도표 6.4> 기업의 성과함수: 시장확장과 억제력

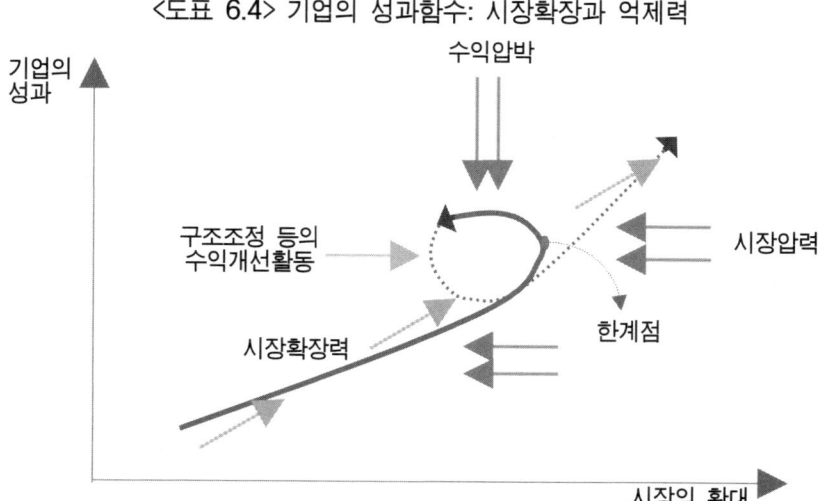

(D. J. Park, P. H. Antoniou 2002)

수익이 줄게 되어, 도표에서 보는 바와 같이 한계점을 지나 점 선부분에 이르기 되면, 경로 A기업이건 B기업이건 이에 대한 대 응을 하기 위한 수익개선활동들이 전개됩니다.

<도표 6.4>에서 보는 바와 같이 기업이 성장의 경로를 따라 진행할 때, 기업의 성과에 영향을 미치는 시장압력과 수익압박에 당면하게 되면 그에 대응하기 위한 전략들이 상황조건에 따라 다 양하게 전개됩니다.

수익개선활동에는 사업구조의 재편성과 같은 리스트럭처링 (restructuring)이나 한동안 유행했던 경영, 또는 생산 등의 프로세 스를 변혁시키는 활동을 포함하여, 원가절감, 인력재배치, 제품, 서비스의 새로운 보완, 경쟁전략의 전개와 같은 활동들이 수행됩 니다.

그러나 수익개선활동이 성공적으로 수행되어도 점선의 아랫부 분에서 더 이상 위로 올라가지 못하게 되는 경우가 많이 있습니 다. 아무리 기업에서 최선을 다한다고 해도, 더 이상 시장에서 이 회사의 제품을 반기지 않는 것입니다. 환경에 충실히 대응해 야 하는 기업지능이 제대로 발휘되지 못하기 때문입니다.

이러한 경우, 상황을 타개하기 위하여 새로운 시장개척활동이 전개됩니다. 소위 수출을 확대하는 단계로 접어드는 것입니다. 따라서 새로운 창업의 각오와 공격적인 기업전략의 전개로 새로 운 시장을 개척하고 기업의 시장확장력이 발휘합니다. 이와 같은 단계에서 기업전략이 발휘되지 않는다면, 현재의 낮은 기업 활력 의 상태에서 머무르거나 또는 추락하게 될 수도 있습니다. 따라 서 지역 시장의 물리적 한계를 뛰어넘어 해외시장으로 나아가는 것입니다. 이러한 논리의 발전은 <도표 6.5>에서 보는 바와 같 이 기업의 글로벌화를 촉진하는 계기가 되었습니다.

그러나 글로벌화의 전개에도 다시 이러한 사이클은 반복됩니 다. 초기의 해외진출에서 해외시장의 확장은 해당시장에서 일정

규모에 이르게 되면 다시 해당시장으로부터의 시장압력을 받게
됩니다.   그렇게 되면 다시 글로벌 시장으로 확대하게 됩니다.
그러나 여기에서도 다시 일정 수준의 시장규모에 이르면, 다시 글
로벌 시장압력을 받게 되는 것입니다.

<도표 6.5> 시장의 확대와 기업의 성장

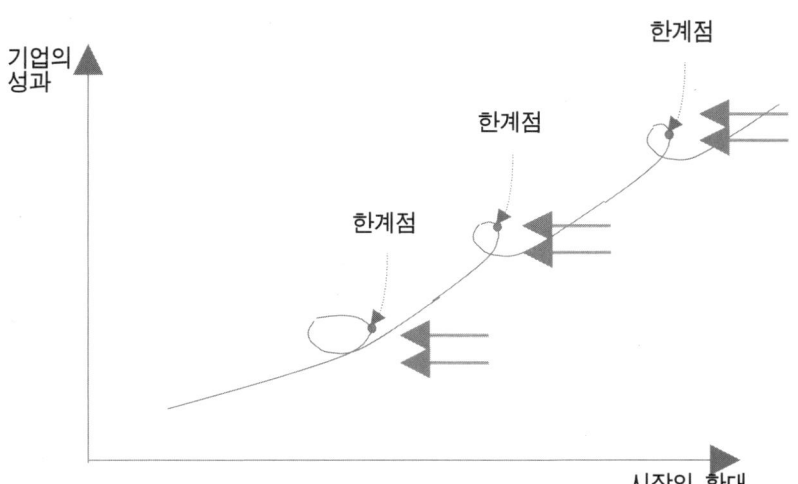

(D. J. Park, P. H. Antoniou 2002)

이러한 상황이 되면, 한동안 무시되었던 기업전략이 다시 주목
되기 시작합니다.   그동안 경영행동의 기틀이 되었던 경쟁적 관점
은, 새로운 시장요구에 대응하기 위한 사업전략의 정비와 더불어,
경영기본을 재점검하게 됩니다.   환경변화에 대한 기업의 적응행
동의 면면을 다시 살펴보지 않으면 안 되기 때문입니다.

필자는 종종 다음과 같은 질문을 듣게 됩니다.   "우리는 그동
안 경쟁전략에 입각하여 최선을 다해왔습니다.   그런데, 아무리
전략적 투자를 해도, 경쟁성과는 개선되지 않습니다.   전략적으로
사고하고 전략적으로 대응하였는데, 어째서 성과가 개선되지 않는

지 모르겠습니다. 이에 대하여 어떻게 생각하십니까?"

　이러한 지적에서 보는 바와 같이, 물론 전략적으로 대응하였다면, 전략적 성과가 개선되어야 합니다. 그러나 성장전략을 발휘해야 할 때, 경쟁전략을 구사한다면, 그것은 잘못된 처방이 될 수 있습니다. 마찬가지로 경쟁전략을 발휘해야 할 때, 성장전략을 구사한다면, 그 역시 잘못된 결과를 유도할 수도 있습니다. 물론 두 가지를 모두 구사해야 할 때, 그렇지 못하다면, 그 역시 제한적인 성과에 그치거나 또는 잘못된 기업행동을 유발할 수 있습니다.

　전략이라는 명칭이 붙어 있는 개념들과 방법론 중에 어떠한 것을 어떠한 때에 써야 하는가에 대한 목적과 용도를 명확히 하지 않는다면, 제대로 된 성과를 기대하기 힘들 것입니다. 즉 기업이 처한 상황과 해결해야 할 과제들의 성격과 내용을 살펴보고 전략적 지혜를 동원하여 그 처방을 만들어야 하는 것입니다. 따라서 저는 기업의 위기를 조장하는 최대의 위기요인은 전략이라고 강조하고 있습니다. 전략은 기업을 살리기도 하지만, 기업을 자멸시킬 수도 있을 뿐만 아니라, 그 결과 또한 신속하게 유발되기 때문입니다. 잘못된 전략이 기업 최대의 위기를 조장하는 것입니다.

　그러한 점에서 전략경영이 필요한 것입니다. 물론, 전략경영론은 거시경영과 미시경영의 통합의 차원에서 기업의 실상에 따라 상당부분 보완되어야 할 필요가 있습니다.

　이제부터는 효과성에 대하여 초점을 맞추어 좀더 구체적인 내용을 살펴보도록 하겠습니다.

　효과성에 대한 논의는 다루고자 하는 내용의 질과 심도에 따라 여러 가지의 논의가 가능합니다. 여기에서는 방향과 기본적으로 살펴봐야 할 점들을 중심으로 실천적으로 살펴보고자 합니다.

2. 성장전략을 수립하라

■ 방향을 설정한다

방향은 공간개념입니다. 공간을 무시한다면, 방향이라는 개념이 무의미해집니다. 기업의 진행성이라는 관점에서 볼 때, 기업진행의 방향의 점검은 경영사고의 원칙을 다루는 것이라고도 할 수 있습니다.

공간은 추상적 개념이지만, 실제로는 우리가 기획하고 활동하는 영역을 말합니다. 다른 식으로 표현한다면, 기업경영활동의 무대이자 범위이며, 더 크게 본다면 우리의 세계라고 표현할 수도 있습니다. 따라서 방향을 설정한다는 것은 기업의 운명을 결정할 수 있는 경로를 모색하는 일이 될 것입니다. 구체적으로는 우리 회사의 시장과 현장은 대한민국 영토에 한한다고 한다면, 우리 기업은 국내의 자원으로 물자를 조달하고 생산활동을 하여 국내의 시장에서 사업을 전개한다는 것을 의미합니다. 이와는 달리 우리 회사의 영역은 아시아와 아메리카 대륙을 포함한 환태평양 지역이다라고 한다면, 우리 회사의 지리적 범위는 좀더 확장될 것입니다.

일찍이 산요(Sanyo)라는 회사의 창업자 토시오 이우에씨는 "일본에서는 도저히 탁월한 선배들과의 경쟁에서 이길 수 없다, 그러나 일본 밖이라면 해 볼만 하다, 태평양, 대서양, 인도양으로 가자!"고 하여 회사의 이름을 세 개의 대양, 즉 산요(三洋)라고 짓고, 만 칠천여명의 직원으로 1,722.4억엔의 매출을 올리는 기업으로 성장시켰습니다. 이와 같이 우리 회사의 방향을 생각하기 전에 우선 공간영역의 범위를 먼저 정의해볼 필요가 있습니다.

■ 성장전략벡터

회사의 공간영역을 살펴보는 방법으로 유용한 수단은 전략벡터입니다.   전략벡터는 지리적, 또는 입지적 요소를 기축으로 하고, 제품과 시장니즈를 중심으로 또 다른 기축을 세워 어디로 갈 것인가 하는 방향을 점검하는 기법입니다.

전략벡터는 앤소프 교수님에 의하여 1960년대에 최초로 소개되었습니다.   당초에는 2차원의 매트릭스의 형태로 성장 매트릭스라는 이름으로 소개되고, 10여년 뒤에는 니즈라는 축이 추가되어 지리적 성장벡터라는 이름으로 발전하게 되었습니다.

기업의 성장전략은 기업전략의 핵심적 논리를 결정하게 됩니다.   이에 대한 자세한 논의는 이미 많이 되어 있으므로[16], 여기에서는 이론적 관점보다는 경영관리자의 입장에서 필요한 실무적인 점을 살펴보도록 하겠습니다.

<도표 6.6> 앤소프의 고전적 전략벡터

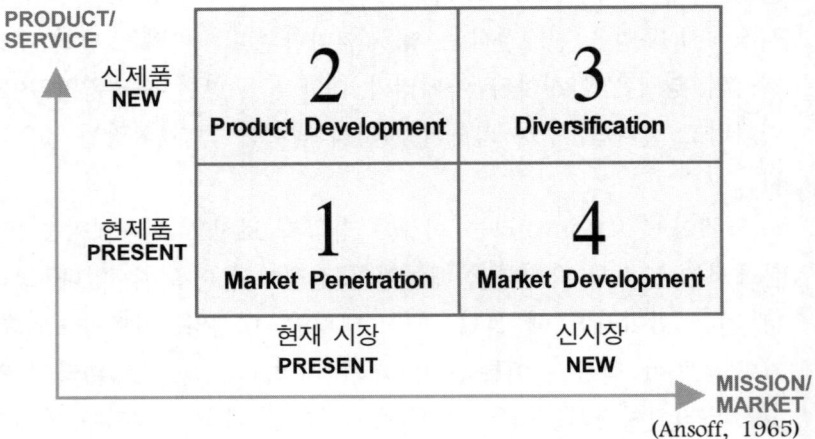

Growth Vector

(Ansoff, 1965)

성장전략은 명칭에서도 이해할 수 있는 바와 같이 기업의 성

---

16) 앤소프의 「최신전략경영」, 「전략경영실천원리」를 참조. 앤소프의 전략벡터를 수정한 나까무라겐이치의 전략큐브에 관한 이해는 「도표50으로 배우는 전략경영」을 참조하시기 바랍니다. 실무적 작성방법의 실제에 대하여는 박동준, 「뉴스와트 전략 2.0 실천기법」 (소프트전략경영연구원, 2008) 참조.

장경로를 결정합니다. 그러나 어떠한 방향으로 성장할 것인가에 대한 관점과 여건에 따라 그 내용이 달라지며, 추구하는 방향에 따라서 성장의 내용과 방향이 달라집니다.

제품과 시장을 기준으로 구분하여 제시했던 제품시장 매트릭스는 기업이 어디에서 무엇을 할 것인지를 판별하는데 유용한 도움을 줄 뿐만 아니라 기업의 진행방향을 설정하는 데 유용한 도구로 사용되어 왔습니다.

앤소프 교수님은 이 매트릭스를 성장벡터라고 이름을 붙이고, 기업의 진행방향을 제품(또는 서비스)과 시장에 대하여 기존의 것과 새로운 것에 대한 구분으로 설명하였습니다.

따라서 당시에는 현제품과 신제품, 현시장과 신시장을 나누어 이들간의 조합을 통하여, 현시장에 현제품을 제공할 것인지, 아니면 현시장에서 신제품을 제공할 것인지, 또는 신시장에서 현제품을 제공할 것인지, 아니면 신시장에서 신제품을 제공할 것인지에 대한 방향을 검토하도록 한 것입니다.

이러한 선택지의 제공으로 기업의 신제품(서비스)개발 전략과 신시장개발 전략, 다각화전략 그리고 현재시장과 제품에 충실히 하는 전략의 4가지 방향을 명확하게 인지할 수 있도록 하였습니다.

즉, <도표 6.6>에서 보는 바와 같이 전략의 방향은 4가지로 생각해 볼 수 있습니다. 즉, 1에서 2로 나아가는 신제품개발전략의 벡터, 1에서 4로 나아가는 신시장개발(개척)전략, 1에서 3으로 나아가는 신시장·신제품개발전략, 즉 다각화전략의 벡터를 생각해볼 수 있습니다. 물론 새로운 방향을 지향하지 않고 현재 위치를 고수하는 전략도 생각해 볼 수 있습니다.

■ 입체적 성장벡터와 전략큐브

이러한 개념은 10여년 후, 1978년에 <도표 6.7>과 같이 입체

적 성장벡터로 다시 제시되었는데, 소위 제품(서비스)과 시장에
이어서 추가적으로 니즈를 반영하여 앤소프 교수님은 지리적 성
장벡터라는 이름으로 제시하였습니다.[17]

   니즈의 추가로 이 벡터는 새로운 니즈의 발굴과 현재의 니즈
의 충족과 같은 문제를 해결하는데 도움을 주게 되었습니다.

   이러한 벡터는 이런 상태로 몇 년간 그대로 활용되다가, 일본
에서는 나까무라겐이치 교수님에 의하여 전략큐브라는 이름으로
<도표 6.8>과 같이 다시 변형되어 활용되기 시작하였습니다.

<도표 6.7> 입체적 성장전략벡터
Geographical Growth Vector

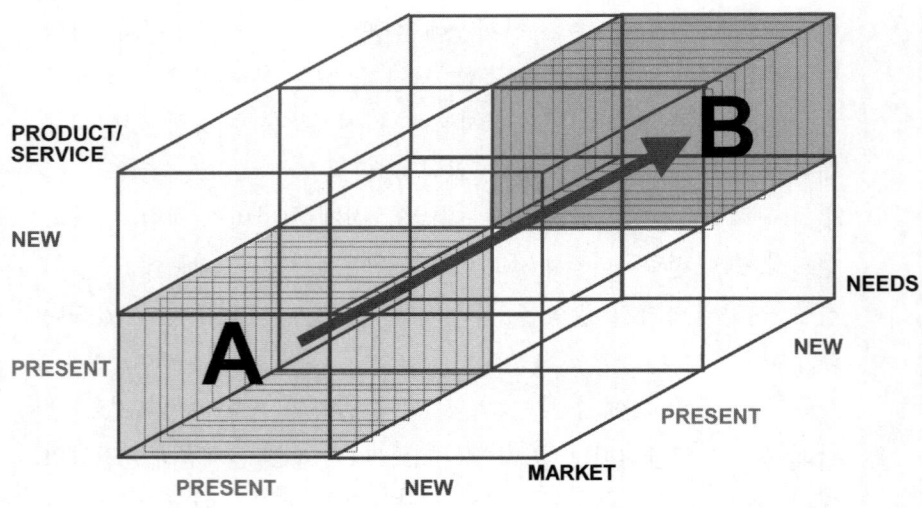

(Ansoff, 1978)

   나까무라겐이치 교수님의 전략큐브에서는 앤소프 교수님의 벡
터의 세 가지 요소인 제품(서비스)과 시장, 니즈를 좀더 실용적으

---

17) 앤소프, New Corporate Strategy, 박동준 역, 최신전략경영, p. 189. 소프트전
   략경영연구원

로 제시하였으며, 크게 보면, 니즈를 기술로 대치하였습니다.

구체적으로는 제품(서비스)을 좀더 확대하여 사업으로 변형시
켰고, 시장은 그대로 하고, 니즈를 기술로 바꿈으로써 사실상 이
벡터를 만드는 작업이 보다 용이하게 된 것입니다.

실제로 경영관리자를 위한 전략경영워크샵과 각 업무현장에서
활용해본 결과, 그 유용성이 널리 입증되고 있으며, 다양하게 응
용이 가능하여, 이제는 여러 기업체들에서 비교적 익숙한 방법이
된 듯합니다.

<도표 6.8> 전략큐브

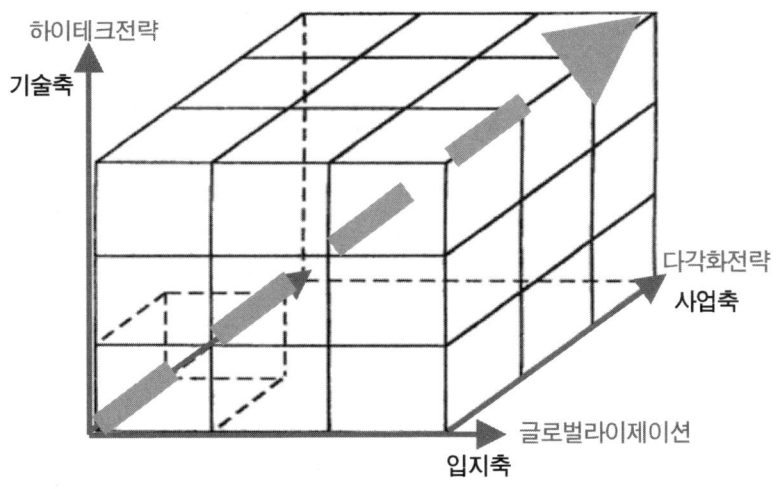

(Nakamura, 1983)

이와 같이 변형하여 사용한 이유는 니즈라는 것을 구체적으로
파악하기 힘들 뿐만 아니라, 더욱이 니즈는 수요 측의 것이기 때
문에, 불확실한 정보를 토대로, 전략을 수립하는 부문에서 일방적
으로 구체화여 기업의 행동공간 내에 잡아넣기가 쉽지 않기 때문
입니다. 따라서 제품을 중심으로 하는 사업, 사업의 대상영역으
로서의 시장, 그리고 제품과 사업의 구성요소로서의 기술을 결합

시킴으로써 성장벡터를 기업중심에서 편성하기 쉽도록 하였습니다.

더욱이 그 구분을 앤소프 교수님께서 현재와 새로운 것으로 나눈 반면, 나까무라교수님께서는 현재와 가까운 장래, 그리고 미래로 나누어 미래에의 접근성을 용이하도록 하였습니다.

■ 전략큐브의 단점은 무엇인가?

그러나 전략 큐브는 기업, 즉 공급자 입장에서의 작업의 편의성은 높지만, 앤소프 성장전략벡터에서 감안하고 있는 수요측의 니즈가 반영되지 못하여, 기업중심의 관점에서 방향모색을 하게 되므로 수요충족 실패의 가능성이 있다고 할 수 있습니다.

그러나 이러한 제약점에 불구하고 이 큐브의 장점은 사업과 기술, 그리고 시장을 중심으로 기업의 진행방향과 다양한 전략영역선택을 손쉽게 인식하고 명확하게 구도할 수 있다는 점입니다.

그러므로 이 큐브의 활용에 있어서 시장측면에서의 니즈에 대한 필터링 작업을 추가할 수 있다면, 보다 유용하게 활용될 수 있습니다. 따라서 경영관리자의 입장에서는 두 가지의 벡터를 동시에 활용하는 방법을 감안할 필요가 있습니다. 즉, 수요가 있는 곳으로 나아간다는 점에서 전략벡터를 활용하고, 기술을 감안하여 구체적인 사업과 시장을 조명한다는 점에서 전략큐브를 활용하는 것입니다.

또 다른 방법으로는 수요측의 니즈를 사전에 정의 또는 구체화하지 않고, 기업측에서 전개할 수 있는 모든 사업과 기술, 시장의 조합을 통하여 우리의 기업진행경로들을 뽑아본 뒤, 수요측 조건을 감안하여, 기업의 진행경로들을 재점검하고 수정하여 최종적으로 시장니즈를 확정해나가는 방법입니다. 이러한 방법은 난기류 수준이 증대하는 상황 하에서 미래의 수요조건을 사전에 파악할 수 없을 경우, 활용할 수 있는 방법입니다.

그 이유는 수요나 미래의 특정한 고객니즈가 불확실할 경우에도, 기업의 진행방향을 안내하는 벡터의 구성작업이 가능하다는 점입니다. 이 점은 입체적 성장벡터의 단점을 보완할 수 있다고 할 것입니다. 즉, 입체적 성장벡터는 사실 개념적으로는 탁월하지만 현재 실무적으로 작성을 하고자 한다면, 작업이 쉽지 않을 뿐만 아니라 미래의 새로운 니즈가 전혀 감지되지 못하게 되거나 불명확할 경우에는 작성조차 불가능하게 될 수도 있습니다.

그러나 전략벡터를 보완한 전략큐브는 기술의 진화정도를 감안하여, 신사업이나 신제품의 어렴풋한 윤곽을 이해할 수 있게 합니다. 더욱이 다양한 사업선택의 가능성을 제공하고 있습니다.[18]

지루한 주제를 분위기를 바꾸기 위하여 가상의 예로 다음 도표에서 보는 바와 같이 세간의 화제가 되고 있는 룸살롱 분야의 업종에 대한 전략벡터를 생각해보겠습니다. 독자 여러분의 흥미를 돋우기 위하여 선택한 업종이므로 너그럽게 살펴봐주시기 바랍니다.

만약 이와 같은 발상을 하고 있는 룸살롱의 사장이 있다면, 개념적으로는 국내의 중견규모의 기업의 성장전략의지를 훨씬 초월하는 것이라고 볼 수도 있습니다. 여기에서 예시된 사례를 잘 다듬어서 룸살롱 업주에게 설명하게 된다면, 술을 좋아하시는 경영관리자의 경우라면, 공짜 술에 VIP대접을 받게 될 지도 모를 일입니다.

■ 강남 룸살롱의 전략큐브

각 기간구분은 일단 3~5년으로 설정하여 강남 룸살롱의 성장

---

18) 전략벡터에서 품질을 추가하여 새로이 개발한 BMQ전략벡터에 대하여는 박동준, 피터앤토니오 공저, 「전략포맷」을 참조, 규모와 범위 및 수준을 재정비한 창조성장전략벡터(3S 전략벡터)에 대하여는 박동준, 「뉴스와트 전략 2.0 실천기법」을 참조 (이상 소프트전략경영연구원간, 2008)

전략큐브를 구성하면 <도표 6.9>과 같이 만들어볼 수 있습니다. 이 업체는 지금은 강남에서 1개 점포를 운영하고 있지만, 현재 구도할 수 있는 전략큐브에 의하면 10년내에 글로벌 룸살롱 업계 의 대부로 떠오를 지도 모릅니다.

5~10년 후의 새로운 룸살롱의 니즈에 대하여 잘은 모르지만, 갖고 있는 접대기술운용 노하우를 토대로 향후 5년 내로 수도권 시장을 확장하고, 주색(酒·色) 엔터테인먼트 기술을 더욱 개발하 여, 이 분야의 사업을 확장하는 한편, 최근 산업화, 도시화가 급속 하게 진전되고 있는 상해와 인근지역 및 한인사회가 밀집되어 있 는 미국 서부의 LA지역까지 확장하는 기업진로를 구축하고 있습 니다.

<도표 6.9> 강남 룸살롱의 전략큐브(예)

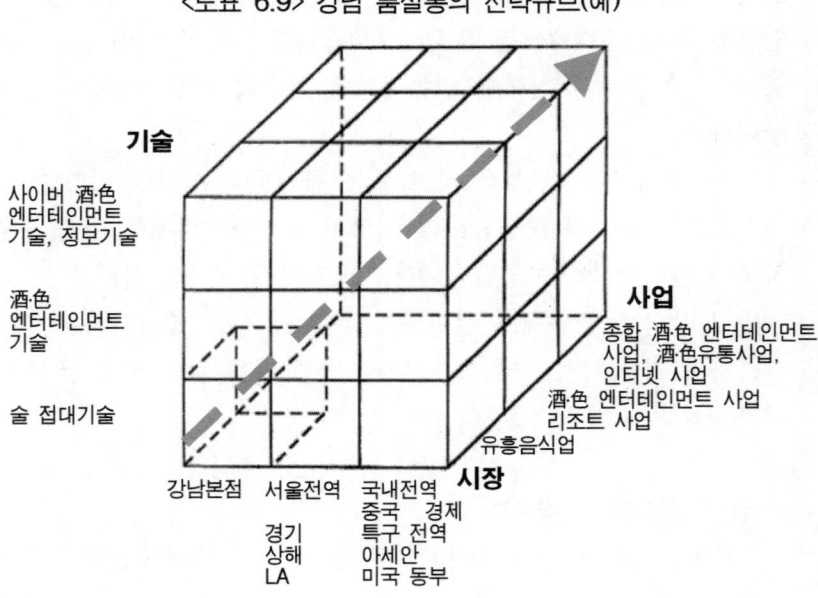

교육적 측면에서는 다소 부적절하다고 생각될 수도 있지만, 룸 살롱 업계 측에게 다행스러운 기회요인으로 주목할 수 있는 현상

2. 성장전략을 수립하라 213

으로는 현재 구조적 국가경제의 문제와 정부정책의 혼선이 이중으로 겹쳐 실업률이 지속적으로 증가하고 있다는 점입니다.

실업률이 증가하면, 소득분배의 불균형문제가 심화되고, 따라서 고급인력의 룸살롱 인력수급이 아주 용이하다는 점입니다. 뿐만 아니라, 최종 서비스가격에 차별화를 제공할 수 있다면, 저소득층을 상대로 막대한 시장에 접근할 수 있다는 장점도 있습니다. 소득분배의 불균형정도가 심할수록 룸살롱사업의 전망이 좋다는 이론적 근거는 찾아볼 수 없지만, 사회의 불안정 요인이 증가하게 될 수록, 주류소비가 늘게 된다고 볼 수 있기 때문에, 룸살롱 비즈니스를 당분간 성장사업분야로 볼 수도 있습니다.

현재와 같은 추세라면, 향후 10년 이내에 국내경기와 정치적 행태, 사회적 기강이 동시에 회복될 가능성은 그다지 높지 않다고 본다면, 향후 10년간은 일단 사업전망이 나쁘지는 않고 사업확장도 가능하다고 판단하는 것도 일리가 있습니다.

따라서 제2차 성장기에는 수도권을 영업거점과 세력을 토대로 전국에 영업체인망을 구성하고, 상해 지점 운영경험을 바탕으로 상해 전 지역으로 영업체인망을 확대하고, 제 3차 성장기에는 중국의 수도 북경을 비롯하여 경제특구에 영업망을 구축하고, 미국 동부에도 그 세력을 넓혀갑니다. 사업의 내용도 룸살롱 뿐만 아니라, 리조트를 겸한 酒色엔터테인먼트 사업으로 확대하고, 현재 확보된 인터넷 솔루션을 활용하여, 버츄얼 酒·色 엔터테인먼트 사업을 확장합니다. 酒·色 유통분야에도 진출하여, 명실상부한 종합 酒·色 엔터테인먼트 그룹을 지향합니다.

서비스 업종이지만, 업태의 사회적 인식을 제고하기 위하여, 건전 酒·色 문화창달을 위한 각종 문화사업, 출판사업에도 진출하고, 베스트 酒·色·雜·技 세계대회를 개최하고, 건전 酒·色 교육재단을 설립하여 酒·色 전문 기술 교육기관을 신설합니다.

예시로는 상당히 지나친 감이 있지만, 전략벡터 하나로 강남룸 살롱의 창업주의 인생역정과 그 화려한 기업성장 변천사가 눈앞에 훤히 그려집니다.

이상과 같이 전략큐브 하나로 장기전략방향과 전략비전을 가시화할 수 있습니다. 물론 이러한 전략벡터는 부분적으로 수정이 가능하기도 할 뿐만 아니라, 다양한 경로를 ABC안으로 편성해볼 수도 있고, 단계별로 벡터의 크기나 방향을 조율할 수도 있습니다. 장기진로를 시간별로 세분화하여 장기전략 시나리오와 일정계획을 그려볼 수도 있습니다.

필요하다면, 기입항목들을 수정하여 벡터의 내용자체를 변경할 수도 있습니다. 일단 이러한 벡터들을 중심으로 전략방향이 설정되면, 앞에서 말씀드린 대로 수요조건이나 시장조건을 감안하여, 수정하여 좀더 실천 가능한 성장전략벡터를 구성할 수 있습니다.

■ 다양한 선택을 가능하게 하는 전략큐브

앞에서 전략큐브를 활용하면 다양한 선택이 가능하다고 말씀드렸습니다만, 실제로 어떠한 선택지들을 뽑아낼 수 있는가를 생각해 보겠습니다. 예를 들면, 강남룸살롱의 경우, 일단 기술분야에서 선택할 수 있는 요소들을 간략하게 보면, 현재 확보하고 있는 술접대기술(T1)을 중심으로 하여 보다 진보된 酒·色엔터테인먼트 기술(T2)을 확보하고, 정보기술(T3)과 사이버 酒·色엔터테인먼트 기술(T4)이 선정되어 있습니다. 시장은 서울의 일부지역(DM1)에서 서울전역(DM2), 경기도(DM3), 해외로는 상해(COM1), LA(AOM1), 그리고 국내전역(DM9), 북경(COM2), 경제특구지역(COM11~19), 아세안(COM 91~99), 미국 동부(AOM 41~59)로 나뉘어 있습니다. 사업은 현재 추진하고 있는 서비스, 즉 유흥음식업(B1)에서 酒·色엔터테인먼트 사업(B2), 리조트사업

(B3), 酒·色유통사업(B4), 인터넷사업(B5), 그리고 종합 酒·色엔터
테인먼트 사업(B6)으로 구분되어 있습니다.

일단, 큐브에서 파악할 수 있는 각 세부공간영역은 3×3×3=27
개의 공간영역으로 나누어집니다. 현재 사업공간영역은 이 27개
의 공간영역중의 하나에 속하고 있습니다. 여기에서 어떤 영역으
로 나아갈 것인가? 또는 어느 영역까지 우리의 것으로 할 것인
가를 결정할 수 있게 됩니다.

사업개발이나 새로이 우리가 진출할 수 있는 공간영역에 대한
이해라는 측면에서도 이 큐브는 상당히 도움을 줍니다.

더욱이 각 벡터의 구성요소별로 결합해봄으로써 다양한 사업
의 진로를 파악할 수 있게 합니다. 예를 들면, (T1, T2, T3,
T4)×(DM1, DM2, DM3, DM9, COM1, COM2, COM11~19,
COM 91~99, AOM1, AOM 41~59)×(B1, B2, B3, B4, B5, B6)의
사업구성을 가능하게 합니다.

물론 각 요소간의 새로운 조합도 가능합니다. (T1+T3)이나
(T2+T3), 또는 (T1+T2+T4)과 같이 다양한 복합 기술을 적용해볼
수도 있고, 사업이나 지역도 마찬가지입니다. 이 세 가지 요소들
간의 곱, 즉 벡터 또한 27개의 전략공간이라고 하지만, 실제로 기
업의 전략공간은 더욱 다양한 대안구성을 가능하게 합니다.

이쯤 되면, 영화에서나 볼 수 있을 듯한 미국 마피아 계열의
기업이나 중국의 삼합회와 같은 집단들이 연상됩니다만, 라스베가
스의 호텔그룹들을 생각해본다면, 그다지 허황된 꿈만은 아닌 듯
생각됩니다. 사실 라스베가스 시(市)의 주제는 노름입니다. 더
정확히 말하자면 도박입니다. 우리의 정선 카지노도 이와 유사한
개념에서 접근되었다고 생각됩니다만, 우리의 강남룸살롱이 글로
벌 기업그룹으로 성장한다면, 룸살롱의 입장에서 본다면 그것도
나름대로의 전략적 성과라고 할 수 있을 것입니다. 물론 기업행

태나 기업윤리문제가 지역사회나 글로벌 사회에서 어떻게 조화롭게 유지될 것인가 하는 과제는 반드시 점검되어야 할 것이며, 그 해결은 기본전략에서 강구되는 지혜보다 더욱 높은 수준의 지혜를 동원하여 전략적으로 해결되어야 할 것입니다.

■ 강남 룸살롱의 비전 - 세계 그룹기업화의 로망과 그 전개

그렇다면 구체적으로 이러한 기업진로를 나아가기 위하여 무엇을 해야 할 것인가? 강남룸살롱의 세계그룹기업화의 로망과 그 전개를 달성하고자 한다면, 소위 전략기획을 준비해야 할 것입니다. 꿈이 꿈으로 끝나지 않고, 현실로 가능하도록 하는 것, 이것을 필자는 전략기획의 핵심이라고 하고 있습니다.

구체적으로는 경영자원의 조달과 그 운영을 어떻게 할 것인가에 대한 경영계획과 사업계획을 근간으로 하여, 해당 지역에서 어떻게 사업과 조직을 전개해나갈 것인가에 관한 조직운영과 지역사업전개에 관한 기획, 그리고 필요한 자금이나 설비, 핵심 관리요원, 현지 거점을 동원하기 위한 자금계획, 입지계획, 인원조달계획, 제휴와 분사계획, 사업과 제품서비스 수행을 위한 기술도입 및 운영계획, 현지 영업망을 확충하고 고객과의 관계를 설정하고 유지 발전시켜가는 영업, 마케팅계획, 인허가 및 현지 분쟁 등을 최소화하고 지역사회와의 관계를 유지 발전시키기 위한 대외관리, 사회전략과 같은 다양한 기획들이 동원되어야 할 것입니다.

그러고 보니 이미 1990년대 후반의 IMF체제 이후 국내 경기가 위축되자 이미 2000년대 초부터 미국의 로스엔젤레스와 한인지역을 중심으로 이미 접대부들의 해외진출로 화제가 되고 있습니다. 그리고 보면, 연관산업군이 이미 움직이고 있다는 이야기가 됩니다. 강남룸살롱과는 사업형태는 다르지만 인력송출의 관점에서 이미 사업이 진전되고 있다는 것입니다. 문제는 그러한 사업이 현지에서 합법적인 사업인가의 여부에 관한 것입니다.

■ 무사계급과 경영정치론

영화에서는 이러한 경우, 현지의 경쟁세력이나 지역세력과의 충돌문제, 소위 시장압력에 대한 대비책으로 '주먹세력조직'을 활용하는 사례를 종종 목격하게 됩니다. 소위 일본의 야쿠자와 같은 무사계급이나 한국의 조직폭력배를 동원하는 식의 해결책이 흥미롭게 영화속에서는 전개됩니다. 현실적으로 이러한 대응이 중요하게 작용하는 지역이라면, 그리고 현지에서 적용할 수 있는 대응이라면, 물론 같은 방식으로 접근될 수도 있을 것입니다.

기업체의 경우에는 소위 칼이나 폭력을 행사하는 무사계급을 활용하는 것은 아니지만 다른 종류의 합법적 집단이나 정치세력을 이용하는 경우도 흔히 목격됩니다. 이러한 현상은 시장압력을 효과적이고 효율적으로 해결하기 위하여 종종 동원됩니다. 따라서 소위 '경영은 정치'라고 하는 식의 이야기가 거론되기도 합니다.

그러나 강남룸살롱의 경우, 현지세력의 해결사로 반드시 무사계급만을 고려할 필요는 없습니다. 중국이라면, 정치세력이 무사계급보다도 훨씬 강력합니다. 필리핀이라면, 아직 어떨지 모르겠습니다만, 미국의 LA라면 무사계급보다는 지역사회의 각 기관이나 단체들이 한결 더 유익할 수 있습니다. 때로는 무사계급보다 더 무서운 소외된 노숙자 집단을 세력화할 수도 있습니다. 어쩌면, 힘이 전혀 없는 것처럼 보이는 노인층이나 주요고객들을 중심으로 방어세력을 편성할 수도 있습니다.

과거 한국의 천주교 선교역사를 회고해보면, 포교과정에서 천주교에 대하여 스스로 대변에 나서고 저항했던 사람들은 오히려 무사계급이나 정치집단보다도 힘없고 무기력한 부녀자나 또는 선비, 농민과 같은 계층으로부터 비롯되었다는 점을 주목해볼 필요가 있습니다.

무사계급을 활용할 것인가? 정치세력을 활용할 것인가? 어떠한 현지세력을 조성할 것인가? 즉, 지역의 현지세력에 대하여 어떻게 대응하고 우리의 현지세력은 어떻게 조직하여 대응할 것인가? 이에 대응하기 위하여 우리 조직내부의 세력관계는 어떻게 전개되어야 하며, 누가 관장해야 할 것인가?

이러한 점은 해외 진출기업 뿐만 아니라 국내에서 사업을 전개하고 있는 기업조차도 현지의 시장압력을 돌파하기 위하여 반드시 염두에 두어야 할 점이 될 것입니다. 이러한 관점에서 저는 시장압력에 대응하기 위한 현지세력화에 대한 관점을 정치적 대응이라는 인식하에서 경영정치론이라는 범주에서 다루고 있습니다.[19)]

전략큐브를 작성하게 되면, 일단 기업의 공간영역이 어떻게 되는지를 일목요연하게 알 수 있습니다. 단, 여기에서의 공간영역은 시장, 사업(제품), 기술을 중심으로 전개하고 있기 때문에, 예를 들면 제4의 고려요소, 즉 생산입지나 물류, 또는 글로벌 자금의 조달과 같은 영역들은 추가하여 고려해야 할 것입니다.

이와 같은 기본적인 공간인식을 토대로 전략큐브를 가상의 식품회사를 사례로 그려보면, <도표 6.10>과 같이 생각해 볼 수 있게 됩니다. 이와 같은 공간영역에서 어디로 갈 것인가를 정하는 것이 결국, 전략의 방향을 결정하는 것이며 기업진행방향을 결정하는 것과 같은 일입니다.

당연한 이야기이지만, 기획이나 경영관리자들이 이러한 방향을 모두 독단적으로 결정해야 하는 것은 아닙니다. 그러나 이와 같은 방향모색의 참고안들을 준비하여, 최고경영진에서 결정하도록 하는 것은 경영관리자의 명백한 의무입니다.

---

19) 박동준, 뉴패러다임의 전략경영, 소프트전략경영연구원, 2003.

　　물론 이러한 큐브를 만드는 것은 그렇게 쉬운 일은 아닙니다. 최종적으로 완성되기까지에는 일련의 방법적 절차와 검토가 수반되어야 할 것입니다.　예를 들면, 전략적 타당성의 점검이 반드시 선행되어야 할 것입니다.

　　즉, 구체적으로 동북 쪽 2시 방향은 아니더라도, 우리 회사가 가야 할 곳이 최소한 동 쪽인지, 서 쪽인지, 어느 쪽으로 우리 기업이 움직여야 할 것인지, 또는 어느 쪽으로는 가서는 안 될 것인지에 대한 방향설정은 되어 있어야 하는 것입니다.　그것이 각 경영관리자들과 기획부문에서 신중하게 움직여줘야 하는 일입니다. 그것도 준비하지 않고, 경영진에게 의사결정을 요구하는 것은 직무태만이며, 경영관리자라는 직책을 붙일 자격도 없다고 할 수도 있습니다.

<도표 6.10> ABC 식품회사의 전략큐브(예시)

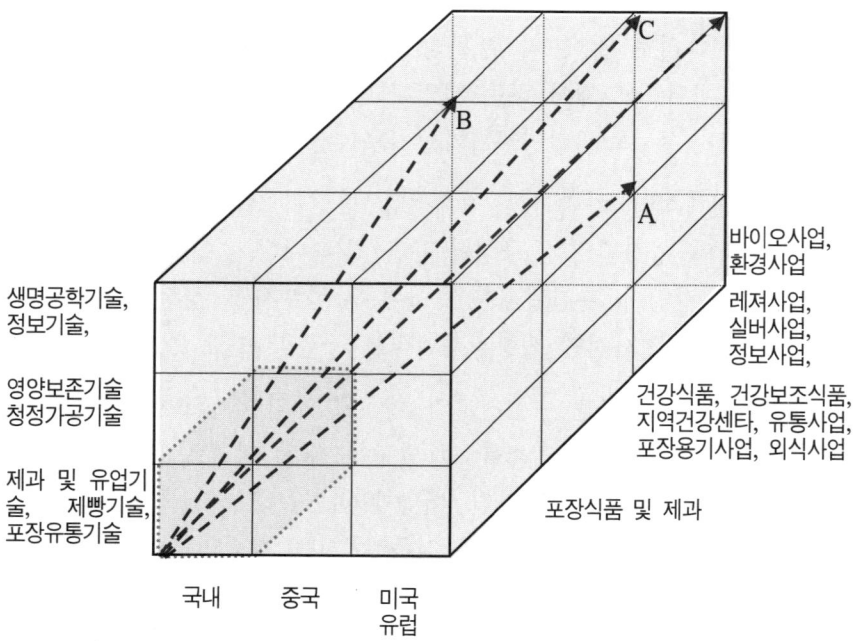

자료: 박동준, 전략경영노트1, 소프트전략경영연구원간, 2002, p. 91

　　기획활동을 전개하는 과정에서 이와 같은 결정을 하게 될 때, 경영관리자들은 상당한 스트레스를 받게 됩니다.　더욱이 경영관리자의 입장에서는 '어떻게 일개 관리자인 내가 기업의 중대한 미래방향을 결정하는 기본안을 확정할 수 있다는 말인가?　말도 안 된다!'라고 하는 사람들도 있습니다.　그러나, 그렇게 심한 스트레스를 받는다고 해서 일이 해결되지는 않습니다.

　　물론 경영관리자를 중심으로 기획부서에서 초안을 만들어 경영층의 복안으로 준비하고, 이사회의 의결을 거치게 되면, 공식적인 기업의 미래방향을 확정하게 됩니다.

　　그러나 그 누구도 그 일을 하지 않고 있다면, 기업의 미래방향은 불확정된 채로 기업행동을 전개할 수밖에 없게 됩니다.　그렇다면, 그 초안 작성의 의무는 누구에게 부여되어야 하는가하는 문제가 남게 됩니다.　인사?　총무?　관리?　연구개발?　영업?　그렇게 특정한 본사 부문으로만 귀속되는 것이 아닙니다.　그것은 두 말할 나위도 없이 각 부문의 경영관리자들과 이를 지원하는 기획부서에서 담당해야 하는 것입니다.　기업전체적인 미래방향의 설정과 창조는 역시 경영관리자의 몫인 것입니다.

　　기업전체적인 차원에서 전체적인 방향이 설정되면, 부서별로 나름대로의 성장벡터를 구성할 수도 있습니다.　이 경우에는 각 부서별로 작업이 추진됩니다.　물론 사업부서별 성장전략벡터를 먼저 만들고 전사적인 성장전략벡터를 구성할 수도 있습니다.

　　이와 같은 작업을 수행하고자 할 때, 유의할 점으로는 경영관리자들이 가급적 스트레스를 안 받도록 해야 제대로 된 기획안이 나올 수 있습니다.　그렇다면 '어떻게 하면 스트레스를 덜 받으면서 기획안을 잘 만들어 볼 수 있을까?'하는 방법연구가 현실적으로 필요하게 됩니다.

제7장
전략개념을 충실히 한다

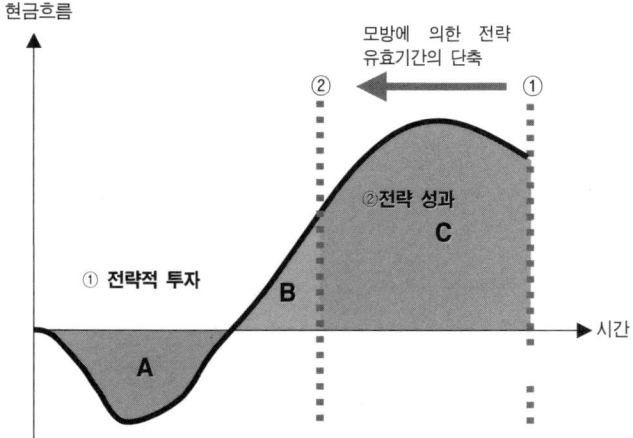

제7장의 개관

제7장에서는 경영관리자가 수행해야 할 환경대응의 전략적 책무를 확인하고 전략적 대응의 선결요건인 전략적 문제해결과 기획능력에 관하여 조직구성원들의 수준을 점검하고, 그 대응을 위한 착안점을 제시합니다. 또한 경영관리자가 유의해야 할 전략성공 공식과 가설을 통한 전략대안을 모색하는 방법을 살펴봅니다. 이어서 차별화 전략과 전략성공요인을 점검합니다.

또한 전략유효기간에 대한 관점을 이해하고 창조적 전략의 전개활동과 창조적 전략전개에서 유의해야 할 전략모방과 창조 리스크에 대하여 살펴봅니다.

여기에서 주목해야 할 내용들은 다음과 같습니다.

1. 전략과 방침, 프로그램, 일상업무에 대한 용어의 이해
2. 변화하는 환경에 대응하는 대응절차에는 어떠한 것들이 있는가?
3. 성공과 실패는 무엇이 결정하는가?
4. 성공적 전략성과를 보장하는 전략성공공식은 무엇이며 어떠한 발상과 논리로 구성되어 있는가?
5. 생각하기 싫어하는 경영관리자가 택할 수 있는 기획행동에는 어떠한 대안들이 있는가?
6. 가설적 대안을 통하여 전략대안을 구성하는 논리는 어떠한 것인가?
7. 전략에 유효기간이 있다면, 그것은 어떻게 파악할 수 있는가?
8. 그렇다면 현재 추진 중인 전략은 언제까지 유효하며, 새로운 전략은 언제 구성해야 하는가?
9. 전략적 사고의 기본적인 발상전개의 프로세스는 어떻게 되며, 우리 조직구성원들은 그동안 어떻게 전개하고 있었는가?

10. 전략성공요인에는 어떠한 것들이 있으며, 우리의 사업과 기업 행동의 지속적인 성공을 보장하기 위하여 보완하거나 보강 또는 수정해야 할 요인들은 무엇인가?

11. 차별화 전략의 핵심은 무엇이며, 각 전략성공요인별로 차별화 전략을 추진할 경우, 우리의 실태는 어떠한가?

12. 우리 조직에서 창조를 저해하는 요인들은 무엇이며, 창조 리스크에 대한 대비는 어떻게 수행하고 있는가?

13. 조직구성원들의 전략개념을 충실히 하기 위하여 경영관리자가 수행해야 할 일들은 무엇인가?

1. 환경대응의 전략논리

전략논리를 살펴보기 전에, 환경대응의 전략논리와 관련하여 경영관리자가 확인해야 할 몇 가지의 혼란스러운 개념에 대하여 앤소프 교수님의 설명을 통하여 재확인하고 후속적인 논의를 살펴보겠습니다.[20]

■ 확인해야 할 기본적 개념들

전략, 방침, 프로그램, 일상업무 절차

<전략(*strategy*)>이라고 하는 용어는 군대에서 비롯되었다. 군대에서는 전략이라는 용어가 광범위하고 다소 애매한 형태로 정의되어 사용되

---

20) 앤소프, 최신전략경영, 제6장 전략의 개념, 소프트전략경영연구원, 1993. pp. 179-182

었으나, 최상위의 개념으로써 「적에 대응하기 위한 대규모의 군대의 <파견(*application*)>에 대한 군사캠페인」을 나타낸다. 전략은 <전술(*tactics*)>과 대비되어 사용되고 있으며 「전술」은 「배분되어진 자원의 활용에 관한 구체적인 계획」이다. 기업경영에서는 <방침(*policy*)>이라는 용어가 전략과 같은 의미로 사용되는 일이 많기 때문에, 방침과 전략 간에는 유감스럽게도 종종 이해상의 혼돈이 일고 있다.

[방침의 의미]

경영관련용어에서는, 전략이라는 말이 나타나기 훨씬 전부터, 「방침」이라는 용어가 특정한 반복적인 상황들에 대한 구체적인 대응책, 예를 들면, 잔업수당에 관한 방침이나 악천후일 때의 대응방침, 교육비지원방침, 재고평가에 관한 방침과 같은 조직이나 절차에 관한 매뉴얼들에서 폭넓게 사용되어 왔다. 「주기적」으로 잔업을 해야 한다거나 또는 폭설과 같은 악천후의 상황에 대한 「불측상황(不測狀況: contingent event)」이 일어날 경우, 그에 대응해야 할 필요성이 인식되어 왔기 때문이다. 그와 같은 불측상황들에 대하여 무엇을 해야 하고 어떻게 대처해야 하는지에 대하여 잘 알 수도 있다.

그와 같은 불측상황들은 반복적인 것들이며 다만 감지할 수 없는 것은 '언제 일어날 것인지를 모른다'는 것이다. 이러한 점에서 볼 때, 예를 들면 잔업이 필요한 경우나 혹은 폭설이 있을 때마다 무엇을 해야 할 것인가를 사태가 발생할 때마다 대응해야 할 행동의 내용을 결정해야 할 필요는 없다.

좀더 개선된 「경제적인 절차」는, 어떤 구체적인 불측상황들이 발생할 때마다 대응해야 할 일들을 「사전에 처방」하여 규정화시켜 두는 것이다. 즉, 불측상황에 대한 적절한 「방침」과 그 실행에 관한 「행동절차」를 문서화시켜둠으로써 해결될 수 있다. 이렇게 불측상황의 발생에 앞서서 경영관리층이 의사결정을 만들어 놓았기 때문에, 「행동규칙의 실천」은 보다 하부의 감독자계층의 의무로 내려줄 수 있게 된다. 이와 같이 함으로써 「관리의 경제성(economies of management)」를 달성할 수 있으며 불측상황에서 조차도 「일관성」있는 행동을 보장할 수 있게 된다.

[전략과 방침의 상이점]

전략의 정의와 비교해 볼 때, 전략은 이와 같은 방침에 대한 의미와는 별개의 다른 개념처럼 보인다.

「방침(policy)」은 <상황에 따른 하나의 의사결정(contingent decision)>이다. 그러나 전략은 <의사결정을 위한 하나의 원칙(a rule for making decisions)>이다.

그러므로 방침의 실행은 조직계층의 아래쪽으로 위양할 수 있지만, 전략의 실행에서는 「마지막 순간」까지 경영진의 의사결정이 요구되어지기 때문에 조직의 하부로 위양할 수 없다. 좀더 기술적인 측면에서 수학적 의사결정론자들에 의하면, 여러 가지의 전략대안들을 사전에 정비·검토할 수 없는 「부분적인 정보부족」의 상황조건하에서, 구체적인 전략수립을 강요받게 되지만, (여러 가지의 전략대안들을 모두 알 수 있고 또한 각 대안들에 대한 그 발생확률까지도 알 수 있는) <리스크(risk)> 또는 (전략대안들은 알 수 있지만 그 발생확률들은 알 수 없는) <불확실성(uncertainty)>의 조건하에서 다른 전략대안들의 결과들을 사전에 분석하고, 그 발생순서에 따라 의사결정을 취할 수 있다. 직급이 보다 낮은 경영간부라면 상황을 인식하고난 연후에 「스스로의 지시」에 따라서 행동해야 할 것이다.

[프로그램과 일상업무 절차]

위에서 서술한 바와 같이 위험 즉, 「리스크의 조건들」은 어떤 상황의 <발생(occurrence)>, 또는 그 발생 가능한 <결과(possible outcomes)>에 대한 발생확률을 부여하는 것을 의미한다. 그러나 어떤 위험이 발생할 것이 확실하지만 그 결과를 예측할 수 없을 때, <프로그램(programme)>이라는 명칭의 다른 종류의 「의사결정」이 가능하다. 이것은 시간의 진행단계에 따른 절차에 대한 실천방안으로 「일상적 업무활동」을 지휘·조정하기 위하여 사용된다. 어떤 대안이 분명히 발생하게 될 뿐만 아니라, 반복적으로 발생하게 될 경우, 의사결정의 방식은 <지속적인 일상업무절차(*standing operating procedure*)>의 형태를 취하게 된다.

따라서 기업내부에서 실행되는 일반적인 의사결정의 형태들은 '정보가 얼마나 부족한가(ignorance)'에 따라, 의사결정의 종류를 구분해 볼 수 있다. 즉, 확실성, 또는 부분적인 리스크 조건하에서 추진되는 일정한 「일상업무절차 및 프로그램들」과, 리스크와 불확실성의 조건하에서의 「방침들」, 그리고 부분적인 정보부족의 조건하에서의 「전략」으로 구분해 볼 수 있다.

[유의하여야 할 점]

유감스럽게도, 우리들이 정의하고 있는 전략에 의하면, 두 가지의 서로 다른 개념정의에서 우연한 일치가 이루어지고 있다.

첫 번째 정의에서 「전략적인」 의사결정[21]이라고 할 때, 「전략적 (strategic)」이라는 의미는 「기업이 당면하고 있는 환경에 대하여 기업의 적합성에 관한(relating to firm's match to its environment)」이라는 의미를 지니고 있다.

이에 대한 두 번째의 의미로서는, 「전략(strategy)」이라고 할 때 그 의미는, 「부분적인 정보부족하에서의 의사결정의 원칙(rules for under partial ignorance)」을 의미하고 있다.[22]

그러나 이러한 의미상의 일치 때문에 다음의 중요한 사실, 즉 앞에서 설명한 네 가지의 기본적인 의사결정의 형태들(전략, 방침, 프로그램, 일정한 일상업무절차들)은, 세 가지 형태의 문제유형들(전략적, 관리적, 일상업무적인 문제들)에서 전반적으로 전개되고 있다는 사실을 애매모호하게 하여서는 안 될 것이다.

또한, 네 가지의 기본적인 의사결정형태들은 '모두 전사적 차원의 조직적 수준에서 적용된다'는 점을 분명히 해둘 필요가 있다. 연구, 개발, 재무, 마케팅과 같은 기능담당부문은 기업의 외부 환경과 밀접한 관계를 가지고 있으므로 종종 「부분적인 정보부족」이라는 상황조건들을 직면하게 되는 일이 많다. 따라서 이러한 상황조건들 하에서는 연구개발전략이나 재무전략, 마케팅 전략과 같은 적절한 부문별 전략들을 요구하게 될 것이다.

H. I. Ansoff, New Corporate Strategy (1988) 박동준역, 최신전략경영, 1993

■ 전략은 환경대응에 관한 것

이상의 인용에서도 알 수 있는 바와 같이 전략은 기업이 당면하고 있는 환경대응에 관한 것이라고 할 수 있습니다. 따라서 아무리 기발하게 대응한다고 할지라도, 당면하고 있는 환경에 대하여 적합하게 대응하지 못하고 있다면, 그 기업은 전략적이라고 할 수 없습니다. 이와 마찬가지로 당면하고 있는 환경에 대하여 적합하게 대응하고 있다면, 전략적 대응을 수행하고 있다고 볼 수 있습니다.

그러나 환경에 대하여 어떻게 대응하는 것이 적합하게 대응하는 것인지에 대하여 확실히 하지 않을 경우, 환경대응의 적합성에 대한 판별은 혼란스럽게 됩니다.

따라서 경영관리자는 환경대응의 적합성에 대하여 다음과 같은 세 가지의 관점을 명확하게 할 필요가 있습니다. 첫째로는 환경에서 요구하고 있는 내용들을 명확히 파악하는 일입니다.

---

21) (앤소프 주) 이에 대한 보다 적절한 용어는 기업가적(*entrepreneurial*: 企業家的)이라고도 생각된다.

22) (역자 주) 전략적이라는 개념이 부분적인 정보부족하에서의 의사결정원칙을 의미할 경우, 이 때의 '전략적'이라는 개념은 「단계적으로 최선의 대안을 모색하는 방식」을 의미하고 있습니다. 이는 현실적 문제들을 해결하기 위하여 실천적으로 어떠한 절차와 단계를 통하여 보다 효과적으로 문제해결을 해나갈 것인지에 대한 방향설정과 방법선택을 의미합니다.

둘째로는 환경의 변화속성을 이해하여 그에 대하여 적절한 타이밍으로 변화의 내용과 속성에 대응하는 일입니다.

세 번째로는 조직에서 환경에 대응하는 방식과 현실적 대응절차를 점검하고 그 대응방법의 효과성을 높이는 일입니다.

■ 변화하는 환경에 대응하는 절차

상황이 변화하지 않을 경우에는 그동안 기존의 대응원칙으로 편성한 대응방법으로도 성과를 거둘 수 있습니다. 따라서 기존의 상황이 계속되어 기존의 업무방식이나 절차에 입각하여 외부대응을 전개해도 된다면, 별다른 문제가 없을 수도 있습니다.

그러나 기업을 둘러싸고 있는 환경이 변화하기 시작하면, 그동안의 대응행동이나 방식으로는 제대로 대응할 수가 없게 됩니다. 예를 들어 경쟁 환경이 바뀌면, 경쟁행동도 바뀌게 됩니다. 따라서 경쟁의 상대방에 대한 정보와 전략을 간파하여, 그에 대응하게 됩니다. 그러나 경쟁 환경은 변화하지 않았는데, 고객을 중심으로 하는 시장 환경이나 사회적 요건이 변화하면, 이 경우에는 경쟁적 행동으로는 새로운 시장 환경이나 사회적 요건에 적응할 수 없게 됩니다. 예를 들면, 최근의 음식물 제조품질기준의 강화나 특정 투입물질의 억제와 같은 법률이 강화되면, 그러한 변화 상황에 맞추어 기업이 적극적으로 대응하지 않을 경우, 성공할 수 없게 됩니다.

환경의 변화정도가 점점 높아지고 그것이 점점 더 가속적으로 움직이기 시작하면, 흥미롭게도 환경변화에 대한 인지 또는 인식능력이 떨어지기 시작합니다. 이와 같은 현상은 변화에 대한 거부와 같은 소극적 반응과는 근본적으로 다른 것입니다.

어린이 놀이터에 빙글빙글 도는 놀이기구가 있습니다. 이 기구를 편의상 「빙글이」라고 부르겠습니다. 이 「빙글이」를 타고 처음에 천천히 돌기 시작하면, 우리의 시각에는 주변의 것이 움직이

는 것처럼 보입니다.   그런데 점점 더 속도를 내기 시작하면, 우
리의 시각에 비추이는 주변의 움직이는 상이 점점 불분명해지고
희미해지기 시작합니다.   이러한 속도를 더욱 높이면, 이제는 빙
글이와 자신만 명확하게 보이고 빙글이 외곽의 모든 것은 잔상효
과에 따라 모두 뿌옇게 지나가는 영상과도 같이 인식이 곤란합니
다.   이러한 현상은 아주 빨리 지나가는 이동체에서 외부를 바라
볼 경우에도 「빙글이 효과」가 마찬가지로 작용합니다.   시각에 맺
히는 상의 변화에 점차적으로 무감각해지는 것입니다.[23]

　　조직구성원들이 이와 같이 당면하고 있는 환경 변화의 모습에
무감각해지는 것은 주변의 변화속도가 완만하지 않고 불규칙적으
로 그리고 급속하게 변화할 때 종종 목격됩니다.   변화에 무감각
해질 경우, 당면하고 있는 상황에 대응하기 위한 전략이나 대안들
을 모색하는 활동이 편향적으로 이루어집니다.

　　뿐만 아니라 변화에 대응하는 방식도 내용도 달라집니다.   우
선 일이나 사건이 터진 다음에야 움직이는 현상이 등장합니다.
이 때에 뒤늦게 대응을 할 경우에도, 그에 대한 대비책을 마련해
놓지 않았다면, 아무리 즉각적으로 신속히 대응하려고 해도, 생각
처럼 즉각적인 대응은 쉽지 않습니다.   따라서 경영관리자는 우리
조직, 특히 소관부서의 환경인식과 대응방식이 어떠한가를 점검해
볼 필요가 있습니다.

■ 환경대응은 예비대응과 본격대응으로 구성된다

　　경영관리자가 변화에 신속히 대응하지 않을 경우, 예비적 대응
의 타이밍을 상실하게 됨으로써 또한 실질적인 리스크가 증대합
니다.   예비적 대응은 환경에 대한 본격적 대응을 착수하고 전개

---

[23] 이러한 빙글이 효과는 변화하고 있는 현상에 대하여 좀더 제대로 파악하기
위하여 근접하여 관찰을 시도할 경우에도 작용합니다.   그것은 대상에 대한
거리에 의하여 판별의 영향을 받는 정도보다, 대상과 환경의 변화속도에 대
한 영향이 더욱 크게 작용하기 때문입니다.

하기 전에 추진하는 예비조치를 말합니다.

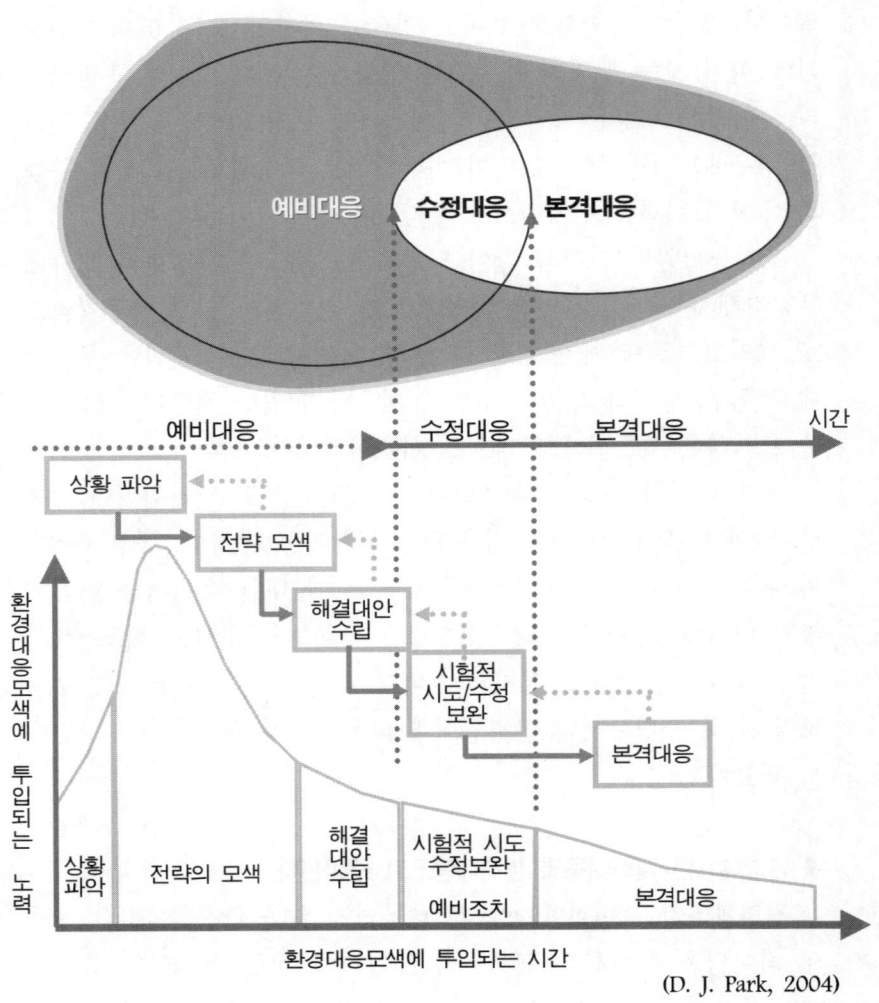

<도표 7.1> 환경대응의 절차

(D. J. Park, 2004)

　　대체로 환경대응을 모색하고자 할 때, 흔히 간과하기 쉬운 것
이 예비적 대응입니다.　보통의 경우 환경대응을 해야 한다고 하
면, 바로 즉각적인 환경대응이 가능한 것처럼 생각합니다.　예를

들어, 불이 나면 불을 바로 끈다고 하는 식의 발상입니다.

그러나 불이 나도 불을 끄려고 할 때, 불을 끌 수 있는 장비와 인력, 기술이 동원되지 않으면, 불이 쉽게 꺼지지 않습니다. 머릿속 생각에는 불을 끄는 것이 충분히 가능하고 불을 끄는 행동으로 옮기면 즉각적으로 꺼질 것 같은 불이 실제로는 그렇지 못한 것입니다.

매년 발생하는 수재의 경우에도 마찬가지입니다. 즉, 예비적 대응이 준비되지 않았기 때문에 본격적 대응이 불가능한 것입니다. 따라서 예비대응을 준비할 수 있는 여력을 갖추어야만 본격대응을 착수할 수 있습니다.

예비대응의 여력이란 자원, 조직, 역량, 대응전략의 내용편성 그리고 시간입니다.

경영관리자가 예비적 대응의 타이밍을 상실하게 될 경우, 본격대응은 그만큼 지연되거나 실패할 소지가 높아집니다.

그것은 예비적 대응의 기간 중에 확보해야 할 전략, 자원, 필요한 조직을 짧은 시간 내에 갖추지 못함으로 인하여 유발되는, 예비대응의 실패가 본격대응으로 이어지기 때문입니다. 그러한 점에서 볼 때, 본격대응의 실패의 원천은 바로 예비대응의 실패라는 점에 유의할 필요가 있습니다.

실제로 현장지도를 하다보면 '전략적 대응계획안의 준비도 예비대응에 속하는 점에 유의' 하는 사람들이 많지 않습니다. 즉, 본격대응을 착수하기 위하여 전략계획을 준비하는 것이라는 발상이 지배적입니다.

그러나 <도표 7.1>에서 보는 바와 같이, 본격대응에 필요한 정보, 준비시간, 전략대응의 실천계획안과 같은 것들은 본격대응의 착수 이전에 확보되어야 합니다.

　더욱이 불확실한 미래의 상황에 대응하기 위한 전략의 모색은 예비대응단계에서 전개되더라도, 본격대응과정에서 계속 수정, 보완해나가는 과정이 필요하게 됩니다. 즉, 본격대응단계에서 전략계획은 더욱 정비, 점검되어 더욱 세련되는 과정을 거치게 되는 것입니다.

　경영관리자가 이와 같은 절차적 대응의 역량이 떨어지는 경우, 제2장에서 살펴본 8P 모델의 P1에서 P5에 이르는 기본적인 경영관리의 성과가 떨어지게 됩니다. 이러한 현상은 동일한 경영자원을 확보하고 있는 경쟁기업간의 환경대응의 성과차이를 유발하는 원인으로 작용합니다.

■ 본격대응의 성공은 예비대응의 성공적 추진에 의하여 가능하다

　<도표 7.1>을 통하여 살펴볼 수 있는 바와 같이, 예비적 대응을 소홀히 하게 되면, 그 본격대응의 성과를 보장할 수 없게 됩니다. 따라서 예비적 대응의 성공이 본격대응의 성공을 촉진하게 되는 요인이 됩니다.

　그러나 예비적 대응에서의 성공적 전개가 가능할 경우에도 본격대응단계에서 점차적으로 불확실성을 축소시켜나가며, 본격대응을 위한 전략을 정비, 완성시켜나가는 과정이 필요하게 됩니다.

　그러한 후속적인 프로세스가 결여될 경우, 환경에 적합한 전략대응의 성과는 보장할 수 없게 됩니다. 따라서 전략적 성공의 관건은 성공적 예비대응과 성공적 본격대응이 충실히 전개되어야 하는 것입니다.

　그렇다면 성공적 예비대응은 어떻게 해야 할 것인가에 대하여 살펴볼 필요가 있습니다. 그에 대한 일반적 환경대응의 기법이 정기적인 계획수립방법과 절차와 관련하여 전략경영의 이론과 기법에 관한 책자들에 명시되어 있습니다. 그러나 환경변화의 내용이나 정도가 질적, 양적으로 점차 확대되고, 그리고 그 변화의 속

도가 빨라지게 되면, 정기적인 전략계획수립방법과 그 절차만으로
는 해결되지 않습니다.

따라서 이 책의 후반부에서 학습하는 SWOT 분석기법이나 전
략적 경영과제의 해결기법에 의한 SIS 환경대응 프로세스에 의한
대응이 시도되는 것입니다.[24]

■ 예비대응과 본격대응의 전개

<도표 7.1> 환경대응의 절차에서 살펴본 바와 같이 환경대응
을 전개하는 과정에는 예비대응이 무엇보다도 중요합니다. 이와
같은 예비대응을 위한 활동에는 환경의 진단과 분석, 과제의 도출
과 대안의 수립을 포함하여 도출된 대안의 시험적 추진활동이 포
함됩니다.

여기에서 경영관리자가 확실히 해야 할 관점이 있습니다. <도
표 7.1>의 환경대응에는 예비대응과 수정대응, 그리고 본격대응
이 있습니다. 그러나 기업현장에서는 종종 전략대응을 본격대응
으로만 해석하고자 하는 사람들이 있습니다. 즉, 전략은 계획이
고 그것을 실천에 옮기는 행동은 본격대응이라고 생각하는 것입
니다.

그러나 전략대응은 예비대응으로부터 본격대응에 이르는 전
과정을 의미합니다. 기업이 예비대응을 할 것인가, 또는 본격대
응을 할 것인가에 대한 구분은 환경의 변화에 대한 정보의 확실
성과 기업의 대응의 결단에 따라 결정됩니다. 따라서 예비대응과
본격대응은 모두 전략대응의 범주에서 다루어져야 하는 것입니다.

예비대응을 고려하지 않고 전략대응을 본격대응으로만 간주할
경우, 다음과 같은 문제점이 있습니다.

---

[24] 전략적 경영과제 대응의 신 기법에 관한 구체적인 학습은 제10장과 「뉴스와
트 전략 2.0 실천기법」, 「전략적 위기경영 실천기법」을 참조.

첫째로 본격대응의 신중성을 기하기 위하여 완전한 형태의 전략을 추구합니다. 그러나 정보의 불확실성이나 상황의 불투명성과 같은 문제가 등장할 경우, 전략의 완전성을 도모하며 전략 만들기에 전념하고 있는 동안 실제적인 환경대응은 전개되지 못하고, 결과적으로는 환경대응의 적시성(適時性)을 상실할 수 있습니다.

둘째로 본격대응의 규모가 거대해질 경우, 그에 상응하는 기업의 역량이 충족되지 못한다면 전략추진의 실천 가능성이 제약됩니다.

셋째로, 본격대응의 전개시점에서 당초의 상황가정이 변화되거나 또는 당면하게 되는 상황이 급변하게 될 경우, 본격대응의 전략추진의 효과성이 떨어집니다.

따라서 본격대응단계에서의 변화에 대한 탄력성을 부여할 필요가 있습니다. <도표 7.2>는 <도표 7.1>을 보다 세분화하여 본 환경대응의 절차에 대한 설명입니다.[25] <도표 7.2>에서 보는 바와 같이 예비적 대응과 본격적 대응간의 중첩부분에 수정대응이 있습니다.

예비적 대응에 수정대응을 포함시킬 것인가, 또는 본격대응에 수정대응을 포함시킬 것인가, 아니면 수정대응의 내용을 별도로 구분할 것인가의 여부는 수정대응의 내용에 따라 달라집니다.

그러나 환경대응의 급속한 변화를 일상적인 현상으로 반영시킴으로써 기업의 환경대응활동의 탄력성을 확보하기 위하여 예비대응의 신속한 전개를 염두에 둔다면, 수정대응을 예비대응의 범주로 반영시키는 것이 유리합니다.

---

[25] 도표에서 표기되어 있는 SIS 프로그램은 전략적 중점과제를 인식하고 분석하며 대응하는 전략적 경영관리기법으로 「뉴스와트 전략 2.0 실천기법」에서 상세히 다루고 있으므로 실천적 기법의 구체적인 절차에 대하여는 이 책을 참조하시기 바랍니다.

<도표 7.2> 예비대응과 수정대응

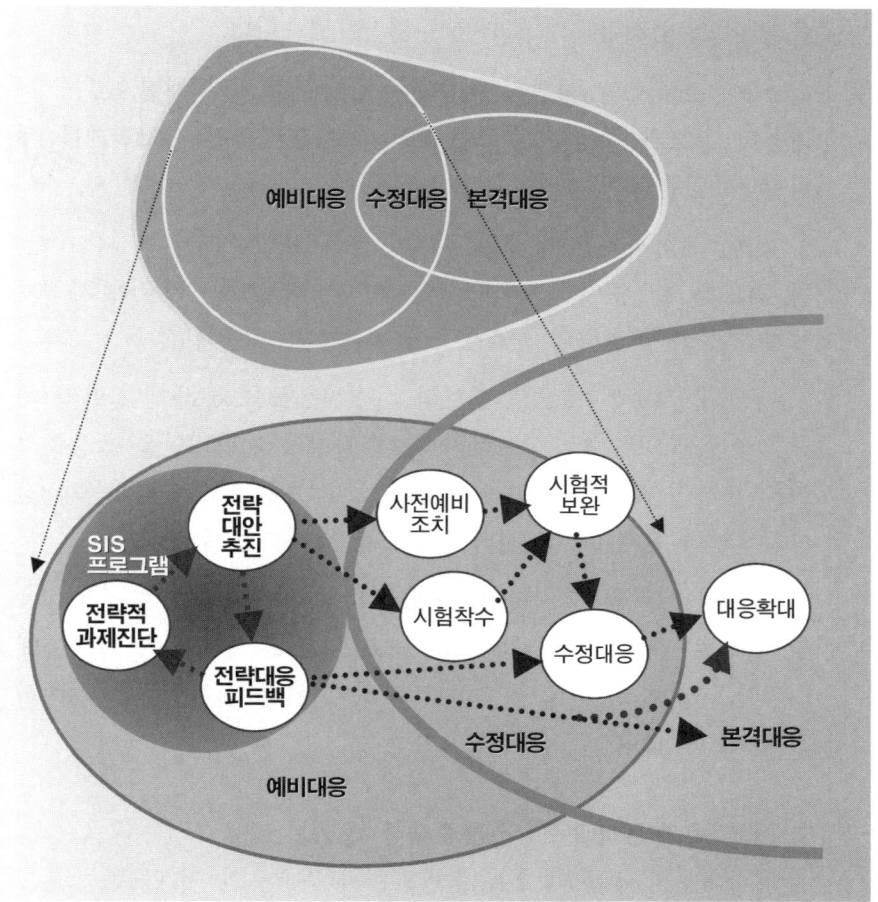

(D. J. Park, 2004)

수정대응을 예비대응의 일환으로 전개할 경우, 좋은 점은 다음과 같습니다.

첫째, 시험적 착수를 통하여 변화하는 환경의 탐색과 전략의 시험적 적용성과를 반영함으로써 본격대응에 앞서서 전략과 실천의 성과를 높일 수 있습니다.

둘째, 신속한 시험적 착수를 전개함으로써 환경대응의 적시성을 높이고, 선제활동의 효과를 누릴 수 있습니다.

셋째, 소규모의 시험적 착수활동을 신속하게 전개함으로써 그 대응의 규모와 시장의 반응을 파악하고 본격적인 사업전개를 예비할 수 있습니다.

넷째, 예비대응의 전개를 통하여 보다 확실한 정보와 사실자료를 피드백 할 수 있게 되며, 추가적으로 확보되는 정보와 사실자료들을 통하여 전략의 유효성을 높일 수 있게 됩니다.

다섯째, 보충된 새로운 정보와 사실자료들을 통하여 전략적 대응을 지속적으로 전개함으로써 보다 양질의 전략대안을 창출하고 이를 통하여 예비대응활동을 시험적으로 보완하고 수정대응을 강화함으로써 본격대응의 전략적 성과를 극대화할 수 있습니다.

따라서 전략적 과제별 대응전략의 내용들에 대하여 예비대응의 형태로 사전예비조치를 강구하고 관련된 주요 전략대안들에 대하여 시험적 전개를 착수하도록 하기 위한 실천행동을 신속히 전개하도록 합니다.

■ 예비대응과 본격대응의 전개에 대한 세 가지 패턴

예비대응의 전개와 그에 수반하는 본격대응의 전개에는 <도표 7.3>에서 보는 바와 같이 세 가지의 패턴이 있습니다.[26]

그 첫 번째의 패턴은 집중화된 본격대응형입니다. 환경의 난기류가 높고 불확실성이 높기 때문에 일반적으로 예비대응의 범위가 넓습니다. 그러나 수정대응활동을 전개하면서 그 대응의 구체적인 범위가 명확하게 확정되며, 그에 따라 본격대응을 집중화시킵니다.

---

26) 박동준, 뉴스와트전략, 소프트전략경영연구원, 2005, pp. 167-172

이와 같은 경우, 집중형 본격대응을 대비하기 위한 예비대응 활동은 사업의 모색과정과 시험대응과정을 통하여 전략적 시행착오를 최소화시킬 수 있도록 합니다.

<도표 7.3> 환경의 변화에 따른 예비대응과 후속대응의 패턴

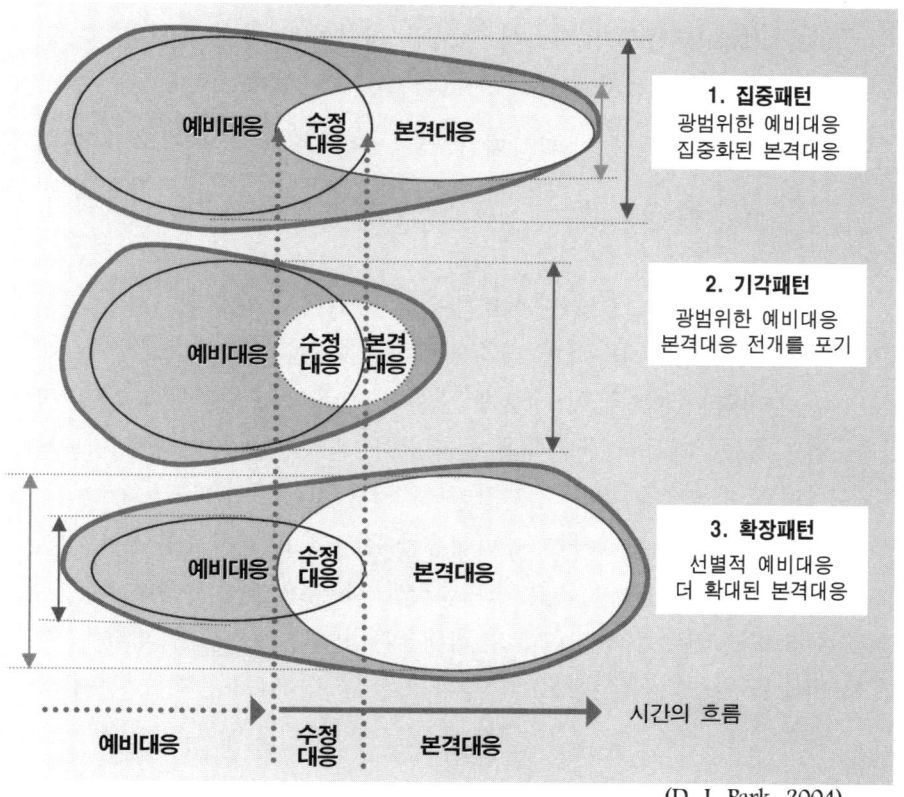

(D. J. Park, 2004)

본격대응의 내용과 규모에 따라, 그 탐색과 기업행동의 범위확정을 제대로 하기 위하여 경우에 따라서는 예비대응 활동을 다양하게 전개하는 것이 필요합니다. 따라서 예비대응 활동에서 시장규모와 사업방향, 사업성에 대한 분석이 밀도 있게 전개될 필요가 있습니다.

두 번째의 형태는 기각패턴으로 예비대응 활동에서 수정대응 과정의 결과를 평가하여 본격대응에 대한 전개여부를 확정하고 그에 입각하여 본격대응을 기각하는 패턴입니다. 기각패턴은 예비대응 활동에서 수정대응을 전개하는 과정에서 사업성에 대한 구체적 평가를 부정적으로 하게 될 경우, 또는 해당사업의 본격적인 전개를 추진하기 위하여 필요한 자사의 능력을 확보할 수 없을 때의 대응패턴입니다.

세 번째의 형태는 확장패턴으로 예비대응에서 발굴된 사업기회를 더욱 확대하여, 다양한 부수적인 사업전개를 본격적으로 전개하게 되는 패턴입니다.

대부분의 기업실패는 예비대응의 실패에서 비롯됩니다. 사전에 예비대응을 신속하게 전개하는 활동을 게을리 하거나 또는 이를 간과하는 기업들이 뒤늦게 충분한 전략적 환경연구와 검토 작업도 없이 서둘러 본격대응에 덩달아 진입하는 기업들이 전략적 실패의 가능성을 더욱 부채질 하고 있습니다.

따라서 경영관리자는 예비대응을 간과하고 본격대응에서 성공을 실현하기 위하여 온갖 스트레스를 다 받으면서 고생하고, 결과적으로는 실패를 유발하는 환경대응패턴에서 과감히 탈피하여, 예비대응에 좀더 유의하고 그 성과를 높일 수 있도록 하는 것이 중요합니다.

■ 성공의 반대는 실패가 아니다

예비대응과 수정대응을 염두에 둔다면, 「성공의 반대는 실패가 아니라 무대응」이라는 점을 알 수 있습니다. 만약 대응을 시작한다면, 성공의 가능성을 확보하기 시작했다고 볼 수 있습니다.

따라서 실패가 두려워 일을 추진하지 못하거나 주저한다는 말은 성공적인 경영관리자에게는 성립되지 않습니다.

<도표 7.4> 성공과 실패에 관한 12가지 유의점

1. 성공은 행동으로 완성된다.
2. 행동은 기획으로 관리된다.
3. 환경대응행동에는 예비대응과 수정대응, 그리고 본격대응이 있다.
4. 대응행동에는 실패가 따를 수 있다.
5. 실패에는 소극적 실패와 적극적 실패가 있다.
6. 소극적 실패는 시도하지 않는 실패이며 성공을 실현할 수 없다.
7. 적극적 실패는 대응행동의 결과를 효과적으로 수정함으로써 성공의 확률을 높인다.
8. 성공을 높이고자 한다면, 대응행동을 촉진해야 하며, 대응행동에서 부수적으로 유발되는 실패를 관리하지 않으면, 성공은 실현되지 않는다.
9. 실패를 줄이기 위한 성공기법을 활용하고 전략적 행동의 관리를 전개하는 경영관리자가 성공한다.
10. 성공의 반대는 실패가 아니라 무대응, 무행동이다.
11. 우물쭈물 망설이는 것은 신중함과는 거리가 멀다.
12. 신중함은 상황의 이해와 판별, 대응방안을 모색하는 기획행동의 내용과 품질을 의미한다.

(D. J. Park, 2007)

근본적으로 성공은 행동의 결과에 의하여 완성됩니다. 즉, 행동 없이 성공은 불가능합니다. 이와 같은 맥락에서 본다면, 신중함을 기하기 위하여 무행동, 무대응을 유지하고 있다면, 그것은 신중한 행동과는 거리가 먼 것이며, 또한 성공과도 거리가 먼 행동이라고 할 수 있습니다.

신중의 의미는 상황의 이해와 판별, 그리고 대응방안을 모색하는 기획행동을 의미합니다. 우물쭈물 주저하고 있는 것은 신중함과는 전혀 거리가 먼 것입니다.

따라서 실패는 성공을 위한 예비행동의 결과이며 그러한 예비행동의 신속한 교정을 통하여, 성공의 가능성을 더욱 높이고 실현할 수 있도록 하는 것이 중요합니다.

<도표 7.5> 실패의 구분과 교정으로 성공실현도를 높인다

		실패의 내용	
		기획 실패	대응 실패
대응	시도	실패경험을 토대로 기획 교정	행동결과를 분석하여 대응행동의 교정
	무시도 무대응	기획의 보강	행동의 촉진

■ 성공하는 경영관리자들은 실패를 통하여 학습한다

성공하는 경영관리자들은 자신의 행동에 대한 실패를 관리하는 방법이 다릅니다. 실패라는 결과는 기획이라는 행동에 의하여 유발됩니다. 따라서 어떠한 새로운 일을 모색하지 않는 사람에게는 실패가 별로 없습니다.

그래서 저는 실패는 시도(試圖)의 함수라고 정의합니다.

실패의 정의

실패는 시도의 함수이다.

새로운 경영환경에 적극적으로 대응하고자 하는 경영관리자는 실패하지 않는 직원들을 유심히 관찰할 필요가 있습니다.

사업을 전개하건 관리활동을 수행하건, 새로운 환경을 창조하고 보다 높은 경영의 성과를 개선하고자 한다면, 반드시 새로운 경영의 시도가 전개되어야 합니다. 그런데 실패를 두려워 새로운 시도가 억제된다면, 그것은 기업경영의 진화를 억제할 뿐만 아니라 새로운 환경에 대응하는 기업의 환경적응성을 저해하게 됩니다. 따라서 이러한 현상은 경영관리자가 솔선수범하여 반드시 개선해야 하는 것입니다.

2. 전략성공원칙을 실천하라

■ 전략성공원칙

전략적 과제의 대응에 있어서, 그 핵심이 되는 것은 전략적 행동의 기본적 원칙으로 작용하는 전략성공원칙입니다.

전략성공원칙

1. Strategy should be aligned with the Environment.
2. Capability should be aligned with the Strategy.

H. I. Ansoff

즉, 기업이 추구하는 전략은 환경의 속성과 내용에 부합하여 그에 잘 대응해야 한다는 것이 첫 번째의 원칙이고 기업이 확보하고 있는 능력은 첫 번째의 원칙에 합당한 전략을 제대로 전개할 수 있는 능력을 확보해야 한다는 것이 두 번째의 원칙입니다.

그 첫 번째의 원칙에서 전략은 환경에 적합해야 한다는 의미는 환경에서 요구하고 있는 내용과 환경변화의 난기류 수준에 합당하게 편성되어야 한다는 점을 의미합니다.

■ 환경의 비연속성과 난기류에 대응해야 한다

<도표 7.6>에서는 기업이 당면하고 있는 난기류 환경을 그 변화의 속성을 기준으로 5단계로 구분하여 최적의 성공을 이루는 전략의 특성을 설명하고 있습니다.

<도표 7.6> 난기류에 대응하는 전략의 적극성

난기류 수준	1	2	3	4	5
환경의 난기류	반복적	서서히 확대	변화 급속한 확대	비연속성 예측가능	놀라움·경악 예측불능
전략적 적극성	안정적 과거에 기초	반응적 경험에 입각	예측적 추정에 의한 점진적 변화	기업가적 예상되는 미래에 입각한 비연속성	창조성 새로운 이질적 비연속성
능력의 대응성	현상유지 (보수적) 변화를 억제	생　산 변화에 적응	마케팅 익숙한 변화를 추구	전　략 새로운 변화를 추구	유연성 신기한 변화를 추구

자료: 앤소프, 전략경영실천원리, 2.1장, p. 106, 소프트전략경영연구원

　도표에서 설명하고 있는 바와 같이 환경의 비연속성이 낮고 변화의 내용과 정도가 낮아 난기류 수준이 낮았을 때에는 그에 대응하는 전략 또한 완만한 변화를 수용하는 내용으로 편성됩니다. 그러나 환경변화의 크기와 속도가 증대하게 되어 난기류 수준이 4수준에 이르면, 전략의 내용도 비연속적으로 변화됩니다. 이러한 경우, 환경의 난기류가 낮은 3수준의 전략으로 환경대응을 전개하면, 해당기업은 성공하지 못하게 됩니다.[27]
　두 번째의 성공공식인 능력의 대응성은 기업이 당면하고 있는 환경의 속성과 난기류 수준에 합당한 전략을 실행할 수 있는 능력의 적합성을 의미합니다. 즉, 난기류 수준이 4단계의 환경에 처한 기업은 그에 합당한 전략을 세워야 하며, 그 기업의 능력 또한 전략의 입안과 수행에 합당한 능력을 갖추어야 성공을 실현할 수 있습니다. 만약 난기류 수준이 4단계에 처하고 있는 기업에서 조직구성원의 능력이 그동안 익숙한 변화를 토대로 전략을 전

---

27) 이러한 난기류에 대한 전략적 성과에 대한 이론적 연구와 실증분석은 미국과 유럽, 일본과 한국의 사례를 포함한 120여편의 박사학위의 실증연구논문을 통하여 입증되었습니다.

개하는 수준에 머물고 있다면, 전략적 성공은 보장할 수 없게 됩니다. 즉, 상황이 비연속적으로 변화하여 정확한 환경예측을 할 수 없는 상황에서 마케팅에 의존하는 전략으로 대응한다면, 아무리 잘 만들고 마케팅을 잘 수행한다고 해도, 제품이 팔리지 않는 현상에 처하게 되는 것입니다.

■ 기존의 마케팅으로는 곤란하다

기존에 대대적인 성공을 경험해왔던 대부분의 성공 기업들이 난기류 수준이 상승할 때에, 좌절을 경험하게 됩니다. 이는 전 세계의 산업계에서 공통적으로 경험하고 있는 현상입니다.

이에 대하여 어떤 사람들은 기업의 수명이나 운이 다해서 그렇다고 하기도 하고, 어떤 사람들은 조직의 관료화와 대기업병과 같은 현상 때문에 그렇다고 설명하기도 합니다. 조직의 기능이나 능력에 문제가 있다면, 당연히 환경대응의 행동성과가 떨어지므로 타당성이 있는 설명이 됩니다. 그러나 기업의 성쇠에 관한 가장 근원적인 문제는 전략적 환경대응의 내용에 따라 유발됩니다.

난기류 수준이 안정적 상황에서 서서히 상승하면서, 생산 및 시장대응의 방식을 효율적, 효과적으로 변화시키고, 지속적으로 변화하는 환경에 대하여 합당한 대응을 전개하는 기업들은 지속적인 생존과 성장을 해왔습니다. 이와 같은 생존과 성장의 추세는 새로운 난기류 환경이 도래할 때에 각 환경의 주체들이 환경변화에 어떻게 대응하는가에 따라 결정되었습니다.

우리나라의 경우에도 1990년대 말, 외환위기의 기간 중에 수많은 기업들이 좌절을 경험하였습니다. 시장점유율, 즉 규모를 자랑하던 초대형 금융기업들이 존속의 위기를 경험하였으며, 한국을 대표하던 최고의 전통을 자랑하던 조흥은행이나 상업은행도 이제는 그 이름을 찾아볼 수 없게 되었습니다. 오히려 20여년 전만 해도 새내기 은행이었던 신한은행이 한국을 대표하는 선두 금융그룹 대열로 진입하게 된 것도 당시에는 상상조차 할 수 없는 일이었습니다. 신한은행은 규모면에서 결코 대형 전국은행들과 비등한 지위를 확보하지 못했지만, 기존의 은행들과는 달리 과거의 마케팅에 연연하지 않고 지속적으로 새로운 변화를 추구해 왔음을 기억합니다. 반면, 전통적인 경영방식과 기존의 마케팅 활동에 연연하던 초대형 금융그룹들은 몰락하고 말았습니다.

그렇다고 기존의 초대형 금융기업들이 신한은행보다 열심히 하지 않거나, 또는 나름대로의 전략적 대응을 하지 않은 것은 아니었습니다. 그동안 초대형 금융기업들은 오랫동안 사업을 전개하면서 다양한 고객들과의 거래관계에서 대부분 불량채권을 보유하고 있었으며, 상당한 규모의 대출금들이 회수되지 못하는 상황이 발생하면, 자본을 잠식하는 사태에 직면하기 마련입니다.

여기에 정책자금에 대한 대출관행이 작용하면서, 대부분의 대형시중은행들은 수익구조측면에서는 불리한 입장에서 경영을 전개하게 되었습니다. 반면, 새내기 시중은행으로 진입한 경우에는 그와 같은 고질적 악성 대출은 거의 없을 뿐만 아니라, 보유예금 규모도 적었기 때문에, 예금과 대출의 마진을 통한 수익규모가 낮을 수밖에 없었습니다. 따라서 다양한 금융 서비스를 통한 수익구조개선을 추구하지 않을 수 없는 형편이었습니다. 예를 들면, 수수료와 같은 금융수익도 관리하게 된 것입니다.

이러한 형태의 사업추진은 결과적으로는 최근의 거대화된 금융기업의 행태를 변모시키고, 사상최대의 수익률을 올리고 주주배당을 높이며, 최고의 성과급을 자랑하는 초우량 금융기업을 탄생하게 하였습니다. 그러나 생각해봅시다. 은행 지점에서 송금을 하게 되면, 그 수수료가 1천원이 넘습니다.

만약 5%의 정기예금을 하고 1천원의 이자수익을 얻고자 한다면, 1년 즉 365일간 2만원을 입금하고 기다려야 합니다. 물론 그것도 세금을 제외하기 전이므로 세금공제후로 계산한다면, 2만원 이상을 365일 넣고 있어야 합니다. 0.15%의 저축예금 금리라면 667천원, 보통예금과 같은 요구불 예금이라면 1년간 100만원을 넣고 있어야 할 것입니다. 이상은 모두 세금공제 이전의 계산이므로 이보다 더 예금을 하고 있어야 1천원의 이자를 받게 됩니다. 그런데, 돈을 송금하는데 드는 수수료가 보통 1천원을 금방 넘는 것입니다.

이러한 과도한 수수료는 고객의 금융거래에 드는 비용을 높이고 결국은 우리 시민들의 금융비용증가를 유발하고, 거기에서 걸어 들인 수입으로 은행조직은 수익성을 증가시키는 것입니다.

사실 과거의 초대형 금융기업들은 그러한 거래비용을 증대시키는 일은 금융당국과 기업들이 스스로 억제해왔습니다. 그러나 금융자율화이후, 금리자유화와 수수료, 기타 부대수입과 같은 것들이 변화되기 시작하면서, 결과적으로는 금융서비스의 개선을 가져왔지만, 그와 동시에 그보다 훨씬 더 중요하게 취급되어야 할 금융비용의 절대적인 증대를 유발하게 되었습니다.

금융권 내부에서 생각하는 바와는 달리, 이러한 기업행동을 전략적 대응을 잘해서 그렇다고 보는 시민들은 별로 없습니다. 뭔가 잘못된 것이지만, 울며 겨자 먹기 식으로 대하는 고객들이 대부분이기 때문입니다.

수익에 대한 발상이 이와 같다보니, 예금과 대출의 차이에서 유발되는 마진 폭 또한 점차 벌려나갑니다. 이러한 현상은 예전에는 은행을 굳게 신뢰하던 시민들이 이제는 은행에 대한 자신의 신뢰를 거부하는 현상을 만연시킵니다.

따라서 이제부터는 그러한 행태의 경영행동에 대하여 반감을 갖고 있는 고객층을 겨냥하여, 새로운 대응을 전개하면서 금융서

비스를 제대로 하는 금융기업이 등장한다면, 현존하는 대형 금융
기업들도 새로운 위기에 처하게 될 수 있습니다.

난기류 수준이 4수준으로 올라간 산업이나 시장에서는 기존의
마케팅의 논리로는 그 성과를 보장할 수 없기 때문입니다.

■ 이제는 리스크를 전략적으로 관리해야 한다

환경이 비연속적으로 변화할 경우, 시장정보는 불확실한 정보
들로 점철됩니다. 따라서 시장이나 고객의 니즈나 수요, 요구사
항의 분석작업도 그 정확성을 상실하게 됩니다. 불확실성이 증대
함에 따라서 정보, 판단의 리스크도 증대합니다.

이때에는 리스크에 대응하는 전략을 강구해야 합니다. 사회
전반적으로 변화가 극심해지므로, 그에 대응하는 전략논리도 변화
의 속성에 대응하는 전략지능에 입각하여 실험적, 모험적 전략으
로 재편성됩니다.

이러한 비연속적 변화와 리스크 대응의 현상에 대한 사례들은
세계 각지의 모든 산업에서 발생하고 있습니다. 중후장대의 제조
업이나 유통분야, 농업분야, 통신분야, 서비스 산업, 기술계 기업
이나 공기업, 공교육 분야에서도 목격되고 있습니다. 물론 정부
부문도 예외가 아닙니다. 정부부문을 행정 서비스 사업으로 분류
하여 제5차 산업이나 6차 산업으로 분류한다면, 정부 서비스의
구조와 내용 또한 급속히 변모하고 있음을 알 수 있습니다.

이제 정부는 과거의 국민과 산업 및 국가자원의 통제기능에서
촉진 서비스의 기능으로 전환되고 있습니다. 그것은 정부가 마음
이 좋고, 현명해져서 그런 것이라기보다는 산업의 발전과 사회구
조의 변화에 따라 그렇게 하지 않으면, 정부와 정부의 활동을 전
개하고 유지할 수 있는 재원을 확보하기 어려운 필연적 상황이
그와 같은 대응을 요구하고 있기 때문입니다.

그 어떠한 조직도 환경에 제대로 대응하지 않으면 생존할 수 없는 시대로 접어들었기 때문입니다.

난기류 수준이 가장 높은 수준으로 상승하면, 창조의 전략으로 이행합니다. 기술변화속도가 빠르고 그 변화의 폭이 커지게 되면, 선두기업의 입장에서는 모든 것이 아주 생소한 미래상황에 대응하는 창조의 전략을 전개하지 않을 수 없게 됩니다.

앤소프 교수님은 이미 1960년대에 <도표 7.6>과 같은 난기류 환경의 수준에 따라 전략의 특성을 적극성에 맞추어 성공 프로필을 제시하였으며, 그러한 전략성공의 핵심을 경영관리층의 전략 멘탈리티라는 점을 역설하였습니다.[28]

■ 전략경영은 전략성공공식을 실현하는 경영기법

전략경영이란 바로 이와 같은 전략성공원칙을 실현하는 방법과 절차, 자원 및 실천 시스템을 구축하는 것을 의미합니다.

너무도 당연한 것처럼 보이는 이 성공원칙은 현실적으로는 전략경영을 제대로 전개하지 않을 경우에는 실제로 실천하기가 어려울 때가 많기 때문에, 상당히 많은 조직에서는 전략적 시행착오를 반복하게 됩니다. 그렇다고 해서, 경영관리자가 우리 조직 내에 전략경영을 제대로 도입한 다음에야 전략적 성공을 도모하자고 하고 있을 수만은 없는 것입니다.

따라서 현재의 경영방식이 어떻건 간에, 경영관리자는 나름대로의 방법과 노력을 동원하여 전략성공원칙에 근접한 성과를 실현할 수 있는 방법을 모색하도록 하여야 할 것입니다.

■ 전략성공원칙의 실현을 어떻게 가능하게 할 것인가?

이와 같은 전략성공원칙을 조직 내에서 성공적으로 실현하고

---

[28] H. I. Ansoff and E. McDonell, Implanting Strategic Management, Prentice-Hall, 1992.

자 한다면, 다음과 같은 가정이 성립되어야 합니다.

---

1. 전략수립에 있어서 당면하는 환경에 대응하는 전략내용이 완전해야 한다.
2. 그러한 전략을 수행할 수 있는 조직의 역량이 제대로 갖춰져야 한다.

그러나 현실적으로 아무리 탁월한 전략가라고 할지라도 변화하고 있는 동태적이고 비연속적인 환경 하에서의 전략을 완전한 것으로 구성하기란 쉽지 않으며, 또한 그러한 전략을 수립할 수 있는 조직의 역량이나 또는 전략을 완전하게 수행할 수 있는 능력을 갖추는 것은 사실 쉽지 않습니다.

따라서 각 조직에서는 경영관리자들을 중심으로 다음과 같은 두 가지의 대응행동을 전개해야 합니다. 첫째로 조직이 관계하고 있는 환경에서 유발되는 전략적 중점과제들을 진단하여 대응방안을 모색하고, 부단히 수정과 보완하는 작업을 통하여 정확한 전략을 모색할 수 있도록 해야 합니다.

그리고 두 번째로, 부족한 조직의 역량과 능력조건 하에서 신속하고 기민하게 대응할 수 있는 독자적인 경영기법을 개발하여야 합니다. 조직의 역량이나 능력을 변혁하거나 확충할 수 있다면, 그러한 대책을 강구하여 전략을 정비합니다. 그러나 그러한 것이 불가능하다면, 현재의 역량조건 하에서 어떻게 전략적 대응을 전개할 것인지에 대하여 방안을 강구하여야 할 것입니다. 이러한 대응을 경영관리자와 조직구성원들이 어떻게 슬기롭게 전개하는가에 따라 기업의 현실적 전략성과를 관리할 수 있게 됩니다.

이에 대한 기본적인 발상을 소개한 전략적 중점과제 경영(SIM: Strategic Issue Management)은 제9장에서 살펴보겠습니다. 전략적 중점과제 경영에서는 환경변화에 따라 수시로 등장하고 있는 전략적 과제들에 신속하고 효과적으로 대응하기 위하여, 필요한 절차를 수립하고, 전략적 과제들에 대하여 신속하게 대응할 수 있는 실천 시스템을 구축합니다.

이와 같은 전략적 중점과제 경영을 성공적으로 전개하기 위해서는 경영관리자를 중심으로 환경변화에 성공적으로 대응할 수 있는 합당한 전략을 제대로 구사하기 위하여 전략수립에서의 노력과 지능을 최대한 발휘하는 한편, 수시로 변화하고 있는 환경에 대응할 수 있는 실천역량을 제고할 수 있도록 대비하여야 합니다.

3. 기획의 요령을 터득하라

■ 스트레스가 아니라 망각이다

대체로 경영관리자들과 대화를 나눠보면, 기획이라는 말만 들어도 스트레스를 받는다는 분들이 의외로 많이 있습니다. 그런데 참으로 이상하게도, 자신에 대하여 그와 같이 이야기를 하면서 그러한 자신의 현상에 대하여 전혀 문제시하지 않습니다.

그리고 보면 현직에 있는 모든 경영관리자들은 나름대로 상당히 유능하기 때문에 경영관리자의 직책을 유지해오고 있다는 사실을 스스로 무시하고 있는 것입니다. 즉, 지금 대부분의 경영관리자들은 초급관리자, 중견관리자 시절에는 나름대로는 기획에 대하여는 일가견이 있던 분들이라는 자신의 역사적 사실을 망각하고 있는 것입니다.

"망각!" 그렇습니다. 스트레스를 받는다고 표현하기 보다는 망각하고 있다는 설명이 오히려 더 적절한 표현일 것이라고 생각됩니다. 다른 말로 표현한다면, 「기획치매(Planning Alzheimer's Disease)」라고 해야 할지도 모르겠습니다.

과거에도 별다른 획기적인 전략기법이 없이도 당시에는 나름대로 기발했던 전략들을 수립했던 본인들이 이제는 생각조차 하기 싫어하는 것입니다. 참으로 유감스러운 일이지만, 만약에 그러한 사고방식을 고집하고자 한다면 차라리 자신보다 탁월한 생각을 전개하는 부하 직원을 찾아내어 하루속히 현재의 지위를 그 사람에게 양위하는 것이 바람직합니다.

지금도 그렇지만 앞으로는 점점 더, 생각하기 싫어하는 경영관리자에게 자리를 내어주고 임무를 맡길 조직은 더욱 줄어들 것이기 때문입니다. 더욱이 복잡한 생각 때문에 스트레스를 계속 받게 된다면, 그 업무성과 또한 크게 기대하기 어렵게 됩니다.

만약에 아무리 둘러봐도 자신보다 영특한 생각을 하는 부하직원을 찾아내지 못하게 된다면, 여기에서 경영관리자의 입장에서 생각할 수 있는 대안은 세 가지입니다.

첫째, 과거의 자신의 영광을 되살리는 방법입니다. 초창기 청춘을 불사르며 일할 때의 의지와 지능을 다시 살려 기획의 능력을 충분히 발휘하는 것입니다. 필요하다면, 기획치매가 더 이상 진전되지 않도록 하기 위하여, 현재까지 확보된 지능의 발휘를 자극하고, 새로운 기법도 학습하고 모의 훈련과 연습도 합니다. 그와 같이 자신을 다시 추슬러서, 능력발휘도 하고, 성과를 높이는 일을 수행하는 것이 우선 추진할 수 있는 현실적 대안입니다.

둘째의 방법은 당면하고 있는 상황에 대한 결과가 어떻게 될지 확실한 것은 잘 모르지만, 여러 가지의 방법들을 적용해보면서 합당한 방법을 찾아내고 스스로 대안을 모색해보는 것입니다. 대부분의 지능은 이와 같은 방식으로 개발됩니다. 이는 마치, 촉수 동물이 앞에 있는 것이 명확하지 않을 때, 더듬이로 분주히 대상이나 목표를 더듬어가며 현실을 확인해보는 방법과 유사합니다. 물론 실패할 수도 있습니다. 그러나 앞에서 살펴본 바와 같이 성공의 반대는 실패가 아니라 무행동, 무시도라는 점에 착안한다면,

이와 같은 방법이 그보다는 한결 현실적인 성공 행동이라는 점을 유의할 필요가 있습니다.

더욱이 일단 시도해보겠다는 의지만 확실하다면, 필요한 방법의 조달이나 활용은 얼마든지 가능합니다. 뜻이 있으면 길은 있기 마련입니다. 만약에 아무런 방법도 구할 수 없다면 이 책의 후반부에서 설명하는 간이형 방법을 활용할 수도 있습니다.

세 번째의 방법은 다음에 살펴보는 바와 같이 스트레스를 줄이면서 환경대응을 모색하는 방법을 찾는 것입니다.

■ 스트레스를 덜 받으면서 기획안을 만드는 방법

스트레스를 덜 받으면서 기획안을 만들고자 한다면 어떻게 해야 할 것인가? 이런 이야기를 하면, 기획요원들이나 경영관리자들은 한결같이 '잘 만들면 되지요'하고 태평한 이야기를 합니다. 물론 그렇습니다. 잘 만들면, 됩니다. 그런데, 잘 만들 줄 모르거나 생각처럼 잘 만들어지지 않을 경우에는 어떻게 할까요?

이와 같이 반문하면, 쉽게 대답하던 경영관리자들이나 기획요원들은 또 다시 스트레스를 받게 됩니다.

스트레스를 덜 받으면서 기획안을 만들려면, 나름대로 기획안을 만드는 요령들을 습득해야 합니다. 물론 기획방법의 연구도 되어 있어야 합니다. 그러나 어떠한 방법을 사용하건 간에, 방법의 설계목적에 따라, 제각기 제약요건이 있기 마련입니다. 만능의 처방이란 아무래도 구하기 어렵다고 보는 것이 타당할 것입니다.

또한 타당성이 입증된 계획수립방법론을 활용하는 것도 스트레스를 줄일 수 있는 방법 중의 하나입니다. 가급적이면, 너무 복잡하지 않고 활용하기 좋은 방법론이라면, 그러한 방법론을 활용하는 것이 좋을 것입니다. 그러나 정보처리 등에 너무 복잡하고 시간이 많이 걸리며, 그 방법적 도구를 기획에서 사용하는데 어려움이 많고 힘들게 된다면, 오히려 스트레스가 증가할 수도 있으므로, 가급적이면, 간편한 방법을 활용하는 것이 좋습니다.

보다 대범한 발상으로 접근해볼 수도 있습니다. 즉, 일단 결론을 먼저 내놓고 접근해보는 가설적 접근방법도 제안되고 있습니다. 예를 들면, 앞의 예에서의 D사업 진출 건을 예로 들자면, 다음과 같이 과감한 가설을 세워보는 것입니다.

> "D사업은 2년 내로 종료한다? (왜? 지금은 나도 모른다!) 그러나 가설을 검증해 볼 테니까 1주일만 기다려봐요!"

즉, 앞에서 설명한 바와 같이 가정을 세워서 생각을 움직여보는 것입니다.

일단 사업을 종료하게 된다면, 그 이유는 사장의 강력한 지원에도 불구하고 '매출성장이 크게 늘지 않고 지속적인 설비투자만 증가하기 때문이다'라고 생각해봅시다.

그리고 실제로는 어떠한가 생각해봅니다. 사실자료도 수집해봅니다. 자료를 조사해보면, 해당 시장에서 급속한 신제품의 유입속도가 빠르고, 이러한 기술발전의 속도라면, 2년 내가 아니라 1년 내에 제품변경이 불가피하다는 결론이 유도될 수도 있습니다.

그렇다면, D사업의 생산라인을 확장하는 것보다는 신제품 개발 쪽에 더욱 신경을 써야한다는 결론을 얻을 수 있습니다. 그렇다면, 신사업의 투자방향이 바뀌게 되는 것입니다.

나아가 신제품개발 쪽을 생각하게 될 경우에도 D사업의 신제품에 초점을 맞출 것인지, 아니면 E사업분야의 신사업을 고려할 것인지에 대한 문제도 검토합니다. 이렇게 되면, 좀더 신속한 접근이 가능하게 됩니다. '최소한 D사업은 아니다'라는 방향설정이 가능하게 되는 것입니다. 그것만으로도 큰 수확입니다.

그런데, D사업의 시장전망이 상당히 좋으며, 일부 기능과 가격 조건을 개선할 경우, 상당한 시장확대도 가능하다는 판단이 나온다면, D사업을 종료한다는 판단은 이제 버리고 D사업의 효과적 전개를 위한 방안을 모색하려고 할 것입니다. 따라서 이번의 가설검증을 통하여 D사업에 대한 확신은 얻은 셈입니다.

물론 좀더 세밀한 검토와 사실조사가 뒷받침되어야 할 것입니다만, 일단 대범한 발상으로 접근해나가면서 시간과 스트레스를 대폭 줄여가는 방법인 만큼 이용해볼만한 가치가 있습니다.

그러나 사실검증이나 가설검증과 같은 노력도 하지 않고, 단순히 결론만을 원하는 경영관리자가 되어서는 곤란합니다. 사실 이와 같은 작업을 기획실무자에게만 일임하는 것은 무리가 있습니다. 경영관리자가 나서서 함께 기획을 지휘해야만 가능한 일인 것입니다.

예를 들어서, 실무자의 입장에서는 아무리 가설이라고 하더라도 현재 최고경영자의 중대관심사인 D사업의 존폐에 대하여 가설로 설정한다는 것이 아무래도 무리가 있기 때문입니다. 그러나 회사의 운명을 설정해야하는 기획에서 사업의 운명에 대한 점검을 할 때, A사업은 건들지 말고, B사업은 전무가 관장하는 사업이니까, C사업은 우리의 노른자사업이니까 논외로 하고, D사업은 사장님께서 주관하시는 사업이니까, 이런 식으로 한다면, 결국 검토대상은 서서히 줄어들어서 경영혁신이나 관리혁신, 제도혁신과 같은 이야기들만 나오다가, 사업의 부진과 함께 공멸하게 되는 불운한 상황에 빠지게 되는 것입니다.

경영관리자의 기획활동은 그러한 점에서 볼 때, 생살(生殺)의

의지가 작용하는 활동이라고 볼 수도 있습니다.[29]

　　그러나 이러한 문제를 놓고, 처음부터 D사업의 거시환경분석, 시장분석, 사업환경분석, 그리고 기술적 발전추이와 산업분석, 신제품출시에 따른 경쟁분석과 같은 논의를 시작하게 되면, 방법적 숙련도와 이해도가 떨어지는 요원들은 처음부터 기가 죽고 스트레스만 높아집니다.　시간이 갈수록 난해한 용어들과 방법들만 거론하게 되고, 결론은 선명하지 않습니다.　따라서 전략에 관한 개념을 충실히 이해하고 확립할 필요가 있습니다.

　　물론 시간적, 절차적으로 접근할 수 있는 여유가 있다면, 그보다도 훨씬 단계적이고 체계적인 검토를 요하는 전략경영논리를 차근차근히 활용해볼 수도 있습니다.　이와 같은 방법론도 처음 시도할 때에는 어렵게 느껴지지만, 일단 익숙해지면, 사실 그다지 어려운 것도 아닙니다.

4. 전략개념을 충실히 하라

　　전략개념은 사용하는 사람에 따라서 내용과 정의가 달라질 수 있습니다.[30]　또한 그 방법론 또한 다양하게 설명되고 있습니다. 극단적인 형식으로, 기획실무에서는 계획서를 작성하는 방법 쪽에 초점을 두어 전략수립 방법론을 설명하는 경우도 있습니다.　그러나 전략의 방법론에 있어서 막연히 그와 같은 기법적용에만 의존한다는 것은 지극히 위험할 수 있습니다.

　　전략의 개념도 마찬가지입니다.　예를 들어, 치열한 경쟁환경에 처한 기업에서 전략을 수립한다고 생각해봅시다.　이때, 전략의 정의를 경쟁에서 이기는 것이라고 한다면, 경쟁성과나 경쟁우

---

29) 오마에겐이치, 이단자시대의 공격우위, 소프트전략경영연구원, 1998.

30) 전략개념과 활용에 대하여는 「전략포맷」, 소프트전략경영연구원, 2008 참조

위와 같은 점에 초점을 둘 것입니다. 그렇다면, 경쟁요소들을 비교하고 경쟁우위를 확보하기 위한 대안들을 모색하는데 여념이 없게 됩니다. 가격을 내리고 기능을 향상시키며, 품질을 올립니다. 이와 같은 전략은 소위 신제품개발전략이나 품질향상, 가격인하를 위한 원가관리와 같은 대안들을 추진하게 합니다.

그러나 그 결과는 어떠합니까? 소기의 성과를 거두게 될 수 있을까요? 유감스럽게도 상황은 쉽게 호전되지 않습니다. 원론적으로 보면, 그럴 듯한데, 실제로는 상대편 경쟁기업도 마찬가지의 대안들을 만들어 내서 더욱 강하게 밀고 나옵니다. 결과적으로 광고회사만 일거리와 수입이 늘고, 새로운 전략을 모색하기 위한 기획안들만 늘어납니다.

가격인하요인은 수익을 압박 할 뿐만 아니라, 추가적인 신제품개발 비용부담은 더욱 가중되고, 홍보경쟁에 더욱 더 몰두하게 되어 간접비 부담은 더욱 증대됩니다. 비용절감활동은 관리부서의 활동에도 여파를 미치게 되어, 일은 더욱 열심히 하는데 유감스럽게도 성과는 별로 개선되지 않습니다.

이렇게 몇 번의 사이클이 돌다보면, 관리부문은 이제 남은 것은 경영효율이다, 조직과 시스템을 바꿔야 한다고 사람과 업무추진방법들을 홀딱 뒤집어놓고, 들 쑤셔 놉니다. 이런 일을 수행할 때에도 또 비용과 노력이 듭니다. 성과는 크게 개선되지 않고, 사람들은 서서히 지치고 의욕을 상실해갑니다.

이렇게 되면 경영관리자가 추진해오던 기획활동은 서서히 설득력을 잃어가고, 또는 그런 와중에도 크게 승진하는 사람들도 있지만, 회사의 사정은 크게 호전되지 못하고 경쟁의 소용돌이 속에서 소중한 경영의욕은 계속 소진되어 갑니다.

'그렇다면, 그것은 왜 그럴까요?' 그것은 바로 전략의 정의를 협소한 경쟁적 의미로 파악하고자 하였기 때문입니다. 보다 더 근본적인 이유는 전략의 핵심을 간과하고 있기 때문입니다. 물론 경쟁적 관점은 중요한 전략적 요소임에는 틀림없습니다.

그러나 경쟁의 관점도 범위와 대상, 내용에 따라 제각기 다른 전략이 도출됩니다. 예를 들면, 규모에 따라 경쟁의 내용과 속성, 범위도 크게 달라집니다. 예를 들어, 4억5천 인구의 북미 대륙에서 경쟁을 하는 경우와 4천5백만의 남한에서 경쟁하는 것은 명확히 그 내용이 다릅니다. 동일한 문화권에서 경쟁을 하게 될 경우에도, 상해 인근지역만을 상대로 하는 사업과 중국 전역을 상대로 하는 사업의 내용은 경쟁의 관점에서도 다른 내용으로 구성됩니다.

시장이 확대되면, 투입자원도 확대됩니다. 투입자원의 확대는 시장의 확대와 더불어 새로운 경영자원과 전략의 결합을 유발시킵니다. 이러한 경쟁국면에서는 글로벌 경쟁전략의 성격을 지니게 되어, 단순히 최종제품의 조립 또는 특정한 부문의 경쟁력 확보에만 신경을 쓸 수 없게 됩니다. 그보다는 글로벌 자원, 자금, 기술 동원을 얼마나 더 잘 해낼 수 있는가가 보다 더 중요한 경쟁요인이 됩니다.

토요타자동차가 미국에 진출할 때 가장 중요하게 여긴 것이 바로 협력업체와 부품업체의 공동진출의 가능성이라는 점이 바로 이러한 사실을 의미합니다. 또한 최근 토요타자동차의 미국내 매출이 확대되면서 가장 큰 성장의 한계와 판매시장에서의 리콜사태를 경험하는 것도 바로 투입자원의 전개를 양적 매출성장에 제대로 보조를 맞추지 못하는 과정에서 나타나는 「예견된 현상」이었습니다.

따라서 경영관리자는 경쟁전략의 관점도 대상과 범위에 따라 조율되어야 한다는 점에 유의할 필요가 있습니다. 또한 전략이 반드시 경쟁적 관점에서만 정의되어야 하는 것은 아닙니다.

■ 차별화 전략의 한계

예를 들면, 전략이란 '남들이 못하는 것을 우리가 하는 것이다' 라고 정의해봅시다. 종종 경쟁전략에서 차별화 전략에 대하여 이와 같이 설명하기도 합니다만, 우리 조직 내에서 전략을 그와 같이 정의하게 되고 그에 의하여 전략을 수립하고자 한다면, 우리는 남들이 도저히 모방할 수 없는 대안들을 만들어내려고 할 것입니다.

그렇다면 단순히 가격을 내린다거나, 또는 제품이나 서비스에 일부 기능을 추가하는 정도의 대안은 해당기업에서 추구해야 할 전략대안으로 채택되지 않습니다.

또는 경쟁적 관점에서의 원가우위 또는 품질우위를 유발하는 형태의 전략을 전개하거나 특정한 속성을 변경하는 차별화를 추구할 수도 있습니다.[31] 예를 들면, 경영기능과 시장의 전개방법에서 어떠한 일부 요소를 제한하는 대신에 다른 면을 더욱 강조 또는 부각시키는 전략이라고 볼 수 있습니다. 즉, 유통업체라면 포장을 줄이는 대신에 벌크로 판매하고 가격을 그만큼 싸게 팔거나, 그와 반대로 가격은 비싼 반면, 고객을 선별하여 품질과 브랜드의 고급화를 추구하고 구매의 만족도를 최대화시키는 식의 차별화를 예로 들 수 있을 것입니다.

그러나 근본적으로 제품중심의 전략은 모방, 또는 추종이 가능하기 때문에, 모방행동이나 추종행동을 억제하기 위한 수단들을 강구하지 않을 경우, 그 전략은 제한적인 기간 내에서만 전략적 우위와 성과를 누릴 수 있습니다. 탁월한 전략적 분석과 관점을 제시하고 있는 전성현 교수님의 말씀을 참조해보겠습니다.

> 기업의 자원이 가치있고 희소하며, 모방, 대체가 불가능하면, 그 자원은 지속적 경쟁우위의 원천이 된다. 반면 가치있고 희소하며

---

[31] Michael E. Porter, *Competitive Advantage*, The Free Press, 1985

모방이 가능치 않으나 다른 자원으로 대체될 수 있으면 그 자원은 단순히 현재의 경쟁균형을 유지하는데 사용된다. 한편 가치있고, 희소하나 모방이 가능한 자원은 경쟁기업에 의해 모방되기까지 일시적 경쟁우위를 준다. 자원은 비록 가치있고 희소하더라도, 모방, 이동, 거래가 가능하면 지속적 경쟁우위의 원천이 될 수 없다.

전성현, 뉴비즈니스 모델 - 신경제 시대의 가치창출 관계구조, 집문당, 2001. p. 100.

즉, 지속적 경쟁우위의 관점에서는 차별화의 추구에서도 동태적인 경쟁우위를 실현할 수 있는 차별화를 도모하지 않을 경우, 차별화는 일시적인 경쟁우위의 수단에 지나지 않는다는 점을 일깨우고 있습니다. 따라서 차별화 전략의 실현에서도 동태적 관점에서 좀더 새로운 관점에서 입체적으로 전개할 필요가 있습니다.

■ 전략의 성공요인

고객에게 제공하는 가치의 차별화를 추구하는 기업이라면 고객이 원하는 차별적 가치를 제공해야 할 것입니다.

「고객의 차별적 가치 성립요인」

고객이 인지하는 차별적 가치는 가격요인, 품질·기능요인, 거래요인, 구매요인에 의하여 성립된다.

● 가격요인은 거래가격과 가격지불에 대한 구매자, 소비자의 가격만족도에 의하여 결정된다.

● 품질·기능요인은 구매자 및 소비자가 느끼는 품질과 기능, 용도에 의하여 결정된다.

● 거래요인은 구매자의 거래만족도에 의하여 결정된다.

● 구매요인은 구매자의 구매동기와 그 실현의 용이성, 만족도에 의하여 결정된다.

(D. J. Park, 2006)

차별화 전략의 추구는 시장에서의 고객요인(customer factors)을 어떻게 충족할 것인가에 따라 달라집니다. 고객요인은 경쟁전략의 여러 가지의 요인들 중의 하나이므로 고객요인을 고려하고자 할 때에는 경쟁전략을 구성하는 기본적 요인들과 경쟁구조를 함께 살펴볼 필요가 있습니다.

설명의 편의상 고객의 느끼는 차별적 가치가 앞에서 보는 바와 같이 4가지의 요인에 의하여 결정된다고 가정해보겠습니다. 그렇다면 고객이 인정하는 차별적 가치를 확립하고자 할 경우, 고객요인의 4가지의 요인을 충족해야 합니다. 예를 들어, 화장품을 생각해보겠습니다. 화장품 회사를 상대로 고객의 차별적 가치 인식에 대한 분석 결과가 <도표 7.7>과 같다고 상정해보겠습니다.

<도표 7.7> 고객가치충족 분석표(예시)

구분		고객요인					경쟁기업 매출/손익비교	
		가격요인	품질요인	거래요인	구매요인	총점 (평균)	A사	B사
아주 만족(5)								
만족(4)							105 (5.2)	67 (2)
보통(3)								
불만족(2)								
기피(1)								
평점		3.2	3.8	2.8	4.2	3.50		
경쟁기업군 비교	A사	4.1	4.2	2.3	4.3	3.73		
	B사	3.6	3.7	2.6	3.8	3.42		
격차(선두기업)		▲0.9	▲0.4	0.5	▲0.1	▲0.23		

(D. J. Park, 2006)

도표에서는 해당기업과 두 개의 경쟁기업 A, B와의 통계 분석치를 비교하고 있습니다.

A사는 시장점유율이 높고 상대적으로 가격이 약간 낮으며, 품질 수준도 높게 평가되고 있습니다. 최근에는 판매망의 확충에 따라서 고객의 제품접근 및 구매 용이성이 증대하여, 매출이 확대되고 있는 추세입니다.

반면에 B사는 최근 A사에 비하여 부가 서비스의 확대실시에 따라 거래요인의 상대적 강점이 있음에도 불구하고 매출이 상대적으로 저조해지고 있으며, 품질과 판매망에서도 열세를 보이고 있습니다.

이와 같은 고객요인의 차별화 분석표를 통하여, 이 회사의 차별화에 대한 요인을 살펴보면 가격요인, 품질요인, 구매요인에 대한 충족을 높이기 위한 대안을 구성할 수 있습니다.

여기에서 경영관리자는 다음 <도표 7.8>에서 보는 바와 같이 전략적 발상을 전개합니다. 즉, 새로운 차별화 전략을 수행하는 데 필요한 대안들을 모색하고, 그에 대안들의 수행에 필요한 요건들을 적시하여, 그 실현타당성과 효과성을 점검합니다.

만약에 추진하고자 하는 차별화 전략의 실현가능성이 제한되거나, 효과성이 떨어진다면, 차별화 전략은 새롭게 재구성되어야 합니다.

따라서 차별화 전략의 경우에도, 일반적인 전략을 전개할 경우와 마찬가지로 전략을 구성하는 요소들에 대하여 선택의 논리가 작용합니다. 즉, '어떠한 전략대안들을 구성해서 선택할 것인가'와 '어떻게 집중할 것인가'에 대한 논리를 점검하게 됩니다.

예를 들어 화장품 회사의 경우라면, '가격요인 또는 구매요인에 집중하여 경쟁우위전략을 전개할 것인가? 아니면, 품질과 기능요인에 대응하여 차별화를 전개할 것인가? 또는 선택 가능한 요인이나 결합가능한 모든 요인에 대응하여 경쟁전략을 전개할 것인가?'와 같은 전략적 대안의 구성과 선택에 대하여 전략적 의사결정을 내려야 합니다.

<도표 7.8> 창조적 전략적 사고 프로세스를 구성하는 핵심적 요소들[32)]

		접촉과 대응관계	대응관계와 대응논리	대응내용 (전략과 실천내용)	전반적 상황관계	실행의 관리
		Contacts	Contexts	Contents	Contours	Controls
주체와 대상	Who					
	Whom					
	Whose					
동기와 목적	Why					
대응 내용과 방법	What					
	How					
	Where					
시기와 정도	When					
	How Much					

1. 현재의 상황에서 새로운 상황으로의 구성에 관한 발상을 전개한다.

2. 새로운 상황의 현실적 전개에 대한 타당성을 점검한다.

3. 새로운 상황의 창조를 어떻게 이룰 것인가에 대하여 대안들을 모색하고 실천계획을 수립한다.

4. 새로운 상황의 창조에 필요한 자원과 역량을 어떻게 확보할 것인가에 관하여 검토한다.

5. 이상의 발상과 기획에 대한 돌발적 상황에 대비한다.

(D. J. Park, 1996, 2005)

경쟁전략의 성공요건에는 앞에서 제시한 ①고객요인 뿐만 아니라, 고객요인을 결정하는 ②수요요인, 그리고 고객요인에 대응하는 ③시장요인, ④생산요인과 ⑤자원요인, ⑥기술요인, ⑦관리요인 그리고 이러한 7가지의 요인들과 연관되어 결합적으로 작용하는 ⑧결합요인에 의하여 결정됩니다.

32) 朴東濬, 戰略創造フロセスに關する考察 : 5C モデル, 日本戰略經營協會, Strategic Management Review 戰略經營硏究, (2005 Vol. 30 No.2), 2005. 12. 창조적 전략사고 프로세스의 5C모델에 관한 좀더 자세한 설명은 이 책의 자매서, 「전략포맷」 제3장 전략성공모델을 참고하시기 바랍니다.

<도표 7.9> 전략의 8대 성공요인

기술요인 Technological Factors	관리요인 Management Factors	수요요인 Demand Factors
● Technology ● Innovation ● Quality ● Creativity ● R&D	● Management ● Organization ● Planning ● Innovation ● Budgeting ● Control ● System	● Demand ● Price ● Quality ● Accessibility ● Availability
자원요인 Resource Factors	전략요인 Strategic Factors	고객요인 Customer Factors
● Resource ● Procurement ● Logistics ● Quality	전략성공요인 Strategic Success Factors 전략실패요인 Strategic Failure Factors	● Price ● Quality ● Transaction ● Purchase
생산요인 Production Factors	공급요인 Supply Factors	시장요인 Market Factors
● Production ● Operation ● Facility ● Process ● Quality ● Inventory	● Cost/Profit ● Products ● Service ● Supply chain ● Delivery ● Industry Factor	6 P ● Product ● Price ● Package ● Promotion ● Place ● Position

(D. J. Park, 2006)

이러한 요인들은 의도적으로 차별화를 전개하지 않을 경우에
도 전략성과를 좌우하는 요인들로 작용합니다. 따라서 <도표
7.9>에서 보는 바와 같이 필자는 이러한 8가지의 요인들을 일반
적 전략의 8대 성공요인라고 정의하고 전략분석을 실시할 때, 기
본적인 분석의 참고도표로 활용하고 있습니다.

■ 전략모방에 대하여 어떻게 할 것인가?

앞에서도 언급한 바와 같이 차별화 전략은 모방이 가능하기
때문에, 추가적인 조치를 강구하지 않을 경우에는 차별화 전략의
유용성을 유지할 수 있는 기간이 단축됩니다.

따라서 모방을 억제하고, 차별화 전략의 유효기간을 연장하기
위하여 무엇을 해야 할 것인가에 대한 조치를 강구해야 하는 것
입니다.

물론 경우에 따라서는 모방을 유도하게 함으로써 전략에서 추
구하고 있는 또 다른 목적을 달성할 수도 있습니다.

예를 들면, 신종 사업의 경우, 시장 내에서의 사업행태가 생소
하고, 독자적으로 전개하는 경우 보다, 유사한 상품군을 형성함으
로써 오히려 시장지위를 누릴 수 있을 경우, 시장 지배력을 확립
하기 위한 수단으로써 모방을 유도하게 할 수도 있습니다.

그러나 그러한 의도가 없을 경우, 차별화 전략은 모방을 제한
하여, 전략의 유효기간을 연장할 수 있는 현실적 대안을 강구하지
않으면, 오히려 차별화 전략의 추구가 경쟁기업들로부터 역차별화
를 당하게 될 수도 있습니다.

■ 역차별화에 유의하라

역차별화는 차별화를 먼저 추구했던 차별화 선발기업의 행동
을 통하여 후발기업들이 시장경험을 학습하고, 그러한 경험을 토
대로 더욱 높은 성과의 차별화를 통하여 차별화 선발기업들의 차

별화 전략을 무용하게 하는 것이라고 정의할 수 있습니다.

이와 같은 경우, 차별화 선발기업의 시장내 차별화 행동은 시험적 행동의 성과가 어떻게 될 것인가에 따라 시장성과를 결정하게 되지만, 그러나 후발 기업들의 시장 학습기간과 모방추격기간, 그리고 그에 수반되는 비용이 선발기업들의 차별화 전략을 추구하기 위하여 투입한 비용과 전략유효기간을 감안하여 전략적 의사결정을 내릴 필요가 있습니다.

<도표 7.10> 독창적 전략의 유효기간과 모방가능성

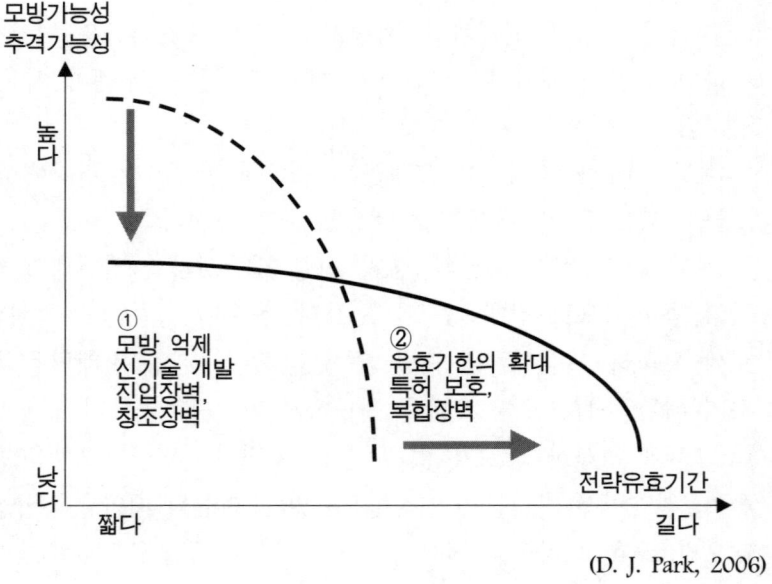

(D. J. Park, 2006)

■ 전략 유효기간

전략은 유효기간이 있다는 이야기를 하면, 상당히 많은 사람들이 전혀 생각해보지 못한 듯한 반응을 보입니다. 그러나 명확히 전략에는 유효기간이 있습니다. 아무리 좋은 전략도 유효기간이 있다는 점을 명확히 인식하기를 권고합니다.

전략 유효기간은 해당사업에 대한 전략대응에 있어서 현재의 기업행동의 수정과 후속행동의 전개를 결정하는데 필수적인 고려사항이 됩니다. 만약 전략 유효기간이 몇 달도 채 되지 못한다면, 전략은 매 분기별로 새로운 내용으로 구성되어야 할 것입니다.

예를 들어, 제품 또는 상품이 4계절 변화에 따라 달라지는 계절별 상품이라면, 계절별로 판매 및 유통전략을 변화시켜야 할 것입니다. 그러나 계절에 영향을 받지 않고 지속적인 판매가 지속되는 경우라면, 전략은 그러한 전략 유효기간에 따라 달라집니다.

제품의 라이프사이클이 산업과 시장의 수요에 따라 결정되는 것이라면, 전략 유효기간은 제품의 라이프사이클 기간 보다 짧고 전략은 기업 간의 경쟁적 요인들에 의하여 시장지위를 변화시켜 갑니다.

<도표 7.11> 전략의 유효기간과 전략적 통제

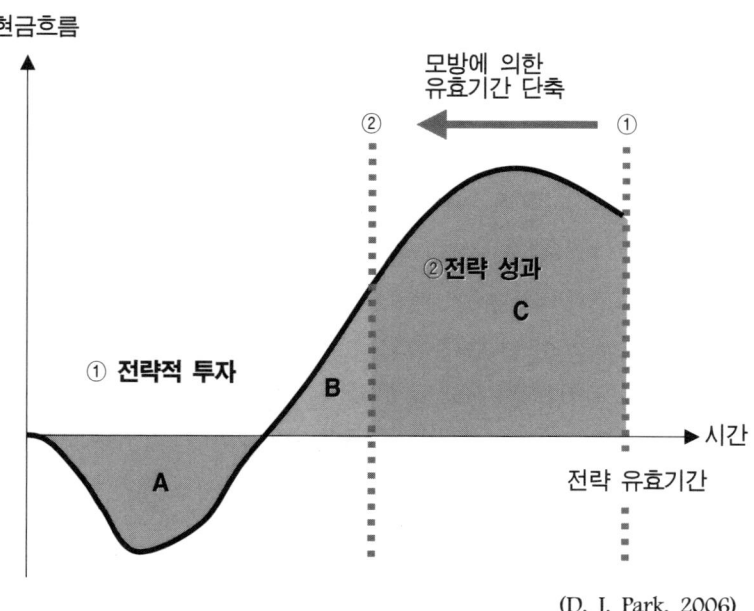

(D. J. Park, 2006)

전략의 유효기간은 전략의 모방가능성 또는 추격가능성과 시장진입장벽과 같은 전략효과의 유지능력에 따라 결정됩니다. 아무리 독창적인 전략도 경쟁사를 비롯한 여러 조직에서 모방을 시작하는 순간부터 독창적 지위가 서서히 소멸되기 시작합니다. 전략의 모방가능성은 모방(또는 추격)에 필요한 기술 및 설비확보, 경영자원과 투자 및 운영비용, 간략히 줄여서 모방비용 또는 추격비용에 따라 결정됩니다.

선두기업의 시장진입장벽의 유지능력은 브랜드 능력, 특허, 기술보호, 동태적 기술전개 및 가격선도와 같은 능력에 의하여 결정됩니다. 전략의 유효기간을 감안한다면, 새로운 전략을 추구하여 얻게 되는 유효기간내의 전략성과와 전략의 실현에 필요한 투입과의 비교에 의하여, 전략의 효과성을 판별할 수 있게 됩니다.

<도표 7.11>에서 보는 바와 같이 현재 추구하고자 하는 전략의 효과성은 전략적 투자(A)에 의하여 확보되는 예상수익(C)에 의하여 판단됩니다. 물론 이러한 판단은 예상수익의 실현기간, 즉 전략의 유효기간을 ①의 수준으로 가정하였을 때의 경우입니다.

만약 도표의 ②수준으로 전략의 유효기간이 너무 짧게 편성된다면, 전략성과가 전략적 투자보다 미미하므로, 전략의 실행이 거부될 소지도 있습니다. 그러나 전략성과의 예측이 정확한 것이 아니므로 무리하게나마 전개하고자 한다면, 짧은 기간 내에 전략성과를 높이기 위하여 제한된 경영자원들을 혹사시키거나, 또는 경영자원배분의 왜곡현상이 등장하여 전체적인 기업성과를 제약할 수 있습니다.

이 때, 외부적 요인이 비관적으로 전개되지 않고 우리에게 긍정적으로 전개되어, 다행스럽게도 전략 유효기간이 연장된다면 당초 예상한 전략성과보다 높은 성과달성을 좀더 긴 기간동안 누릴 수 있게 됩니다.

그러나 이와는 반대로 처음에 전략 유효기간을 너무 길게 잡아서 차별화 전략을 시행하게 될 경우에는 당초에 기대하던 전략성과는 실현되지 못하게 되고, 수시로 등장하게 되는 또 다른 경쟁적 환경 하에서 새로운 전략적 환경대응활동의 부담이 가중되고 전략비용이 증대하게 됩니다.

따라서 전략 유효기간을 적절히 편성할 수 있도록 하는 것이 중요합니다. 이에 대한 대책은 <도표 7.10>에서 보는 바와 같이 모방억제를 위한 대책과 전략 유효기간의 연장을 위한 대책을 혼합하여 전개하는 것입니다. 이와 같은 전략적 대응에 따라 전략 유효기간은 전략의 내용과 성과에 의하여 영향을 받게 됩니다.

<도표 7.12> 지속적인 전략적 투자(기술선도)를 통한 전략의 유효기간 확장

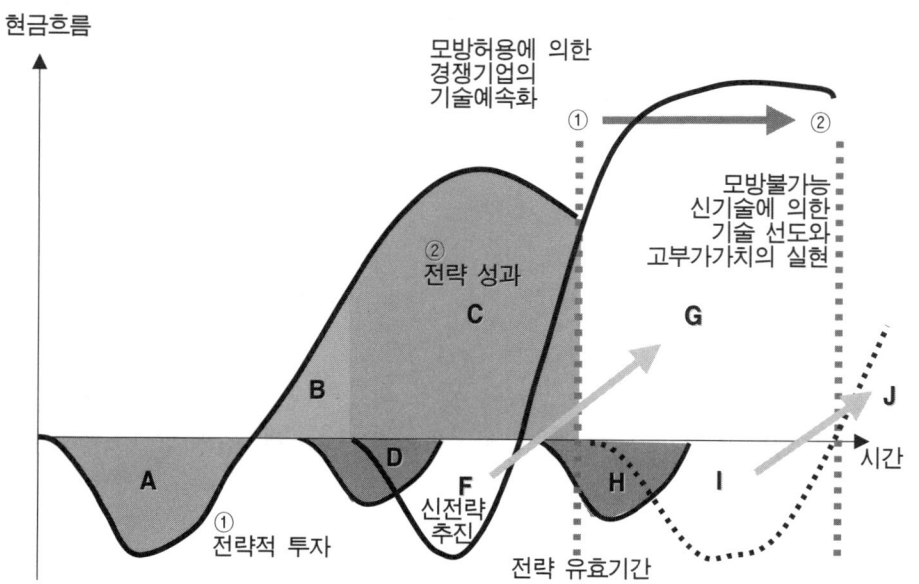

(D. J. Park, 2006)

■ 기술전략에 의한 전략 유효기간의 관리

기술전략은 새로운 기술의 개발과 적용을 통하여 기존의 기술을 대체하고, 지속적인 기술우위를 실현함으로써 기업활동의 지속적 성장을 가능하게 하는 전략을 말합니다.

따라서 현재 확보된 기술을 보호하고 기술의 시장성과를 지속적으로 유지하는 것도 기술전략이라고 할 수 있지만, 보다 능동적인 관점에서의 기술전략은 어떻게 하면, 현재의 기술을 변화시켜, 보다 강력한 경쟁력을 갖춘 새로운 기술체계를 확립할 것인가에 대한 대안들을 강구하는 것이라고 할 것입니다.

이와 같은 경우, 한 가지 착안점은 현재의 기술을 언제, 어떠한 기술로, 어떻게 무용하게 만들 것인가를 실현하는 것입니다. 이것이 기술 차별화를 통한 기술 선도기업의 전략적 태도 중의 하나입니다.

물론 경쟁사를 비롯한 다른 조직에서 우리의 기술을 모방할 수 없다면, 현재 기술을 몇 백 년이건 계속 활용하면서, 다른 전략 성공요인들을 활용할 수도 있습니다. 그러나 전략성공요인들을 경쟁기업들이 모방할 수 있다는 점을 감안한다면, 기업의 핵심적인 전략대응은 새로운 기술을 부단히 개발하고 적용하는 것입니다.

<도표 7.12>에서 보는 바와 같이, 기술차별화 선도기업들은 지속적으로 경쟁우위의 기술을 개발하여 적용함으로써, 현재의 전략성과를 제고할 뿐만 아니라 미래 전략의 효과성을 제고합니다. [도표내 흐름: 전략적 투자 A(전략성과: B,C)➡D(실패)➡F(성공:G)➡H(실패)➡I(성공:J)] 참조.

실제로 후발기업들이 선도기업의 기술을 모방하는 것도 쉬운 일은 아니지만, 후발 기업들의 행동을 선도기업들이 억제하는 것도 쉽지 않기 때문에, '모방하고 싶으면 해라, 그러나 필요한 기술 보호조치를 최대한 강구하는 한편, 또한 새로운 기술(도표내 F, I)

로 승부하겠다'는 전략적 태도를 견지함으로써 기술의 선도적 지위를 확립하게 되는 것입니다. 물론 이와 같은 경우에도, 신기술 개발에 대한 정보나 진행과정을 공개할 수도 있고, 철저히 정보를 보호하고 비공개로 극비리에 전개할 수도 있습니다.

어떠한 경우이건, 후발 경쟁기업들은 현재 시장에서 제공되고 있는 선발업체의 제품이나 서비스에 녹아들어 있는 기술과 차별적 능력을 학습해야 하고, 또 그것을 현실화 시켜, 제품 또는 서비스로 제공하기 위하여, 부단한 노력을 기울이지 않을 수 없습니다.

이와 같이 후발 경쟁기업들이 도표의 A, D의 전략적 투자를 추격을 해오는 동안, 도표의 F, H, I의 새로운 기술력으로 보다 개선되고 획기적인 제품/서비스를 제공함과 동시에, 주요 특허를 통하여 시장방어를 유지함으로써 고부가가치를 실현하는 것이 기술 선도기업의 대표적인 차별화 전략이라고 할 수 있습니다.

물론 후발 기업체에서 모방 또는 대체기술을 통하여 추격을 해오면, 이제는 가격인하를 통하여, 시장의 판매가격기준을 재설정함으로써 후발기업체의 대응을 억제합니다. 이러한 전략적 대응은 이미 1980년대에 마이클 포터 교수님에 의하여 정리되어 발표되었습니다.[33] 즉, 기존의 품질우위의 차별화가 더 이상 유지되지 못할 경우, 원가우위를 이용한 가격의 차별화를 통한 대응 전략이라고 할 수 있습니다. 따라서 차별화는 전략성공요인 뿐만 아니라 전략 유효기간에 따라 달리 전개됩니다.

전략 유효기간의 관리는 현재 전략의 유효기간에 국한하지 않고, 현재 전략의 유효기간과 미래 전략의 유효기간을 감안하여 병행 관리한다는 점에서 동태적 기술전개, 또는 동태적 차별화의 추구라고 할 수 있습니다.

[33] Michael E. Porter, *Competitive Advantage*, The Free Press, 1985

■ 무적전략

차별화 전략은 경쟁적 측면에서 아주 유망한 전략적 관점 중의 하나이므로 여러 가지의 측면에서 주목해볼 필요가 있습니다.

그러나 남들이 하지 못하는 것을 우리가 하는 것이라는 개념은 차별화의 관점과 유사하지만 경쟁의 관점에서 본다면, 경쟁배제의 전략이라는 관점에서 다른 차원의 개념이라고 할 수 있습니다. 예를 들면, 같은 가격이라면 품질이 좋은 제품을 선택할 수 있게 하는 형태의 차별화와는 달리, 품질이 아주 탁월할 경우에는 이와 같이 가격조건에 구애받을 필요가 없는 경우를 들 수 있습니다. 이러한 경우에는 차별화 전략이라고 하기보다는 무적전략(無敵戰略), 논 라이벌(Non-rival) 전략이라고 하는 개념으로 발전합니다.

이에 관한 사례로 3M이 종종 거론됩니다만, 이 회사의 경우에는 누가 따라오려고 하면, 멀찌감치 달아나 버립니다. "경쟁 좀 합시다." 해도 "예, 좋아요."하고 저 멀리 달려 나갑니다. 기술보호가 되어 있기 때문에, 후발업체가 똑 같은 제품을 만들어내지 못하고, 비슷한 제품을 만들어내도, 시장에서는 정품이 아니라 아류로 취급받습니다. 그만큼 실력이 있기 때문입니다.

필자는 이에 대하여 전략의 8가지의 성공요인과 경영요소, 사업의 전개방법을 새롭게 편성하여, 경쟁기업들이 사업의 핵심적인 내용에 있어서 도저히 따라올 수 없도록 하는 것이라고 해석하고 있습니다.

시간이 경과하면서 전략의 유효기간이 서서히 줄어들게 되어 기술장벽이 허물어져서 후발업체와 품질 수준이 비슷해지고 본격적인 경쟁상황이 되면, 이번에는 차별화 전략을 전개하여 동일 품질의 제품에 대하여 가격을 대폭 낮추어, 도저히 생산단가를 맞출 수 없도록 해서 경쟁기업의 제품들을 시장에서 쫓아냅니다. 무경쟁환경에서 그동안 충분히 이익을 누렸기 때문에 이제부터는 원가이하로 판매한다고 해도, 손해가 나지 않습니다.

　도저히 경쟁을 할 수 없는 상황이 계속되므로, 이 회사에서는 시장경쟁이라는 말을 도대체 어떻게 이해하고, 어떻게 받아들이고 있는지 궁금할 정도입니다.　그러나 내부적으로는 엄청난 기업내 경쟁이 계속됩니다.　각 부서별 또는 여러 부서에서 부서를 초월하여 제각기 결합된 임시 개발팀들 간의 개발경쟁이 치열합니다. 성공하면 그 성과도 개발팀원들에게 규칙에 따라 배분되므로 엄청난 수익을 실현할 수 있습니다.　전략의 관점이 확실히 다른 것입니다.

　그러므로 경영관리자가 어떠한 전략개념과 관점을 확립하고 대응할 것인가가 중요합니다.　물론 경영관리자의 전략 관점은 경영진과 공유할 수 있도록 기회와 노력이 수반되어야 할 것입니다. 마찬가지로 경영진의 전략관점도 정비되고 그러한 전략관점이 또한 경영관리자와 공유되어야 할 것입니다.　또한 경영관리자는 소관 사업부문의 기획지능의 발전과 함께 경영진과 기획부문의 전략관점을 공유할 수 있도록 하여야 합니다.

　앞의 <도표 7.10>에서는 창조장벽과 복합장벽이라는 새로운 개념을 언급하고 있습니다.　경영관리자가 유의해야 할 중요한 개념이므로 간략하게 살펴보도록 하겠습니다.

■ 창조 리스크와 창조 장벽

　최근 국내에서는 삼성그룹에서 본격적으로 전개하고자 하는 창조경영의 관점이 업계 및 학계의 관심을 끌고 있습니다.　글로벌 선두기업의 지위에서는 통상적인 경쟁전략의 구사가 용이하지 않게 됩니다.

<도표 7.13> 창조 리스크의 종류와 대응방식

대응 방식 Response Mode 창조리스크 Creation Risk	후행적 대응 Delayed	반응형 대응 Reactive	실시간 대응 Real time	선행적 대응 Proactive
외부적 창조 리스크				
ⓐ시장창조 리스크				
ⓑ고객창조 리스크				
ⓒ제품(서비스)창조 리스크				
ⓓ기능 창조 리스크				
ⓔ협력 네트워크 리스크				
ⓕ신자원 창조 리스크				
ⓖ우발적 리스크				
내부적 창조 리스크				
①창조 기획 리스크				
②창조 방법 리스크				
③창조 기술 리스크				
④창조 자원 리스크				
⑤창조 프로세스 리스크				
⑥창조 주체 (인적) 리스크				
⑦창조 조직 리스크				
⑧창조 사업관리활동 리스크				
⑨상황적 창조 리스크				
⑩우발적 리스크				

(D. J. Park, 2007)

산업의 표준보다 떨어지는 수준에 처하고 있는 기업의 경우라면, 산업의 표준에 부합해가는 것이 필요하게 되지만, 산업의 새로운 표준을 설정하거나 또는 그동안 존재하지 않았던 신산업, 즉 전혀 새로운 형태의 산업을 조성해가는 기업의 입장에서는 기업이 창조하는 행동과 제품, 그리고 사업의 제기준이 바로 신산업의 표준이 되기 때문입니다.

따라서 선두기업의 입장에서는 창조경영의 체제를 독자적으로 구축하고 그에 따라 새로운 형식과 내용의 경영을 전개해나가게 됩니다.

이 경우, 후발기업의 입장에서는 선두기업의 행동을 참조하여 미래의 행동에 대응하기 때문에, 대응이 한결 간편해질 수 있습니다. 그러나 선두기업이 확립한 기준과 표준, 그리고 다양한 실험과 시행착오를 통하여 내재화 시킨 체계적 능력들은 쉽게 모방할 수 없습니다.

창조활동을 전개하면서 조직 내에 내재화된 능력들은 경험과 지식을 통하여, 조직의 창조지능으로 집적됩니다. 따라서 답은 베낄 수 있어도, 선두 기업이 최초의 과제들이나 문제들을 어떻게 풀었는지를 알지 못하므로, 복잡한 상황이 전개되는 첨단산업에서 선두적 지위를 쟁취하는 것이 어렵게 됩니다. 이와 더불어 창조지능을 가동하기 위하여 필요한 창조의지의 발휘 또한 쉽게 모방하기 어려운 것들입니다.

이와 같이 창조지능과 창조의지의 발휘를 관리하는 메커니즘을 확립한 선두기업을 추격하고자 할 때에는 그에 비견하거나 또는 그보다 탁월한 창조능력의 발휘가 동원되어야 합니다.

이와 같은 창조의 역량 차이에서 발생하는 격차가 후발기업의 추격을 제약합니다. 이것이 「창조장벽」입니다. 이와 같은 경우, 선발기업이건 후발 기업이건 새로운 시도를 통하여 창조경쟁을 하고자 할 때, 반드시 유의해야 할 리스크가 있습니다. 그것은 바로 「창조 리스크(Creation risk)」입니다. 창조 리스크는 <도표 7.13>에서 보는 봐와 같이 다양한 리스크들로 구성됩니다.

■ 내부적 창조 리스크

첫 번째의 창조 리스크는 창조활동을 전개할 때에 조직 내부에서 유발되거나 경험하게 되는 「내부적 창조행동 리스크」입니다.

기업조직내에서 창조를 전개할 경우, 생소한 일들에 대하여, 조직 내에서 첫 경험의 시도들이 전개되므로, 첫경험의 리스크와 예기하지 못한 일들에 대한 리스크가 발생합니다. 첫 경험의 리스크에는 창조의 구상과 시도, 방법, 창조에 필요한 지식과 기술, 자원, 그리고 창조의 과정을 전개하는 프로세스에서 유발됩니다.

두 번째의 예기치 못한 일들에 대한 리스크는 창조주체와 조직행동적 측면, 창조활동의 관리의 미숙에서 유발되는 리스크, 그리고 상황적 측면에서 유발되는 리스크입니다.

경영관리자는 이와 같은 미경험활동에서 유발되는 리스크를 최소화하기 위한 리스크 대응활동에 대하여 주목하고 대비하는 관리활동을 전개해야 합니다. 경영관리자가 이러한 리스크에 대비하지 않을 경우, 조직은 그대로 리스크에 노출될 뿐만 아니라, 자칫 잘못될 경우, 심각한 조직위기, 기업위기에 처할 수 있기 때문입니다.

■ 외부적 창조 리스크

「외부적 창조 리스크」는 창조행동 전개에서 유발되는 외부적 리스크입니다. 전혀 새로운 제품이나 서비스를 시장에서 전개하고자 할 때, 시장실험이 전개됩니다. 시장실험에서 새로운 창조적 기업행동들이 제대로 받아들여질 것인지에 대한 리스크를 시장에서의 창조 리스크라고 할 것입니다. 여기에는 고객에 대한 창조 리스크, 제품의 창조 리스크, 가격과 기능에 대한 창조 리스크, 시장에서 조성되는 평판이나 이미지에 대한 창조 리스크가 수반됩니다.

그동안은 제품의 새로운 성분이나 기능이 제대로 작용하지 않을 경우, 제품 창조의 리스크에 대비하기 위하여 제품 리콜제도나 소비자 보상제도와 같은 형태의 리스크 대응을 전개해왔습니다. 이와 같은 조치들은 기업의 창조 리스크에 대비하기 위한 대표적 대응방법이라고 할 수 있습니다.

그러나 그러한 리스크 대응의 내용이나 방법 또한 선두기업이나 창조경영을 전개하는 기업의 입장에서는 사후의 약방문과 같은 방식의 사후적 리스크 대응을 전개하는 방식에서 과감히 탈피하여 선행적 리스크 대응의 방식으로 전환할 필요가 있습니다.

「선행적 리스크 대응방식(proactive response mode)」은 후발기업의 추격을 따돌릴 수 있을 뿐만 아니라, 지속적인 환경의 대응 과제들을 미리 대응할 수 있도록 함으로써, 기업의 전략적 성과를 높입니다.[34]

이와 같은 19가지의 내부적 그리고 외부적 창조 리스크는 창조활동의 대상과 규모, 그리고 내용과 수준에 따라, 서로 다양하게 결합하여 기업의 창조활동을 촉진하기도 하고, 그 대응성과에 따라, 기업의 창조행동의 성과를 억제하기도 합니다.

이와 같은 창조 리스크의 대응역량의 차이가 후발기업군의 추격을 저만큼 떼어놓을 수 있을 뿐만 아니라, 근본적으로는 창조격차를 확대하여 창조우위를 실현하고, 창조장벽을 높이게 되는 경쟁력 구조를 형성하게 합니다.   이를 필자는 창조역량의 격차에 의한 「창조장벽」이라고 표현하고 있습니다.

---

[34] 선행적 리스크 대응을 위한 리스크 인식과 대응의 실천기법은 김승렬, 박동준 공저, 「전략적 위기경영 실천기법」, 소프트전략경영연구원, 2008을 참조

따라서 최근 핵심기술을 도용하거나 또는 핵심기술을 보유한 사람을 스카웃하는 형태로 선두기업의 창조적 역량과 성과를 빼앗으려고 하는 행동도 보이고 있으므로, 창조전략에서는 이러한 현상들에 대하여 대비하는 중요 조치들이 고려되어야 합니다.

■ 최고경영자의 생각을 읽어라

참고로 경영관리자는 최고경영자의 생각을 읽을 줄 알아야 합니다. 이러한 이야기를 하면, 최고경영자에게 독심술을 부리다니, 불경죄에 해당한다고 하는 분들도 있을 수 있습니다. 그러나 여기에서 최고경영자의 생각이라고 하는 것은 최고경영자의 개인적인 생각을 이야기하는 것이 당연히 아닙니다.

최고경영자는 회사의 가장 높은 곳에서 가장 많은 것을 보고 있는 자리입니다. 사실, 대부분의 전략적 정보나 미해결된 문제점들이 모두 Top의 자리로 올라옵니다. 외부와의 접경도 가장 잘 보이는 자리입니다. 경쟁자에 대한 피부적 인식도 가장 명쾌하게 느껴지는 참으로 신비로운 자리입니다. 건물의 높은 곳에 위치하지 않더라도, 경쟁기업의 사장실이 바로 목전에 감지되는 듯한 자리이기도 하며, 각 부서의 불만사항이나 부서간의 알력들도 그대로 전달됩니다.

너무나 조용해 보이는 최고경영자의 집무실에 들려오는 침묵의 파장 속에는 참으로 목을 조르는 것처럼 답답하고 짜증나는 이야기들이 무겁게 업무용 책상 위로 전해져옵니다. 최고경영자의 집무실에 오래 앉아 있다보면, 머리가 이상해지지 않는 것이 신기할 정도입니다. 그래서 너무 예민한 사람들은 최고경영자의 생활을 오래 할 수 없습니다.

어찌 보면 화려해보이고 좋아 보이는 사장실이나 회장실이 사실 그렇게나 많은 종류의 압력을 버텨내야 하는 자리라는 점을 제대로 인식하는 직원들은 많지 않습니다. 아니 충분히 알 수 있는데도 모르는 척하는 것이 편하기 때문에 그렇게 생각하고 마는 것일지도 모릅니다.

최고경영자의 고뇌를 이해하게 되어도 많은 조직구성원들은 "그건 그만큼 월급을 많이 받으니까"라고 쉽게 넘겨버리고 맙니다. 최고경영자의 고뇌는 이럴 때, 더욱 심해집니다. 이러한 고뇌는 최고경영자와 입장을 바꾸어, 경영관리자 자신의 고민과 고뇌를 소속 조직구성원들이 잘 이해해주지 못하는 현상보다 훨씬 더 심합니다. 그러한 고뇌에 대하여는 개인적 것이므로 일단 무시한다고 해도, 최고경영자가 이 회사 장래와 경영행동에 대하여 어느 정도로 그 활성을 유지하고, 어디까지 움직일 것인가에 대한 생각을 어떻게 하고 있는지에 대하여 경영관리자는 업무의 파트너와 주요 이해관계인의 입장에서 반드시 알아야 하는 것입니다.

뿐만 아니라, 어떠한 스타일로 우리 회사가 어느 정도의 행보로 얼마나 움직이기를 원하는가를 알아야 합니다. 대체로 이러한 기업행동과 범위에 대한 관점은 경영진을 선임한, 또는 경영진을 임명한 오너측이나 이사회 측의 요구사항이기도 하기 때문에, 경영진 나름대로는 그 행동반경과 윤곽을 그리고 있기 때문입니다.

단, 경영관리자의 신망의 정도에 따라, 경영자의 본심을 얼마나 내보일지는 달라질 것입니다. 만일 경영관리자가 이사회나 오너 측의 끄나풀이라고 생각하고 있다면, 이야기는 또한 상당히 빗나가게 될 수도 있습니다. 그러나 대부분의 전문경영인이나 또는 의욕 있는 경영자라면, 기획을 충분히 활용하며, 기획을 통하여 회사의 미래경영을 주도하게 됩니다. 그렇지 않고, 임기동안 무사고 경영만을 추구하는 '오늘도 무사히' 경영자의 경우, 기획은 사고정지, 동작 그만으로 일관하게 됩니다.

이와 같은 소극적인 행동이 작용하게 되면 기획적 사고와 대국적 관점에서의 기업행동의 전개는 퇴보합니다. 그러나 경영관리자가 최고경영자의 생각과 그 이유를 명쾌히 이해하게 된다면, 그에 대응하여 회사의 운명을 바꾸기 위한 지혜를 움직이기 시작할 수 있습니다. 최고경영자의 생각을 읽는다는 것은 기업의 전사적 관점에서 기업이 당면하고 있는 환경과 기업의 현실을 생각하라는 의미입니다. 그렇게 하기 위하여 가장 편리한 방법이 바로 최고경영자의 생각을 읽는 것입니다.

예를 들어, 기획의 최대의 난제중의 하나인 '오늘도 무사히' 경영자를 상사로 모시고 있는 경우, 어떻게 해야 하겠습니까? 일단, 생각해볼 수 있는 과제로 남겨놓고 다음 장에서 그 실천적 기법을 살펴보도록 하겠습니다.

■ 우리 회사의 운명을 기록하라

신설회사의 경영관리자로 부임하건, 또는 그동안 다니고 있던 회사의 경영관리자로 승진하건 간에, 한 가지 명확하게 확인해둘 것이 있습니다. 제가 이런 이야기를 할 때마다, 이상한 눈초리로 사람들이 쳐다봐서 늘 죄송스럽게 생각하는 부분이기도 합니다만, 그것은 '우리 회사가 어떻게 하면 실패할 것인지'를 명확하게 정의해놓는 것입니다.

이러한 작업은 더욱 자세히 작성하면 할수록 더욱더 도움이 됩니다. 필요하다면, 몇 몇 사람을 더 선발해서 X-Project팀을 만들어서 분임토의와 워크샵을 겸해서 작업을 하면 더욱 좋습니다.

그것도 6개월 내에 실패하는 방법과 1년 내에 실패하는 방법, 그리고 서서히 실패하는 방법을 구분하여 모두 망라합니다. 물론 제목이 기분 나쁜 제목이므로, 나중에 자료화할 때에는 좀더 부드러운 명칭의 다른 이름, 예를 들면, 위기경로 시나리오와 같은 명칭을 붙이도록 합니다. 그러나 경영진에게 보고할 때에는 우리 회사의 위기대응 시나리오 전략이나 긴급 전략회의 자료와 같은 제목으로 보고할 수 있습니다.

물론, 다른 제안이나 보고사항을 마친 후에, "잠시 드릴 말씀이 있습니다만," 하고, "토의 중에 이런 점에 대한 반성을 철저히 하기 위하여 역설적으로 준비해본 의견들입니다"라고 토를 달아 줍니다.

대체로 이와 같은 지적을 듣게 되면, 경영진은 흥미를 보입니다. 그것은 늘 낙관적 시나리오만으로 자신을 안심시키려고 노력하는 견해들과는 사실 정반대의 관점이기 때문에 오히려 진지하게 경청하게 듣게 됩니다.

물론 역효과가 없는 것은 아닙니다. '경영관리자가 오죽 할일이 없으면, 그런 쓸데없는 짓을 합니까?'라는 지적과 쓴 소리가 들릴 수도 있습니다.

그러나 그러한 시나리오를 만드는 이유는 무엇입니까? 우리 회사가 이러한 일을 예비한다면, 그것은 사전에 실패를 예비하고, 기업대응체제를 공고(鞏固)히 하여 더욱 성장할 수 있는 회사로 재창조할 수 있기 때문입니다. 이 회사를 진심으로 사랑하고 발전 성장시키고자 한다면, 바로 이러한 점들을 직시하고 우리의 현실이 어디에 와있는지를 사실 그대로 확인시킴으로써 '위기적 요소를 미연에 방지해보자는 관점에서 감히 보고 드립니다'라고 말씀드리면, 대부분의 경영진께서는 이해하시게 됩니다. 물론 며칠 간의 대화단절과 연결공백이 생길 수도 있습니다.

그렇다고 하더라도 일단 경영관리자의 입장에서는 무엇에 초점을 둘 것인지, 어떤 것들이 우리의 위기요소인지에 대한 현실인식이 충분히 가능하게 됩니다. 저는 개인적으로 이 방법이 아주 좋다고 생각합니다. 더욱이 실패 조건들을 주제와 부문별로 그리고 긴급도와 영향도를 정리를 하고 보면, 흥미로운 사실들을 찾아 낼 수 있기 때문입니다.

전략경영의 관점에서 본다면 이러한 작업을 전략적 중점과제에 대응하는 위기대응경영의 간이형 축소판이라고 할 수 있습니다. 이를 위하여 저는 간이형 실천방법을 개발하여 「DJP 위기 시나리오 전개기법」을 활용하고 있습니다. 다음 장에서는 경영관리자를 위한 DJP 위기 시나리오 기법, 간략히 줄여서 D 위기 시나리오기법이라고 하는 간이형 실천기법을 살펴보겠습니다.

제8장
위기환경에 대응한다

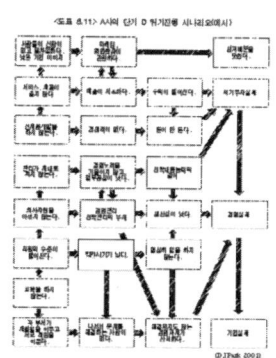

〈도표 8.11〉 A사의 단기 D 위기진행 시나리오예시

(D.J.Park: 2001)

제8장에서는 수시로 등장하고 있는 전략적 과제들에 대응하기 위한 전략경영의 실천기법인 Strategic Issue Management의 개요를 살펴보고 기업의 가장 비관적인 전략 시나리오인 「D 위기 시나리오」를 통하여 기업의 활로를 모색하는 위기 시나리오 기법을 학습합니다. 이 기법은 전략적 중점과제 경영 기법을 보완, 응용한 새로운 기법입니다. 이 위기 시나리오 기법을 통하여, 경영관리자들은 기업 최대의 약점을 보강하는 경로를 확보할 수 있으며, 당면하게 될 위기에 대하여 기업 내부적으로 사전적 예비활동을 강화할 수 있습니다.

DJP 위기 시나리오 기법은 경영진이나 경영관리자가 환경에 대응하기 위하여 기업활동의 기존의 진행성 또는 진행방향을 수정하는데 소홀하거나 미흡한 태도를 보일 경우, 이에 대응하기 위하여 고민하는 경영관리자에게 유용한 실천적 방법을 안내합니다.

위기대응에 관하여 좀더 자세한 논의는 이 책의 자매서인 「전략적 위기 경영」을 참고하시기 바랍니다.

제8장의 개관

제8장에서는 급변하는 환경변화 속에서 전략적 대응의 성과를 높이기 위하여 전개하는 전략경영의 실천기법인 Strategic Issue Management의 사고방법을 살펴보고, 간이형 위기 시나리오 기법의 내용과 전개방법, 그리고 실행시의 유의사항을 학습합니다.

여기에서 경영관리자가 주목해야 할 내용들은 다음과 같습니다.

1. 어떠한 과제들을 전략적 과제로 설정할 것인가?
2. 전략적 과제를 판별하기 위하여 참조할 수 있는 내용과 항목들은 무엇인가?
3. 전략적 과제들을 어떻게 분류할 것인가?
4. 당면 현상을 바라볼 때의 관점의 차이와 그에 따른 전략적 성과는 어떻게 다른가?
5. 위기 시나리오를 구성한 뒤 경영진에게 어떻게 보고해야 하는가?
6. 긴급조치안을 어떻게 편성할 것인가?
7. 현재 우리가 대응해야 할 긴급한 전략적 과제들은 무엇인가?
8. 경영관리자가 소관하고 있는 사업과 조직에서 현재 당면하고 있는 전략적 과제들을 해결하기 위하여 사용할 수 있는 방법에는 어떠한 방법들이 있는가?

---

1. 전략적 중점과제 경영기법

전략적 중점과제경영기법(Strategic Issues Management)은 난기류가 높은 환경 하에서 어떻게 하면, 난기류 상황에서 여기저기에서 돌출하고 있는 과제들과 앞으로 당면하게 될 과제들에 대하여 적시에 대응하기 위한 방안으로 앤소프(H. I. Ansoff) 교수님이 창안하여 소개한 방법입니다.

앤소프 교수님의 전략적 중점과제 경영에 대하여 간략히 살펴보면, 다음과 같습니다.[35]

1950년대에 전략계획이 도입될 당시에는 완만하게 변화하고 있는 환경을 충분히 예측할 수 있었기 때문에 전략계획에서는 가장 타당한 계획을 한 가지 형태로만 준비해도 별 문제가 없었다. 그러나 예측성이 떨어지게 되자, 여러 가지의 전략계획안들을 작성해야 했으며 가장 그럴듯한 계획안을 **기본계획**(basic plan)으로 하고 발생가능성이 다소 낮은 보조계획안들을 준비하여 기본계획이 타당하지 못하다고 판명될 경우 활용하는 **상황대응계획들**(contingency plans)을 만들기 시작하게 되었다.

1970년대 중반까지 상황대응계획들 그 자체만으로는 예측할 수 없는 미래에 대한 대비책으로는 충분하지 못하였다. 그것은 상황의 변화속도가 증대되어 특정사건이나 현상들이 표면화될 경우, 너무 빨리 상황이 진전됨에 따라 그와 같은 여분의 보조계획들을 수립할 수 없었기 때문이다.

전략적 포지셔닝에 의한 대응은 다양한 수준의 경영관리진의 참여와 수개월간에 걸쳐 수행되는 **전사 차원의 프로세스**이다. 따라서 정부나 외국 경쟁기업들, 연구개발에서의 혁신적 성과 등에 따라, 환경변화의 속도가 계획수립 사이클의 속도보다 더 빨리 진전하여 갑자기 등장하게 되는 예측하지 못한 돌발적 상황에 대응하기 위하여 이 방법을 적용하기에는 시간적 여유가 없을 뿐만 아니라 작업과정상 번거로운 점도 많다.

---

35) 앤소프, 전략경영실천원리, 소프트전략경영연구원, 수정판, 2002

환경의 난기류 수준이 4수준으로 올라가기 시작하자 기업들은 소위 **전략적 중점과제대응형 경영**(*strategic issue management*)이라는 리얼타임(real-time) 시스템을 활용하기 시작하였다.   전략적 중점과제대응형 경영을 <도표 8.1>에 예시하였다.   이 시스템은 도입 및 관리가 단순하고 기존의 조직과 시스템들과 충돌하지도 않는다.

개략적으로 설명하면 **중점과제경영의 구성요소들**은 다음과 같다.

1. 환경-사업-기술-경제-사회-정치적 추세들에 대한 지속적인 감시가 제도화된다.

2. 추세들의 영향과 긴급도를 추정하여 최고경영진에게 수시로 회의를 통하여 새로운 중요한 위협 또는 기회가 파악될 때마다 주요 전략적 중점과제들(strategic issues)을 보고한다.

3. 계획담당 스태프들과 함께 최고경영진은 중점과제들을 다음의 4가지 항목으로 분류한다.

   (a) 즉각적인 대응을 필요로 하며 파급효과가 넓고 긴급도가 높은 과제들

   (b) 내년 계획수립에 반영하여 해결할 수 있는 과제들로 파급효과는 넓게 미치지만 긴급도는 중간정도의 과제들

   (c) 파급효과가 넓지만 긴급하지 않은 과제들로 계속적으로 감시를 해야 하는 과제들

   (d) 허위 정보에 의한 과제들로 추가적인 검토에서 제외될 과제들

4. 긴급한 과제들은 기존의 일상업무적 조직단위들, 또는 신속히 여러 부문에서 공동으로 대응해야 할 경우에는 특별 태스크포스팀들에게 할당하여 과제들을 연구하고 그 대안들을 도출하도록 한다.

5. 전략전술적 관점에서 과제들의 해결과정들을 감시한다.

6. 중점과제들과 그 우선순위들을 정리한 중점과제 목록을 주기적으로 최고경영자에게 검토 받아서 정비한다.

<도표 8.1> 전략적 중점과제대응형 경영

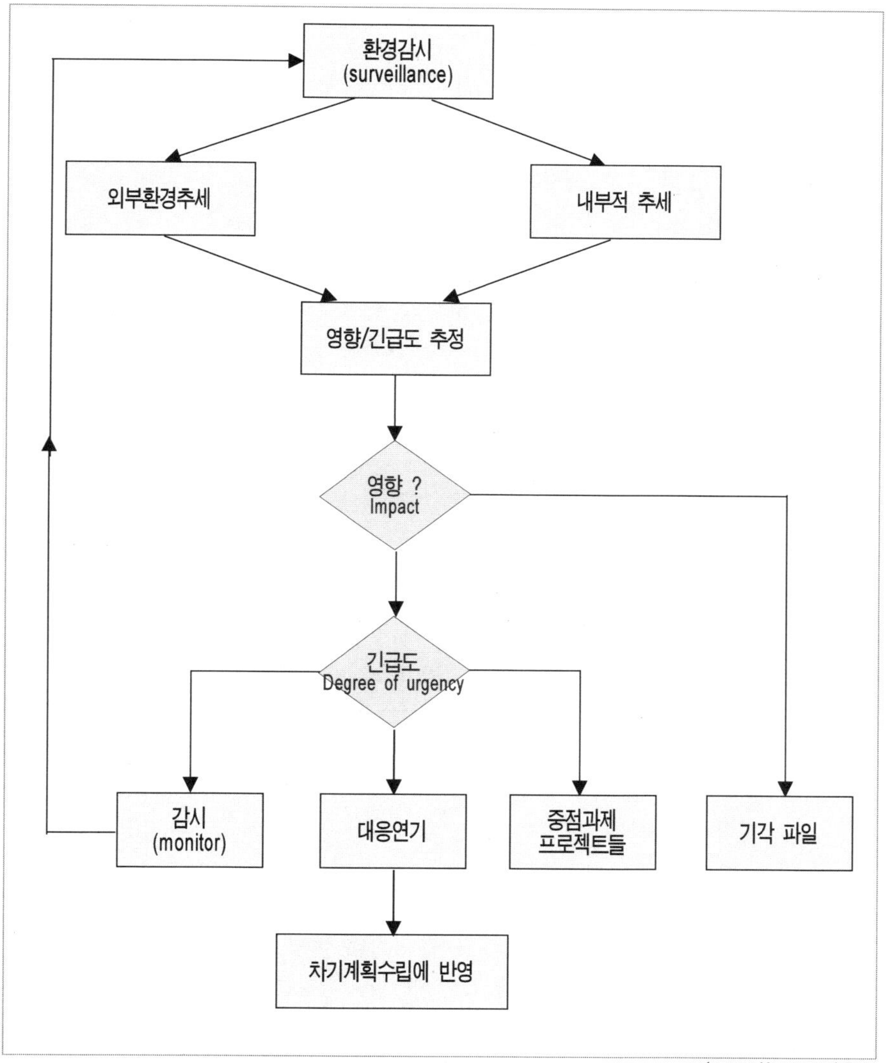

(Ansoff, 1992)

　이와 같은 앤소프 교수님의 전략적 중점과제 경영의 구체적인 기법을 「전략경영 실천원리」에서 직접 인용하여 살펴보자면 다음과 같습니다.

■ 중점과제의 식별

　　중점과제 분석의 주요한 순서는 <도표 8.2>와 같다. 가장 먼저
착수할 일은 **중점과제의 식별**이다.

　　도표에서 보는 바와 같이, 시급한 전략적 중점과제들에 대한 정보
원천들에는 다음과 같은 세 가지의 원천들이 있다. 그것들은 외부
의 환경변화추세, 조직내부의 변화추세, 자사의 성과추세이다. <도표
8.3, 8.4, 8.5>에 각각의 추세들을 설명하였다. <도표 8.3>은 선진
제국의 대부분의 기업들에게 중요한 환경변화의 추세들을 설명하고
있다. <도표 8.4>는 시간과 함께 변화하고 전형적으로 중점과제를
초래하는 내부적 특성들을 열거한 것이다. <도표 8.5>는 성과의 속
성들(목표들)의 포괄적인 목록이며 기업들은 이에 따라서 자사의 성
공과 실패를 측정한다.

　　복잡하고 급격하게 변화하고 있는 환경 하에 있는 영리기업이나
비영리 조직의 모든 기업들은 조직에 중대한 영향을 미치는 미래의
주요한 환경변화 추세들을 파악해야 하며, 특히 당면하게 될 수 있
는 (기술분야에서는 브레이크쓰루(break-through)라고 불리는) 미래
의 중요한 비연속성을 식별해야 한다.

　　<도표 8.3>은 **중점과제를 식별하기 위한 출발점**을 설명하고 있다.
그 절차는 자사에 관련이 없는 과제들을 제외시키고, 환경정밀조사
에서 파악된 별도의 과제들을 추가하는 것이다.

　　복잡한 대기업들에서는 조직의 성과에 중대한 영향을 미칠 것으
로 예상되는 조직내부의 중요한 추세와 현상들을 파악함으로써, 환
경의 감시를 보강해야 한다. 이는 조직이 일정한 규모와 복잡성을
초월하게 되면, 경영관리진이 자사의 효율 및 환경대응에 정(正) 또
는 부(負)의 영향을 미치게 되는 문화, 경영관리자들, 조직기구, 시스
템, 수용능력에 대한 진전 또는 발전사항들을 관리할 수 없게 되기
때문이다.

<도표 8.2> 전략적 중점과제의 분석

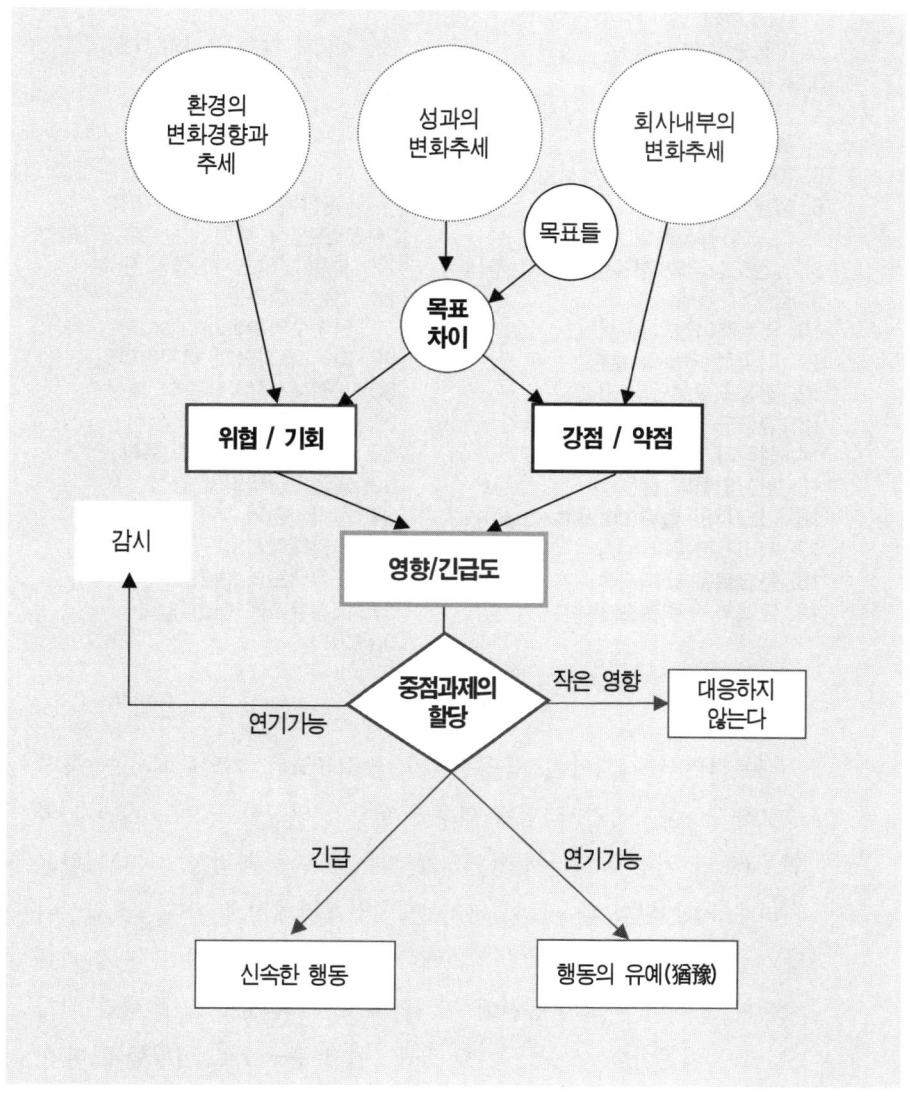

(Ansoff, 1992)

<도표 8.3> 환경의 추세

1. 글로벌 시장의 추세 　(보호주의 vs 자유무역주의)	20. 구매의욕이 없는 소비자에 대한 　판매
2. 고객으로서의 정부의 성장	21. 사업에 대한 사회의 태도
3. 유럽시장의 발전	22. 정부의 통제
4. 동유럽에서의 사회적·정치적·경제적 　혁명	23. 소비자의 압력
	24. 노동조합의 압력
5. 환태평양 제국의 경제적인 발전	25. 생태환경(ecology)에 대한 사회의 　관심에서 비롯되는 영향
6. 일본의 도전	
7. 미국의 경쟁력의 상실	26. 제로성장 주창자(主唱者)의 영향
8. 발전도상국의 경제적·정치적 추세	27. 제품 라이프사이클의 단축
9. 금융의 추세	28. 범유럽이라는 　민족주의(nationalism)
10. 인플레이션의 추세	
11. 다국적 기업의 출현	29. 다국적 기업과 국가이익의 대립
12. 경쟁도구로써의 기술	30. 사업에 대한 대중의 불신
13. 경쟁도구로써의 규모의 크기	31. 예측범위의 축소
14. 성장의 포화	32. 전략적인 돌발상황·충격
15. 신산업들의 출현	33. 발전도상국와의 경쟁
16. 기술적인 돌파(breakthrough)	34. 전략자원의 부족
17. 서비스부문의 성장	35. 기업내에서의 권력의 재배분
18. 풍요로운 소비자들	36. 근무태도의 변화
19. 고객의 연령분포 변화	37. 고용유지에 대한 압력
	38. 기타:

(Ansoff, 1992)

　　내부적인 추세파악은 급성장중인 중소규모의 기업들에서는 특히 중요하다. 왜냐하면, 경험에 의하면 회사가 일정한 규모로 커지게 되면, 규모가 커짐에 따라서 당면하게 되는 새로운 복잡성, 즉 대비하고 처리해야 할 일의 내용들이 과거보다 더 복잡해지게 된다. 복잡성이 증가하면, 그것에 대응하여 처리해야 하는 조직의 능력 또한 한계를 보이며, 조직이 커짐과 동시에 조직의 **주요한 약점들**도 그에 따라 커지게 되기 때문이다. 예를 들면, 소규모에서 중규모로 이행함에 따라, 일반적으로 설립자인 기업가의 통제력과 기업가적 관점을 상실하게 된다. <도표 8.4>는 내부적 추세의 파악을 위한 목록이다.

<도표 8.4> 내부적 추세

1. 규모	10. 경영스타일
2. 복잡성	11. 경쟁능력(competence)
3. 조직기구	12. 로지스틱(' 노동력 ')능력
4. 시스템	13. 자본집약도
5. 커뮤니케이션	14. 기술집약도
6. 권력구조	15. 제품의 다양성
7. 역할의 정의	16. 시장의 다양성
8. 집권화/분권화	17. 기술의 다양성
9. 가치관/규범	18. 기타:

(Ansoff, 1992)

<도표 8.5>에 있는 목표목록은 중점과제들에 대한 중요한 추가적 정보를 개발할 때, 활용할 수 있다. 우선 <도표 8.5>에서 자사가 추구하고 있는 목표들과 그에 할당된 상대적 우선순위를 파악하는 것이다. 전형적으로 이 작업에 의하여 <도표 8.5>의 긴 목록을 4~5개로 요약할 수 있다.

목표들을 파악한 뒤에는 (시스템적인 연간계획을 채용하고 있는 기업에서는 그 목표들은 이미 파악되어 있겠지만) 목표들과 그 동안의 성과의 추세들과 비교할 수 있다. 이 경우에도 연간계획을 채용하고 있는 기업은 예측의 형태로 이미 성과추세들을 이용할 수 있으며, 성과목표들과 예측전망치들이 비교는 연간계획수립 사이클의 일부가 된다.

이 비교작업에서 <도표 8.2>에 나타난 **목표차이**(*objectives gap*), 즉 미래의 성과에서 예상되는 목표미달성 정도를 파악한다. 이러한 차이들(gaps)은 보통, 원인들을 판정하기 위하여 진단(*diagnosed*) 된다. 대부분의 원인들은 **성과의 비효율성** 또는 **전략의 비효과성**에 따라 파악되며, 그에 대한 수정조치들은 연간계획으로 프로그램 된다. 그러나 원인들 중의 일부는 전체적인 위협(예를 들면, 물가상승에 따른 전반적인 이익의 압박), 또는 조직상의 약점들(예를 들면, 변화추세를 효과적으로 예측하지 못하는)에서 비롯된다. 이러한 전체적인 위협들과 약점들을 연간계획수립·실행의 프로세스와 별도로 (그러나 병행하여) 처리하기 위하여 중점과제 목록에 포함시킨다.

요약하면, 위협들과 기회들, 미래의 강점들과 약점들은 <도표 8.2>의 맨 위에 보이는 세 가지의 원천들을 통하여 파악할 수 있다. 성과의 추세들은 **정기적인 성과의 검토활동들**을 통하여 분석될 수 있지만, 환경의 변화추세들과 조직 내부적 추세들은 우발적이고 급격한 돌발적 변화요소들을 확실하게 파악하기 위하여 하루도 방심하지 않는 지속적인 정밀조사가 필요하다.

<도표 8.5> 목표들

1. 성장성	14. 좋은 시민의식
2. 수익성	15. 근로의 만족감
3. 주기적 안정성	16. 사내의 이해관계인들의 욕구에
4. 유연성	대응 (이해관계인들과 그들의
5. 예측할 수 없는 환경상황에 대한 안	기대를 파악)
정성	(a)
6. 지급능력	(b)
7. 부채 / 자기자본	(c)
8. 외부의 합병인수에 대한 방어능력	(d)
9. 경쟁적 리더십	17. 외부의 이해관계인들에 대한 대응
10. 혁신성	(a)
11. 시장점유율	(b)
12. 조직 내부의 사회적 풍토	(c)
13. 외부의 사회적 대응	18. 기타 :

(Ansoff, 1992)

<도표 8.6> 환경 추세의 영향 / 긴급도

변화추세	영향	영향이 미치는 시간	필요한 대응시간	긴급도	중점과제의 할당

(Ansoff, 1992)

이상과 같은 전략적 중점과제 경영기법의 절차를 실무적으로 간략하게 요약정리해보자면 다음과 같습니다.

1. 우선 기업이 당면할 중점과제들을 인식합니다.

2. 어떠한 환경대응방식을 선택할 것인지를 고려합니다.

3. <도표 8.3, 8.4, 8.5>를 참조하여 전략적 중점과제를 식별합니다.

4. 도표를 참고하여 주요 변화요인들에 대한 참조 키워드들과 그 추세들을 참작하여 전략적 중점과제들의 긴급도와 영향도를 파악합니다.

5. 우선적으로 추진할 중점과제들을 선별하고 나머지 중점과제들을 선별하여 추진계획을 세웁니다.

6. 기회, 위협, 강점, 약점(SWOT) 분석을 실시합니다.

7. 시너지를 감안하여 중점과제들에 대한 기회, 위협요인에 대한 추가적인 고려를 합니다.

8. 영향도/긴급도에 따라 중점과제들에 대한 대응방안을 실천합니다.

9. 대기중인 중점과제들에 대한 병행수행 또는 순차수행 작업을 실시합니다.

이와 같은 방식으로 정기적인 계획수립 중에 반영되지 못한 중점과제들이나, 또는 예기치 못한 중점과제들이 급속히 등장하게 될 경우, 기존의 경영활동의 전개과정에 추가적으로 대응할 수 있도록 조치함으로써 기업의 환경대응력을 증가시키는 것입니다.[36]

제8장에서 소개하는 D 위기 시나리오 프로세스와 마지막 장에서 개략적으로 살펴보는 SIS 프로그램은 전략적 중점과제 경영기법의 보완·응용편으로 기업현장에서 경영관리자들이 손쉽게 활용하기 쉬운 기업의 위기점검 및 관리를 위한 기법으로 새로 고안하게 되었습니다.

이 방법은 아주 특별한 것은 아니지만, 경영관리자들이 손쉽게 조직부문의 구성원들을 중심으로 기업의 환경대응을 위한 기초적인 시나리오를 만드는데 유용하게 사용할 수 있습니다. 또한 이 방법은 제7장에서 문제시된 '오늘도 무사히' 경영자에게 전략적 대응의 필요성을 확실히 인식시킬 수 있을 뿐만 아니라, 기업의 전략적 대응을 촉구할 수 있는 유용한 수단으로 활용할 수 있습니다.

---

[36] 전략적 중점과제의 대응(Strategic Issues Management)에 대한 좀더 자세한 절차와 내용은 박동준, 「뉴스와트전략 2.0 실천기법」, 소프트전략경영연구원, 2008 참조

2. D 위기 시나리오 대응기법[37]

■ 위기 시나리오 기법개발의 동기

시나리오 기법은 앞으로 당면하게 될 예측할 수 없는 미래상황을 사전에 발생 가능한 경우들을 조합하여, 납득할 만한 상황들로 구성하고, 그에 의하여 상황전개의 시나리오를 만들어 대응할 수 있는 방안들을 강구하기 위하여 활용되는 기법입니다. 정통적인 시나리오 기법은 당면하게 될 상황과 각 사건의 발생가능성과 발생확률을 검토하고 그 대응의 성공요인과 실패요인을 점검하여 상황의 전개에 따라 전략적 대응경로를 선정하는 기법으로 경영관리자들이 경영현장에서 일상적으로 손쉽게 활용하기에는 어려운 편입니다.

따라서 상황의 변화에 대하여 다양한 가능성을 점검하는 일을 과감하게 생략하고, 경영관리자가 현실적으로 파악할 수 있는 문제현상과 위기요소들을 중심으로 대응할 수 있는 간이형 기법을 제공할 필요가 있습니다.

따라서 「D 위기 시나리오」 기법은 파국의 시나리오, 또는 위기의 시나리오를 중심으로 기업이 보유하고 있는 취약점을 인식하고, 그 취약점을 극복하여 환경대응성과를 높이기 위하여 경영관리자가 손쉽게 사용할 수 있는 간이형 대응기법으로 고안되었습니다. 기존의 위기대응 시나리오 기법과 구별할 수 있도록 하기 위하여 이 기법을 DJP 위기 시나리오 기법이라고 이름을 붙이고 간략히 줄여서 D 위기 시나리오 기법이라고 하겠습니다.

---

[37] 경영관리자의 상황인식과 대응을 위하여 편리하고 신속히 활용할 수 있도록 필자에 의하여 개발된 DJP 위기 시나리오의 영문명칭은 기업위기진행요인들 (Drivers of Jeopardy Process)이라는 표현의 머리글자를 따서 줄인 것입니다.
　상황인식을 좀더 체계적으로 수행하고자 할 경우에는, 리스크 클러스터링 기법과 리스크 맵, 리스크 이슈 진단과 리스크 스와트(Risk SWOT) 대응 프로그램을 통하여 전개할 수 있습니다. 김승렬, 박동준 공저, 「전략적 위기경영-실천기법」(소프트전략경영연구원, 2008) 참조

D 위기 시나리오 분석은 특정 사업을 중심으로 전개할 수도 있으며, 전사적인 관점에서 전개할 수도 있습니다.

■ D 위기 시나리오 기법 전개시의 주의사항

> 주의사항 : 참여자, 관련자들에게 사전에 기밀유지에 관한 확약서를 징구할 것

이 기법을 사용함에 있어서 유의할 점은 시나리오의 성격이나 관련된 정보의 특수성을 감안하여, 작업과정중이나 작업완료이후에도 철저한 기밀유지가 필요하다는 점입니다. 제안하고 싶은 것으로는 기밀유지기간을 최소 10년 이상으로 유지할 필요가 있다는 점입니다. 따라서 이 작업에 참여되는 사람들과 관리자에게는 회사 전담변호사와 상의하여 소정의 기밀유지에 관한 계약서를 작성하여 그 기밀유지책임에 관한 명시적인 법적 확약을 명확히 확보할 필요가 있다는 점입니다.

현재, 기업조직의 사규에서 정의하고 있는 '직무상 취득한 정보나 기밀에 관한 유지'에 관한 책무에도 그 법적 책임이 명시되고 있지만, 기업의 위기나 도산경로의 분석을 위한 시나리오의 작업에서는 그 기밀유지에 대한 책무와 기간에 대하여 보다 확대 적용시킬 필요성이 있습니다.

그것은 이 작업이 우리 기업의 구조적, 전략적, 법률적 취약성을 노출하게 됨으로써, 선의 또는 악의에 의한 외부 유출의 경우, 경쟁기업에게 유리한 입지를 제공할 수 있으며, 상대적으로 우리 기업 측에 치명적으로 경쟁실패를 유발할 수 있고, 나아가 기업활동의 존폐를 위협할 수 있는 상황도 유발될 수 있기 때문입니다.

그동안의 현장 경험에 의하면, 이러한 점에 대하여 무방비상태로 전략워크샵을 전개하는 기업들이 의외로 많다는 점을 깨닫게 됩니다. 따라서 이에 대하여 경영관리자는 각별한 주의를 기울일

필요가 있으며, 이 작업을 추진함에 있어서 기밀유지를 위한 관리
활동에 대한 주의를 기울이는 활동, 즉 기밀유지에 관한 계약서의
징구현황을 경영자 및 이사회에 제시할 필요가 있습니다.

또한 일을 확실하게 한다는 차원에서 이 DJP 위기 시나리오의
최종 보고를 받게 되는 사외 이사를 포함한 임원진에게도 그와
동일한 조건의 기밀유지책임에 관한 계약서를 징구할 필요가 있
습니다. 이때에는 그 징구행위를 최고경영자의 지시에 의한 것으
로 할 수 있습니다.

이 점은 D 위기 시나리오 기법이나 워크샵을 지도하는 외부
컨설턴트의 경우에도 예외가 될 수 없습니다.

그러면, 이제부터 그 절차에 관하여 살펴보도록 하겠습니다.

■ 기업위기진행 프로세스의 영향요인들을 확인하라

D 위기 시나리오 기법의 착수에서 우선, 기업이 당면하고 있
는 중점과제를 인식하는 과정에서 기업위기진행 프로세스에 영향
을 미치는 요인들(Drivers of Jeopardy Process)을 시나리오로 작성
합니다.

기업위기진행 프로세스 확인작업이란 위기를 유발하는 요인들
이 무엇인가를 파악하고 그것이 영향을 미쳐 진행되는 기업실패
(도산)경로를 파악하는 작업이라고 할 수도 있습니다.

기업실패(도산)경로의 파악은 어떤 경로가 가장 신속하게 그리
고 효과적으로 실패하게 되는가에 대한 경로를 직설적으로 파악
하는 작업입니다. 각 회사마다 그 설정이 다르므로 기업실패(도
산)경로를 명확하게 도식화할 수는 없습니다.

그러나 각 회사마다 눈에 보이거나 보이지 않는 취약점이 있
고, 또한 제각기 고유한 기능부전이나 기업병과 같은 부조리 현상
이 있기 때문에, 결국 기업이 지속적인 성장을 실현하지 못할 뿐
만 아니라 장수하지 못하고, 단명하게 되는 경우를 많이 볼 수 있

습니다.

<도표 8.7> D 위기극복작업 프로세스

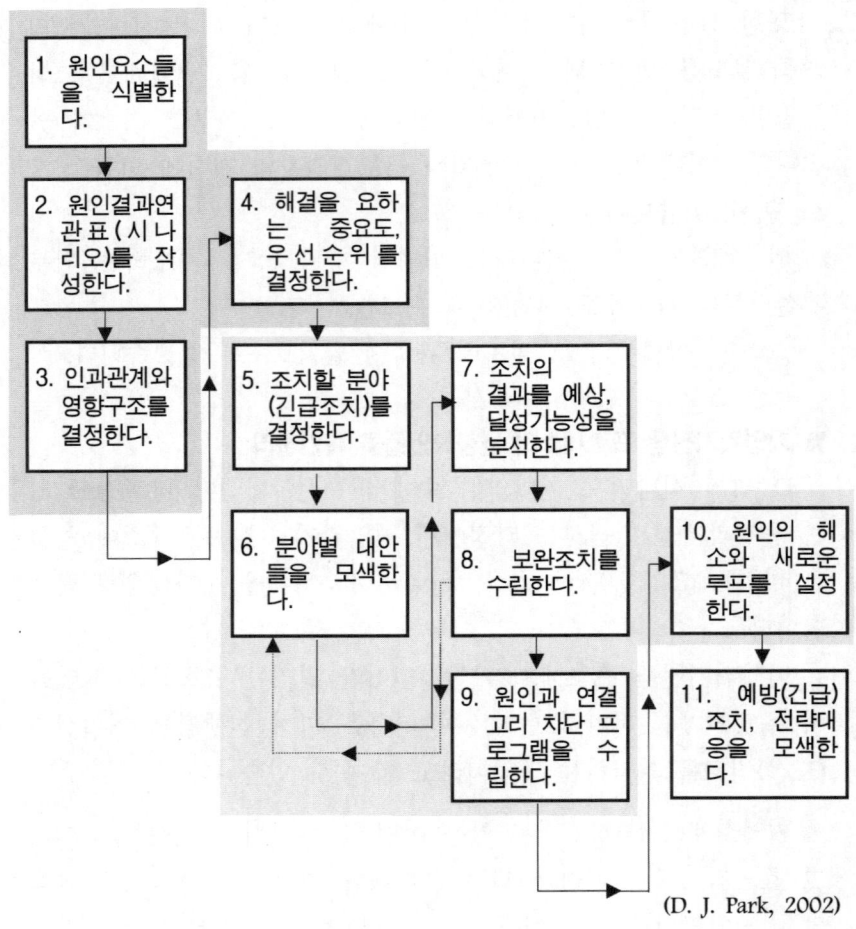

(D. J. Park, 2002)

　　물론 아주 건전하고 건강했던 기업이 전략실패와 같은 시행착
오요인이 결정적으로 작용하여 경쟁기업에게 합병의 최후를 맞이
하는 경우도 있습니다. 참으로 훌륭한 기업으로 칭송받아오던 기
업이 때로는 환경적 요인을 슬기롭게 극복하지 못하여, 비운을 맞

이하는 경우도 있습니다.

그와 같은 기업실패에는 명백한 원인들이 존재하며 그 원인들이 어떻게 작용해서 기업사망에 이르게 하는가에 대한 위기의 진행경로를 사실 그대로 인식하기 위하여 이와 같은 방법을 사용할 수 있습니다.

이러한 시도는 기업의 실패경로를 사전에 인지함으로써, 전략이 무지개 빛 청사진으로 점철되는 현상을 미연에 여과 없이 파악함으로써 그 실패요소를 예방하고, 기업의 전략적 성장에 도움이 되도록 하기 위하여 실시합니다.

■ 모든 것에는 원인이 있다

기업이 잘되고 못되는 것을 운명의 탓으로 돌리는 사람들도 있습니다.

미국에서 이야기되는 유머에 "어째서 운명의 예언가가 수천만 달러의 잭팟을 터트렸다는 기사를 접할 수 없는 거지?"라는 이야기가 있습니다. 하긴 우주의 묘미를 알고, 그 흐름을 정말로 이해한다면 가능할 수도 있을 것입니다. 비과학의 과학이라고 회자되는 이러한 능력을 기업경영에 활용할 수 있다면 얼마나 좋겠습니까?

주역(周易)을 보면 '우주천체의 법도와 그 운행이 건실하여, 군자는 그 법도에 따라 스스로 쉬지 않고 힘쓴다(自彊不息)'고 시작하는 건괘(乾卦)로부터 미제괘(未濟卦)에 이르기까지 '자연과 세상의 법도를 순응하고, 각자의 본분에 충실할 것'을 언명하고 있습니다.[38] 주역의 사상은 지나침이 없는 중용의 도를 실천함으로써 세상을 보다 어질고, 현명하게 이끌어가기 위한 세계관을 제시하고 있습니다.

---

[38] 金敬琢 譯著, (新完譯) 周易, 명문당, 1991

<도표 8.8> A사의 D 시나리오(예시)

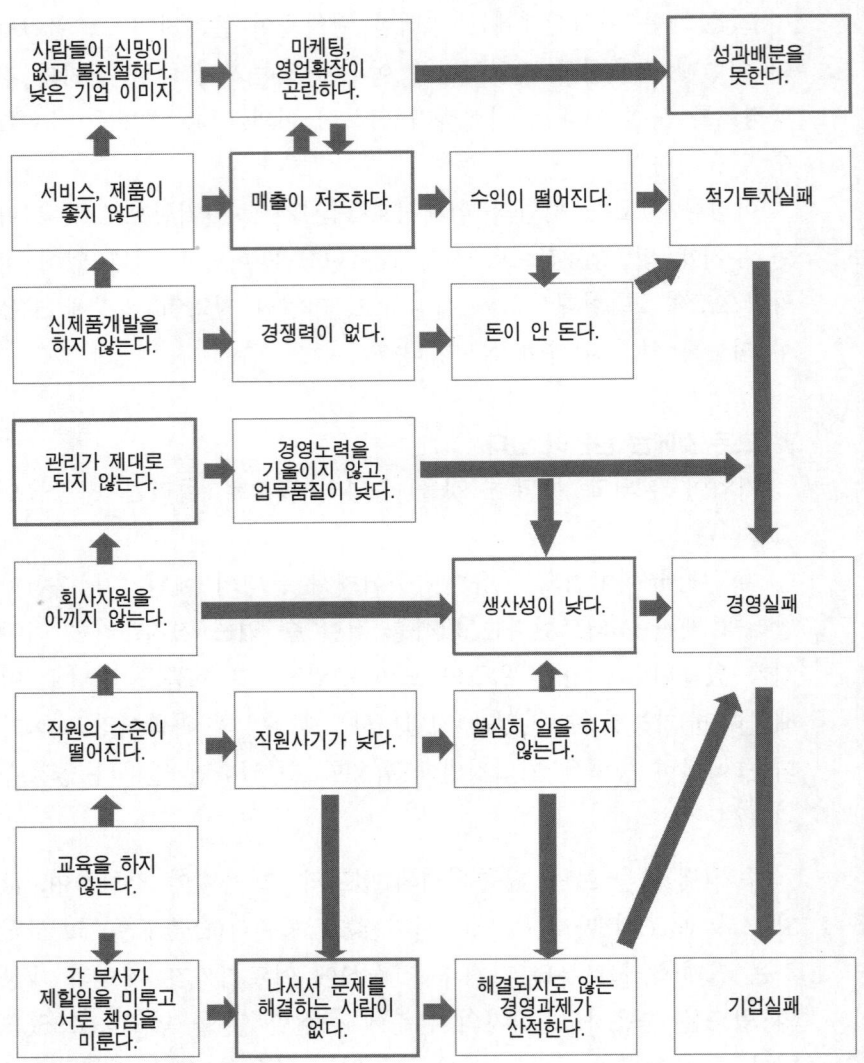

주 1. 이중(二重) 연관관계는 도식작성 및 이해의 편의를 위하여 생략됨

(D. J. Park, 2001)

따라서 주역의 우주관은 미래의 예측에 있다고 보기 보다는 그 순환원리를 이해하여 현재의 상황에 대한 불비점이나 미진한 점들을 성실히 보완하고 그 군자의 덕과 지혜를 실천함으로써 보다 나은 미래를 창조하자는 권고에 초점을 맞추어 해석되어야 할 것으로 제시하고 있습니다.

그런데, 역술원에 가보면, 사업과 관련하여 점을 보려는 사람들도 많습니다. 불완전한 정보와 불완전한 지식으로 미래를 예견하는데 역술과 같은 운명예측기법에 의존하고자 하는 심리가 작용하고, 어쩌면 불완전하고 불확실한 정보에 의존해야 하는 인간의 입장에서는 충분히 그럴 수 있다고 볼 수도 있습니다.

그러나 그들의 운명감정이 다 맞는다고 확신할 수도 없습니다. 또한 그들의 주장처럼 개인의 길흉화복이 결정되어 있다고 해서, 조직의 길흉화복이 결정된다는 보장도 없습니다. 오히려 역술가에게 줄 비용을 보태어 불우한 이웃에게 참된 마음으로 자선활동을 하거나, 성과급을 못 받고 있는 직원 중에 불우한 처지에 있는 직원가족에게 격려금이라도 하사한다면, 그것이 오히려 큰 복이 될 수도 있습니다.

일이 잘못되어가고 있다면, 스스로 자신의 노력과 정성으로 그 일들을 최선을 다하여 바로잡고 완수하여 그리고 난 뒤에 천명을 기다리는 것이 보다 바람직한 방법일 것입니다.

그리고 보면, 모든 일에는 원인이 있기 마련입니다. 원인은 결과를 낳고, 다시 그 결과는 또 다른 결과의 원인이 됩니다.· 그렇다면 근본적인 원인을 찾아내고 치유하는 것이 문제해결의 지름길이 되는 것입니다. 때로는 원인불명, 또는 원인을 규명하지 못하는 경우도 있습니다.

그러나 바람직하지 못한 결과를 유발하게 된다면, 그 원인에 최대한 근접하여 그 작용활동에 영향을 미치는 방법을 모색할 수 있습니다. 그래서 원인에 주목할 필요가 있습니다.

원인이 다른 행위의 결과에 비롯된 것이라면, 원인의 원인을 찾아내야 할 것입니다. 어떤 경우에는 닭이 먼저인지 달걀이 먼저인지와 같은 문제에 다다를 수도 있습니다. 그럴 경우에는 복잡한 분석보다는 간명하게 닭과 달걀을 한 덩어리로 묶어서 간주합니다.

<도표 8.8>은 D 위기 시나리오에 의하여 작성결과의 예시입니다. 도표에서 볼 수 있는 바와 같이 몇 가지의 원인들을 관계적으로 찾아보면, 이 회사의 운명이 어떻게 되어갈 것인지를 쉽게 이해할 수 있습니다.

이 표에는 생략된 부분들이 여러 가지 있지만. 일단 이와 같은 시나리오를 염두에 두고 생각해본다면, 현재 우리 회사의 실정을 감안할 때, 어떠한 부분에 문제가 있는지를 찾아볼 수 있게 됩니다. 더욱이 우선적으로 심각하게 개선되어야 할 부분이 어느 쪽인지를 주목해볼 수 있게 됩니다.

■ 원인관계분석표를 활용한다

D 위기 시나리오를 작성함으로써 확인할 수 있는 가장 중요한 점은 여러 가지의 전략 시나리오 중에 가장 비관적인 시나리오를 토대로 사실인식을 명확히 해볼 수 있다는 점입니다. <도표 8.9> D 위기 시나리오 검토를 위한 원인관계분석표는 <도표 8.8>의 시나리오를 작성하기 위하여 활용하는 기본 도표입니다.

원인관계를 파악함에 있어서는 가급적이면 본원적 원인과 파생적 원인을 구분합니다. 또한 내부의 문제인지 외부의 문제인지를 구분합니다. 그러나 기업의 치부나 취약점에 대한 본원적 원인을 노출하기 어려울 경우에는 암호화하거나 또는 포괄적인 표현으로 감출 수도 있습니다.

    원인에 따라 노출된 현상을 왼 쪽 편에 정리하고 그 내용을
분야별로 구분합니다. 정리된 현상들과 원인들간에 서로 상관관계
가 작용하거나 또는 새로운 원인관계가 형성될 경우에는 그 관계
성을 정의하고 필요하다면 추가적으로 세부적인 원인관계를 규명
합니다.   이 경우에도 기업의 치부나 취약점에 대한 원인규명은
포괄적인 표현이나 암호화하여 제시할 수 있습니다.

<도표 8.9> D 시나리오를 위한 원인관계분석표

구분	현상		원인	
	파생적 현상	본원적 현상	파생적 원인	본원적 원인
1. 수익				
2. 사업				
3. 경영				
4. 조직				
5. 협력사				

(D. J .Park 2001)

    그 원인관계들을 모두 종합하면, <도표 8.8>과 같은 형태의
독자적인 D 위기 시나리오를 구성할 수 있습니다.   이러한 기본
적인 D 위기 시나리오와 원인관계분석표를 중심으로 보다 비관적
인, 또는 보다 파국적인 경로의 D 위기진행의 보충 시나리오를
작성합니다.

■ 팀별로 다른 D 위기 시나리오를 만든다

워크샵에서 실제로 이와 같은 시나리오를 편성하는데 약 6시간이 소요됩니다. 그러나 작업팀을 다양하게 구성하여 팀별로 단시간에 우리 회사가 어떻게, 그리고 어떤 방향으로 가서는 안 될 것인가에 대한 경로들에 대하여 초안이나마 만들어 보는 것은 여러 가지로 의미가 있다고 할 것입니다.

■ 주관적 편향성과 객관적 편향성

이와 같은 작업을 수행함에 있어서, 논리의 전개와 판단과정의 주관적 경향에 치우치는 현상이 등장합니다. 예를 들면, 영업매출 쪽을 비관적으로 보는 경영관리자들과 제품품질 쪽을 문제시하는 경영관리자, 또는 경영관리상의 문제를 중시하는 경우의 판단과정은 서로 다른 시나리오를 구성하게 됩니다. 즉, 각 개인들의 편향적 관점이 작용하게 될 경우, 시나리오의 편향적 왜곡이 발생할 수 있습니다. 이러한 현상을 「주관적 편향성」이라고 부르겠습니다.

이와 같은 주관적 편향성이 시나리오의 구성작업에 작용하게 되면, 왜곡된 전개방법과 그에 수반하여 대응해야 할 전략논리 또한 왜곡될 소지가 있으므로, 주관적 편향성을 배재하기 위하여, 팀을 다양하게 구성하여, 대응할 수 있도록 지휘합니다.

때로는 주관적 편향성을 배재하기 위하여 객관적 관점으로 문제를 조명하고, 객관적으로 대응하려는 시도에서도, 당면하고 있는 상황에 대응해야 할 중대한 기업행동의 초점을 상실할 수 있습니다. 예를 들면, 사공이 많으면, 배가 산위로 간다고 비유할 수 있는 「집단사고(Group Think)」에서의 오류들이 등장합니다.

집단사고는 집단의 의사결정에서 제기되는 오류현상이지만, 그 집단적 사고 이전에, 객관적 관점으로 현상을 바라보는 시각에서, 소위 보편적 또는 공통적 관점을 중심으로 객관화하는 과정에서 새로운 형태의 「객관적 편향현상」이 등장합니다.

예를 들면, 서로의 문제가 아니거나 전체의 문제가 아닌 일부 부문의 문제들은 배제됨으로써 정말로 해결해야 할 과제들이 숨어버리게 되는 것입니다. 때로는 서로의 공통적인 문제라는 것이 명확함에도 불구하고, 현실적으로 대응하는데 무리가 따르게 된다고 판단하거나 다른 것이 더 중요하다고 함으로써, 공동으로 문제를 회피하는 현상과 같은 일도 등장합니다.

따라서 당면하고 있는 현상에 대한 사실인식에 있어서는 편향되지 않은 객관적 사실이지만, 현실적으로는 당면현상을 공동으로 무시, 회피 또는 방임하거나 심지어는 왜곡함으로써, 현실적으로 객관적 편향 행동을 보이는 것입니다.

따라서 경영관리자들은 우리 조직의 문제현상을 조망함에 있어서 이 두 가지가 어떠한 형태로 작용하고 있는지를 판별하기 위한 지적(知的) 노력을 기울여야 합니다.

■ 내부적 편향성과 외부적 편향성

「주관적 편향성」과 「객관적 편향성」의 문제보다 더욱, 유의하여 살펴야 할 점은 조직 내부적 문제에 치중하여 현재의 기업상황을 해석하고 대응함으로써, 기업 외부적 요인들의 변화에 적절히 대응할 수 있는 기회를 상실할 수 있다는 점입니다.

기업의 외부적 과제들에 유의하지 않고, 내부적 과제들에 주목하여 현안 과제들을 인식하는 관점을 「내부적 편향성」이라고 하겠습니다.

이와는 달리, 해결해야 할 기업 내부적 과제들이 심각하게 문제를 일으키고 있을 경우에도, 기업 외부적 과제들에만 집착하여, 기업의 내적 충실을 기하지 않고, 무모한 사업의 확장이나 신규 투자, 경영자원의 확보와 같은 일에만 치중하는 것을 「외부적 편향성」이라고 하겠습니다.

<도표 8.10> 관점의 편향성과 전략적 성과

관점의 편향성의 작용	내부적 편향성	균형적 관점	외부적 편향성
주관적 편향성	외부 환경기회/위협을 간과하고 내부적 문제들에 집중하여 자기본위에 입각하여 편향적으로 내부적 과제들에 초점을 맞추어 인식하고 대응함 외부적 성과가 제약됨	외부환경의 기회, 위협 등을 합리적으로 판별하고 있지만, 특정 기능, 역량을 중심으로 환경대응을 전개하여 전략 리스크와 기업자원 리스크에 따라 성과가 결정됨	외부적 사업기회의 오판과, 내부역량의 한계가 맞물려 급속한 기업도산, 추진사업이 역량있는 기업에 합병되고 사업정리절차를 밟음
균형적 관점	조직내부에 대한 문제들에 대하여는 합리적으로 접근하고 있지만, 외부적 환경대응에 실패	기업외부의 환경이해와 기업내부의 대응역량의 균형적 인식과 대응방안의 전개로 전략적 대응방안을 정비할 경우, 높은 성과를 기대	외부적 사업기회와 위협에 대한 관점은 합리적이지만, 내부적 관점이 결여되어 사업전개시 조직역량의 한계로 기업위기를 초래
객관적 편향성	전반적 조직내부 문제에 치중 핵심적 문제를 간과하고 환경대응성과가 낮음	환경인식은 좋으나 총론적 기업 대응으로 핵심적 성과가 부족 전략의 핵심과 핵심전략을 재검토할 필요가 있음	외부 상황의 낙관, 방임과 내부적 대응의 핵심결여로 사업기회/위협에 적절한 대응을 하지 못함

(D. J .Park 2006)

이러한 편향성을 잘못 이해하고, 전략을 정비하고 새로운 전략을 수립하게 될 경우는 그 전략이 오히려 기업을 성장하고 발전시킬 수 있는 전략으로 작용하는 것이 아니라, 당초에 기대하는 것과는 정 반대의 파국적 결과를 최단기간에 초래하게 되는 치명적인 오류를 범하게 될 수도 있습니다.

이는 마치, 사람의 병을 고치기 위하여 들이댄 칼이 오히려 사람을 죽이고 만 경우와 같습니다. 사람을 고치기 위하여 쓰는 칼을 「활인검(活人劍)」이라고 하고, 사람을 죽이기 위하여 쓰는 칼을 「살인검(殺人劍)」이라고 합니다.[39]   이와 마찬가지로, 기업을 살리는 전략을 「활업전략(活業戰略)」이라고 한다면, 기업을 죽이는 전략을 「살업전략(殺業戰略)」이라고 할 수 있습니다.

그렇다면, 지나치게 「외부적 편향」에 치중하여 전략을 강구하는 것도, 또는 지나치게 「내부적 편향」에 치중하여 전략을 강구하는 것도 근본적인 취지는 모두 기업을 잘되게 하자고 하는 전략이라고 할 지라도, 그 살핌이 모자라면 「활업전략」이 아닌 「살업전략」으로 변하게 되는 것입니다.

따라서 기업이 당면하고 있는 여러 가지의 문제들의 소지는 기업 내부에도 존재하지만, 그러나 그러한 문제들 보다 더 심각하고 중대한 문제들이 기업 외부에서 부여되고 있다면, 우선적으로 기업 외부적 문제들과 그러한 문제들을 해결하기 위한 기업행동에서의 대응에 초점을 맞추어야 할 것입니다.

관점의 편향성에 따라 달라지는 전략적 성과는 <도표 8.10>에서 보는 바와 같습니다. 도표에서 보는 바와 같이 「내부적-외부적 편향성」과 「주관적-객관적 편향성」이 전략의 논리와 그 실천에 미치는 영향은 지대합니다.

---

39) 백련선서간행회, 碧巖錄 中, 21면, 선림고경총서, 장경각, 1993

　이와 같은 일을 예비하기 위해 앞에서 예시한 전략적 중점관리에서 활용하는 외부환경변수에 대한 추세나 내부환경변수에 대한 추세에 관한 항목들을 기준으로 경영관리자들은 작성된 시나리오를 재구성할 필요가 있습니다. 이 경우에는 외부환경, 내부여건 및 환경, 성과변수들에 관련된 키워드들과 그 변화추이를 찾아냅니다.

　이와 같이 원인요소들을 찾아내고 그 연관표를 시나리오의 형태로 작성할 때, 제2, 제3의 시나리오를 준비합니다. 보통의 경우에는 워크샵을 통하여 팀별로 작업을 하면, 팀의 수만큼 시나리오가 편성됩니다. 팀별로 만든 안을 기초로, 전체를 종합해서 다시 종합안을 만듭니다.

　그리고 난 뒤, 문제인식과 그 영향에 대하여 기간별로 재편성하여 6개월 또는 1년 이내에 영향을 미치게 될 수 있는 단기 시나리오와 2년이상 3년 이내에 걸쳐 전개될 수 있는 중기 시나리오를 준비합니다. 필요하다면 3년 이상 5년 이내의 장기 시나리오도 구성합니다.

■ 공개할 수 없는 문제현상에 대하여

　앞에서 예시한 시나리오는 공개적으로 거론될 수 있는 점들을 중심으로 구성한 것입니다. 그러나 좀더 구체적으로 작성할 경우, 기업의 중대한 문제점이나 취약점이 노출될 수도 있습니다.

　예를 들면, 자본구조나 핵심기술력의 취약성이 노출될 수도 있으며, 핵심기술 연구개발 활동의 실패, 주요 대형 거래처의 태도변화와 대폭적인 수주물량축소의 움직임, 본원적 경쟁력의 급속한 추락, 중대한 경영오류에 대한 기업비밀의 누설로 조직구성원들의 사기와 고객사회의 기업 신임도의 추락, 창업주와 가족경영세력간의 갈등 등과 같은 문제들이 거론될 수도 있습니다.

　때로는 새로운 정부가 들어섬에 따라, 기존의 정부와의 정책연합관계나 정부유착관계의 기조가 흔들리고 그것이 기업의 주력사업 위상에 중대한 영향을 미치게 될 뿐만 아니라 기업존폐에 대한 위기로 확산될 소지도 있습니다.

　또한 기업행동의 전모에 대한 사회적 당위성 논쟁에 휘말리게 되어, 치명적인 파국으로 치닫게 될 수도 있습니다.

　그와 같은 치명적인 상황논리를 접하게 될 경우, 시나리오 작업에 임하거나 또는 의사결정에 관계된 사람들에 따라서 부작용이 나타날 수 있습니다.

　예를 들면, 미리 겁을 먹고 회사의 활동에서 가급적이면 손을 떼려고 하는 사람들이 있는가 하면, 회사야 어찌되건 자신만의 성공을 위하여 <도표 1.5>의 제3영역에서 기업의 약점에 대한 정보나 기밀을 역이용하여 자신의 이익을 취하려는 사람들도 있으며, 상황의 부정적 문제현상들의 발생가능성을 사전에 예비하기 위하여 그동안의 소극적 태도에서 심기일전하여 적극적으로 기업보호를 위한 조치에 매진하려는 사람들도 있습니다.

　물론 그 방법적 대응에 있어서도, 비교적 완만하고 합법적 방법을 고수하려는 사람들이 있는가 하면, 수단과 방법을 가리지 않고, 성과중심으로 전개하려는 사람들도 있습니다.

■ D 위기 시나리오 작업시의 유의사항

　따라서 D 위기 시나리오 작업을 전개하면서 주의해야 할 점에 대하여 사전에 예비하지 않을 경우, 오히려 긁어 부스럼을 만들 수 있다는 점에 유의할 필요가 있습니다.

　앞에서도 언급하였지만, 작업과 관련하여 모든 관계자들에게 기밀유지에 관한 책무와 기밀유지에 관한 기간에 대하여 사전에 확약서를 징구하는 이유도 바로 이러한 점 때문입니다. 물론 경영관리자의 확약서도 빠져서는 안 될 것입니다.

경영자 및 관리자와 참여하는 조직구성원들이 작업을 수행할 때 유의사항을 간략히 살펴보면 다음과 같습니다.

1. D 위기 시나리오 작업에 관련된 일체의 정보 자료 기밀유지

기밀유지에 관한 책무와 기한, 내용, 지식, 정보, 자료에 대하여는 관련 변호사 또는 감사실장, 경영자와의 협의에 따라 구체적으로 확정하여 사전에 작업에 관계된 임직원들과 외부인, 그리고 사외 이사를 막론하여 모두 징구합니다.

2. 기밀등급에 따른 분리작업

기밀등급을 구분하여, 1등급(경영자 기밀등급), 2등급(기밀등급), 3등급(일반등급)으로 나눕니다.   1등급(경영자 기밀등급)은 기업의 비리, 정경유착관계 등, 조직적·사회적 파장이 크게 일어날 수 있는 문제점들을 중심으로 시나리오를 구성하여 대응방안을 모색합니다.

1등급 D 위기 시나리오의 작업은 경영진을 중심으로 전개합니다.   2등급(기밀등급)은 경영진과 경영관리자 선에서 공유하며 해결해야 할 문제점이나 주제들을 중심으로 시나리오를 구성하여 대응방안을 모색하고 전략적 판단을 수행합니다.

기밀공유에 관해서 유의할 점으로, 경우에 따라서는 관련자만 기밀을 숙지하고 있고 우회적으로 파생적 문제점만을 제시함으로써 기밀을 노출하지 않고 작업을 수행합니다.   2등급 D 위기 시나리오의 작업은 경영관리자를 중심으로 전개합니다.

3등급은 경영관리자와 책임 경영진의 일부, 그리고 기획부문의 요원, 기타 관련된 작업요원들을 중심으로 D 위기 시나리오 작업팀을 편성하여 전개합니다.   D 위기 시나리오 작업팀은 문제점과 취약점을 중심으로 시나리오를 구성하여 그 대응방안을 모색하고 전략적 판단을 수행합니다.

<도표 8.11> A사의 단기 D 위기진행 시나리오(예시)

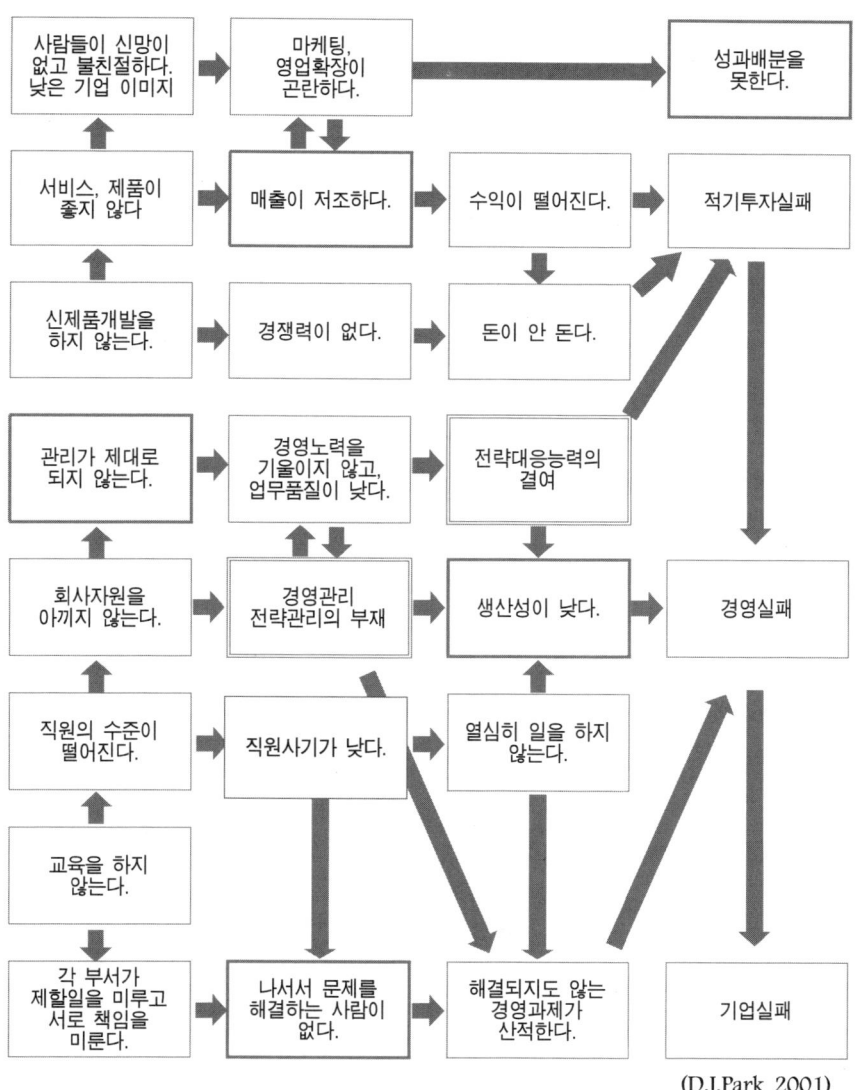

(D.J.Park 2001)

2등급의 경우와 마찬가지로 기밀공유에 관해서 유의할 점으로, 경우에 따라서는 관련자만 기밀을 숙지하고 있고 우회적으로 파생적 문제점만을 제시함으로써 기밀을 노출하지 않고 작업을 수행하도록 합니다.

따라서 특정한 취약점의 근본적인 원인은 노출되지 않고 전개할 수 있다는 점에 유의할 필요가 있습니다. 그러므로 작업팀의 팀장이나 작업리더는 시나리오 작업중 원인규명을 위한 작업자들 간의 불필요한 논쟁이나 항변에 대하여 적절히 정리할 수 있도록 하는 자세를 견지하는 것이 중요합니다.

3. 작업의 단계별로 경영진에게 보고한다.

D 위기 시나리오의 구성 및 판단작업은 단계별로 경영진에게 보고, 협의를 거쳐 다음 단계를 수행합니다.

필요에 따라서는 경영진에게 보고를 드리지 않고 최종적인 시나리오를 편성한 뒤에 보고의 형태로 경영진에게 전달하는 방법도 있습니다만, 원칙적으로 시나리오의 초안이 편성되면, 경영진에게 간략한 브리핑의 형태로나마 그 진행과정을 피드백 하도록 합니다.

4. 기본 시나리오와 보충 시나리오를 준비한다.

이 경우, 경영관리자는 경영진의 타입에 따라서 두 가지 형태의 보고를 감안할 필요가 있습니다.

첫 번째의 형태는 경영진이 기업의 중대한 취약점에 대한 논의에서 비교적 감정적으로 흔들리지 않고, 객관적이고 냉철하게 대응할 수 있는 성격을 지니고 있을 경우입니다. 이러한 경우, 경영진은 중간단계에서 종종 진행경과에 대한 보고를 듣기를 원하며, 자신이 원하지 않는 방향의 시나리오가 제시될 경우에도, 그 시나리오가 참고할 만한 주요한 관점을 내포하고 있다고 판단합니다.

따라서 경영관리자나 D 위기 시나리오 작업팀의 책임자가 경영진에게 중간보고를 드리게 될 경우에도, 작업에 지장을 주거나 작업방향을 왜곡하는 현상이 줄어듭니다.

그러나 두 번째의 형태로, 경영진이 어떠한 사정이 있거나 또는 개인적인 특성에 따라, 이러한 작업에 대하여 불안을 느끼거나 또는 DJP 위기 시나리오를 진행하는 것에 대하여 의구심을 보이게 될 경우, 경영관리자나 작업팀의 책임자는 일단 「부정적인 시나리오」 보다는 비교적 「완만한 내용의 위기 시나리오」를 편성할 필요가 있습니다.

그러한 시나리오를 중심으로 보다 비극적인 보충 시나리오를 추가로 준비함으로써, 경영진에게 선택적 관점을 제시하고 이에 대비하기 위한 대안들을 제시함으로써 경영진에게 안심과 자신감을 불어 넣어줄 수도 있습니다.

이러할 경우, 처음에 제시했던 비교적 「완만한 내용의 시나리오」를 「기본 시나리오」라고 하고 추가적인 시나리오들을 「보충 시나리오」라고 할 수 있습니다. 소극적인 경영자와 DJP 위기 시나리오 작업을 전개할 경우, 기본 시나리오는 경영진에게 보고과정을 경유하지만, '보다 비관적이고 보다 파국적인 결과를 설명하게 되는 「보충 시나리오들」은 경영진에게 보고하지 않고 독자적으로 전개하여 최종 결과물을 보고할 것인가?' 아니면, '보고를 통하여 전개할 것인가에' 대하여는 책임자의 판단에 따라 달라질 수 있습니다. 이것이 월권인가의 여부 또한 책임자와 경영자의 태도, 그리고 기업의 운명에 의하여 좌우된다고도 할 수 있습니다.

현실적으로 경영관리자가 소관부서의 기획요원들을 중심으로 작업진행 중에 중간단계에서 경영진에게 보고하지 않고, 독자적으로 3등급의 D 위기 시나리오를 구성하여 전략적 진로를 모색하는 경우도 있습니다. 작업을 완료한 뒤에 경영진에게 그 결과를 제시합니다. 다음과 같은 경우, 이러한 시도가 유용할 수 있습니다.

1. 새로운 최고경영자가 부임하게 되거나 경영진이 새로이 교체되어 기업전반에 관련된 결정적 요소들의 전모를 이해할 수 있도록 하기 위하여

2. 기존의 경영진이 새로운 환경변화에 대하여 그 대응의 심각성을 제대로 인지하지 못하고 있다고 판단될 경우

3. 부문간의 마찰이나 알력이 심하여 기업성과를 해칠 경우

4. 새로운 경쟁자의 출현으로 경쟁관계가 변화되고 있음에도 경영진의 경쟁대응이 미흡할 경우

5. 산업내 기술구조의 변화에 따라 우리 기업의 기술관련 경쟁력이 진부화될 소지가 높지만, 이에 대하여 경영진의 대응이 미흡할 경우

6. 새로운 정부의 정책방향 수정이나 변경이 예상되어 사업방향의 조정이 불가피하다고 판단되지만, 그에 대한 대비책을 강구하지 못하고 있을 경우

7. 조직내 직원들의 이직, 기밀누출, 업무태만 등의 조직력의 누수가 목격될 경우

8. 내부감사 적발사항으로 경영오류, 부정, 분식회계 등의 규정위반행위 또는 외부 소비자 고발이나 법적 제재 등의 문제가 발생할 소지가 있는 경우

9. 증자 등에 따른 지주구성의 변화, 또는 신규 외부차입으로 차입금 구성에 변화가 생길 경우

10. 협력회사의 기술진보, 거래조건변경, 투입요소의 변경 등에 따라 협력기업간의 협력구도나 내용이 변화하게 될 경우

11. 전략계획을 수립 또는 변경하게 될 경우

12. 신규사업진출계획을 수립하게 될 경우

13. 인수합병, 분사, 전략적 제휴관계를 새로 결성하거나 해소할 경우

---

14. 새로운 공장의 이전이나 해외 진출을 전개하고자 할 경우

15. 주력 제품의 라이프사이클이 성숙단계에 접어들 경우

16. 전략적 포트폴리오의 변경을 모색해야 할 경우

17. 기업의 로고, 사명, 본사 위치의 변경 등의 물리적 변화가 있을 경우

18. 환경명령의 내용에 있어서 중대한 변화가 예상될 경우

19. 기업이 처한 환경의 난기류 수준에 변화가 예상될 경우

20. 이해관계자들의 이해직접행동의 변화나 이해결합행동의 변화가 예상될 경우

(D. J. Park, 2003)

이상과 같은 경우, 경영관리자는 독자적으로 또는 경영진과 협의하여 D 위기 시나리오를 전개함으로써 기업의 취약성을 극복하기 위한 대응을 전개할 수 있습니다.

■ 시나리오에 대한 타당성과 연관관계의 점검

시나리오의 작성을 마치게 되면. 이제는 그 시나리오들의 원인요소들과 연관관계를 살펴보면서 우리의 실정에서 실제로 조기위험신호가 느껴지는 부분을 두꺼운 매직펜으로 테두리를 그려갑니다. 소위, 상황에 대한 타당성을 음미하여 시나리오를 점검하는 것입니다. 이러한 작업은 시각적으로 인식을 용이하게 할 뿐만 아니라 연관요인들과 부차적인 결과 현상들에 대하여 쉽게 전체적인 관점에서 식별할 수 있다는 장점이 있습니다.

도표에 의하여 작업을 전개할 경우에는 다음 <도표 8.12>에서 보는 바와 같이 "왜, 얼마나, 어떠한 경우에, 언제 그러한 현상이 도래할 수 있겠는가? 그리고 그 발생확률은 어느 정도인가?"를 중심으로 각 요인들에 대한 타당성을 점검합니다.

<도표 8.12> 시나리오 요인들의 타당성 점검표(예시)

구분	예상 현상	발생원인	영향의 정도	발생조건	발생 예상시점	발생 가능성
1. 사업	시장경쟁력의 추락	제품기술력 신규 강력한 경쟁기업의 출현	10	시장대응의 소홀	6개월~1년	60%
	매출감소	제품경쟁력의 추락	10	신규제품의 개발/출시지연	6개월~1년	50%
2. 조직	주요인력의 외부유출	성과급제도의 한계	8	인재의 대우를 소홀히 함	1년	70%

(D. J. Park, 2002)

이와 같은 요인들은 대부분 조직 내에서 미결되고 있는 중요 과제들과 연관이 있습니다. 따라서 조직 내에서 우선적으로 조치되어야 할 중요과제들을 선정하여 이러한 과제들 간의 인과관계와 기업의 전체적 활동과의 연관성을 살펴봄으로써 보다 더 구체화할 수 있습니다.

좀더 구체적으로 살펴보자면 다음과 같습니다.

■ 조직내 긴급조치안의 기획을 지휘

조직내에 상존하고 있는 문제점을 파악함에 있어서 요긴한 방법으로 「긴급조치안」 작성방법을 전개합니다. 「긴급조치」라고 하면, 급박한 상황하에서 조직내에서 우선적으로 강력하게 실시되어야 하는 기업행동을 말합니다.

그러나 긴급조치를 실시하려면, 먼저 그 대상과 내용을 편성해야 합니다. 따라서 어떠한 분야에 어떠한 이유에서 어떠한 긴급조치를 실시해야 할 것인가에 대한 분석과 검토가 실시되어야 합니다.

<도표 8.13> 긴급조치 과제의 선정(개인별)

우선순위	구분	당면과제	원인	당면현상	중요도	긴급조치과제 선정이유
1.						
2.						
3.						
4.						
5.						
6.						
7.						
8.						
9.						
10.						

(D. J. Park, 1993)

이 작업을 기획할 때에는 일반 부서 및 경영관리자들을 중심으로 작업팀을 서너 그룹으로 나누어 편성하여 각 작업그룹별로 「긴급조치 대상업무」와 「대상조치」를 강구하도록 합니다.

그러나 작업팀의 명칭은 조직내 조직구성원들의 오해를 불식시키고 여기저기에서 압력을 행사하지 않도록 하기 위하여 「긴급조치 작업팀」이라고 하지 않고, 「전략팀」이라는 명칭을 사용합니다.

긴급조치의 작업 프로세스는 다음과 같습니다.

1. 팀장을 포함하여 5명 또는 7명 단위로 작업팀을 편성합니다.

2. 우리 조직에서 당면하고 있는 최중요과제들을 팀원들별로 각기 10가지씩을 선정합니다.

3. 각자가 선정된 최중요과제들을 팀장을 포함하여 열거하고, 팀원들이 모두 납득할 수 있을 정도로, 그 과제의 내용과 이유를 설명하게 하여, 모두 오해 없이 납득하게 되면, 이번에는 팀의 최종 결정안을 10가지만 선정합니다. 이 경우에도 최종적으로 팀원들이 납득할 수 있는 최중요과제를 <도표 8.13>과 같이 10가지로 조정하여 확정합니다.

4. 최중요과제가 결정되면, 이번에는 최중요과제의 해결방안을 <도표 8.14>와 같이 각 팀원들이 제시합니다.

5. 제시된 해결방안을 조직화하고, 경영관리자를 중심으로 <도표 8.15>와 같이 긴급조치 시나리오의 대안으로 확보합니다.

6. 팀의 최종안으로 선정되지 못한 팀원들의 개인적 중요과제들에 대한 대응방안들을 팀원들과 함께 마련합니다. 이 방안들은 추가적으로 추진해야 할 과제와 대응방안으로 기각하거나 무시하지 말고 반드시 확보하고 있을 필요가 있습니다.

7. 각 팀별로 확보된 과제와 대안들을 종합하여 DJP 시나리오의 타당성을 확인하고 최종 대안설정시에 참고대안으로 활용합니다.

(D. J. Park, 2001)

<도표 8.11>의 전체 시나리오의 도표를 수정 보완함에 따라서 다시 그것들을 중심으로 연관관계를 점검하여 <도표 8.16>과 같이 좀더 진하게 표시를 하여 점차 세밀하게 그려나갑니다. <도표 8.16>에서는 기본 시나리오에 좀더 비관적인 요소들을 추가하여 보충 시나리오를 예시하였습니다.

흥미로운 점은 비관적인 요소들이 보강될수록 시나리오가 보

다 더 정확하고 사실적으로 보인다는 점입니다. 물론 기업경영상
의 과제들 중에 전략적 관점에서 약점이나 취약점을 선별하여 정
비한다면, 더욱 신중한 D 시나리오가 될 수 있습니다.

<도표 8.14> 긴급조치 과제의 선정 (팀의 종합)

우선순위	팀원 1	팀원 2	팀원 3	팀원 4	팀원 5	긴급조치 과제	선정이유
1.							
2.							
3.							
4.							
5.							
· · ·							
9.							
10.							

(D. J. Park, 1993)

   그러나 비관적인 시나리오를 작성함에 있어서 기업의 치부나
취약점을 논의할 때, 지나친 표현이나 너무 노골적인 표현은 시나
리오의 전개나 해결방안에 도움이 되지 않습니다.

   또 한 가지, 위기 시나리오의 작업에서 흔히 거론되는 주제중
의 하나로 소유 경영자의 지분과 관련된 주제들입니다.

   기업소유의 자본구조에 관한 결정은 기업 내 이해관계인들 간
의 자본 의사결정에 따라 전개됩니다. 이러한 문제를 이슈화하여
기업의 위기나 실패(도산)경로를 전개하게 될 경우, 자칫 잘못하
면, 상황의 해결방향의 설정을 잘못 유도하게 될 수 있으며, 원인
규명의 실패에 빠지게 될 수 있습니다. 예를 들면 기업경영 활동

에서의 잘잘못이 소유경영자의 지분에 의한다는 억지논리와 같은 현상을 유도할 수 있기 때문입니다.

<도표 8.15> 긴급조치안의 선정(팀의 종합)

우선순위	긴급조치과제	해결대안	비고
1.			
2.			
3.			
4.			
5.			
6.			
7.			
8.			
9.			
10.			

(D. J. Park, 1993)

따라서 기업의 치부나 약점이라고 생각되는 문제현상이나 취약점에 대한 점검에서 실질적으로 연관이 없는 요인들, 또는 기업행동으로써의 추진대책을 세울 수 없는 종류의 요인들을 제거하도록 유의합니다.

그러나 기업이 당연히 해야 할 일들이 제대로 수행되지 못함에 따라 고려해야 하는 일들이 간과되는 현상에는 특별히 주목할 필요가 있습니다.

<도표 8.16> A사의 단기 D 보충 시나리오(예시)

(D. J. Park, 2001)

■ 원인요소들의 긴급도 점검

시나리오가 확정되면 <도표 8.17>을 활용하여 그 원인요소들의 영향력이나 긴급도를 점검합니다.

이 작업은 어떠한 영향요소들이 우리 회사의 존립에 치명적인 영향을 미치게 될 것인가를 판명할 수 있도록 할 뿐만 아니라, 어느 경로가 가장 치명적인 경로로 작용하게 될 것인지를 파악합니다.

<도표 8.17> 시나리오 요인들의 긴급도 점검표(예시)

구분	예상 현상	발생원인	발생조건	긴급도	영향의 정도	발생 가능성	긴급도 평가
1. 사업	시장경쟁력의 추락	제품기술력 신규 강력한 경쟁기업의 출현	시장대응의 소홀	10	10	50%	50
	매출감소	제품경쟁력의 추락	신규제품의 개발/출시지연	10	10	50%	50
2. 조직	주요인력의 외부유출	성과급제도의 한계	인재의 대우를 소홀히 함	10	8	70%	56

주 1. 긴급도와 영향의 정도는 긴급하다고 생각되는 정도에 따라 가장 높은 정도를 10점, 가장 낮은 정도를 1점으로 계산함.

2. 발생가능성은 추정치로 예상. 보다 쉬운 구분 방법으로는 발생가능성이 아주 확실하다, 또는 아주 높다고 생각되면 100%, 확실한 편이다 또는 높은 편이라고 생각되면 75%, 발생할지의 여부가 불확실하면 50%, 발생할 확률이 낮다 또는 그런 일은 거의 일어나지 않을 것이라고 생각되면 25%, 그런 일은 절대로 일어나지 않을 것이라고 생각되면 0%로 결정.

(D. J. Park, 2001)

이 작업은 시나리오에 채택된 발생가능한 현상들과 그 원인을 조명할 뿐만 아니라 그 발생조건이나 긴급도, 영향의 정도, 발생가능성을 중심으로 고려요인들에 대한 판단을 위한 기초자료로 활용됩니다.

<도표 8.17>의 맨 오른 쪽의 긴급도 평가의 산식은 다음과 같습니다.

긴급도 평가 = 긴급도(10점 만점기준)×영향의 정도(10점 만점기준)×발생가능성(%)

<도표 8.17>과 같이 긴급도 평가가 결정되면, <도표 8.16>에서 어떠한 것이 우리 기업조직에 치명적인 영향을 미치게 될 것인가에 대한 전체적인 경로에 대한 윤곽과 판단을 내릴 수 있게 됩니다. 뿐만 아니라 시나리오의 각 요소들 중 어떠한 것들에 대하여 우선적으로 조치를 할 것인지에 대한 판단을 가능하게 합니다.

■ 예상경로들에 대한 대안의 모색

치명적인 경로들의 파악이 끝나면, 예상 경로들을 중심으로 원인을 제거, 해소, 또는 예방할 수 있는 대안들을 모색합니다. 또한 그 원인들에 대한 조치를 추진할 경우, 예상되는 부정적인 결과가 정말로 해소될 것인지를 점검합니다.

이 때에, 부정적인 결과가 완전히 해소되지 못하게 된다면, 다음과 같은 점들을 점검합니다.

1. 현재의 예방적인 조치이외의 추가적인 조치(보정적 조치)가 얼마나 더, 그리고 어떠한 조치들이 필요한가? 그 규모, 내용, 시기, 소요예산은 어떠한가?
2. 그 추가적인 조치가 효력을 발휘하기까지 시간이 얼마나 소요되겠는가?
3. 예방적 조치이외의, 보정적 조치를 착수하지 않을 경우, 우리가 감내해야 하는 부정적 현상의 구체적인 내용은 어떠한 것들인가?
4. 보정적 조치를 수행할 경우, 파생적인 결과나 부차적 이득들은 어떠한 것들인가?
5. 만약 연기할 수 있다면 보정적 조치를 착수할 수 있는 최대유예기간은 얼마나 되겠는가?

여기에서 보정적 조치를 주목하게 되는 까닭은 다음과 같습니다.

---

1. 처음에 겉으로 드러난 문제현상을 치유하기 위하여 예방적 조치를 취하고자 할 때, 실제로 그 예방적 조치가 문제의 본질을 치유하는 것이 아니라, 피상적이고, 국부적인 조치로 끝날 수 있습니다.

2. 이럴 경우, 해당 원인과 결과를 다시 점검해보면, 예방적 조치로 선정된 일이 해당 결과의 개선에 크게 기여하지 않을 수 있을 뿐만 아니라, 시기적으로 단번에 개선의 효과를 거두지 못할 수 있습니다.

3. 따라서 보정적 조치들이 추가적으로 필요하게 될 경우, 그러한 조치들 중에 근본적인 치유책이 나올 수 있습니다.

   이 경우, 중요한 것은 보정적 조치의 규모나 성격, 대응기간, 투입자원이나 예산 등의 문제를 점검하지 않게 되면, 향후 문제가 더 심각해질 수 있습니다.

4. 보정적 조치들의 경제성 검토나 대안의 점검에서, 소위 문화적 특성이나 사기, 의식과 같은 문제들이 관련되어 있을 경우, 또는 특정사업의 추진과 관련이 있을 경우, 경영의 원칙이나 사업의 원칙부터 재점검이 필요하게 될 수도 있습니다.

   이러할 경우, 그 보정적 조치는 새로운 전략적 중점과제로 새로이 조명하여 전략적 계획과 병행, 또는 전략경영의 일환으로 접근하는 것이 바람직합니다.

이와 같은 절차를 요약하면 다음 <도표 8.18>과 같습니다. 이 절차는 <도표 8.7>의 절차도를 수정하여 피드백 프로세스를 추가하여 완성된 절차도입니다.

이와 같은 프로세스에서 무엇을 해야 할 것인가에 착안점을 구할 수 있을 뿐만 아니라 새로운 전략적 대안이 만들어지기도 합니다.

<도표 8.18> D 위기 극복작업 수정 프로세스

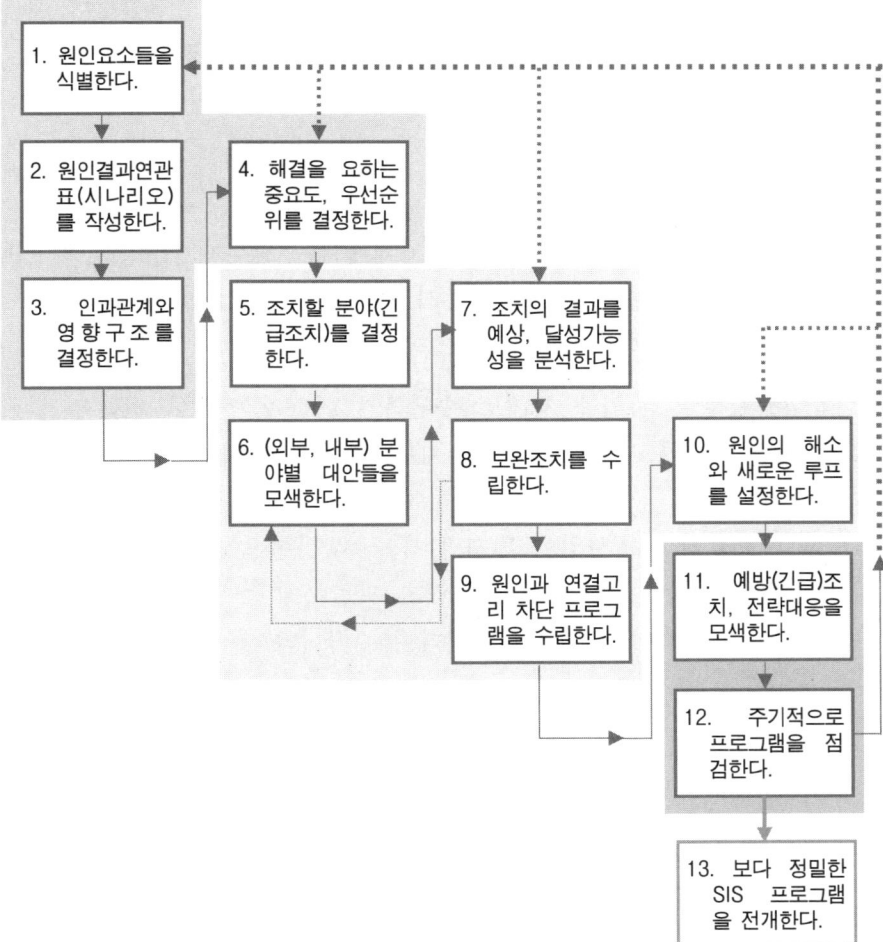

(D. J. Park, 2002, 2005)

■ 연결고리와 루프를 개선

우리 기업조직의 환경대응을 위한 기업활동은 대부분 조직단위별로, 그 목적에 따라 업무를 나누어 통합적으로 전개됩니다. 이는 마치 축구경기에서 상대팀의 문전을 향해 우리 선수들 간에

공을 몰고 가는 것에 비유하여 볼 수 있습니다.

우리나라 대표팀 수비수가 공을 받으면 전방의 선수상황의 배치관계와 상대팀의 수비상황을 파악하여 멀리 최전방 공격수의 앞 쪽으로 넘겨줍니다. 달려 들어가던 공격수가 이를 받아 그림처럼 슛을 날립니다.

이와 마찬가지로 기획에서 사업전반에 걸쳐 윤곽을 설정하고 조직 부문별로 과업을 편성하여 자재에서는 원부자재를 조달하고 생산에서는 이를 가공, 조립 등의 생산활동을 전개하여 출하시키고 영업에서는 이를 신속하게 고객에게 공급합니다.

이와 같은 과업을 제대로 수행하기 위하여 필요한 인력은 인사에서 조달하고 자금은 경리, 재무에서 지원합니다. 경영층에서는 전체적인 지휘와 통솔을 통하여 모든 활동을 조직화하고 신속하고 효율적으로 사업을 전개합니다. 생산현장에서는 모터와 설비가 돌아가는 소음이 끈기지 않고 활발하게 들리고, 창고에서는 제품이 포장되어 출고되는 소리가 분주합니다.

회사와 현장에서는 여기저기에서 사람들의 분주한 모습이 보이고, 우리의 제품을 들고 가는 고객의 모습은 행복하고 즐거우며, 판매점에서 우리 물건을 판매하는 점원들도 유쾌하게 금전등록기를 두들깁니다. 은행에는 돈이 들어오는 소리가 파친코 기계에서 코인 떨어지는 소리처럼 시끄럽습니다. 시간이 되면, 일하는 사람들의 계좌에는 월급과 성과급이 척척 입금되고, 사원들의 가족들은 행복한 얼굴로 가정생활을 꾸려갑니다. 이런 모습이 흔히 생각하는 활발한 기업의 모습입니다.

그런데, 기업의 활동에서 서서히 문제점들이 목격되기 시작하고 삐걱거리는 모습이 보이기 시작하는 것입니다. 앞에서의 축구경기의 예를 들자면, 공격수에게 전달되는 상황에서 패스미스가 속출하는 것입니다. 가까스로 상대팀 골 문전까지 달려 들어가도 기회를 살리지 못합니다.

이와 마찬가지로, 영업 쪽에서는 납기와 품질문제로 시달리고, 이를 생산에 요구하면, 이번에는 자재 쪽의 문제가 튀어나옵니다. 좀더 파고 들어가 보면 관리의 문제가 노출되며, 사람의 문제가 이야기 됩니다. 인사와 교육 쪽에서는 현장의 관리자와 현장능력을 이야기 하고, 이쯤 되면 기업은 벌집을 들 쑤셔놓은 상태가 되고 맙니다. 조직의 연결고리가 잘못 기능하기 시작하는 것입니다.

그런데 이러한 연결고리는 시스템화하여 쉽게 변경되지 않습니다. 더욱이 그동안의 업무관성이 작용하면서 업무가 제대로 진행되지 못하고 빙글빙글 제자리에서 맴도는 현상을 보이는 것입니다. 이와 같이 잘못된 조직의 연결고리와 그 시스템적 기능이 반복적으로 진행되는 현상을 저는 개선해야 할 루프(loop)라고 부르고 있습니다.

축구의 예를 다시 들어 보자면, 상대팀 공격수가 이번에는 두어 명이 달려들어 우리의 수비수를 위협합니다. 가까스로 공을 빼앗은 최후방 수비선수는 멀리 공격수에게 공을 올려줍니다. 중간위치의 세력다툼에서 밀리고 있는 다른 선수들이 공을 받아 넘길 준비가 되어 있지 않기 때문에, 최전방 공격수에게 공을 넘기는 것입니다. 그런 일이 반복되면서, 이제는 습관적으로 최전방 공격수가 발이 묶여 있어도 최종 수비수가 공을 잡기만 하면 최전방 공격수에게 무조건 공이 넘어갑니다. 「자동적인 행동들」이 나타나기 시작합니다. 이와 마찬가지의 연결고리의 형태로 자동적으로 조직부문을 움직이도록 하기 시작하면, 그것이 시스템으로 자리 잡게 되어 계속 그러한 일이 당연한 것처럼 인식되고 일처리가 계속 그와 같은 「방식」으로 진행됩니다. 업무처리가 경직되기 시작하는 것입니다.

그동안의 전개되었던 경영혁신활동의 주류가 바로 이와 같은 연결고리와 반복적인 루프(loop)를 새롭게 하기 위한 프로세스 혁신과 시스템 혁신 활동으로 전개되었습니다.

기업행동과 조직행동에서의 잘못된 연결고리를 바로 잡고 새로이 형성하는 것은 중요한 일입니다. 기업행동의 경직성을 최소화하고 유연성을 확보하여 환경대응에 최적화할 수 있도록 하는 것이 불확실한 환경 하에서의 생존요건이기 때문입니다.

피드백 과정은 경영진 또는 주요 이해관계인과의 협의나 의견개진에 따라 보완하는 과정을 반영하고 있습니다.

경영관리자가 D 시나리오와 그 극복대안에 대한 보고를 마치게 되면, 경영진이 우리 기업조직의 위기경로를 이해하고, 경영진의 관점에서 보다 중요한 요소들에 대하여 주목하여 시나리오와 그 대응방안을 지시하게 됩니다.

이 경우, 경영관리자는 필요한 수정내용에 따라 DJP 극복작업 프로세스를 전개합니다.

수정 프로세스를 전개할 경우에는 보다 구체적으로 전개해야 할 필요성이 높아지기 때문에, <도표 8.18>의 오른 편의 맨 아래 쪽으로 전개되는 13번째 프로세스, 즉 그동안 D 위기 시나리오 기법에서 작업하던 방식에서 탈피하여 제10장에서 다루게 될 전략적 과제대응 프로세스 차트를 활용한 SIS 프로그램을 전개할 필요가 있습니다.

좀더 혁신적인 방법으로는 리스크 요인을 반영하여 위기상황에 전략적으로 대응하는 Risk SWOT 전략기법과 리스크 이슈 클러스터링(Risk Issues Clustering) 기법을 전개할 수 있습니다.[40]

---

40) 이 기법은 최근에 저자가 개발하여 기업조직에 소개하기 시작한 기법으로 조직의 전략적 성과와 리스크 대응성과를 높이기 위한 실천적 방법으로 활용할 수 있습니다. 김승렬, 박동준 공저, 전략적 위기경영 - 실천기법, 소프트 전략경영연구원, 2008

제9장
SWOT 기법을 전개한다

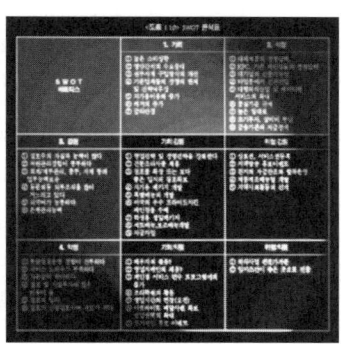

제9장의 개관

제9장에서는 전략적 기획사고에서 일반적으로 사용되고 있는 SWOT 분석기법을 활용한 전략적 행동전개에 대하여 간략하게 사례를 중심으로 살펴봅니다. SWOT 분석기법은 조직의 강점과 약점을 중심으로 당면하고 있는 환경에 대하여 기회와 위협요인을 분석하여 어떻게 대응할 것인가에 대한 대안모색작업에서 활용하는 기법입니다.

이 기법은 필자에 의하여 보다 정교하게 보완되어 방법과 절차를 새롭게 정의한 New SWOT 기법과 SIS 프로그램이라는 새로 형태로 발전되었으며, 그 기법에 대한 개괄적인 소개는 제10장에서 살펴보고 있습니다. 이에 대하여 좀더 자세한 설명과 학습이 필요하신 분들은 「뉴스와트 전략 2.0 실천기법」과 「전략적 위기경영 실천기법」을 참조하시길 바랍니다.

제9장을 통하여 경영관리자의 전략적 모색을 위하여 핵심적으로 알아야 할 전략대안의 모색방법을 이해합니다.

여기에서 주목해야 할 내용들은 다음과 같습니다.

1. SWOT 분석기법이란 무엇인가?
2. SWOT 분석기법의 절차는 어떻게 전개되는가?
3. SWOT 분석기법은 언제 사용할 것인가?
4. SWOT 분석기법의 핵심적 논리는 무엇인가?
5. 현재 우리 조직 내에서 활용하고 있는 SWOT 분석기법을 이용한 전략수립은 어떠한 내용과 방식으로 전개되고 있는가?
6. SWOT 분석기법의 한계점과 적용상의 문제점은 무엇인가?
7. SWOT 기법을 이용하여 수립한 전략내용의 적합성은 무엇으로 어떻게 판별할 것인가?

1. SWOT 기법의 활용

기업실패(도산)경로의 D 위기 시나리오 대응방법을 통하여 비관적 관점에서 출발하여 위기요인과 취약점을 인지하고 그 대응방안을 모색하였다면, 이제부터는 SWOT 분석과 같은 전략기법을 통하여 보다 입체적인 관점에서 대안을 구성해볼 수 있습니다.

SWOT 분석기법은 사용하는 목적에 따라서 다양하게 활용할 수 있습니다.

우선, 환경변화에 대응하기 위한 기업의 능력과 약점을 어떻게 결합, 배치하고, 또한 그 우선순위를 어떻게 정할 것인가를 파악하기 위하여 활용됩니다. 즉, 위협과 기회요인, 그리고 강점과 약점의 결합관계 중에 어떠한 대응방안들이 가능하며, 또한 어떤 것에 더 우선적으로 대응해야 할 것인가에 관한 의사결정의 목적으로 활용합니다.

워크샵을 수행하다 보면, SWOT의 분석을 통하여 도출되는 대안들에 대하여 어떠한 논리에 의하여 대안들을 선택할 것인가에 대한 질문을 자주 받게 됩니다.

예를 들어 약점과 강점이 있을 경우, 강점을 더 살릴 것인가? 아니면 약점을 더 보강할 것인가? 초점을 어디에 두는가에 따라 환경대응의 내용은 달라지기 때문입니다. 물론 자원 및 시간적 여유가 있어서 강점은 더욱 살리고, 약점을 동시에 보강해나갈 수 있다면 얼마나 좋겠습니까? 그러나 사실 대부분의 기업의 경우, 그와 같이 호락호락한 여건은 별로 주어지지 않습니다. 시간이 부족하거나 경영자원이 부족하거나 또는 두 가지 다 부족한 경우가 대부분입니다.

가상의 예로 K사가 새로 출시한 제품 K20의 사업전략을 생각해봅시다. 신제품개발에 새로 투자한 자금 역시 새로 증자한 자금으로 조달되었으며, 약 17개월에 걸쳐 19번의 제품개발 시행착오와 더불어 마침내 K20 제품개발 프로젝트가 성공리에 끝났다고 가정해봅시다. 약간의 외관 및 기능을 보완한다면, 조만간 시장에 출시할 수 있을 것으로 생각됩니다. 이제 신발매를 앞두고 대대적인 홍보와 판촉활동이 전개되어야 합니다. 물론 대리점 판매체제도 확립하여야 합니다.

그러나 K사의 대리점 판매체제에는 약점이 있습니다. 따라서 판매방식과 영업망을 구축해야하는 문제가 남아있습니다. 그동안은 주로 개발에만 신경을 쓰다보니, 아직 영업망의 구축 및 양산시스템의 준비는 미흡합니다. 이제, 양산체제에 들어가려면 약 4개월 정도가 필요하다고 합니다.

K사의 강점은 탁월한 신제품 개발능력입니다. 약점은 영업력이 떨어진다는 것이며, 대대적인 시장홍보활동도 효과적으로 접근하지 않으면 예상수익이 떨어질 수도 있습니다. 경쟁사의 신속한 추격도 무시할 수 없습니다. 출시후 약 12개월 내에 시장에 강력한 아성을 구축하지 못한다면, 경쟁사의 후속제품에 밀리게 될 수도 있습니다.

이와 같은 경우, 물론 두 마리의 토끼를 다 잡아야 합니다. 그런데 종종 예상하지 못한 상황을 맞이하게도 됩니다. 경쟁기업에서 J22 제품의 개발에 착수했다는 것입니다. 경쟁기업의 J19 제품의 개발경험을 감안해본다면, 개발 착수시작에서 제품생산에 약 12개월이면, J22 제품이 출시될 것으로 예상됩니다. 물론 더 단축될 경우도 예상해야 할 것입니다. K사가 한참 대대적인 광고와 영업확장으로 시장의 신제품 인지도가 높아질 때쯤이면, K사보다 개량된 경쟁사의 제품이 K사의 제품을 딛고 일어서게 될 수 있습니다.

이럴 경우, K사에서 신제품 K20을 출시할 것인지, 아니면 더욱 새로운 기능의 K21을 경쟁사와 함께 출시할 것인지를 놓고 결정을 해야 합니다. 또한 K21을 착수하는 동안, K사는 약점인 영업력을 보강할 것인지, 아니면, 강점을 살려서 영업 쪽은 다른 각도에서 문제를 해결해 나갈 것인지를 결정해야 하는 것입니다.

이럴 경우, 각기 그 방향에 따라서 대안들이 달라질 수 있게 됩니다.

우선, 약점 쪽을 보강하는 것에 우선순위를 높이게 된다면, 전국적으로 영업망을 확충하기 위한 대안을 만들고, 지역마다 판촉활동을 기획하고, 영업조직을 대대적으로 정비, 확충합니다.

그러나 강점 쪽을 강화하고 약점 쪽의 보강은 포기한다면 K21, K22 제품의 개발에 전념하는 대신 단기간에 영업력의 확충은 곤란하므로, 영업 쪽은 브랜드력이나 시장력이 강한 판매회사와의 제휴를 통하여 판매를 확대시키는 방안을 수립합니다.

이와 같은 식의 판단은 처하고 있는 위협요인과 기회요인의 내용과 성격에 따라 달라집니다. 따라서 SWOT 분석에서는 이에 대응하기 위한 방안들과 그 우선순위를 결정하는 방법을 모색하여 의사결정을 내리게 됩니다.

그러나 절차나 방법을 바꾸어 이와 같이 우선순위에는 처음에는 신경을 쓰지 않고, 단순하게 환경의 요건, 즉 기회와 위협에 대한 우리 회사의 강점, 약점의 조합을 통하여 대응 내용에만 초점을 두어서 작업을 전개할 수도 있습니다.

이러한 경우, 분석작업의 방향과 내용의 유용성을 높이기 위하여 작업의 기준을 설정합니다. 예를 들면, (예상)목적을 미리 설정함으로써 작업의 내용을 안내할 수 있도록 하는 것입니다.

SWOT 분석의 대 전제, 예를 들면 "현재 200억 매출을 2년내 300억으로 올리기 위하여"라는 소위 예상목적을 설정합니다. 그리고 그것을 충족시키기 위하여 어떻게 당면하게 되는 기회와 위협요인을 우리의 경영자원의 장점과 약점으로 대응해나갈 것인가를 모색하는 것입니다.

부분적으로는 특정 사업이나 특정부서의 목표를 중심으로 행동대안을 모색할 때에도 사용할 수 있습니다.

그러나 어떠한 경우이건, 이 방법이 가지고 있는 가장 치명적인 단점은 기회와 위협에 대한 가설의 검증수단이 없다는 점입니다. 더욱이 강점과 약점도 관점에 따라 다르게 해석될 수 있으며, 그 평가척도 또한 애매하다는 점입니다. 초심자나 단지 방법만을 이해하는 정도의 요원들이 작업을 하게 될 경우, 결론도출의 논리비약이나 치밀성의 결여로 구체적인 전략으로 전개해나가기 어렵다는 점도 주의해야 할 점입니다.

■ SWOT 분석의 지속적 피드백이 중요하다

그래서 저는 SWOT 분석의 가설과 대안들에 대하여, 지속적인 점검과 수정으로 보완해나갈 것을 권하고 있습니다. 작업을 보완해나갈 때마다, 내용이 서서히 달라집니다. 예를 들어 4~5번 정도 수정을 하게 된다면, 그 내용은 상당부분이 변경되어 있음을 깨닫게 됩니다. 그러나 대부분의 SWOT 분석은 1회성으로 종료하거나 계획서의 보조자료로만 등장할 뿐, 일상적으로 수정보완해나가며 대안검증을 실시해가는 기업들은 아주 드문 실정입니다. 그래서 예를 들어 작년 하반기에 SWOT 분석으로 세운 계획안이 올 하반기에는 상당부분이 수정되어야 하는 경우가 속출하게 되는 것입니다.

그런데도 이 기법으로만 장기계획을 수립하는 기업도 있습니다. 더욱이 그 수정은 몇 년에 한 번 정도 할까, 말까하는 정도이므로 그 계획의 품질 및 수준이 어느 정도인지는 여러분께서도 충분히 짐작하실 수 있을 것입니다.

제가 그동안 현장에서 워크샵을 통하여 지도했던 SWOT 분석에서 행동계획으로의 전개방법 또한 상당히 유의성이 있음에도 불구하고 지속적인 피드백 작업을 간과함으로써 스스로 그 실현성을 줄이는 기업들을 종종 목격할 수 있었습니다. 피드백이란 그러한 점에서 볼 때, 전략과 경영, 그리고 사업의 기획활동에서 아주 중요한 역할을 합니다.

한편 기획요원들의 인식을 살펴보면, 피드백보다는 멋진 계획서를 만드는 것에 더욱 많은 관심을 갖고 있습니다. 이 점은 반드시 시정되어야 하는 행동양식입니다. 따라서 조직구성원들에게 한 1년 정도는 매일 피드백이 중요하다고 이야기할 필요가 있습니다. 계획은 어디까지나 가정과 행동대안을 편성한 것입니다. 시간이 흐를수록, 가정은 현실화되고, 당초에 가정했던 전제들은 계속 변화합니다.

6개월 전에 많은 비용을 들여 외부 컨설턴트들과 완성했던 계획안도 6개월쯤 지나면, 서서히 편차가 발생합니다. 계획치도 실행치도 모두 수정해야 합니다. 피드백을 하여 수정을 하면 할수록 계획서는 점점 더 실현가능성이 높은 행동계획안으로 변모해 갑니다.

그런데 대부분의 기획요원들이 전년계획에 대한 피드백은 거의 실시하지 않고 이미 지나간 퇴물로 여기고, 새로 작성하는 신년계획에만 지나친 기대를 거는 것입니다. 그와 같은 행태가 계획서의 생명을 빼앗게 되고, 기획노력만 소진시킬 뿐만 아니라 새로운 기획조차 불확실한 것들로 점철되어 발전이 되질 않습니다.

"실천이 가능하지 못한 기획이라면 도대체 기획을 왜하는가?" 하고 이러한 현상에 호통을 치고 싶은 경영관리자들도 진심을 감추고, 소극적으로 대응하기는 마찬가지입니다.

이러한 조직내 「기획 부조리 현상」을 예방하기 위하여 기획요원들을 직접 현장의 중견사원으로 파견시켜 현장에서의 계획실천 내용을 피드백 시키는 방법도 고안되었습니다. 예를 들면, 직접

현장을 체감하고, 계획안에 입각하여 실천 활동을 전개하면서 일
정 기간 예를 들면 1년이나 6개월 후에 다시 불러들여, 기획안을
수정보완하게 하는 것입니다.

또 다른 방법은 사업과 관련된 사람들을 모두 한 곳에 모아서
전략 워크샵을 주재하는 방법입니다. 물론 워크샵의 진행내용과
방법에 따라서, 그 성과는 크게 차이가 있지만, 제2장에서 언급한
바와 같은 8P 성공요소들에 대하여 경영관리자가 좀더 분발하고
열정과 지혜를 투입하여 지도력을 발휘한다면, 그 성과를 충분히
제고할 수 있습니다.

그러면 이제부터는 SWOT 분석기법을 이용하여 사업전략을 수
립하는 방법을 김 부장의 개인적 사례를 통하여 간략하게 살펴보
도록 하겠습니다.

2. 김 부장의 SWOT 전략 수립사례[41]

필자가 김 부장을 처음 만난 것은 1997년, 어느 기업체의 부
장급 전략경영 워크샵에서 만나게 되었습니다. 그는 관리부를 맡
고 있었으며 상당히 과묵한 성격의 소유자였습니다. 워크샵에서
는 비교적 조용한 태도로 동료관리자들의 의견을 경청하기도 하
였으며 자신의 의견은 아주 조심스럽게 개진하는 모습이 인상적
이었습니다.

그러한 그가 1997년 하반기에 명예퇴직을 하게 되었습니다.
필자는 당시에도 사람을 마구 잘라내는 과격한 조치들은 결코 기
업과 사회에 좋은 결과를 가져다주지 않을 것이라고 강조하였건

---

41) 독자여러분의 이해를 돕기 위하여 김 부장의 SWOT 분석사례는 1997년에
출간한 자료에서 재인용하였습니다. 박동준, 성공경영을 위한 전략 C, 소프
트전략경영연구원, 1997

만, 묵묵히 감원조치를 실행에 옮기던 그가 명예퇴직을 하였다는 소식을 듣고 필자는 아무래도 마음이 편치 않았습니다.　김 부장이 필자를 다시 찾은 것은 명예퇴직 후 3개월이 지난 어느 날이었습니다.

김 부장은 마땅히 무엇을 해야 할까를 고민하던 중에 평소 생맥주를 즐겨하던 습관 때문에 동네에 있던 허름한 양념통닭집을 들르게 되었습니다.

평소에는 유심히 보지 않았던 양념통닭집의 주인의 움직임도 이제는 조심스럽게 살펴보게 되었습니다.　갑자기 지난번에 주인이 옆에 앉은 손님에게 그만두고 싶다는 이야기를 하던 것이 기억났습니다.

통닭을 튀기고 양념을 한 뒤 양배추를 썰어서 달착지근하게 절인 하얀 무와 후추를 섞은 소금을 쟁반에 올려줍니다.　생맥주를 주문하면 맥주꼭지에서 적당히 따라서 내어 줍니다.　가격은 통닭과 맥주를 합치면 1만원선.　실내의 면적이 열 한 평쯤 될까? 하루 40명이면 40만원.　갑자기 계산이 돌아가기 시작합니다. 한 달이면 약 900만원.　대충 통닭이 4천원 정도 하니까 원가를 대충 70%로 잡더라도 순이익이 270만원.　그 정도면 적당히 생활할만하다고 생각하게 되었습니다.　게다가 필요할 때면 언제든지 한 잔 걸칠 수도 있고, 친구들이 와도 즐기는 생활에는 큰 문제가 없을 것 같은 생각도 들었습니다.

김 부장은 재임 중에 필자가 진행하는 전략경영워크숍에서 체득하였던 방법을 활용하여 전략계획을 세우기로 하였습니다.　이에 대하여 김 부장이 전개한 방법을 통하여 독자 여러분에게 SWOT를 이용한 전략수립방법을 알기 쉽게 소개해보도록 하겠습니다.

■ 양념통닭집의 SWOT 분석

먼저 김 부장은 고전적인 전략분석방법으로 SWOT 분석방법을 활용하기로 하였습니다.

이 방법은 자사의 능력을 분석하고 환경에서 파악되는 기회와 위협요인에 대응하기 위한 전략대안을 도출하는 방법 중의 하나로 사용되는 기법입니다. 스와트(SWOT)라는 이름은 자사의 능력의 강점·약점(Strength/Weakness)과 환경의 기회·위협(Opportunity/ Threat)의 영문 머리글자만을 따서 붙인 것입니다.

SWOT 분석방법은 개략적으로 보면 6가지의 절차로 구성됩니다. 먼저, 자사가 추진하고자 하는 전사목표와 비전을 파악하는 일입니다. 이 작업은 SWOT 분석작업 이전에 설정됩니다. 물론 SWOT 분석작업을 통하여 필요하다면 수정을 하기도 합니다.

<도표 9.1> SWOT 분석방법과 전략의 수립

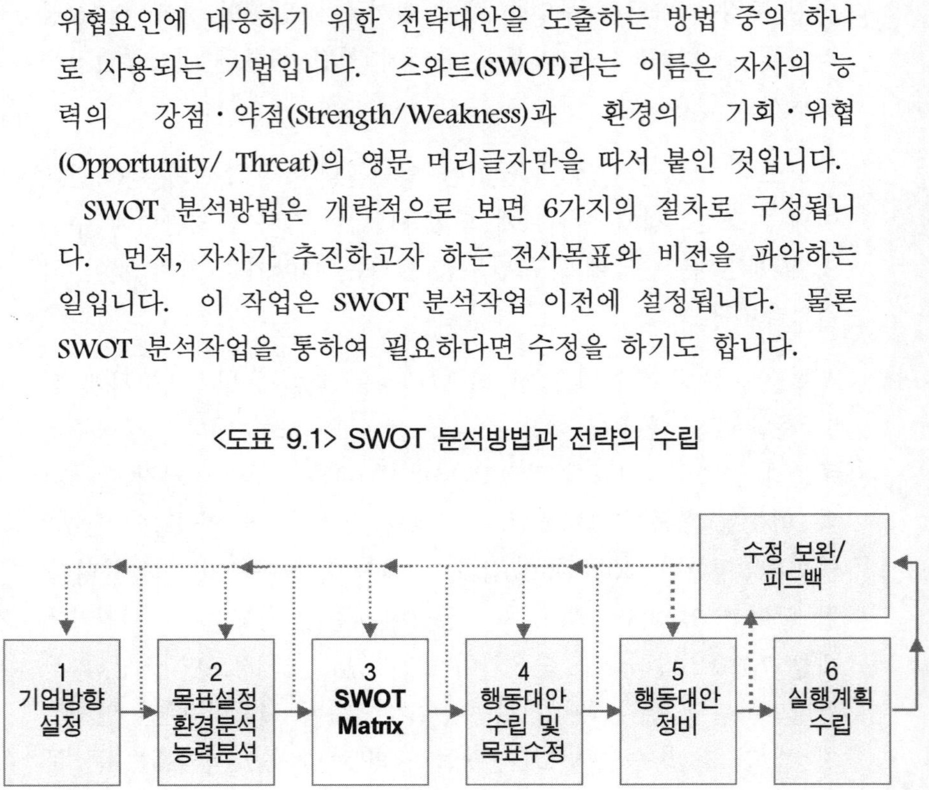

김 부장의 경우, 우선 양념통닭집을 인수하기 전에, 왜 양념통닭집을 해야 할 것인가를 생각해야 했습니다. 그러나 아무리 생각해 봐도 뚜렷한 답변은 찾아볼 수 없었습니다. 우선 손쉽게 착수할 수 있을 것 같아서 생각해 본 것이었습니다. 김 부장의 생각에는 돈을 일단 벌기 위하여 추진하는 것이므로 돈을 벌 수 있고 또한 아직 집에서 놀고 있는 것보다는 나을 것 같기 때문에,

착수하기로 한 것입니다.   따라서 기업이념이나 장기비전과 같은
것은 아무래도 나중의 일로 생각되었습니다.

<도표 9.2> 김 부장의 기본적인 목표

기한	기본방향 및 목표
5년 내	현재의 자본금의 3배의 순이익실현 프랜차이즈체인의 확보

　다만 향후 5년 이내로 현재의 자본금의 세 배는 되어야겠다고
생각하였습니다.   따라서 현재 1억의 자본으로 5년 내에 순이익
3억을 올리는 형태로 발전시켜야겠다고 생각하게 되었습니다.
따라서 처음에는 현재 지역에서만 운영하지만 앞으로 체인점을
개설하여 점차적으로 확대해 나갈 것을 고려하였습니다.   어차피
꿈이라도 꾸지 않는다면, 실현될 것조차 없기 때문에 꿈이라도 크
게 잡기로 하였습니다.
　김 부장은 기본적인 목표와 사업내용은 의욕적으로 편성하여
<도표 9.2>와 같이 잠정적으로 결정하였습니다.   기본적인 방향
은 이 정도로 정해보고 일단 SWOT 분석의 두 번째 작업인 환경
분석작업에 들어가기로 하였습니다.
　물론 자사의 능력분석을 먼저 할 수도 있었지만 아직 점포를
인수하지도 않았고 상황을 먼저 파악하는 것이 급선무라고 생각
되어 환경분석부터 착수하기로 하였습니다.
　김 부장은 일단 대상으로 선정한 양념통닭집을 점검하기로 하
였습니다.

■ 김 부장의 현장점검
　다음 날 아침부터 맞은 편 건물의 2층 복도에 올라가 양념통닭

집에 들어가는 고객수를 조사하기 시작하였습니다.

유감스럽게도 양념통닭집은 10시가 되었는데도 아직 문을 열지도 않았습니다. 이 집은 주로 오후와 저녁시간을 황금시간대로 잡고 있는 모양입니다. 그러나 아침에도 운영을 잘만 한다면 수입을 올릴 수 있을 텐데. 아마도 일손이 부족해서 그런 모양입니다.

그러나 약 70미터 후방에 여관 촌을 생각한다면, 아침용 닭죽 같은 것은 어느 정도 수요가 있을 텐데. 최소한 여관이 20개의 방이 있다고 보고 10여개의 여관이 몰려있으니까 대략 200개의 방이 있다고 볼 수 있습니다. 평균 25%의 고객을 확보한다고 해도 50그릇은 확보할 수 있을 것입니다. 절반만 잡아도 25그릇. 이것은 작은 시장이라고 할 수 없습니다.

<도표 9.3> 시간대별 고객수

시간대	출입자수	배달건수
11:00 ~ 12:00	0	0
12:00 ~ 13:00	4	2
13:00 ~ 14:00	3	1
14:00 ~ 15:00	0	2
16:00 ~ 17:00	3	0
17:00 ~ 18:00	2	0
18:00 ~ 19:00	8	3
19:00 ~ 20:00	4	1
20:00 ~ 21:00	3	0
21:00 ~ 22:00	5	0
22:00 ~ 23:00	2	0
23:00 ~ 24:00	0	0
계	34명	9회

11시가 조금 넘자 주인이 문을 열고 청소를 대충하기 시작합니다. 아무래도 청소를 깨끗하게 하지 않는 듯 해보입니다. 평소

에는 저녁시간에만 들러서 조금 어두운 상태에서 보아서 그런지 잘 몰랐습니다. 최소한 식당이라면 바닥을 물청소를 해야 합니다. 이 집은 청결상태부터 바꿔야 합니다. 점심시간부터 문을 닫는 시간까지 고객방문회수를 조사해본 결과는 <도표 9.3>과 같았습니다.

조사 중에 자전거 배달요원이 있다는 것을 알았습니다. 조사에서는 주문량이나 배달수량은 파악할 수 없었습니다. 그러나 대충 처음에 주먹구구식으로 계산한 40명 선은 족히 예상할 수 있었습니다. 물론 출입자의 평균 주문금액이 1만원이 되지는 않을 것입니다. 따라서 1일 평균매출 40만원규모는 확실한 금액은 아닙니다.

"물론 계절적으로, 그리고 요일별로 편차가 존재할 수도 있다. 조사시점은 월요일이므로 특별한 변수가 작용하는 것은 아닐 것이다. 만약 메뉴를 좀더 다양하게 구성한다면, 즉 삼계탕 등을 추가한다면 고객의 구성과 규모가 달라질 수도 있을 것이다. 학생들을 위한 생일패키지와 이벤트를 준비한다면 상황은 대폭 달라질 수도 있을 것이다. 물론 점내의 레이아웃은 좀더 밝게 해야 할 것이다."

김 부장은 지난번에 가게를 내놓겠다고 한 주인을 조만간 만나봐야겠다고 생각했습니다.

■ 환경분석

김 부장은 전략경영 워크샵에서 배웠던 환경분석 자료를 찾기 시작하였습니다. 당시 배웠던 교육용 교재를 뒤적거리다가 외부 환경분석 자료를 찾아냈습니다. 역시 기업규모가 작기 때문에 환경변화에 크게 영향을 받는 것처럼 보이지는 않을 것으로 생각되었습니다. 그러나 김 부장은 다음과 같이 생각하였습니다.

"기초가 튼튼하면 실패가 적다. 비록 양념통닭집이지만 여기에서 실패한다면 모양이 좋을 리 없다. 따라서 최대한 충실하게 살펴보는 것이 좋다. 현재로써는 무리하게 달려드는 것보다는 검토를 세밀하게 하는 것이 나을 것이기 때문이다.

왜냐하면 일단 착수하면 모든 것이 돈과 직결되며, 잘못 전개되면, 수익과 직접 연관되지 않고 고스란히 손실로 이어질 수 있기 때문이다."

"따라서 기회와 위협요인들을 살펴보면 다음과 같이 살펴볼 수 있다. 통닭은 특별한 신제품은 아니다. 따라서 비록 신사업이지만 특별히 상품소개를 위한 도입비용은 들지 않는다. 다만 당사의 브랜드 이미지와 지명도를 높일 수 있는 조치들이 필요할 것이다. 양념통닭은 이제 보편화된 식품이므로 커다란 리스크는 피할 수 있지만 또한 상당한 수익성을 확보할 수 있는 것은 아니다. 따라서 양념통닭사업에 대하여 특별한 기회요인이나 위협요인이 있는 것은 아니다."

대부분 자영업자들이 양념통닭집을 개업할 경우, 그들은 이와 같은 방식으로 생각하는 것이 보통입니다. 그러나 명색이 대기업체의 부장까지 지내고 경영에 대하여 나름대로 지식이 있는 본인이 그와 같이 행동한다는 것은 아무래도 내키지 않는 듯합니다.

"무엇인가 달라도 달라야 한다." 김 부장은 전략경영연습을 익힌 바와 같이 체계적으로 전략을 도출하기로 하고 필자와 전략논의를 위하여 찾아왔습니다.

■ 기회와 위협요인 진단

논의에 임하는 김 부장의 자세는 예전에 전략 워크샵을 진행할 때와는 달리 너무도 진지하였습니다. 따라서 단계적으로 차근차근히 한 가지씩 살펴보기로 하였습니다.

<도표 9.4> 전반적인 외부환경요인

요인	주요 점검 항목(예시)	관련사항	영향
정 치	체제, 지방행정, 동서긴장완화, 남북대립, 국내정세, 국제분쟁, 국민성 등		
경 제	재정, 세제, 금융정책, 물가정책, 재정투융자, 공공투자, 사회개발, 지방자치, 경제성장률, 물가, 고용, 임금, 실업률, GNP, 개인소비지출, 인플레이션, 가처분소득, 이자율 관련경제지표, 무역, 통화, 해외투자, 개발도상국의 추격, 다국적화, 정부의 경제방침 등	이자율 하락, 소비수준 향상, 물가인상	기회 기회 위협
사 회	도시화, 지방도시화, 인구변동, 지역인구이동, 사회의 기대, 생활양식, 가치관의 변화, 지방특성, 국민의 소비태도, 사회보건, 보험, PR 등	소비성향 높다, 청결문화, 건강식품선호	기회 기회 위협
교육 문화	학교제도, 교육시설, 학력구성, 진학률, 학교외 교육(학원, 예능, 통신교육 등), 사회인교육, 교육용 VTR, 교육용 기기, 교양, 예술 등	사회인교육 확대	기회
산업 구조	산업구조, 지역산업, 공장입지, 공장단지, 수송시스템, 물류(수송, 보관), 산업질서, 노동조합 등	물류비 증대	위협
인 구	인구구성, 도시집중, 지방분산, 노동실태, 고령화, 젊은 노동력의 부족, 인구억제, 여성인력, 파트타이머, 외국인근로자 등	파트타이머, 도시락 인구 확대	기회 기회
자 원	원재료, 수자원, 에너지, 원자력, 태양열, 공기, 자원민족주의, 자연보호 등	포장용기 재활용, 원부자재/에너지 절약	위협
환 경	공장폐기물, 대기오염, 수질오염, 토양오염, 소음, 진동, 분진, 유해, 유독식품	쓰레기절약	위협
법 규	이상 환경요인과 관련된 정부규제, 정부원조, 환경관련법, 독점금지법, 해양법, 어업협정, 국제관계법 등	쓰레기부담금 포장재 활용?	위협
기 술	기술혁신의 속도와 시기, 기술자, 일렉트로닉스, 컴퓨터, 광섬유, 바이오 테크놀로지, 신 재료, 생산기술, 소재기술 등	튀김기술습득 바이오세라믹기 구의 활용	기회

(D. J. Park, 1997)

"비록 양념통닭집이지만 기회요인과 위협요인이 반드시 있을 것이다. 개략적이나마 이에 대하여 살펴보지도 않고 사업을 검토한다는 것은 있을 수 없다."

간이 작업이지만 환경분석을 통하여 얻은 결론은 고객들은 건강식품을 원한다는 것이었습니다. 물론 환경보전을 위한 활동이나 지역봉사활동을 추가한다면 이미지도 개선될 수 있습니다. 집기나 시설을 가급적 청결한 바이오용기를 활용하고 차별화를 도모한다면 경쟁력을 갖출 수 있을 것으로 보였습니다.

건강식품을 첨가한 양념통닭이나 기름기를 제거한 메뉴의 구성 또한 좋은 반응을 일으킬 수 있을 것입니다. 또한 양배추와 무를 곁들이는 방식 또한 개선하는 것이 좋을 듯하였습니다.

메뉴의 개선과 서비스의 품질을 바꾼다면 시류에 편승할 수도 있을 것입니다. 물론 TV의 음식자랑에도 나갈 수 있을 것입니다. 그렇다면 뭔가 다른 것을 내놓아야 합니다.

시중의 슈퍼에서 파는 달걀 중에도 닭에게 인삼을 먹여 키워 생산한 달걀이 있습니다.

"정력에 좋은 통닭은 어떨까? 머리가 좋아지는 통닭은? 주부의 골다공증을 보완하려면 아무래도 칼슘강화 통닭이 좋겠다. 이들을 충족하는 닭이 있을 수 없다. 그렇다면, 복합적인 메뉴구성을 고려하는 수밖에 없다."

서로 질문과 답변을 계속하면서 아이디어들이 정리되기 시작하였습니다.

● 원료인 닭을 구입함에 있어서도 좋은 사료와 환경 하에서 키운 닭이 좋겠다. 토종닭은 원가가 비싸지만 맛이 다르다.
● 메뉴를 토종 양념 닭과 일반 양념 닭으로 이원화시키는 것도 한

가지 방법이 된다.

● 수삼과 인삼을 활용할 필요가 있다.

● 양념에 설탕대신 정력과 미용에 좋다는 꿀을 가미하는 것도 신제품 개발방법이 된다.

● 꽃가루(花粉)를 섞어서 양념을 한다면 더욱 좋은 정력통닭이나 미용통닭이 될 수도 있다.

논의를 이쯤 발전시키자 김 부장의 얼굴에 희색이 만연해지기 시작하였습니다. 따라서 기회와 위협과 관련된 요인들을 체계적으로 정리하기로 하였습니다.

■ 연관도의 작성

기회연관도를 정리하면서 상당히 적극적이며 낙관적인 전망을 생각해 볼 수 있었습니다. 그러나 기회에는 위협이 따르는 법. 이면에 숨겨진 위협요인들을 살펴보지 않으면 성공을 보장할 수 없게 됩니다.

평탄한 길에서도 넘어지는가 하면 항구에 정박해 있는 배도 좌초될 수 있습니다. 하물며 신사업의 경우에는 여건이 허락하는 한, 더욱 더 신중한 검토를 해야 합니다.

<도표 9.6>과 같이 위협연관도를 정리하면서 의외로 많은 경쟁제품과 경쟁업종들이 존재한다는 것을 깨닫게 되었습니다.

또한 상호 이외의 별다른 특허와 같은 영업조건이 성립되지 않으므로, 유사 점포들이 들어설 경우에 대비할 수도 없다는 점이 판명되었습니다. 따라서 전략적 취약성을 노출하고 있었습니다.

그렇다면 특정 메뉴는 상표등록과 서비스등록을 할 필요가 있을 것입니다. 그러한 조치를 취한다 해도 당분간은 특별한 이벤트와 사회적 프로그램들을 준비하여야 할 것으로 판단되었습니다.

<도표 9.5> 기회연관도

결과 ◄─────────────────────────────► 원인

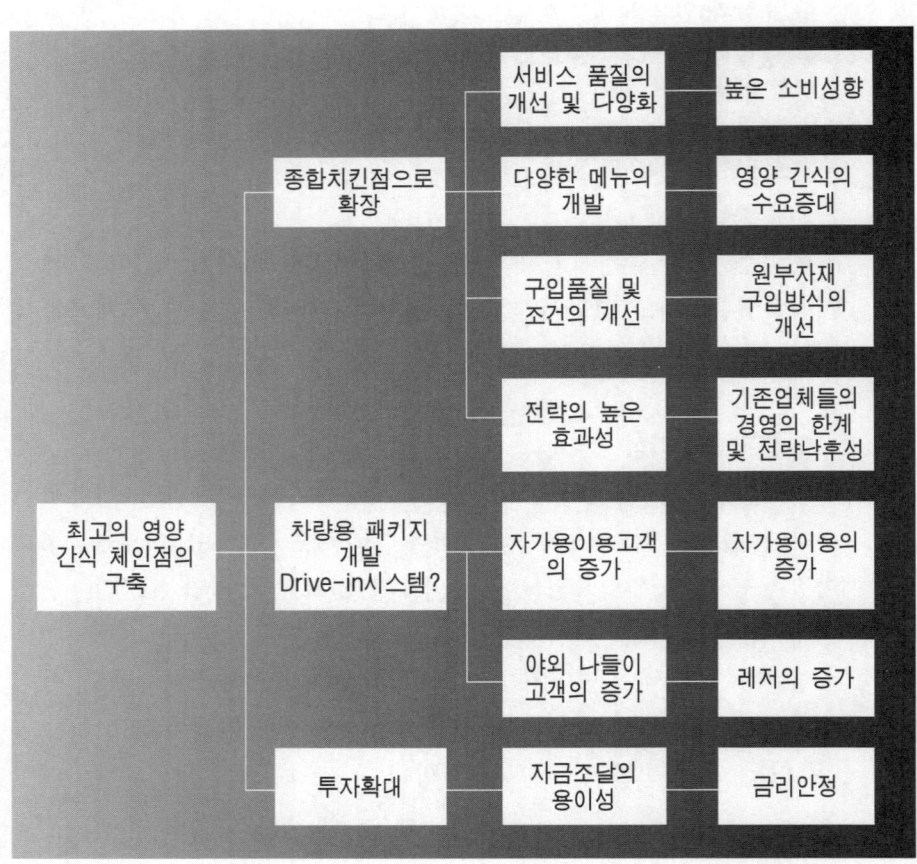

(D. J. Park, 1997)

　예를 들면 지역사회의 활동이나 구민활동의 지원프로그램도 강구합니다.　지역상인 조합 활동과 유대를 강화하는 방안도 마련해야 할 것입니다.

　"지역구 의원출마를 하는 것은 아니지만 사업가라면 최소한 지역사회와의 네트워크를 구축하는 것은 당연한 것이다.　심지어 학

창시절의 학생활동에서조차도 지역사회와의 관계구축은 상식과도
같은 것이 아닌가?"

<도표 9.6> 위협연관도

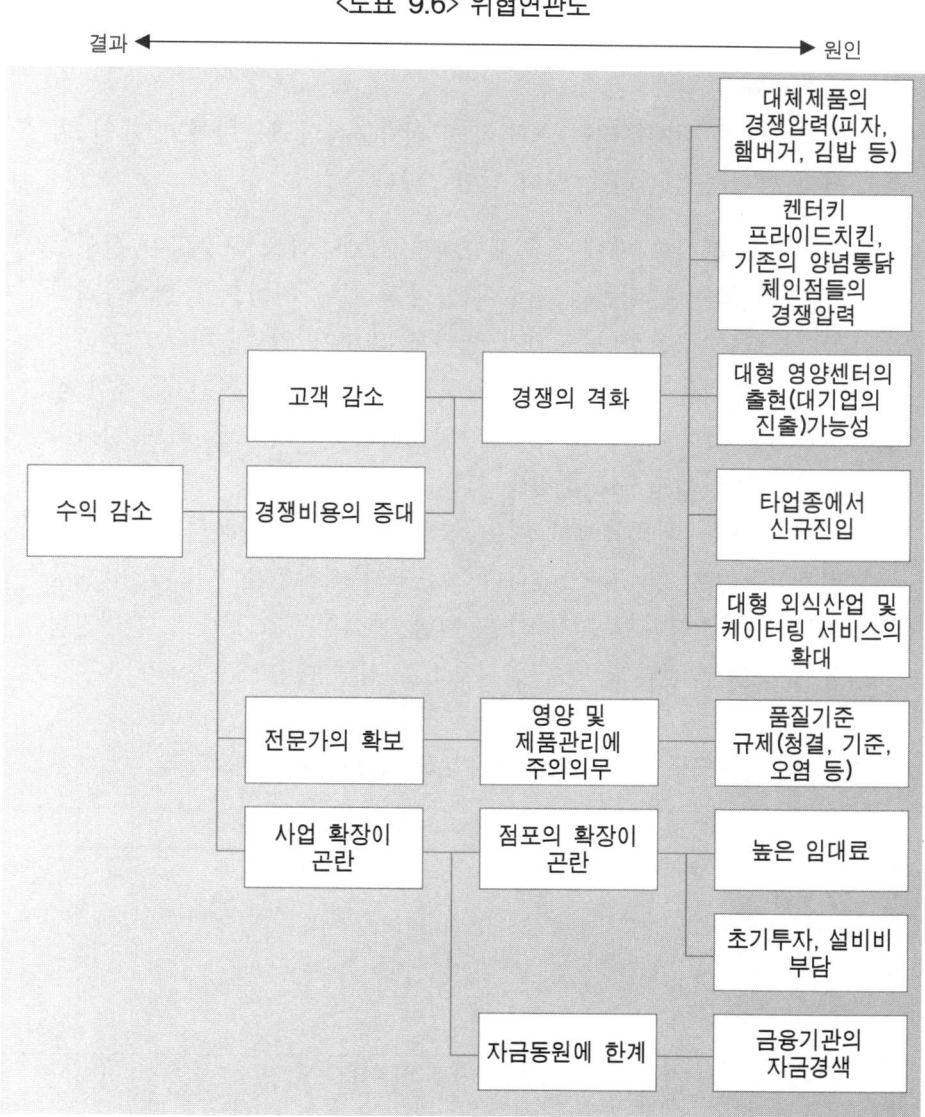

(D. J. Park, 1997)

물론 서비스와 품질이 좋다고 인식되어 고정적인 거래처를 많이 확보하고 지명도를 높인다면 문제가 되지 않을 수도 있습니다. 그러나, 그러한 여건을 조성하려면 지역사회에서는 최소한 10개월은 기반 다지기를 하지 않으면 곤란할 것입니다.

■ 능력분석

그렇다면 이제부터는 본격적인 전략분석의 두 번째 단계인 자사의 능력을 점검하는 일이 남았습니다.

능력을 분석할 때에는 현재능력과 잠재능력을 구분하여 살펴보는 것이 좋지만 이번의 경우에는 아직 설립 전이므로 현재능력과 잠재능력을 구분한다는 것이 별다른 의미가 없었습니다. 따라서 자사의 능력을 전체적으로 파악하는 수밖에 없었습니다. 특히 점포는 1차 구입대상으로 삼은 양념통닭집을 대상으로 하여 자사의 능력을 판단해보기로 하였습니다.

김 부장은 워크샵에서 배운 능력판단자료를 활용하여 다시 능력분석작업을 착수하였습니다. 능력분석작업은 다음의 <도표 9.7> 기업능력의 분석/평가를 위한 분석항목을 토대로 간이진단을 통하여 강점과 약점을 살펴보기로 하였습니다.

<도표 9.7> 기업능력의 분석/평가를 위한 분석항목

구 분	주요 항목	세 부 내 용
1. 종합적 기업분석	재무분석	□ 수익성 □ 안정성 □ 손익분기점 □ 부가가치 □ 생산성 □ 자금 □ 회전율분석
2. 인적부문	경영자의 능력·자질	□ 인간성, 가치관, 사명감 □ 경영자의 타입(기업가, 독재자, 목표설정 경영) □ 경영능력, 사회적 신용, 사원들의 신뢰성

		☐ 리더십 ☐ 후계자의 육성
	관리자	☐ 질과 양 ☐ 계획적인 육성, 자기 계발 ☐ 관리능력, 업적추구능력, 행동력 ☐ 부하장악력

	경영방침	☐ 경영이념, 목표의 명확화와 철저한 정도
		☐ 경영계획의 작성
		  - 사업구조
		  - 제품, 시장, 기술개발
		  - 중장기계획 (내용, 수립, 운용의 실제, 계획통제시스템)
		  - 위기상황에 대응하기 위한 위기경영실천과
		    상황대응계획(Contingency plan)의 준비

	경영조직	☐ 이사회의 기능, 의사결정조직
		☐ 조직형태(분권화, 집중화)
		☐ 조직의 실체(實體)적합성, 환경적합성,
		  책임권한의 명확화, 권한위양, 사원의 참여,
		  조직의 경직성, 본사기구중심 여부
		☐ 경영관리시스템
		  전략경영시스템, 업적관리시스템, 내부통제시스템,
		  목표관리, 내부감사제도 및 내용, 소집단 활동,
		  컴퓨터시스템의 활용, 커뮤니케이션, 계획성, 합리성
		☐ 경영노하우(Knowhow)
		  경영경험 축적도, 사내외 전문가집단의 활용, 사외 인맥
		☐ 계열기업의 정비 통합

	인적 자원의 능력평가 및 인사제도	
	조직풍토	☐ 社風 ☐ 하고자하는 의욕(willingness) ☐ 성장의욕 ☐ 활성화 ☐ 의식개혁의 실시 ☐ 교육, 연구적 분위기
3. 물적자원	①제품력	제품의 특징, 제품계열, 제품믹스, 제품브랜드, 가격, 품질, 사양(성능, 형태, 크기, 무게, 디자인), 제품 라이프 사이클의 위치, 고객의 우리제품 구매이유, 제품차별화, 계절변동의 즉각적인 대응성, 안전성, 포장, 클레임, 품질 보증, 대체품에 대한 경쟁력, 특정제품에 대한 수익 의존도, 특정판매처에의 의존도, 제품별 수익성, 국내 판매/수출, 현제품 개량 전략
	② 시장력	민간수요, 軍需, 일반용, 공업용, 국내, 수출, 경기변동에 대한 안전성, 시장점유율, 경쟁관계, 성장률, 단위고객에

		대한 의존도, 신용도, 재고/수송, 신용제공, 고객 니즈의 파악, 납기, 고객서비스, 광고(상품광고, 기업광고), 영업판촉(판매처의 지원, 진열, 쇼룸, 實演판매, 콘테스트, 프리미엄, 사내부문간 정보교환 등), 판매원의 질과 양, 판매기술, 판매원의 행동, 판매정보, 기술력과의 결합, 판매계획, 판매비용 절감(포장, 운임, 하역, 보관, 광고, 판매촉진비, 수수료, 리베이트, 애프터서비스비용, 대손, 여비, 교통비, 판매인건비 등), 신용관리(외상매출 등)
	③ 생산력	□ 공장계획 (공업입지, 공장입지, 공정설비 레이아웃, 통로, 운반저장설비, 서비스설비, 건물, 변경에 대한 탄력성) □ 생산계획·생산통제 (수요의 변동에 대한 즉각적인 대응·능력) □ 구매 (원재료조달, 에너지조달, 구매가격인하, 구입처의 관리, 위기상황하의 구매방침) □ 자재관리 (재고관리, 창고, 운반) □ 외주관리 (외주시장, 외주처의 능력: 질·양비용, 납기, 지도육성, 조직화) □ 설비관리 (설비성능, 진부화, 노후화, 능력, 신설·개조·갱신, 설비보전, TPM, Systematic Maintenance, 설비가동률, 고장률, 설비의 범용성) □ 품질관리 (규격, 도면, 품질표준, 관리방법, 불량률, 클레임률, 품질보증) □ 생산기술 (절차, 표준시간, 작업표준, 치공구, 측정기기, 자동화, 省力化, 공업소유권) □ 작업관리 (작업개선, 표준화, 작업자의 지도훈련, 단위관리, 공수관리) □ 원가관리 (변동비, 고정비, 원가절감,VA(가치분석), 예산통제, 원가관리시스템, 원가보고) □ 안전위생관리(이념, 계획, 조직, 체제, 기준, 시설, 指導, 진단개선, 노동재해율) □ 작업환경(열, 채광·조명, 소음·분진·가스, 시설개선) □ 환경경영 (이념·계획, 조직·체제, 기준, 시설, 指導)
	④연구 개발력	신제품개발(아이디어, 시스템, 장해), 연구개발예산, 연구실험시설, 기초연구, 응용연구, 개발, 설계(기능설계, 생산설계, 허용원가설계, 원가절감, VA/VE), 제품개량, 새로운 용도개발, 시장력과의 결합, 기술정보, 자체개발 또는 모방, 특허, 인재육성, 조직, R&D심사, TA
4. 자금분석 및 평가	① 자금 조달력, 운용능력 ② 배당정책 ③ 투융자, 설비투자, 계획관리	조달수단의 합리성, 자본계열, 금융여력, 금융기관과의 관계, 자금운용의 합리성, 株價, 자금조달력

5. 정보력의
분석·평가
	① 정보
	  수집력
	② 정보관리
	  활용
		☐ 情報源의 확보
		☐ 컴퓨터 정보 시스템의 활용 체제, 활용 수준
		☐ 경영정보시스템, 데이터베이스 구축, 네트워크화,
		  집중정보관리, 자동화, 로보트
		☐ 필요한 자료를 필요한 때에 받을 수 있는가?
		☐ 비밀유지

(D. J. Park, 1992)

　　대상 점포의 입지는 반경 90미터 이내에 같은 품목(양념통닭)
의 경쟁점포는 없었습니다. 환경분석의 경우와는 달리 강점과 약
점분석은 오히려 더욱 막막한 것처럼 보였습니다. 그 까닭은 자
신의 능력을 자신이 점검하는 것이므로 어떤 항목이 강점인지, 또
는 약점인지를 판별할 수 있는 기준이 애매할 뿐만 아니라, 다분
히 자의적인 해석이 작용하기 때문이었습니다.

　　이럴 경우에는 동종의 경쟁기업과 비교해보는 방법이 가장 무
난합니다. 더욱 좋은 방법은 향후 가장 막강한 라이벌로 등장하
게 될, 또는 우리가 경쟁에서 이기고 싶은 상대를 기준으로 판단
해보도록 합니다.

　　때로는 수치로 비교가 불가능한 판단항목들이 문제가 될 수도
있습니다. 예를 들면 경영관리자의 자질과 같은 요소들입니다.
이와 같은 것은 사실 상대적인 비교조차 가늠하기 어려운 항목입
니다. 그럴 경우에는 특별히 부각되는 것들을 중심으로 생각을
표현하도록 합니다. 즉, 경미한 것들은 무시하고 대표적인 것을
중심으로 생각하는 것입니다.

　　예를 들면 최고경영자의 인품이 훌륭하다거나 또는 사업에 적
극적이라면 그것은 그렇지 못한 것보다 강점이 될 수 있습니다.
반면 사업에 소극적이고 현상에 안주하는 경영관리자가 있다면
그것은 분명 비연속적인 경쟁 환경에서 약점이 될 수 있습니다.

<도표 9.8> 강점연관도

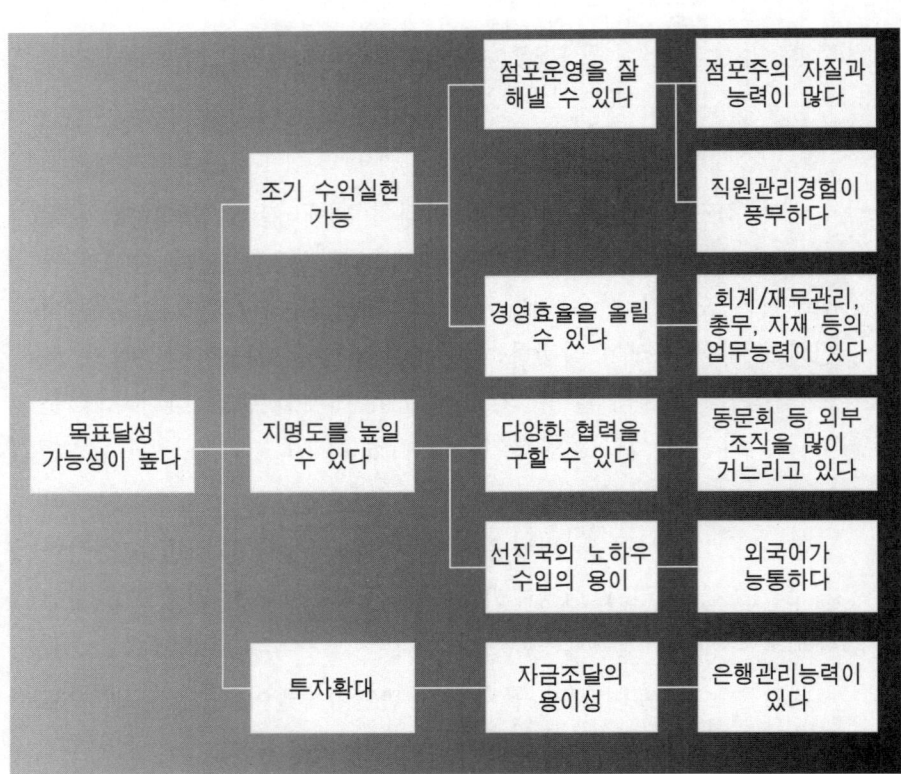

결과 ◄─────────────────────────────► 원인

(D. J. Park, 1997)

■ **능력연관도의 작성**

　김 부장은 아무래도 대기업체의 관리자생활을 오래 해서 그런
지 상냥하게 손님을 맞이하는 것은 어려움이 있을지도 모릅니다.
그러나 필자의 생각으로는 그 지역의 어떤 양념통닭집의 사장보
다도 경영에 관련된 지식은 많이 소유하고 있을 것으로 생각됩니
다.

  따라서 우선적으로 두드러지는 강점과 약점은 독자 여러분께서
도 짐작하고 있는 바와 같습니다. 구체적으로 능력을 강점과 약
점으로 나누어 연관도를 살펴보도록 하겠습니다.

  강점연관도를 정리하였을 때, 김 부장의 눈빛은 심히 의기충천
한 듯하였습니다. 사실 명예퇴직을 하게 되었을 때의 본인의 심
정은 대단히 비참한 것이었습니다. 그동안 최선을 다해 일생의
청춘을 바쳐온 직장생활에서 본의 아니게 중도퇴진의 상황에 처
하게 된 현실이 너무나 허무한 것이었으며, 본인의 능력이 하루아
침에 물거품이 되는 듯한 자기상실감이란 엄청난 것이었습니다.

  물론 직장을 그만두게 된 것은 어찌할 수 없는 상황이지만, 앞
으로 가정에서 초라하게 지낼 생각을 하게 되면, 이는 한참 인생
을 충실히 살아야 할 장년의 그에게는 가히 사형언도와도 다를
바 없는 것이었습니다. 그러나 강점연관도를 작성하면서 김 부장
은 다시 기운을 차린 것 같았습니다.

  "그래 나는 분명히 능력이 있다. 다시 다른 회사에 가서 일을
한다는 것은 더 이상은 곤란하다. 나도 떳떳하게 내 사업을 하고
말리라. 비록 초라해 보이는 양념통닭집이지만."

  김 부장은 마치 내일부터라도 통닭을 다듬을 것처럼 대들 기세
였습니다. 이제는 약점분석을 할 차례입니다. 사실, 선무당이 사
람 잡는다고, 그가 갖고 있는 것은 희망뿐이었습니다. 제조과정,
즉 통닭을 어떻게 튀기는지, 그리고 거래조건 즉, 외상값은 어떻
게 받을 것인지도 생각해본 적도 없었으며, 심지어는 사무실 쓰레
기통 한번 직접 치워본 적이 없던 그였습니다. 심히 걱정되지 않
을 수 없습니다.

  물론 하루에 10건 남짓한 배달주문을 배달사원을 통하여 관리
해야 할 것인지에 대한 의사결정 또한 어떻게 해야 할지 아직 머
릿속에는 아무 생각조차 없습니다. 조심해야 할 것은 바로 이와

같은 것입니다. 기분이 들뜨는 것을 조심하지 않으면 지뢰밭이
보이지 않는 법입니다.

<도표 9.9> 약점연관도

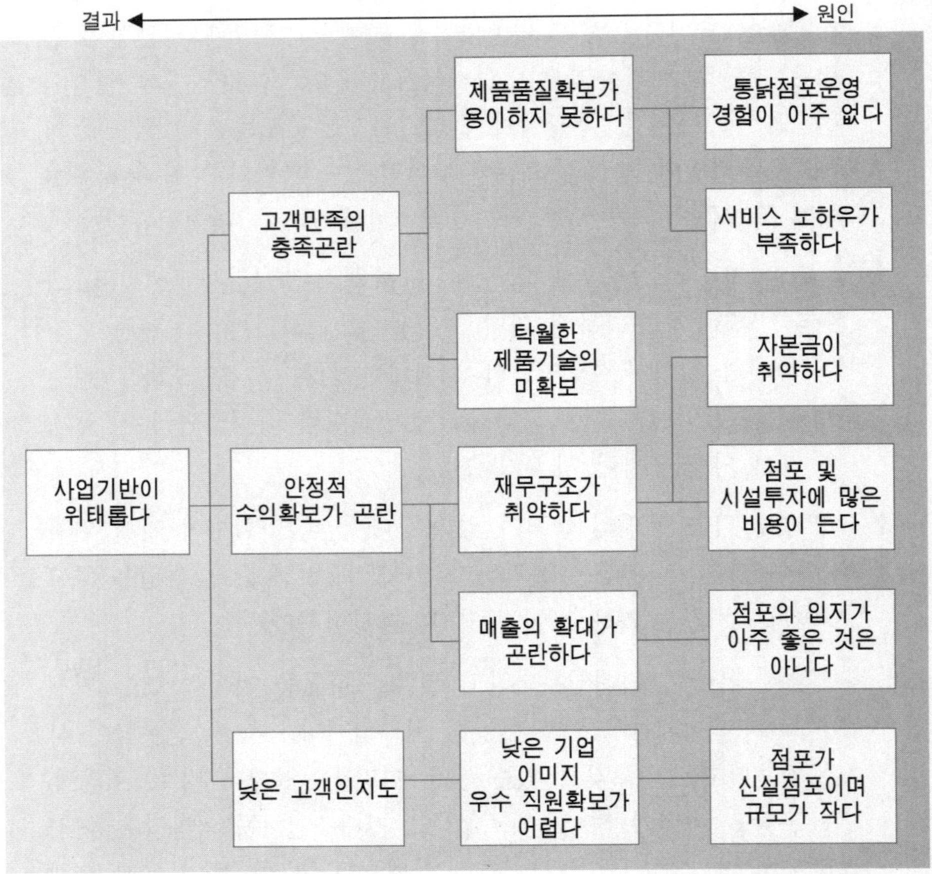

결과 ◄────────────────────────────► 원인

		제품품질확보가 용이하지 못하다	통닭점포운영 경험이 아주 없다
	고객만족의 충족곤란		서비스 노하우가 부족하다
		탁월한 제품기술의 미확보	자본금이 취약하다
사업기반이 위태롭다	안정적 수익확보가 곤란	재무구조가 취약하다	점포 및 시설투자에 많은 비용이 든다
		매출의 확대가 곤란하다	점포의 입지가 아주 좋은 것은 아니다
	낮은 고객인지도	낮은 기업 이미지 우수 직원확보가 어렵다	점포가 신설점포이며 규모가 작다

(D. J. Park, 1997)

　　약점을 정리하는 과정에서 다시 상황은 조금씩 진정되었습니다.
아니 진정 되었다기보다는 저조해지기 시작하였다고 해야 옳을
것입니다. 대체로 약점의 분석 작업은 그러한 분위기 하에서 전

개되기 마련입니다. 아무리 잘나가고 있는 기업일지라도 사정은
마찬가지입니다.

강점이 클수록, 약점은 그에 비례하여 커 보이게 마련입니다.
당연한 것이지만 중요한 것은 약점을 어떻게 받아들이고 어떻게
극복할 것인가에 대한 것입니다.

약점을 <도표 9.9>과 같이 정리하고 보니 김 부장은 다시 깊
은 생각에 들어가기 시작하였습니다.

약점을 통하여 당면하고 있는 현실이 눈앞에 보이기 시작하는
것이었습니다. 한참 동안을 말없이 담배를 피우더니 이렇게 물었
습니다.

"실패할 확률이 얼마나 됩니까?"

■ 전략수립은 실패할 확률을 줄이기 위하여 하는 작업이다

그 질문은 만약 잘못하게 된다면 얼마를 손해 볼 것인가를 묻
고 있는 것이었습니다. 당연한 이야기이지만 아무리 전략과 계획
이 잘 수립된다고 해도 실행과정 중에 실패할 소지가 없는 것이
아니며 계획이 다소 불충분하더라도 실행과정에서 기민하고 알차
게 수행한다면 성공할 수도 있습니다.

따라서 전략과 계획, 그리고 실행과정의 3박자가 모두 잘되어
야만 합니다. 물론 투자의 실패에 따른 문제는 점검해두어야 합
니다. 이상하게 들릴지 모르지만 전략의 수립 시에 가장 먼저 정
리해 두어야 할 것은 언제, 어떠한 경우에 사업을 철퇴할 것인가
에 관한 계획입니다. 이를 철퇴계획이라고 합니다.

실패하게 되면, 창업비를 포함한 초기투자비를 모두 날릴 뿐만
아니라, 보이지 않게 드는 모든 비용들도 감안하여야 합니다. 더
욱이 투자의 여력이 충분하여 연습 삼아 몇 번 정도는 시행착오
를 허용해도 좋다면, 상황은 다르지만 현재의 김 부장의 경우에는

소위 이판사판의 경우와 다를 바 없는 것입니다.

따라서 전략적 실패를 계산해두지 않을 경우, 합리적 판단이 어렵게 됩니다. 김 부장은 잠시 판단의 균형을 잃은 듯했습니다.

그러나 SWOT 분석은 아직 끝난 것이 아닙니다. 커피를 한잔 권하고 다시 SWOT 분석의 본론으로 들어가기로 하였습니다. SWOT 분석을 하는 이유는 바로 환경에서 부여하는 기회와 위협에 대하여 자사의 능력을 토대로 전략적으로 대응하기 위한 것입니다. 전략대안을 살펴보기도 전에 실의에 빠질 필요는 없는 것입니다.

김 부장이 이와 같이 전략적 의지를 상실한 까닭은 그가 현재 실직상태에 있기 때문이었습니다.

SWOT 분석을 제대로 하기 위하여 <도표 9.10>과 같이 SWOT 분석표를 작성하였습니다. SWOT 분석 작업을 통하여 고려해 볼 수 있는 행동대안들은 23가지가 도출되었습니다. 여기까지의 작업은 모두 3시간동안 작성한 것입니다. 이와 같이 신속한 작업이 가능했던 것은 이전에 김 부장이 이와 관련하여 필자로부터 약 30시간 정도의 워크샵을 받아본 경험이 있기 때문입니다.

실제로 간이 워크샵에서도 충분히 확보한 정보와 분석 자료를 토대로 기업규모와 당면환경에 대하여 검토하는 작업에도, 세밀한 의견점검과 작업의 정밀도를 감안한다면 최소한 9시간 이상이 소요됩니다. 그러나 이 정도의 작업만으로도 작업을 하기 전보다 성공확률은 2배 이상 높아지게 됩니다. 김 부장의 실패확률을 금액으로 환산하여 실패비용을 예를 들어 2천만 원으로 잡는다면 일단 최소한 1천만 원은 절약한 셈이 됩니다.

이제 남은 일은 행동대안들로 선정된 아이디어들을 정비하여 실행계획을 정비하는 것입니다.

<도표 9.10> SWOT 매트릭스 분석표

SWOT 매트릭스	1. 기회	2. 위협
	① 높은 소비성향 ② 영양 간식의 수요증대 ③ 원부자재 구입방식의 개선 ④ 기존업체들의 경영의 한계 및 전략낙후성 ⑤ 자가용이용의 증가 ⑥ 레저의 증가 ⑦ 금리안정	① 대체제품의 경쟁압력 ② KFC, 기존 체인점들의 경쟁압력 ③ 대기업의 진출가능성 ④ 타업종에서 신규진입 ⑤ 대형외식산업 및 케이터링 서비스의 확대 ⑥ 품질기준 규제 ⑦ 높은 임대료 ⑧ 초기투자, 설비비 부담 ⑨ 금융기관의 자금경색
3. 강점	**기회: 강점**	**위협: 강점**
① 점포주의 자질과 능력이 많다 ② 직원관리경험이 풍부하다 ③ 회계/재무관리, 총무, 자재 등의 업무능력 보유 ④ 동문회 등 외부조직을 많이 거느리고 있다 ⑤ 외국어가 능통하다 ⑥ 은행관리능력	① 영업전략 및 경영전략을 강화한다 ② 전문조리사를 채용 ③ 점포를 확장 또는 보다 좋은 입지의 점포확보 ④ 자가용 패키지 개발 ⑤ 특별메뉴의 개발 ⑥ 미국의 우수 프라이드치킨 체인점을 수배 ⑦ 학생용 생일패키지 ⑧ 세트 메뉴, 보조 메뉴 개발 ⑨ 자금차입	① 상표권, 서비스권 등록 ② 지역방송 홍보이벤트 ③ 친지의 자금찬조와 합작운영 ④ 제품제조매뉴얼 개발 ⑤ 지역사회활동의 전개
4. 약점	**기회: 약점**	**위협: 약점**
① 통닭점포운영 경험이 전무하다 ② 서비스노하우가 부족하다 ③ 자본금이 취약하다 ④ 점포 및 시설투자에 많은 비용이 든다 ⑤ 점포의 입지 ⑥ 점포가 신설점포이며 규모가 작다	① 배우자의 활용? ② 영업지배인의 채용? ③ 체인점 서비스 연수 프로그램에의 참가 ④ 조리학원의 활용 ⑤ 영업시간의 연장(오전) ⑥ 아르바이트 배달사원 확보, 영업권역의 확대 ⑦ 주기적인 홍보 이벤트	① 외식사업 전문가자문 ② 입지조건이 좋은 곳으로 진출

(D. J. Park, 1997)

■ 행동계획을 기획한다

이때부터의 작업은 의외로 시간이 많이 들게 됩니다. 그 까닭

은 실행은 단순한 생각만이 아니며 우리 조직의 자원능력, 경영능
력 및 조직구성원들의 행동능력을 감안하여 구체적으로 일정과
목표량, 사업내용들이 현실적으로 구체화되기 때문입니다.

또한 김 부장의 SWOT 분석에서는 23가지의 행동대안들이 도
출되었는데 이러한 일들을 누가 어떠한 방법으로 어떻게 추진해
나가야 할 것인지를 정리하지 않으면 실제로 일을 추진할 경우
혼란스러울 뿐만 아니라, 실행의 품질을 관리할 수 없기 때문입니
다.

■ 행동계획의 기본방향을 잡는다

따라서 우선적으로 부문별로 크게 분류한 행동계획의 기본안을
만들어야 합니다. 김 부장의 행동계획안은 다음과 같이 구분하였
습니다.

우선 조기 영업정상화를 위한 작업과 경영체계의 수립, 그리고
제품품질확보를 위한 활동으로 세 가지로 분류하였습니다.

조기 영업정상화는 매출목표의 달성으로 직결됩니다. 따라서
실제적인 의미로는 고객이 많이 찾아오도록 하는 방법과 고객을
많이 찾아가는 방법을 강구해야 할 것입니다. 일단 두 가지 모두
지역사회에 대한 홍보활동을 필요로 합니다.

물론 신문이나 지역 케이블텔레비전에 광고를 할 수도 있습니
다. 배달신문에 삽입하는 광고지를 활용한다거나 70년대에 극장
에서 영화구경을 가면 볼 수 있는 것처럼 정지화상으로 양복점이
나 예식장을 슬라이드로 광고하는 방법을 동원할 수도 있습니다.
선택할 수 있는 광고매체와 방법들은 많습니다.

광고의 본질적인 기능은 고객과 제품을 연결시켜주는 일입니다.
따라서 광고를 최대한 활용하여야 합니다. 그러나 유감스럽게도
광고는 투자에 비하여 그 성과가 아주 불명확합니다. 비록 고객
의 제품인지도가 높아 진다해도 제품구매까지 보장할 수는 없습

니다.

<도표 9.11> 제1차 행동계획연관도

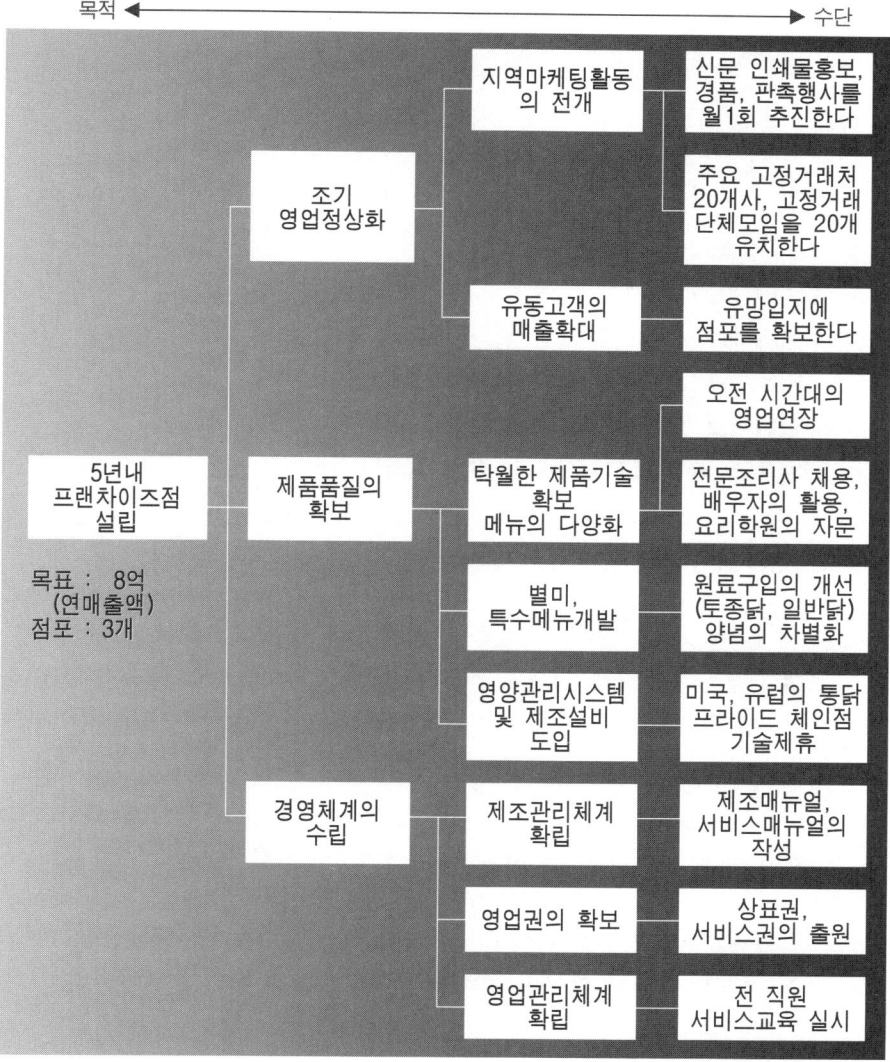

목적 ◀─────────────────────────▶ 수단

- 5년내 프랜차이즈점 설립
  - 목표 : 8억 (연매출액)
  - 점포 : 3개

- 조기 영업정상화
  - 지역마케팅활동의 전개
    - 신문 인쇄물홍보, 경품, 판촉행사를 월1회 추진한다
    - 주요 고정거래처 20개사, 고정거래 단체모임을 20개 유치한다
  - 유동고객의 매출확대
    - 유망입지에 점포를 확보한다

- 제품품질의 확보
  - 탁월한 제품기술 확보 메뉴의 다양화
    - 오전 시간대의 영업연장
    - 전문조리사 채용, 배우자의 활용, 요리학원의 자문
  - 별미, 특수메뉴개발
    - 원료구입의 개선 (토종닭, 일반닭) 양념의 차별화
  - 영양관리시스템 및 제조설비 도입
    - 미국, 유럽의 통닭 프라이드 체인점 기술제휴

- 경영체계의 수립
  - 제조관리체계 확립
    - 제조매뉴얼, 서비스매뉴얼의 작성
  - 영업권의 확보
    - 상표권, 서비스권의 출원
  - 영업관리체계 확립
    - 전 직원 서비스교육 실시

(D. J. Park, 1997)

따라서 공정한 거래관행을 어기지 않는 범위 내에서 판매촉진 활동, 예를 들면 창업기념 세일이나 경품을 제시할 수도 있습니다. 경품? 양심냉장고? 중형고급 냉장고가 용산전자상가에서 60만 원선.[42]

판매촉진효과를 거둘 수 있다면 그렇게 비싼 것은 아닙니다. 60만원으로 매달 매출을 기존의 수준보다 200만원을 더 올릴 수 있다면 그것은 부당한 것이 아닙니다. 물론 적당한 여행사의 해외여행 프로그램을 동원할 수도 있을 것입니다. 그 정도의 계산과 아이디어는 별로 특별한 것도 아닙니다. 그러나 실천에 옮기는 사람들이 적을 뿐입니다.

■ 창의적인 아이디어를 확대한다

생각을 좀더 넓혀본다면 지역 내의 에어로빅 학원의 정기행사나 계모임, 동창회모임, 학부모행사, 경로잔치, 구민잔치 등의 소액 스폰서활동과 10%할인 판매 등도 감안할 수 있습니다.

지역 내의 보험회사 대리점이나 자동차 영업소, 은행 지점들의 고객들을 고정 거래처로 설정하여 10% 할인판매를 통하여 고정수입을 유지할 수도 있습니다. 이와 같은 아이디어들은 사업의 성패를 결정하는 중요한 성공의 원천임에도 불구하고 투자와 실행에 대한 의사결정의 스트레스를 받고 있는 한, 창의적인 아이디어들은 좀처럼 떠오르지 않습니다.

따라서 가급적이면 의사결정의 부담을 지지 않는 사람들을 통하여 아이디어들을 확보하는 것이 보다 현실적으로 유용합니다.

예를 들면, 어린 자녀나 가족과 친지, 가족의 친구와 같이 사업

---

42) 이 가격은 1997년도의 시가이므로 당시의 물가를 감안하여 이해하여 주시기 바랍니다.

의 부담이 적은 사람들의 아이디어들을 경청하고 정리하는 것이 오히려 지대한 도움이 될 수도 있습니다. 특히 여성의 의견을 경청할 필요가 있습니다. 대부분의 창의적인 아이디어들은 우뇌적 발상에서 도출되고 있다는 점을 감안한다면 아이들과 여성을 최대한 활용하는 것도 중요한 착안이 될 수 있습니다.

■ 사업의 원칙을 점검한다

매출의 확대를 통한 사업의 확장은 경제사회에서 중요한 경영 전략중의 하나입니다. 물론 박리다매(薄利多賣)의 원칙은 반드시 좋은 것은 아닙니다. 사실 중소기업은 대기업과는 달리 박리다매가 말처럼 쉽지 않습니다. 왜냐하면 기업규모, 즉 생산능력과 고객과의 관계에서 단순품종으로 많은 양을 판매하여 이익을 얻기가 어렵기 때문입니다.

필요에 따라서는 역발상으로 다리박매(多利薄賣)를 전개할 수도 있습니다. 즉, 매출의 확대에 자신이 없는 중소기업의 입장에서는 품질을 높이는 대신 고품질에 해당하는 가격과 높은 이윤의 확보를 통하여 사업을 유지하는 방식입니다.

이와 같은 발상은 무엇보다도 높은 품질과 제품 또는 서비스 성과를 충족해야 하므로 해당분야의 기술축적 수준이 낮은 사업의 초심자 입장에서 쉽게 택할 수 있는 방식은 아닙니다. 따라서 김 부장은 당분간은 다리박매보다는 박리다매의 원칙을 설정하기로 하였습니다.

일단, 어느 정도의 규모까지 회사를 성장시키는 일은 불가능한 일이 아닙니다. 문제는 일정 규모보다 커져있을 때 더 이상 진화하지 못하고 도태해버린다는 점입니다. 조금 유명해진 음식점을 가보면 창업기의 열의와 고객에게 들이는 정성은 찾아볼 수 없고 어느새 거드름을 피우거나 종업원들이 잡담을 하는가하면 고객과의 언쟁도 불사합니다. 이미 그 조직은 추락의 궤도에 접어들었기 때문입니다.

그와 같은 추락의 궤도에 접어들기 이전에 창업의 정신을 제대로 가다듬지 못한다면 그것은 골목길의 붕어빵장사와 별다른 차이가 없게 됩니다. 현재는 부진한 실적을 보이고 있는 양념통닭집들도 초기에는 이 정도로 구체적인 전략을 생각해보지는 않았겠지만 상당한 지혜와 노력들을 강구해왔을 것이 틀림없습니다. 그러나 현재의 그들은 그러한 창업의 초심(初心)을 이미 상실해버린 지 오래입니다. 단지 하루하루를 유지하고 있을 뿐입니다.

경영관리자가 그러한 자세로 새로운 경영체제를 정비하지 못하고 새로운 환경대응을 게을리 하고 있다면 더 이상 경영은 진전되지 않습니다. 지금도 우리의 경쟁자인 맥도날드는 간밤사이에 전 세계의 대도시에 3개의 점포가 새로이 설립되고 있습니다. 서양의 고기 빈대떡을 판매하고 있는 맥도날드의 사장의 견해에 의하면 현재 한국의 적정 점포수는 기존의 맥도날드 점포수의 두 배 이상에 이를 것으로 예측하고 있습니다.

어째서 우리의 양념통닭은 그렇지 못한 것일까? 김 부장은 자본력과 능력부족을 들었습니다. 필자의 생각에는 그것 이외에도 경영관리자의 경영의식과 전략적 의지가 결여되었기 때문이라고 생각됩니다.

적절히 제품제조 매뉴얼과 서비스를 개선한다면 우리의 양념통닭도 세계적인 기업이 물론 될 수 있다고 확신합니다. 불고기와 김치가 세계적인 식품으로 등장하고 있으며, 이제는 전주 비빔밥조차도 일본에서 자동생산 시스템을 개발하여 국내 및 세계시장의 공략을 준비하고 있습니다. 우리가 김치냄새를 역겨워하는 반면 김치를 세계에 수출하는 것은 오히려 일본이 선발이라는 점에 대하여 '감상적으로만' 분개하고 있는 것은 우리뿐입니다.

김 부장은 향후 5년 뒤에는 미국의 시골 켄터키의 촌닭을 세계화한 KFC에 대응하는 한국양념통닭, 즉 코리아프라이드치킨을 세계화하는 것을 생각해보기로 하였습니다. 코리아프라이드치킨은 이름이 KFC와 같기 때문에 일단 논의에서는 (가칭)서울프라이드치킨, 즉 SFC로 하기로 하였습니다. 너무 자세한 설명은 김 부장의 사업전략과 관계된 것이므로 이 정도로 예의상 생략하겠습니다. 개략적인 행동계획을 보면 <도표 9.11>과 같습니다.[43]

■ 대단히 유용한 SIS 대안수립 프로세스 기법

SWOT 분석기법을 좀더 발전시켜 전략품질과 성과를 강화하기 위한 또 다른 방법으로는 필자가 전략적 문제해결기법으로 고안한 SIS(Strategic Issues Solution) 기법이라고 하는 방법입니다. 이 방법은 조직 내에서 일상적으로 사용할 수 있다는 점에서 프로그램으로 활용할 수 있습니다.

이 기법은 앞에서 살펴본 경영관리자의 성공역량의 8P 모델의 P1, 즉 기획역량과 P2의 프로세스를 향상시킬 뿐만 아니라, 절차적 방법의 전개를 통하여 최종산출물 P4와 업무성과 P5를 대폭적으로 향상시킬 수 있습니다.

문제해결기법에는 여러 가지 방법들이 제시되고 있습니다만,

---

[43] 이러한 김 부장의 양념통닭집의 전략 수립 사례가 소개된 이후, 우연의 일치인지 모르지만, 양념통닭과 관련하여 각종 프렌차이즈 점포들이 많이 증가하였으며, 유사한 형태의 업종에 대한 프렌차이즈에 대한 사업들이 늘어났습니다. 그러나 여기에서 소개드린 전략 사례는 SWOT 전략을 소개하기 위하여 예시한 것에 지나지 않습니다. 이와 같은 업종에 착수하고자 하는 독자라면, 좀더 치밀한 전략연구를 수행하실 것을 권고합니다. 프랜차이즈가 발달한 미국의 경우에도 프랜차이즈 사업의 성공확률은 대체로 25%에서 30% 수준에 지나지 않는다는 것이 통설처럼 회자되고 있다는 점을 참작하시기 바랍니다.

목표를 설정하거나 전략적 과제에 대응하는 방법으로 SIS 기법이 그 유용성이 높기 때문에 이 방법의 활용을 주로 권장하고 전략적 환경대응에 관한 기업지도활동에서 종종 활용하고 있습니다.

<도표 9.12> SWOT 분석에서 활용하는 작업에서 활용하는 도표

작업	항목	작업 참고 도표
전략적 중점과제 경영	절차	<도표 8.1> 전략적 중점과제대응형 경영
	전략적 중점과제의 분석	<도표 8.2> 전략적 중점과제의 분석 <도표 8.3> 환경의 추세파악 <도표 8.4> 내부적 추세파악 <도표 8.5> 목표의 점검 <도표 8.6> 환경추세의 영향과 긴급도
DJP 위기 시나리오 기법	절차	<도표 8.7> 위기극복작업 프로세스 <도표 8.18> 위기극복작업 (수정) 프로세스
	위기 시나리오	<도표 8.8> 위기 시나리오 <도표 8.9> 원인관계분석표 <도표 8.12> 시나리오 요인들의 타당성 점검 <도표 8.13> 긴급조치 과제의 선정(개인) <도표 8.14> 긴급조치 과제의 선정(팀) <도표 8.17> 시나리오 요인들의 긴급도 점검
SWOT 분석기법을 활용한 전략의 수립	SWOT 전략 수립절차	<도표 9.1> SWOT 분석방법과 전략의 수립
	환경분석	<도표 9.4> 전반적인 외부환경요인 점검 <도표 9.5> 기회연관도 <도표 9.6> 위협연관도
	능력분석	<도표 9.7> 기업능력분석/평가를 위한 분석항목 <도표 9.8> 강점연관도 <도표 9.9> 약점연관도
	SWOT Matrix	<도표 9.10> SWOT 매트릭스 분석표
	행동계획	<도표 9.11> 제1차 행동계획연관도

(D. J. Park 2007)

이상으로 논의한 작업의 내용과 사용 도표에 대한 전체적인 관계도는 <도표 9.12>에서 보는 바와 같습니다.

제10장에서는 전략적 과제의 인식과 해결방법을 체계화시키고 SWOT 기법의 한계점을 보완하여 경영현장에서 사용할 수 있는 최신의 기법인 SIS 프로그램의 논리와 절차에 관하여 개략적으로 살펴보도록 하겠습니다.[44] 다음 장에서 소개할 SIS 기법은 9장에서 살펴본 SWOT 기법을 통한 전략전개의 방법을 절차적으로 보다 개선한 기법으로 앞에서 살펴본 D 위기 시나리오 기법이나 SWOT 기법을 활용하지 않고, 직접 SIS 프로그램을 전개할 수도 있습니다. 또는 D 위기 시나리오 기법이나 기존의 SWOT 기법을 활용하면서 보충적으로 활용할 수도 있습니다. 또한 기존의 SWOT 매트릭스를 이용한 전략수립기법을 전개하면서 필자가 제안하고 있는 New SWOT 매트릭스만 활용하여 전략전개를 수행할 수도 있습니다.

어떠한 방법을 수행할 것인가에 대한 판단은 추진하고 있는 사업과 당면하고 있는 환경에 따라 보다 정교한 전략대안의 전개가 필요한지의 여부에 따라 결정될 것입니다.

우리의 사업전개에 있어서 대응해야 할 상황이 복잡하고, 그에 대한 전략적 대응의 내용을 좀더 구체적으로 수행해야 한다고 판단된다면, New SWOT 기법에 의한 전략전개를 수행할 것을 권장합니다.

D 위기 시나리오 기법은 근본적으로 경영진과 경영관리진의 전략적 환경대응을 촉구하는 한편 기업의 취약점을 중심으로 이를 보강하기 위한 상황대응 시나리오를 전개하기 위하여 실시합니다. 그러나 SIS 기법은 기업의 위기뿐만 아니라 기회요인을 감

[44] 이에 대하여 경영관리자가 추진해야 할 실천적 기법에 대하여는 「뉴스와트 전략 2.0 실천기법」을 참고하시기 바랍니다.

안하고, 약점이나 취약점뿐만 아니라 강점요인과 중립적인 요인들을 감안하여 기업의 전략적 환경대응을 효과적으로 전개할 수 있도록 하기 위한 기법입니다.[45]

---

45) 이에 대한 실천적 절차와 보다 자세한 설명은 이 책의 자매서인 「뉴스와트 전략 2.0」을 참조하시기 바랍니다.

제10장
전략적 문제해결능력을 혁신한다

경영관리자들이 당면하는 전략적 과제들에 대하여 효과적으로 대응할 수 있는 실천적 경영관리기법을 체계화시킨 TIES 사고방법과 SIS 프로그램의 뉴스와트 전략기법은 미국에서 필자를 중심으로 연구 동료들과 2002년도부터 수년간에 걸친 연구와 시험적 현장적용을 통하여 개발되었습니다.

국내에는 2005년부터 소개되어 국내의 초일류 기업 및 전략 컨설턴트들에게 소개되어 활용되고 있으며, 정부부문에서는 2006년부터는 농림부 정책 간부의 혁신전략기획 교육과정으로 선정되어 기본교육이 실시되고 있습니다.

또한 일부 정부부문의 EA 프로젝트에서 목표설정에 관한 의사결정의 To-Be Model로 제시되고 있는 탁월한 전략적 과제 분석 및 대응기법입니다.

제10장의 개관

제10장에서는 경영관리자와 조직구성원들이 일상적으로 전개하는 기존의 문제해결논리를 분석하고 문제인식의 관점을 개선하여 보다 높은 성과를 올릴 수 있는 새로운 형식의 문제해결 논리와 실천적 프레임워크를 제시합니다.

여기에서 주목해야 할 관점은 다음과 같습니다.

1. 현상을 피상적으로 파악하지 않고 핵심현상과 원인 및 조건, 그리고 파생적 연관관계를 구조적으로 인식하여 대응한다.

2. 문제현상의 구성요소를 분석하고 당위적 인식수준을 제고하여 기업성과를 높인다.

3. 우리의 환경대응행동에는 단순 직접대응 방식이외에 예비대응과 수정대응, 본격대응이라는 단계별 대응행동이 있으며, 각 대응행동의 전개과정을 관리함으로써 환경대응성과를 높인다.

4. 약한 신호의 환경변화에 대하여 그 내용이 명확하게 파악될 때까지 기다리지 말고, 일단 과제로 선정하여 예비대응을 전개하고 후속적인 작업을 추진할 수 있도록 대응의 적극성을 발휘한다.

5. 기존의 SWOT분석에 의한 전략적 대응기법의 논리와 전개과정에서의 오류를 극복하고 절차와 방법을 혁신적으로 개선하는 새로운 전략적 과제해결기법을 전개한다.

6. 당면과제와 환경인식의 관점을 경쟁의 관점, 성장의 관점, 당위의 관점, 대응 타이밍의 관점으로 구분하여 이에 대응하라.

7. 당면과제의 수행방법을 단순수행방식에서 평가수행방식으로 혁신하라.

8. 전략적 과제의 진단과 대응행동의 전개 프로세스를 관리하여 모범적 전략대응을 전개하라.

1. 기존의 전략적 대응기법

그동안 조직 내에서 수행해오고 있는 대표적인 전략적 대응의 공식적 방법은 전략수립 또는 전략계획이라는 기법입니다. 이 방법은 앞으로 당면하게 될 환경상황을 분석하고 내부의 능력을 점검하여 전략적으로 수행해야 할 사업과 행동계획을 수립하고 그에 의하여 전략을 실천하는 방법입니다.

이와 같은 전략적 대응 시스템은 환경변화의 속도가 완만하고 그 변화의 정도가 미미할 경우, 효과적으로 활용해올 수 있었습니다. 그러나 환경의 불확실성이 증대하여 수시로 대응해야 할 환경의 주요과제들이 등장하게 될 경우에는 기존의 전략적 대응기법만으로는 전략적 성과를 유지하거나 향상하는 일이 곤란하게 됩니다. 그런 이유에서 제9장의 전반부에서 살펴본 전략적 (중점)과제들을 어떻게 대응할 것인가와 같은 전략적 경영관리의 기법이 제시되었습니다.

그러나 기존의 전략적 중점과제의 대응에 있어서도 실천적으로 환경대응의 논리구조와 방법상의 제약이 존재하기 때문에 이를 보완할 필요가 있습니다.[46] 따라서 필자는 이를 보완하는 전략적 대응절차와 기본적인 논리를 보완하여 전략적 과제 해결 (SIS) 기법이라는 명칭의 실천기법을 개발하여 기업조직 및 정부조직의 경영관리자 및 전략 컨설턴트를 중심으로 교육지도활동을 전개해오고 있습니다.

이제부터는 일반 기업조직 및 정부조직의 현장에서 경영관리자들과 조직구성원들이 일상적으로 당면하는 전략적 과제들에 대하여 효과적으로 대응하여 조직의 환경대응성과를 높일 수 있도

---

[46] 이에 대한 실천적 전개기법과 절차에 대하여는 SIS 프로그램이라는 명칭의 기법에서 상세히 다루고 있으며, 그에 대한 참고는 필자의 「뉴스와트전략 2.0 실천기법」을 참조.

록 하기 위하여 개발한 혁신적인 실천기법에 관하여 개략적으로 살펴보겠습니다.

■ 계획수립과 실행의 기존 경영관리 방식에서의 문제점

대부분의 정부 및 기업조직의 경영관리자들이 전개하고 있는 경영관리의 방식은 계획을 세우고 그에 입각하여 실행하고 평가하는 방식, 즉 PDS(Plan-Do-See) 사이클에 의한 경영관리방식을 적용하고 있습니다.

이와 같은 PDS 경영관리의 방식은 환경이 급변하지 않고, 비연속성이 낮은 상황에서는 효과적으로 전개될 수 있습니다. 그러나 환경의 복잡성이 증대하고, 난기류 수준이 높아지게 되면, 계획의 정확성은 떨어지게 되고, 조직은 환경대응성과는 떨어지게 됩니다. 이와 같이 예상하지 못한 다양한 문제들의 등장에 따른 상황과 현상에 어떻게 대응하는가에 따라 조직의 성과가 달라집니다.

■ 문제해결의 방법적 논리

문제해결에는 문제를 둘러싸고 있는 여러 가지 요인과 문제특성에 따라 그 해결방법이 달라집니다.

논리적으로는 문제가 발생하면 근본적으로 해결하는 것을 문제해결이라고 상정하지만, 현실적으로는 문제에 대하여 그 해결의 수준을 구분하여 보면 문제해결의 주체와 상황, 그리고 그 해결방법과 내용이 제각기 다릅니다.

근본적으로 문제의 해결에는 문제해결에 투입되는 시간, 자원, 노력과 같은 문제해결행동과 투입자원이 필요합니다. 아무리 머릿속으로 문제를 해결해야겠다고 반복적으로 생각하고 있어도, 그에 대한 대응행동이 실천적으로 전개되지 않으면, 자발적 문제해결은 절대적으로 불가능합니다.

경영관리자가 이에 대하여 특히 주목할 점은 문제해결에 대한 행동을 전개할 경우, 투입노력과 자원의 투입과 관련하여 기회적 관점을 고려해야 한다는 점입니다. 즉, 문제의 발생과 당면하고 있는 문제의 해결에 따라, 그것이 또 다른 성공이나 실패를 유발하는 계기로 작용하는 현실에 유의할 필요가 있습니다.

대부분의 성공과 실패는 당면하고 있는 문제에 대하여 어떻게 대응하고 있는가에 따라 좌우됩니다.

경영관리자가 당면하고 있는 문제현상을 유심히 살펴보면 당면하고 있는 하나의 문제가 새로운 문제를 유발하기도 하며, 심지어는 문제의 내용과 규모가 시간의 경과에 따라 확대되기도 합니다. 따라서 당면하고 있는 하나의 문제를 제대로 해결하지 못할 경우, 그 문제는 없어지지 않고, 그대로 현실에 용해되어 지속적으로 경영관리자와 조직구성원들의 성과에 영향을 미치게 됩니다.

따라서 경영관리자가 문제의 등장에 대하여 그 해결을 지연하고 방치하거나 방임하고 있을 경우, 조직성과에 중대한 영향을 미치게 되거나 또는 심각한 경영위기에 직면하게 됩니다.

■ 문제의 출발점

경영관리자가 당면하고 있는 문제현상들의 인지는 대부분 당면하고 있는 환경과 그에 대응하는 환경대응주체의 대응행동에서 시작됩니다. 때로는 당면하고 있는 문제현상을 제대로 인식할 수도 있으며, 때로는 여러 가지의 문제가 상존하고 있지만, 인식하지 못할 수도 있습니다.

문제에 대한 대응을 전개하는 일은 문제의 인식에서 출발하므로 만약에 문제인식을 제대로 하지 못한다면, 조직에서는 생각과 의도와는 다르게, 당면하고 있는 문제현상의 해결을 제대로 해낼 수 없게 됩니다.

■ 문제의 인식과 문제해결의 단계

경영관리자들이 당면하고 있는 문제들은 일상적인 업무활동에서 유발되는 문제들과 새로운 사업이나 업무의 전개에서 유발되는 문제들로 구분할 수 있습니다.

이러한 문제들은 대부분 그 문제를 유발하고 있는 원인이나 요인들이 있으며, 그러한 요인들에 대응하지 않을 경우, 문제현상은 지속적으로 유발되기 마련입니다.

만약, 당면하고 있는 문제현상에 대하여 그 원인이나 문제현상에 영향을 미치고 있는 요인들을 명확히 파악할 수 있다면, 문제해결기법을 동원하여 그에 대응합니다.

그러나 문제의 현상이 단순하게 전개되지 않고, 복잡하게 얽혀 있어서 문제의 인식이 불명확하게 될 경우에는 단순논리를 적용하는 것이 어렵게 됩니다. 더욱이 외부적 환경의 변화와 연관되어 문제가 지속적으로 등장하는 경우, 이를 해결해야 하는 책무를 지닌 경영관리자가 복잡한 환경요인에 대응해야 할 경우에는 기존의 문제해결의 기법에서 제시하는 문제인식과 대응논리를 전개하는데 어려움을 경험하게 됩니다. 따라서 이와 같은 경우 체계적인 대응기법을 전개할 필요가 있습니다.

특히 조직구성원들의 문제에 대한 인식수준을 대폭적으로 향상할 필요가 있습니다. 따라서 경영관리자가 당면하고 있는 수많은 문제현상의 대응을 위하여 유의하여 고려해야 하는 일은 문제현실을 파악하는 현실적 방법에 대하여 우선 '무엇이 문제인가를 파악하는 방법'과 '무엇이 당면하고 있는 과제인가를 파악하는 방법'으로 구분해볼 수 있습니다.

과제(課題)는 당면하고 있는 문제를 해결하기 위하여 구체적으로 해결하거나 대응해야 할 문제를 말합니다. 따라서 문제를 실천적 측면에서 보다 구체화하여 대응해야 할 문제들로 구분한 것입니다.

따라서 문제를 둘러싸고 있는 현상과 대응의 관점에서 볼 때, 경영관리자가 택할 수 있는 실천적 노하우는 문제해결을 위하여 과제에 초점을 맞추는 것이 한결 유용할 뿐만 아니라 그 대응의 관리가 용이합니다.

경영관리자가 대응해야 하는 문제해결의 단계는 다음<도표 10.1>과 같이 살펴볼 수 있습니다.

<도표 10.1> 일반적 문제해결과 전략적 문제해결

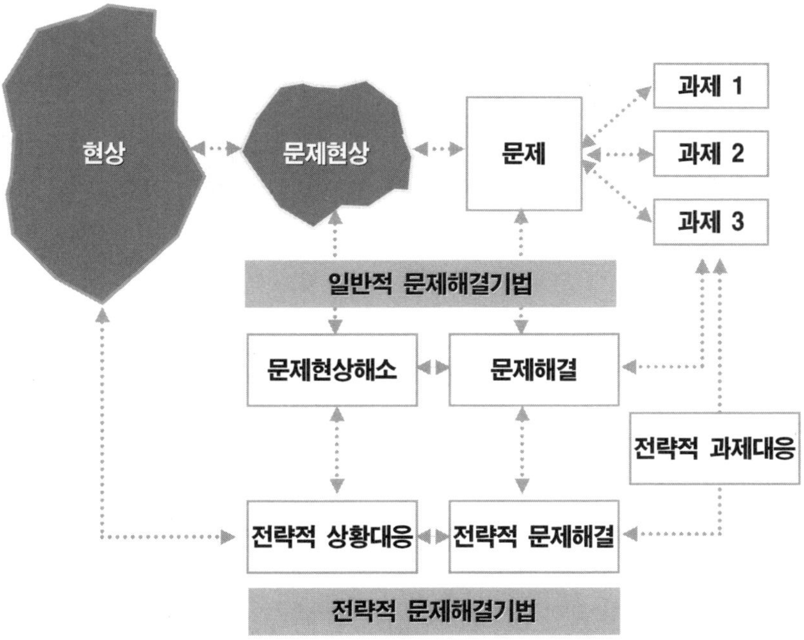

(D. J. Park, 2004)

<도표 10.1>에서 알 수 있는 바와 같이 일반적 문제해결의 기법들은 당면하고 있는 문제현상에 초점을 맞추어 문제해결의 방법을 찾아내고 대응하는 논리로 구성되어 있는 반면, 전략적 문제해결에서는 당면하고 있는 환경의 상황을 분석하여 전략적 과제

를 파악하여 그에 대응함으로써 경영관리자의 경영성과를 높일
수 있습니다.

이와 같이 경영관리자는 이제부터 당면하고 있는 문제현상을
인식하고 대응함에 있어서 기존의 추진방법을 개선하여 전략적
문제해결의 성과를 높일 수 있도록 하기 위하여 자신과 조직구성
원들의 역량을 강화할 필요가 있습니다.

■ 미해결 전략적 과제들이 기업성과를 저해한다

전략적 중점과제(strategic issue)란 '기업이 목표를 달성하기 위
한 능력에 중대한 영향을 미칠 수 있는 조직내부 또는 외부에서
조만간 발생하게 되는 과제'를 말합니다.[47]

이와 같은 전략적 과제들은 그 내용 및 대상에 따라 정기적인
전략계획, 예를 들면 5개년 전략계획이나 차기 전략계획에 반영
되어 대응을 전개할 수도 있지만, 여러 가지의 이유에서 전략계획
과정에 반영되지 못하여 그 대응이 방치되고 있는 전략적 과제들
도 있습니다.

따라서 이와 같은 현상에 대응하기 위하여 전략적 과제들이
등장할 때마다, 경영관리자들이 주축이 되어 신속히 대응할 수 있
도록 실천 시스템을 갖추는 것이 필요합니다.

그에 대한 절차와 방법을 이론적으로 체계화한 것이 제8장의
앞부분에서 살펴본 전략적 중점과제 경영기법(SIM)입니다.

■ 경영관리자들의 전략적 과제들의 해결방법은 어떠한가?

우리 경영관리자들의 업무추진에 있어서 전략적 과제들의 해
결기법이나 방법은 대체로 일반적 문제해결의 사고방법에 의존하
고 있으며 적용분야별로 단편적인 전략기법을 적용하고 있습니다.

---

47) 앤소프, 전략경영실천원리, 소프트전략경영연구원, 1997, p. 579

이에 대하여 전략적 중점과제의 대응기법은 전사적 관점에서 전략성과를 높이기 위하여 전사적 대응을 위한 절차와 시스템을 구축하기 위한 방안으로 제시되었지만, 경영관리의 현장에서 실무자들이 일반적으로 활용할 수 있는 구체적인 기법으로 제공되지는 못하였습니다.

즉, 기업차원에서 대응해야 할 절차와 기법은 일단 구체화되었지만, 부단히 변화하고 있는 환경에 대응하여 사업을 전개하고 전략적 과제들에 대응하기 위하여 조직구성원들이 활용해야 할 혁신적인 전략적 사고기법과 절차는 크게 개선되지 못한 채로 21세기에 접어들었습니다. 따라서 기업 및 정부조직의 경영관리자들이 자신의 업무수행의 과정에서 활용하고자 할 때, 전략적 중점과제 대응의 기법을 자신이 소관하고 있는 부문에서 일반적으로 적용하는 데에는 어려움이 많았습니다.

더욱이 급변하는 경영환경에 대응하기 위하여, 수시로 등장하고 있는 전략적 과제들에 대하여 경영관리자들이 전략적으로 대응하는 방법을 보완하고, 손쉽게 사용할 수 있는 구체적인 기법을 체계적으로 개발할 필요성이 더욱 높아졌습니다.

필자는 조직의 경영자와 관리자들의 현실적 필요성에 착안하여 기존의 전략적 중점과제의 대응경영기법인 SIM (Strategic Issues Management)의 전개논리와 실천적 프레임워크를 정비하고, 2년여 기간에 걸쳐 미국 캘리포니아의 샌디에고에서 앤소프 전문가그룹 내의 동료연구자들과의 연구논의를 거쳐 논리적 모델과 체계를 설정하고 실천적 기법으로 개발하였습니다.

따라서 일반 조직구성원들이 활용하기 좋은 절차와 기법을 제공함으로써 기존의 SIM의 현실적 적용범위를 넓힌다는 관점에서 이 방법의 이름을 전략적 과제해결 기법이라고 하고 영문으로는 Strategic Issues Solution, 줄여서 SIS Program이라고 하였습니다.

SIS 프로그램은 기존의 약한 신호 하에서의 전략대응 절차의 한계점을 극복하고 실용적으로 대응할 수 있는 체계적인 절차와 기법으로 고안되었습니다. 일반 기업조직이나 정부조직에서 당면하고 있는 다양하고 복잡한 전략적 과제를 해결하는데 실무적으로 활용할 수 있으며, 경영관리자가 당면 환경의 복잡성의 증가와 기업의 환경대응성의 어려움이라는 문제를 해결하는데 유용한 도구로 활용됩니다.

경영관리자 여러분들의 전략적 과제의 인식과 대응성과를 높일 수 있도록 하기 위하여 새로이 체계화하여 정부부문 및 산업계에 보급되기 시작한 전략적 과제해결기법인 SIS 기법의 활용방법을 살펴보도록 하겠습니다.

SIS 프로그램을 살펴보기 전에, 우선 우리 조직의 현장에서 실천되고 있는, 기존의 PDS(계획-실행-평가) 사이클에 의한 경영관리방식에서 상존하고 있는 보편적인 문제해결의 논리에 대하여 살펴보겠습니다.

2. 문제해결의 논리와 절차

대체로 정부부문이나 일반 기업조직에서 문제나 주요 과제들이 등장하면, 그에 대응하는 논리는 다음과 같습니다.

일반적 문제인식과 그 대응에 관한 보편적 대응논리

문제해결논리 : 문제가 발생하였으므로 문제를 해결한다.
　전제 1. 문제는 제대로 인식된다.
　전제 2. 문제해결대안을 전개하면 문제는 제대로 해결된다.

이러한 문제해결 논리는 문제가 발생하면, 그에 대응할 수 있

고 문제는 해결된다는 논리에 입각하고 있습니다.　이와 같은 논리적 전개를 다음 도표에서 보는 바와 같이 편의상「1:1 대응논리」라고 하겠습니다.　1:1 대응논리를 따르는 합리적 근거로는 문제현상에 대하여 직접 대응하는 경험적 논리가 작용하고 있습니다.

　예를 들면, '불이 나면 불을 끈다'거나 또는 '물이 새면, 물을 막는다'는 식의 발상이 이와 같습니다.　이와 마찬가지의 사고방식이 기업경영 현장에서도 그대로 발휘되어, 주요 시장에서의 시장점유율의 급감이나 주요 핵심기술의 유출과 같은 이슈에도 동일한 논리에 의하여 대응하려고 합니다.

■ 1대1 대응 원리의 한계

　조직의 현실을 주목해보면, 주요 경영현안과제나 외부환경에 대한 대응을 모색하고자 할 때, 일반적인 사고방식과 대응원칙은 「자극과 반응(행동)모델」과 유사한 형태의 사고방식이 일반적 경향으로 자리 잡고 있습니다.　예를 들면, '불이 나면 불을 끈다, 또는 불이 났으니 불을 끈다'는 형태의 발상과 대응을 생각해볼 수 있습니다.

　이러한 자극반응모델은 외부자극이나 환경조건에 대한 반응행동과 관련하여 여러 분야에서 폭넓게 적용되어오고 있습니다.　자극과 반응의 관계모델 뿐만 아니라, 원인과 결과논리, 도전과 대응과 같은 형태의 논리모델 또한 유사한 관점을 보이고 있습니다.

■ 복합대응논리

　1대1 대응원리는 하나의 현상의 인식과 대응에 대하여 현상과 대응을 한 가지의 단순한 상황대응 이벤트로 인식하고, 그에 따라 단순한 방안으로 대응함으로써, 인식과 대응에서 오류를 유발하고 있습니다.

만약, 하나의 현상이 개별적인 단순한 하나의 이벤트라면, 그에 대응하는 하나의 대안으로 대응하는 것이 가능합니다. 그러나 기업조직이 당면하고 있는 환경의 복잡성이 증대하게 되면 눈에 보이는 현상들은 그 원인이 한 가지의 원인이나 하나의 현상으로 등장하는 것이 아니라, 복잡한 연관관계를 형성하며, 구조적으로 등장하게 됩니다.

이와 같은 경우, 1대1 대응원리를 단순하게 적용하게 되면, 그 대응성과를 제대로 보장할 수 없으며, 경우에 따라서는 또 다른 파생적 문제점을 유발하게 되기도 합니다. 따라서 하나의 현상에서 파악되는 여러 가지의 요소들에 대하여 대응하는 요소들 간의 적합성 여부에 따라, 1대1 대응논리는 성립되기도 하고 또는 성립되지 않기도 합니다.

복합대응은 하나의 현상에서 파악되는 여러 가지의 관련현상 요소들에 대하여 복합적 대응요소들을 결합하여 대응하는 방법입니다.

이와 같은 복합 대응을 전개함에 있어서 현상에 영향을 미치는 원인에 대응하는 것을 원인대응이라고 하고, 그 대응내용에 따라 현상에 직접 원인으로 작용하고 있는 요소에 대응하는 것과 근원적인 원인요소들을 제거하는 발본적 대응이 있습니다. 따라서 이 두 가지의 대응논리를 결합하여 원인과 현상에 대하여 부분적인 대안들을 결합하여 전개하는 방식과 전반적인 대응을 전개하는 방식이 활용됩니다.

즉, 문제해결의 성과를 높이거나 또는 상황에 효과적으로 대응하기 위하여 「현상을 구성하고 있는 물리적 원소들과 관계성을 중심으로, 복합적인 현상을 이해하고 대응하는 방식을 기존의 1:1 대응에서 보다 세분화된 m:n의 대응방식으로 개선」하는 것이 필요합니다. 이와 같이 당면현상을 구성하고 있는 관계성을 파악하고, 그 대응의 성과를 높이는 것을 「대응논리를 강화하는 방법」이라고 할 수 있습니다.

<도표 10.2> 문제해결의 논리와 방법, 절차의 개선을 통한 성과증진

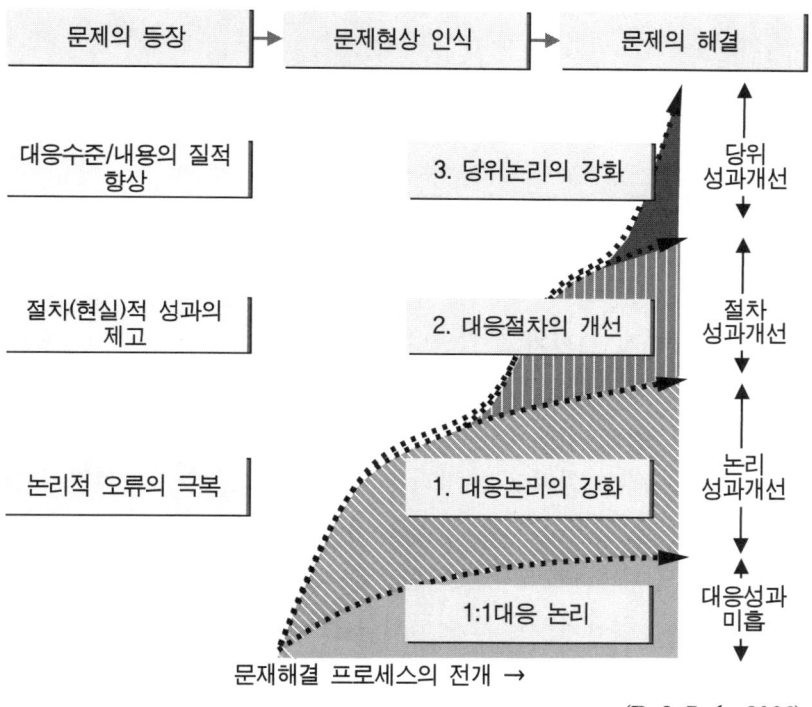

(D. J. Park, 2006)

또한 상황을 인식하고 대응하는 논리적 한계를 극복하기 위하여, 반복적, 지속적인 대응과 절차적 개선을 통하여 그 대응의 성과를 높이는 것을 「대응절차를 개선하는 방법」이라고 하겠습니다.

그리고 현상인식에 대한 당위관점을 확대하고, 심화시킴으로써 그 대응활동의 내용과 수준을 높이는 것을 「당위논리를 강화하는 방법」이라고 할 수 있습니다.[48]

---

48) 「당위논리를 강화」한다는 것은 결국, 기업 또는 정부조직의 「윤리적 행동을 강화한다」는 점에서 「기업윤리를 제고하는 방법」이라고 할 수도 있습니다.

이 세 가지의 논리와 절차적 방법의 개선을 통하여, 기존의 PDS(Plan-Do-See) 조직구성원들의 경영관리방식에서의 상황대응 능력을 보완하고, 우리 조직구성원들이 일상적으로 당면하고 있는 문제 현상들에 대한 대응성과를 한층 더 높일 수 있습니다.

3. 전략적 문제해결을 위한 신기법 - TIES 사고법

■ 기존의 문제해결기법들과 신기법 창안의 필요성

산업계에서 활용하고 있는 문제해결을 위한 발상법과 해결기법은 꾸준히 발전하여 이제는 경영관리자들이 활용할 수 있는 기법들이 다양하게 제시되고 있습니다.

그러나 다양한 환경요인들이 작용하고 있는 기업현장에서 전략적 과제에 대응하기 위하여 경영관리자나 조직구성원들이 사용할 수 있는 기법은 의외로 개발되지 못하고, 기존의 문제해결기법들을 원용하여 당면하고 있는 상황에 따라 제각기 익숙한 방법을 사용하면서 대응해오고 있는 실정입니다.

따라서 경영관리자와 조직구성원들이 전략적 과제를 판별하고 대응할 수 있는 기본적인 발상법과 대응법을 고안할 필요성을 느끼고 이에 대하여 20여년간의 산업계 및 공공부문의 전략적 환경대응에 관한 지도경험과 연구를 통하여 이에 대하여 편리하게 대응할 수 있는 해결기법을 개발하게 되었습니다.

■ 5지법(5指法: TIES Thinking Principle)

앞에서 살펴본 1대1 대응논리에 입각하여 기업이 당면하고 있는 현상에 대응할 경우의 폐단과 실패의 가능성은 이미 살펴본

여기에서는 당면하고 있는 문제해결의 논리를 강조하고, 「대응논리」의 강화와 연관지어서 살펴보는 것이 독자의 이해를 높일 수 있을 것으로 사료되어 「당위논리」의 강화라고 제시하였습니다.

바와 같습니다.

따라서 복합대응의 논리를 경영관리자와 조직구성원들이 보다 간명하게 전개하기 위하여, 당면하고 있는 문제현상의 내용을 필수적인 내용을 중심으로 구조적으로 분석하여 대응하는 방법을 고안하였습니다. 즉, 현상대응을 위한 구조적 진단과 사고방법이라고 할 수 있습니다.

구체적으로는 당면하고 있는 현상을 다섯 가지로 나누어, 살펴보아야 할 과제항목으로 구분하여 ①핵심현상, ②원인과 상황조건, ③연관현상을 살펴보고 ④전반적 현상과 ⑤긴급대응을 요하는 현상을 나누어 살펴보는 방법입니다. 이와 같이 다섯 가지로 나누어 살펴본다고 하여 기억하기 쉽게 다섯 손가락 판단법(TIES: Technique of Issues Evaluating and Solution), 또는 전략적 과제 진단과 해결의 5지법(5指法), 줄여서 5지법이라고 하겠습니다.

<도표 10.3> 5지법의 왼손 사고법칙
TIES Left Hand Thinking Principle

1. 무엇이 핵심인가?

2. 왜 발생했는가?

3. 무엇이 관련되어 있는가?

4. 전체적으로 대응해야 할 일은 무엇인가?

5. 긴급하게 수행해야 할 일은 무엇인가?

(D. J. Park, P. H. Antoniou 2007)

■ 5지법의 특징

5지법에서는 당면하는 현상이나 해결해야 하는 과제를 바라볼 때, 앞에서 설명한 바와 같이 다섯 가지의 관점으로 살펴봅니다.

따라서 <도표 10.3>에서 보는 바와 같이 특정한 현상에 대하여 현상에 대하여 직접 대응행동을 전개하기 전에, 현상의 핵심적인 내용과 현상을 둘러싸고 있는 요인들이 무엇인가를 판별하고, 현재의 당면하고 있는 현상과 관련하여 유발되고 있는 관련 현상이나 과제가 무엇인지를 판별합니다.

이와 같이 하나의 현상에 대하여 핵심과 원인 그리고 연관현상을 인식하고 난 뒤, 전체적으로 대응해야 할 과제를 판별하고, 우선 대응해야 할 과제가 무엇인가를 파악하는 일까지 수행함으로써 환경에서 유발되고 있는 대응과제를 구조적으로 파악합니다.

이와 같이 판별하는 방식을 편의상 5지법의 왼손 사고법칙이라고 부르겠습니다.

<도표 10.4> 일반적 사고와 5지법 사고법칙 적용의 차이점

	일반적 사고	5지법 사고
현상의 이해	전체와 부분을 동시에 하나로 무분별하게 인식	현상의 전체를 대응행동에 초점을 맞춰 분별함
대응과제의 파악	대응의 초점이 불명확함	대응해야 할 내용에 따라 초점을 정밀하게 하여 대응과제를 파악
대응행동의 전개경향	당면하고 있는 현상에 대하여 즉각적/습관적 대응을 전개하려는 경향이 강함	당면하고 있는 현상에 대하여 과제를 명확히 하여 과제별 대응을 전개함
대응성과	대응해야 할 과제가 불명확한 채로 대응을 전개하므로 대응성과가 미약함	대응과제별 대응을 전개하므로 대응성과가 대폭적으로 개선됨

(D. J. Park, 2007)

왼손 사고법칙은 현상을 조명하고 문제를 파악하고자 할 때, <도표 10.4>에서 보는 바와 같이 1대1 대응 논리원칙을 적용할 때와는 달리, 당면현상에 대하여 근본적이고 전략적 대응을 촉진할 수 있습니다. 그것은 상황에 대하여 어떻게 대응할 것인가에 초점을 맞추어, 상황을 분별하기 때문에, 분별력이 높아지고 대응의 효과성이 높아집니다.

즉, 5지법에 의하여 분별력이 높아져서, 상황을 파악하고 대응과제가 무엇인지를 제대로 파악할 수 있다면, 그 대응에 있어서도 보다 정교한 상황대응을 전개할 수 있습니다. 즉, <도표 10.5>의 오른손 행동법칙에서 보는 바와 같이 당면하고 있는 문제현상에 대하여 한층 더 효과적인 해결을 도모할 수 있습니다.

<도표 10.5> 5지법의 오른손 행동법칙
TIES Right Hand Action Principle

1. 핵심 대응행동은 무엇인가?
2. 원인, 상황 대응행동은 무엇인가?
3. 연관조치는 무엇인가?
4. 전체적 대응조치는 무엇인가?
5. 긴급대응조치는 무엇인가?

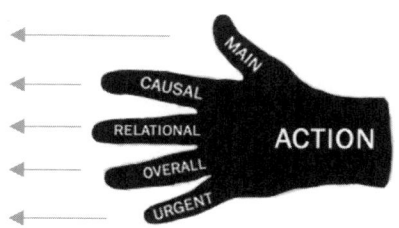

(D. J. Park, P. H. Antoniou 2007)

예를 들어, 소비자 불만처리를 상담하는 경우, 1대1 대응 논리나 스위치 논리에 의한 대응을 전개할 경우와 5지법에 의한 대응을 수행할 경우에는 <도표 10.6>에서 보는 바와 같이 소비자의 불만에 대응하는 방식이 크게 달라집니다.

경영관리자가 이와 같은 사고방식에 의하여 조직구성원들을 훈련시키고 그에 입각하여 사업활동을 치밀하게 전개할 경우, 전략적 성과를 크게 개선할 수 있을 뿐만 아니라, 경영관리자의 전략적 지휘능력 또한 대폭적으로 신장됩니다.

5지법에 의하여 상황에 대한 인식을 강화하게 되면, 그에 대응하는 대응방법 또한 5지법에 의하여 효과적으로 대응할 수 있습니다. 즉, 당면하고 있는 문제현상에 대응할 경우에도, 즉각적으로 무분별하게 대응하는 것이 아니라, 핵심적 대응과 원인에 대한 대응, 연관현상에 대한 대응활동을 구분하고, 전체적으로 대응해야 할 것과 긴급하게 대응해야 할 것을 구분하여 실시함으로써 전략적 대응의 효과성을 대폭 향상시킬 수 있게 됩니다.

<도표 10.6> 소비자 대응에 있어서 5지법 사고행동법칙 적용의 장점

소비자불만 대응의 경우	일반적 사고	5지법 사고행동법칙
현상의 이해	소비자의 불만의 내용을 접수한다.	소비자 불만의 이유를 핵심적 이유와 불만의 원인, 그리고 연관적으로 어떠한 일이 일어났는지 파악한다.
대응과제의 파악	소비자 불만 처리를 위한 매뉴얼에 의하여 대응해야 할 일을 파악한다.	소비자 불만을 해소하고 추후 발생하지 않도록 하기 위하여 핵심적으로 대응해야 할 과제, 원인을 해결하기 위한 과제, 연관적으로 조치해야 할 과제, 전사적으로 조치해야 할 과제, 그리고 우선 당장 무엇을 해야 할 것인지를 구분하여 파악한다.
대응행동의 전개경향	대응할 수 있는 내용이 없을 경우 어떻게 무엇을 대응해야 할지 모른다. 관련부서로 돌린다.	5가지로 구분된 대응과제에 대하여 당사자들이 종합적으로 대응한다.
대응성과	소비자 불만에 대한 근본적 대응이 결여되므로 소비자 불만이 근본적으로 해결되지 못한다.	소비자 불만에 대하여 근본적 조치와 원인현상에 대한 조치, 연관조치, 전반적 조치, 긴급하게 대응할 조치를 수행함으로써 그 대응성과가 높다.

(D. J. Park, 2007)

■ 이 부장의 상황인식과 전략과제의 선정

최근 시장상황의 저조와 목표미달로 고민하고 있는 A 중소벤처기업의 관리부장으로 근무하는 이 부장은 심각한 고민에 빠져 있습니다. 이 부장은 영업지원과 경영관리를 총괄하고 있으며, 지난해 하반기부터 영업부에서의 실적미달현상이 금년도에도 크게 개선되지 못한 상황이므로 이에 대한 대책마련이 시급한 상황입니다.

이에 대한 영업부의 대응은 경쟁력이 있는 새로운 제품(X1)을 수입 판매할 것을 주장하고 있지만, 상황은 그다지 낙관적이라고 할 수 없습니다.

영업부의 논리는 P1 제품의 매출의 저조는 영업부서에서 판매하고 있는 P1 제품이 더 이상 시장에서의 경쟁력을 유지할 수 없기 때문이라고 판단하고, 새로운 제품(X1)을 도입하여 판매하는데 주력해줄 것을 요구하고 있는 실정입니다. 따라서 새로운 제품(X1)을 도입할 것인가에 대하여 이 부장은 명확한 판단을 내려서 대응하지 않으면 안 되는 곤란한 상황에 처하게 되었습니다.

<도표 10.7> 영업부서에서의 문제인식의 논리

현상	현상에 대한 판단	전략적 과제
주력제품 P1 매출의 저조	P1 제품의 경쟁력 저하	신제품(X1)의 도입

이에 대하여 영업부서의 주장대로 신제품 X1을 그냥 도입해주면 될 것이 아니냐고 무역부의 실무자는 지나가는 이야기를 하고 있습니다. 그러나 실상을 이해해본다면, 이는 그냥 처리해줄 사안은 아닌 것입니다.

첫째로, X1제품이 도입에 따르는 비용이 만만치 않습니다. 우선 X1제품의 해외딜러는 초기 도입물량에 대한 조건이 대단위 판매량을 요구하고 있으며, 그나마 가격협상도 까다로울 뿐만 아니라 마진의 폭도 크지 않습니다.

둘째로, 요구하고 있는 판매조건도 탄력적이질 못하여, 할인판매를 허용하지 않고 있습니다.

셋째로, X1제품의 특성이 기존의 P계열의 제품과는 근본적으로는 기능과 특성이 다르기 때문에 초기 마케팅 비용이 많이 들 뿐만 아니라, 수요처에서 핵심적 설비를 개체해야 하는 부담이 있기 때문에, 경쟁사에서도 도입을 망설이고 있는 상황입니다.

넷째로, 현재 자금의 흐름을 살펴보면, X1제품의 도입에 드는 비용과 수익예상을 고려해볼 때, 영업부서에서 주장하고 있는 바와 같은 조치를 수행할 경우, 심각한 자금압박을 받을 것이 예상되기 때문입니다.

이러한 상황에서, 이 부장은 X1제품의 도입을 결정할 것인가에 대하여 의사결정을 내려야 하는 고민에 빠지지 않을 수 없게 된 것입니다.

따라서 이 부장은 영업부장과 무역부서의 직원들, 그리고 관리부서의 직원들에게 보다 명확하게 당면하고 있는 현상을 파악하고 전략적 과제를 명확히 할 필요가 있다고 판단하여, SIS 대응논리를 적용해보기로 하였습니다.

■ 당면현상에 대하여 제대로 파악한 것인가?

우선 당면현상에 대한 진단을 어떻게 할 것인가에 대하여 기본적인 진단방법에 따라 이 부장은 당면현상을 다음과 같이 구분하여 <도표 10.8>과 같이 살펴보았습니다.

<도표 10.8>에서 보는 바와 같이 당면하고 있는 상황을 바라보는 시각을 입체적으로 전개함으로써, 이 부장은 P1 제품의 매출부진의 현상에 대하여 좀더 구체적으로 살펴볼 수 있습니다.

<도표 10.8> 이 부장의 전략적 중점과제 진단

전략적 과제 진단	1. 전반적 현상에 대한 전략과제
	[주요당면과제 및 현상] ● 주력제품(P1)의 매출의 저조 ▶ 수익성의 저하 ▶ 사업활력의 저하 ▶ 새로운 사업변혁이 요구되고 있음
원인, 상황 조건(C)	**2. 원인/상황의 중점과제**
[원인/상황의 주요내용] ● 주력제품(P1)의 경쟁력 저하 ▶ 거래부진	● 주력제품(P1)의 매출의 저조 ▶ 기존 영업방식의 한계 ▶ 고객의 구매처 변경
핵심(M)	**3. 핵심중점과제**
[핵심현상의 주요내용] ● 주력제품(P1)의 매출의 저조 ▶ 제품 구매수요 감소	● 신규제품의 도입 및 영업 ▶ 제품영업 프로모션의 확대 ▶ 거래처 추가 확보
연관(R)	**4. 연관 중점과제**
[연관현상의 주요내용] ▶ 자금수지의 악화 ▶ 제품수요감소	▶ 자금계획의 수정 ▶ 조직력, 영업력의 강화 ▶ 거래협력 네트워크의 관리 ▶ 사업지원활동의 확대
긴급(U)	**5. 긴급대응과제**
[긴급상황의 주요내용] ▶ 매출회복 ▶ 영업전략의 수정 ▶ 조직정비	▶ 기존 거래처 영업대응 ▶ 신규 거래처의 확보 ▶ 영업조직의 정비 ▶ 제품전략의 재수립

● 현재 파악되고 있는 현상과 전략적 과제
▶ 새롭게 인식한 현상과 전략적 과제

즉, P1제품의 매출부진의 원인을 단순하게 제품의 하자나 결함에서만 찾는 것이 아니라, 영업활동의 내용에서의 문제점을 점검하고 기존의 사업전개방식의 수정과 조직의 정비, 그리고 새로운 전략적 대응의 전면적인 검토를 전개해야 한다는 판단을 내릴 수 있게 된 것입니다.

따라서 경영관리와 영업지원을 수행해야 하는 관리부장의 입장에서 추진해야 할 전략적 과제들이 무엇인가에 대하여 판별이 가능하게 되었습니다. 이 부장의 판단은 A사에서 X1 제품의 도입이라는 제안에 대하여 무분별하고 무조건 수행하는 1대1대응의 사고방식에서 탈피하여, 보다 정교한 상황판단과 대응으로 시행착오를 줄일 수 있도록 하였습니다.

이와 같은 5지법은 경영현장에서 보편적인 조직구성원들이 전략적 과제를 효과적으로 해결하기 위하여 필요한 기법으로 개발하였지만, 실제로 그동안 경영관리자들에게 이 기법의 지도를 위한 워크샵을 실시하는 과정에서 개인의 일상적인 활동에서도 활용될 수 있음을 알 수 있습니다.

4. 오지법을 이용한 전략적 대응 프로그램

■ SIS 전개도에 대한 설명

<도표 10.9> SIS 전개도에서 보는 바와 같이, 환경의 신호가 일단 잡히면, 그것이 약한 신호이건 강한 신호이건 SIS 대안수립 프로세스를 전개합니다. 만약 신호로써 인식되지 않고, 지나치게 약한 신호일 경우에는 계속감지하면서 기존의 약한 신호 하에서의 전략적 중점과제 경영 시스템을 가동합니다.

그러나 일단 신호형태로 감지가 되면, 바로 SIS 프로그램의 과제진단 프로세스와 대안수립 프로세스를 전개합니다. 여기에서 대안수립 프로세스를 통하여 대안이 도출되면 즉시, 조기 실천으로 대응하면서 상황이 변화되는 과정과 조건의 변화 등에 대하여 관찰하고, 변화된 신호가 감지되면, 다시 SIS 대안수립 프로세스를 가동시킵니다.[49]

SIS 프로그램의 해결대안 프로세스를 전개할 때에는 전략적 중점과제경영의 수행에 있어서 환경 내에서 전략적 과제가 잘 감지되지 않을 경우, 그것이 약한 신호인지의 여부를 판정하기 위하여 기다리지 않습니다.

<도표 10.9> 약한 신호의 취약점을 개선한 SIS의 전개도

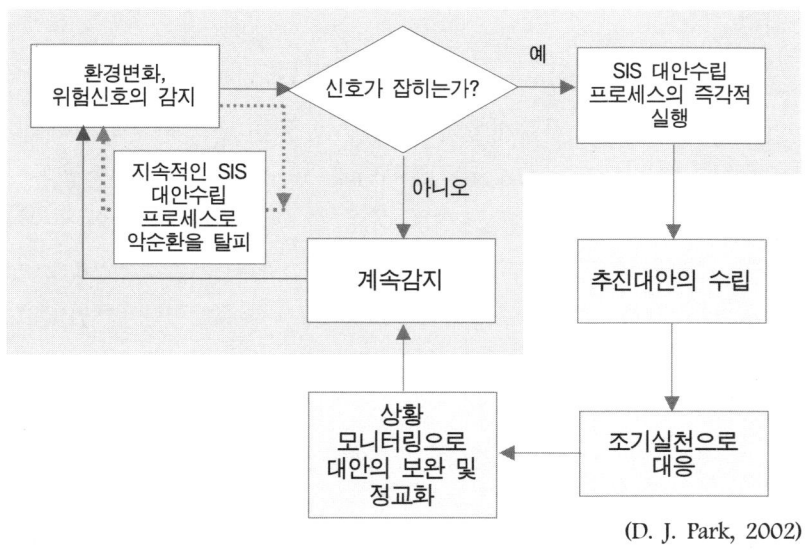

(D. J. Park, 2002)

즉, 지속적으로 환경감시의 노력을 계속 강화하는 한편, 환경의 신호가 강해질 때까지 기다리다가, 대응의 타이밍을 놓치는 악순환을 반복하기보다는, 일단 전조가 의심스럽다고 생각될 경우에는 SIS 대안수립 프로세스를 전개함으로써 신속한 대응과 절차적

---

49) 이와 같은 발상은 나까무라겐이치 교수님의 지론 중에 환경변화가 불확실하고 기업의 환경대응속도와 적응성을 높이기 위해서는 'Start early and small'이라는 키워드를 강조하고 있는데, 이러한 점을 염두에 두어, 문제상황인식과 그 해결에 대한 신속성과 정확성이라는 문제를 해결하기 위하여 고안한 것입니다. 나까무라겐이치, <전자도서> 도표 50으로 배우는 전략경영, 제5장 참조, 소프트전략경영연구원간

방법의 전개로 상황에 대한 해결성과를 높입니다.

좀더 정확한 진단과 처방을 원하고자 한다면 분석기법에 충실하면서 반복적으로 피드백 과정을 통하여, 상시운영 프로그램으로 활용함으로써 그 처방과 대안의 정확도를 높일 수 있습니다.

SIS방법의 고안에 있어서 두 번째로 특기할 것은 기존의 SWOT 분석의 활용에 대한 문제점을 보완할 필요가 있다는 점입니다.

SWOT 분석논리는 1965년 앤소프 교수님이 기업전략론을 창안하여, 기본적인 전략대응의 원칙을 설정한 후, 몇 년 뒤 케네스 앤드류스(Kenneth Andrews) 교수님과 연구동료들과의 발상의 교류에 의하여 탄생한 분석틀입니다. 그 기본적인 전개의 논리는 기업이 당면하고 있는 환경에 대응하기 위하여 환경의 요소들을 기회와 위협요인으로 구분하고, 그에 대응할 수 있는 기업역량을 강점과 약점으로 나누어 전략적 대응방향과 그 대안을 모색하기 위하여 제시되었습니다.

이 방법은 현장에서 전략을 모색하거나 지휘를 할 때, 유용하게 활용할 수 있는 방법으로, 다양한 상황에서의 전략모색을 가능하게 합니다. 우선, 기존의 SWOT 분석방법의 내용을 우선 간략하게 살펴보도록 하겠습니다.

■ 기존의 SWOT 분석방법

제9장에서도 살펴본 바와 같이 SWOT 분석방법은 전략을 도출하기 위하여 자사의 능력을 점검하여 환경에 대응하기 위한 방안으로 도출되는 방법 중의 하나입니다. 스와트(SWOT) 라는 이름은 조직이 확보하고 있는 능력의 강점/약점(Strength/Weakness)과 환경의 기회/위협(Opportunity/Threat)의 영문 머리글자만을 따서 붙인 것입니다.

우선 환경분석을 살펴보면, 여기에는 활용하고자 하는 환경예측, 분석기법에 따라서 그 내용이 달라집니다. 이러한 SWOT 분석의 실제로 컨설팅 기관마다 독자적으로 양식을 개발하여 다양한 형태의 변형된 작업양식들을 활용하고 있습니다만, 주요 항목들로는 환경변화의 요소나 속성, 그 내용(기회, 위협)의 구분, 영향의 정도와 같은 내용들이 구성됩니다. 추가적으로 시기나 또는 우선순위와 같은 항목들을 추가할 수도 있습니다.

이어서 기업능력을 평가합니다. 기업능력의 평가작업에서는 우리 회사가 지니고 있는 역량의 강점과 약점을 평가하는 것입니다. 우리 자신의 실상을 점검함으로써, 변화하는 환경에 어떻게 대응할 것인가에 대한 전략을 모색하기 위한 것입니다.

환경분석에서 기회요인과 위협요인이 식별되고, 기업능력에 대한 강점과 약점이 파악되면, 이제 무엇을 해야 할 것인가에 대한 환경대응 내용을 결정하는 작업을 수행합니다. 이와 같은 SWOT 분석을 통하여 조직에서 환경에 대응하는 방안들을 어떻게 만들 것인가에 대한 방법적 모색이 가능하게 됩니다.

■ 기존의 SWOT 분석방법의 한계점

그러나 현장에서 실무자들의 SWOT 분석작업을 전개할 때나 전략 수립 워크샵을 지도할 때, 몇 가지의 실천적인 방법상의 문제점을 느끼게 되는데, 그것은 주로 다음과 같은 것들입니다.

1. 우선, 환경인식의 기법이나 예측, 분석방법이 제대로 갖춰지지 않을 경우, 환경에 대한 자의적인 선별과 해석으로 중요한 환경요소들이 간과될 수 있다는 점입니다.

이러한 점을 보완하기 위하여, 앤소프 교수님은 일련의 참고 항목들을 제시하고, 그에 준거해서 검토할 것을 권장하고 있습니다. 그러나 해당 항목들에 대한 인식이 제한되어 있거나 또는 경영관리진의 실감필터50)가 부정적으로 작용하게 될 경우, 기업현장에서는 이에 대한 접근이 사전적으로 차단된다는 문제점이 노출되었습니다.

2. 기업 능력에 대한 검토에 있어서는 강점과 약점에 대한 명확한 인식이 쉽지 않습니다. 더욱이 미래의 시점으로 전환하여 우리 기업의 강점 약점에 대하여 분석작업을 수행할 때, 작업자들의 자의적인 해석에 좌우될 경우가 많고 시장지능이나 기술지능, 정보지능과 같은 지능발휘에 대한 관점도 결여되어 있는 경우가 많습니다.

기업지능이 제대로 발휘될 것인지에 대한 문제점도 중요하지만, SWOT 분석자의 전략지능의 여부에 따라서 그 내용이 달라지며, 또한 훌륭한 대안을 모색한 경우에도 그 대안이 수용되지 않고 기각되는 경우가 많다는 점입니다.

3. 강점인가 약점인가에 대한 해석도 명확하지 않습니다. 강점과 약점의 판단은 실제로 부딪쳐 봐야 알 수 있는 것입니다. 즉, 상황이 전개되어 실전에서 그 결과를 놓고, '이것이 강점이다, 저것이 약점이다'라는 판단이 가능하다는 것입니다. 그러나 사전에 이를 구별해내기란 사실 의외로 쉽지 않습니다.

기업규모나 역량 면에서 경쟁기업 간에 현저하게 차이가 날 경우에는 비교가 가능해보여도, 대체로 비슷한 수준의 경쟁기업들의 자원확보상황을 보면, 상당히 유사한 질과 양, 그리고 서로 비슷한 내용의 경영자원들을 확보하고 있습니다. 더욱이 상대 경쟁

---

50) 실감(實感) 필터(realization filter)는 중요한 전략적 과제가 눈앞에 등장하게 될 경우에도 이에 대하여 실제로 그 필요성이나 해결해야 한다는 실감을 해야만 해당 과제를 해결하고자 하는 행동이 착수됩니다. 이러한 실감필터가 제대로 작용하지 못하는 경우, 아무리 중대한 전략적 과제가 등장해도 해당 과제를 해결하고자 하는 의지가 발휘되지 않습니다. 이와 경우에는 심각한 피해를 입거나 중대한 위기가 닥쳐야만 대응하게 된다는 점에서 주목해야할 현상입니다. 박동준, 뉴스와트 전략 2.0 실천기법, 2008. pp. 179~182.

기업의 면면을 세세히 알 수도 없고, 상대기업의 기업지능의 진화상태나 속도, 투지와 같은 것을 쉽게 분별하여 우리의 역량과 비교하기가 쉽지 않습니다.

그런데, 강점과 약점으로 나누려 하다보면, 미세한 차이를 더욱 벌려서 생각하는 경향이 있고, 더욱 유의해야 할 점은 미세한 차이의 약점을 크게 생각하여 공격적으로 나아가야 할 때에도, 수성(守成)의 전략에 치중하거나, 또는 수성의 전략에 치중해야 할 시점에서도 강점을 너무 확대 해석하여, 공격적 전략의 내용으로 나아갈 수 있다는 점입니다.

4. 강점과 약점을 구분하는 과정에서, 강점인지 약점인지 명확하지는 않지만, 전략적 대응을 위하여 핵심적 역량으로 간주되어야 할 요소들조차, 강점이나 약점의 분류항목에 해당되지 못할 경우, 그러한 요소들은 전략적 대응 모색을 위한 SWOT 매트릭스 내의 분석작업에 처음부터 고려의 대상에 들지 못하게 됩니다.

5. 또한 사전에 관측이 가능한 강점과 약점이란 조건이나 기준에 따라 변화하기 마련입니다. 즉, 기업의 진행방향이나 또는 내부 경영자원들의 정비상황에 따라서 상대적으로나 절대적으로 변화합니다. 무엇이 현재의 강점이고 약점이며, 그 강점과 역동성이 어떻게 변화할 것인지를 알지 못한다면, 당면하게 될 미래의 기회요인과 위협요인에 대한 대응의 편성이 잘 될 수도 있지만, 잘못될 수도 있습니다. 즉, 전략의 유효성이 떨어지게 된다는 점입니다.

이러한 점에 대응하기 위하여 SWOT 분석은 반복적으로 실시할 것이 요구됩니다. 그러나 그 반복적 실시의 타이밍을 놓치게 된다면, 전략의 수정과 보완은 시기를 놓칠 수 있게 됩니다.

6. 환경의 기회요인과 위협요인 또한 그 인식이 쉽지 않습니다. 약한 신호의 경우, 그것이 기회인지 위협인지에 대한 이해가

불가능하며, 이 두 가지의 항목, 즉 기회와 위협으로 분류되지 않게 되면, SWOT 분석작업에 고려될 여지가 없습니다.

물론 SWOT 분석만으로 전략을 모두 수립하게 되는 것은 아닙니다. 그러나 SWOT 분석기법의 논리적 프레임워크에 의존할 경우, 기업의 역량을 가지고 환경에 대응할 수 있는 것처럼 보이지만, 현실적으로는 기회와 위협요인도, 강점과 약점요인도 그 요인 파악에 실패를 하게 될 경우, 그 분석 프로세스 내에서 분석해야 할 요인이 추가되지 못함으로 인하여 그릇된 결론을 도출하게 되거나 또는 분석결과의 품질이 형편없는 것으로 나올 수 있다는 분석방법상의 맹점이 있습니다. 이상과 같은 점들은 특히 작업시 유의할 필요가 있습니다.

7. 또한 SWOT 분석작업에서는 당면환경에 대한 분석이 일정한 기간이나 시점을 전제로 기회와 위협을 살펴보고, 우리의 강점과 약점을 파악합니다.

예를 들어 당면하는 환경에 대하여는 현재가 아닌 1년이내 또는 3년 이내와 같은 기간을 고려합니다. 즉, 현재의 시점을 T라고 한다면, 환경에 대한 시점의 고려는 예를 들면, T+1이나 T+3과 같이 현재가 아닌 미래의 시점이 됩니다. 그러나 능력의 경우에는 현재의 능력, 즉 T의 시점을 기초로 강점과 약점을 판별합니다. 따라서 대응시점에서의 판별과 시기적 상황이 일치하지 않기 때문에, 시간논리에 있어서 차이가 발생합니다.

이와 같은 시점의 차이는 대응방안의 모색을 전개하는 분석시점과 대응시점에서의 대안에 있어서 근본적인 시간오류와 그에 따른 내용의 허구성이 작용하게 됩니다.

따라서 이와 같은 일에 대비하려면, 시간의 경과에 따라, 지속적으로 반복적인 작업을 실시하여 시간오차에 따른 시간오류와 그에 수반되는 내용의 허구성을 최소화하기 위한 노력을 기울여야 하는 것입니다.

8. 추가적으로 SWOT 분석에서는 각 대안들이 서로 어떠한 상관이나 보완관계가 있는지, 환경의 돌파를 위한 대안인지, 사업환경의 정비나 상황조건에 대응하는 것인지에 대한 구분이 어렵다는 점입니다.

따라서 SWOT 분석작업 이후의 실행방안의 전개에 어려움을 느끼게 됩니다. 즉, 각 대안들을 종합하고 정리하는 과정에서 각 대안들이 어떠한 부류의 조치를 의미하는지 이해가 어려우며, 그것을 종합화하기가 또한 어렵습니다.

이와 같은 분석의 논리구조와 방법전개상의 오류 때문에 SWOT 기법의 타당성을 확보하기 어렵게 되고 그 활용도 및 작업결과의 신뢰도가 떨어지게 됩니다.

■ 방법보완을 어떻게 할 것인가?

따라서 새로운 방법을 설계함에 있어서 이상과 같은 SWOT 분석기법의 약점을 보완하고자 한다면, 우선 이 기법의 구조를 이해해볼 필요가 있습니다.

SWOT 분석기법의 가장 두드러진 특징은 하나의 도표에 환경의 문제와 기업의 문제를 조합하고 이에 대한 대안을 수립하는 형태로 되어 있습니다. 그러나 SWOT 기법은 여러 가지의 유용성에도 불구하고 실제 작업의 난이도가 높으며, 또한 어렵게 작업을 해도, 제대로 그 내용을 점검할 수 있는 역량이 부족한 경우에는 실행가능성이 낮고, 그 성과도 보장하기 어렵습니다.

따라서 이와 같은 점을 보완하기 위하여, 일단 SWOT의 기본 골격은 유지하면서도, 해결과제의 선정단계와 주요 과제의 해결단계, 즉 대안모색단계로 구분할 필요가 있습니다.

또한 강점과 약점을 구분함에 있어서 명확하게 구분되지 못하는 역량들에 대하여는 중립적 요인으로 구분함으로써 주목해야 할 내부역량으로 추가하여 작업의 품질을 높일 필요가 있습니다. 물론 SWOT 분석기법에 익숙한 분들은 강점약점의 2원적 분석을 통하여 이들 항목을 구분하여 접근할 수도 있습니다.

SIS 프로그램을 추진하게 될 경우에는 현재상태에서의 가설과 결론을 신속하게 그리고 다양하게 만들어 낼 수 있으며, 이 기법을 수시로 활용하여 전개함으로써 SWOT 분석에서 고려할 수 없었던 전략적 중점과제들의 해결과정을 관리할 수도 있습니다.

따라서 경영관리자는 성공적인 환경대응을 위하여 우선 현상인식의 작업성과를 높이고, 그 대응활동을 전개하며 관리행동을 강화할 필요가 있습니다.

즉, 현상인식을 수행한 다음 그에 대한 판단을 통하여 대응방안을 만들어가는 프로세스를 구분하여 전개함으로써 일단 현상인식활동의 품질을 점검할 수 있도록 합니다. 물론, 현상에 대한 인식을 점검하는 일이 불필요하거나, 신속한 대응이 필요할 경우라면, 현상인식의 작업을 과감히 뛰어 넘어 대응방안의 모색작업을 전개하도록 합니다.

■ SIS 프로그램의 논리구조

따라서 SIS 프로그램에서는 현상인식의 작업에서 현상인식의 논리구조를 다음 <도표 10.10>에서 보는 바와 같이 5가지로 구분하여 살펴보도록 하였습니다.

이와 같이 현상을 다섯 가지로 구분하여 살펴보는 까닭은 앞에서도 언급한 바와 같이 현상의 인식과 이해가 생각처럼 쉽지 않고, 일반적인 사고방식과 인식과정에서 일련의 오류가 작용하거나, 제한적인 인식에 그칠 수 있기 때문입니다.

<도표 10.10> SIS 프로그램에서의 현상 인식구조

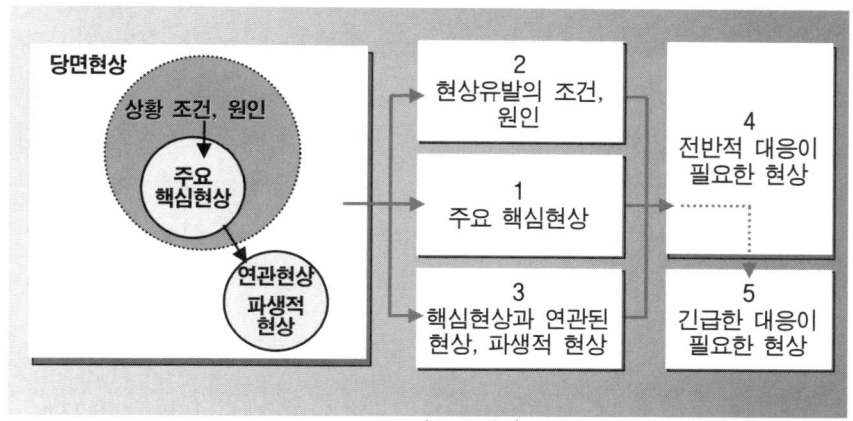

(D. J. Park, P. H. Antoniou, 2005, 2007)

<도표 10.11> SIS 프로그램에서의 대응방안모색의 구조

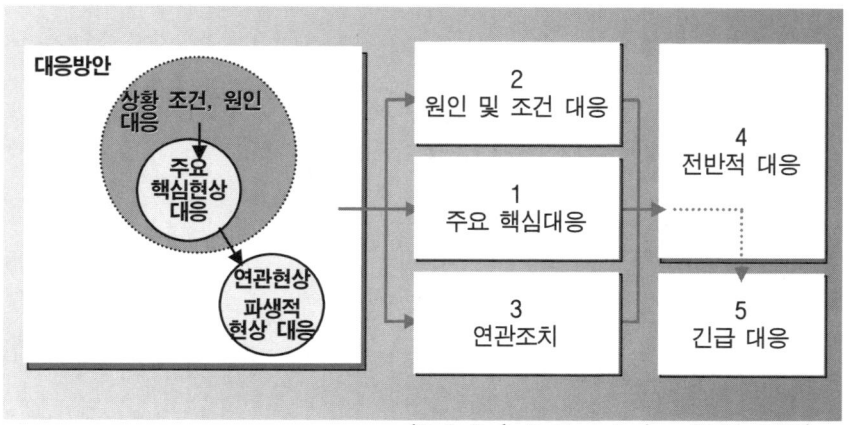

(D. J. Park, P. H. Antoniou, 2005, 2007)

이와 마찬가지로 대응방안의 전개에 있어서도 <도표 10.11>에서 보는 바와 같이 다섯 가지로 나누어 ①주요 핵심현안에 대한 대응, ②현재의 주요 핵심현상에 영향을 미치는 원인이나 발생조건에 대한 대응, ③관련현상 및 파생적 현상에 대응하는 방안, ④전반적으로 대응해야 할 전략적 대안, ⑤긴급하게 수행해야 할 긴급대안으로 구분하여 대안을 체계화합니다.

이와 같이 기본적인 작업절차를 현상인식 프로세스와 대응방안수립 프로세스로 구분하고, 각 프로세스를 ①핵심, ②원인 및 조건, ③파생적 또는 연관적 현상, ③전반적으로 대응해야 할 전략적 과제, ⑤긴급하게 수행해야 할 긴급과제와 그에 대한 대안의 모색의 5가지로 구분하여 <도표 10.12>에서 보는 바와 같이 5:5 대응 논리로 구조적으로 인식하고 대응하는 논리가 SIS 프로그램 발상의 핵심적 논리입니다.

<도표 10.12> SIS 프로그램에서의 현상파악과 대응방안의 대응구조

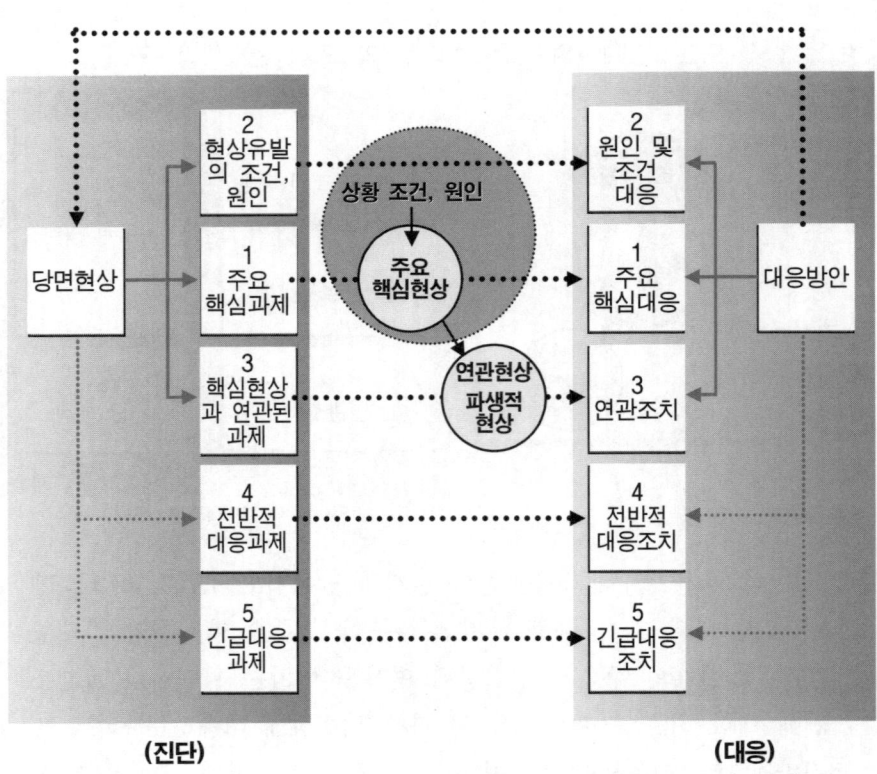

(D. J. Park, P. H. Antoniou, 2005, 2007)

■ SIS 기법전개의 프레임워크

따라서 실천적 프로그램의 절차를 크게 둘로 나누어 현상의 인식단계와 대안의 모색 및 도출단계를 구분할 필요가 있습니다. 즉, 당면현상과 과제에 대한 해결성과를 높이기 위하여, SIS 기법의 프레임워크는 구조적 관점에서 인식작업과 대응작업을 구분하고 각 작업을 세 가지로 나누어 전개합니다.

작업을 전개하는 주체의 입장에서 전략적 과제의 해결기법 프레임워크는 다음 <도표 10.13>에서 보는 바와 같이 인식작업과 대응작업을 대칭형으로 전개합니다. 흥미롭게도 도표의 형태를 시각적으로 단순화시키면 한자로 아닐 비(非)와 같은 형태가 됩니다.

<도표 10.13> SIS 기법전개의 프레임워크

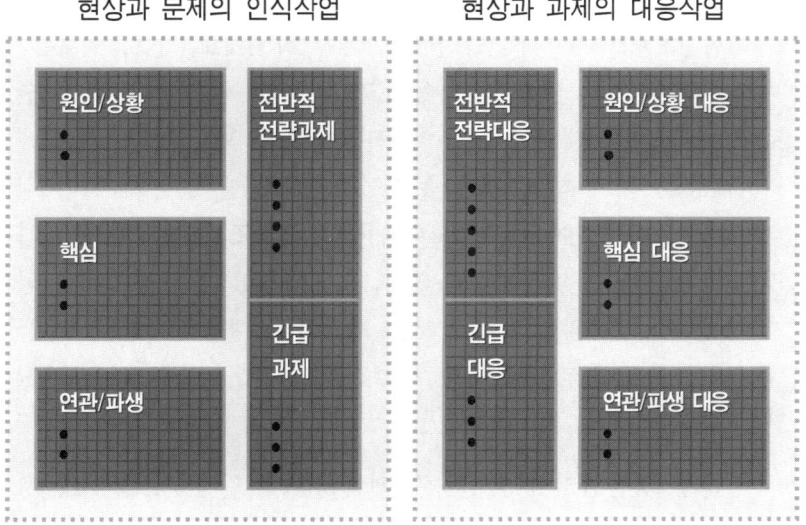

(D. J. Park, P. H. Antoniou, 2005, 2007)

이와 같은 전략적 과제해결기법의 프레임워크는 앞으로 경영관리자와 조직구성원들의 전략적 사고에서 환경인식과 대응에 대한 기본적인 틀로 활용될 것입니다.

이와 논리적 프레임워크는 조직의 환경대응에서의 문제점뿐만 아니라, 개인의 일상에서도 적용할 수 있습니다. 중요한 것은 하나의 현상이나 당면과제가 등장하면, 그동안 '당면과제에 대하여 어떻게 할 것인가?'를 무조건 뇌리에 떠올리던 방식에서 변화하여 <도표 10.13>의 '아닐 비(非)'자의 왼쪽을 염두에 두도록 하는 것입니다.

구체적으로는 도표의 왼쪽의 형태를 머릿속에 떠올려서, 현재 핵심이 무엇인가를 보고, 이를 둘러싸고 있는 위쪽의 원인과 조건을 생각하고 아래쪽의 연관현상이나 파생적인 것은 무엇인가를 파악하여 우리가 대응해야 할 과제와 긴급하게 해야 할 것이 무엇인가를 대국적으로 파악하고 구체화하는 사고 습관을 갖추도록 합니다.

이와 마찬가지로 해결방안을 모색할 경우에도, 도표의 오른 쪽 '아닐 비(非)'자의 형상을 떠올리고, 도표의 왼쪽에 대한 판단을 토대로, 전략적 대안들이 무엇이며, 도표의 맨 오른쪽 가운데에 핵심대응을 해야 하는 것은 무엇이고, 도표 맨 오른쪽 위의 원인과 상황에 대응해야 할 것과 아래쪽의 연관조치로 수행해야 하는 것은 무엇인지를 파악하도록 합니다. 그리고 마지막으로 긴급하게 수행해야 할 것이 무엇인지를 파악하여 대응해야 할 내용들을 대국적(大局的)으로 파악하고 세부적인 대안을 구체화하는 사고와 행동습관을 갖추도록 합니다.

따라서 경영관리자는 전략적 과제라는 말만 나와도, TIES 사고원칙을 염두에 두어 왼손과 오른손을 하나씩 꼽아가면서, 또는 '아닐 비(非)'자를 써놓고, 무엇을 생각하고 무엇을 대응해야 하는가를 검토하고 관리함으로써 <도표 7.3>의 맨 아래쪽 형태의 환경대응과정을 전개하여 그 전략적 환경대응성과를 제고합니다.

이제부터는 경영관리자와 조직구성원들이 유용하게 활용할 수 있는 전략적 과제의 진단과 해결의 오지법을 중심으로 기법전개의 구체적 내용과 기업의 전략적 과제의 대응성과를 어떻게 높일 것인가에 대하여 체계적으로 살펴보도록 하겠습니다.

오지법(TIES 사고기법)을 중심으로 기업이 당면하고 있는 전략적 과제를 해결하는 프로그램을 영어로 Strategic Issues Solution Program라고 하고 편의상 SIS 프로그램이라고 부르겠습니다.

5. SIS 프로그램의 8단계

SIS 프로그램은 8가지의 실천 프로세스로 구분됩니다. SIS 프로그램은 크게 보면, SI 프로세스와 IS 프로세스, 대안의 정합성 점검, 대안의 실행 그리고 피드백 프로세스로 구성됩니다. SI 프로세스에서는 전략적 과제를 분별하여 파악하는 작업을 수행하고, IS 프로세스에서는 파악된 전략적 과제를 해결하기 위한 전략적 대안을 도출하고, 그 대안을 구체화하는 작업을 수행합니다.

SIS의 각 프로세스별 작업은 필요에 따라 각 작업들을 개별적으로 수행할 수 있습니다. 예를 들면, 기업이 당면하고 있는 문제현상들이나 중점과제의 내용이 이미 명확히 파악되고 있고 그에 대한 대응방안을 모색하고자 할 경우에는 SI 프로세스의 작업을 생략하고 바로 IS 대안수립 작업으로 진행하여도 무방합니다.

또한 IS 대안수립 작업의 수행중에 필요하다면, SI의 각 단계에서 필요한 작업만을 선별적으로 실시할 수도 있습니다.

또한 기존의 SWOT 분석 방법으로 당면하고 있는 과제를 수행하고자 할 경우, New SWOT 전략대안 수립 매트릭스만을 활용할 수도 있습니다.

<도표 10.14> SIS 기법의 전개과정

SIS 기업의 전개작업		구분
	1. 현상의 파악 2. 전략적 과제의 진단	전략적 과제 진단(SI) 작업
	3. 전략적 해결대안의 수립 4. 정합성 점검 5. 대안수립작업 수행 6. 대안별 실행계획의 작성	전략적 과제해결 대안의 수립(IS) 작업
	7. 대안의 실행 및 추진관리 8. 피드백	전략적 과제 해결과정(SIS)의 점검과 피드백

(D. J. Park, P. H. Antoniou, 2005, 2007)

<도표 10.15>의 논리 개념도에서는 SIS 프로그램이 환경에서 유발되는 현상에서 당면하고 있는 전략적 과제들을 도출하고, 그에 대하여 과제를 중심으로 적극적으로 대응하는 기업의 환경대응행동의 전개과정을 설명하고 있습니다. 즉, 이러한 모범적 기업에서는 경영자와 관리자들이 당면하고 있는 환경과 환경에서 파악되고 있는 당면과제 그리고 그에 대응하기 위한 전략적 과제들을 분류하여 선별하고, 그에 따라 전략적 행동을 전개하는 기업이라고 할 수 있습니다.

이러한 기업들은 환경변화에 대하여 민감하게 주시하고 그에 따라 시의적절하게 대응함으로써 전략적 과제들이 등장하게 될 경우, 단순수행방식을 택하지 않고, 평가수행방식을 통하여 선별적 전략을 전개합니다. 상당수의 기업들이 이러한 행동방식을 전개하고 있습니다.

그러나 좀더 용의주도한 기업의 경우에는 환경에서 파악되고

있는 현상들을 한 번 더 점검하여 재분류하고, 환경의 요인들을
원인과 관련현상으로 구분하여, 구조적으로 파악하여 분류하고,
그에 따라 세밀한 대응을 전개합니다.

<도표 10.15> 전략적 중점과제의 진단과 대응 프로세스의 논리개념도

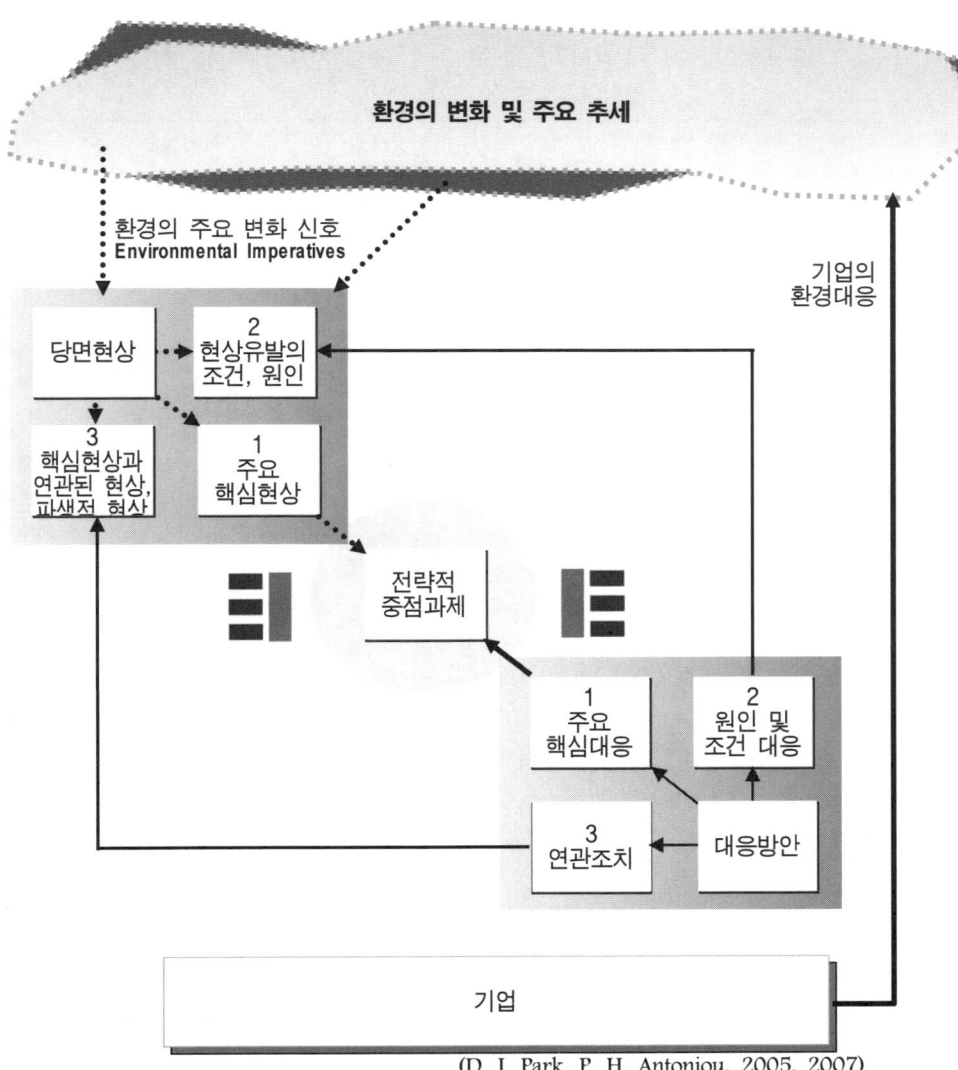

(D. J. Park, P. H. Antoniou, 2005, 2007)

이와 같이 환경에 대하여 치밀하게 분석하여 전략을 전개하는 기업들을 전략적 행동지능이 높은 모범 기업이라고 할 수 있습니다.

<도표 10.16> 경영관리자의 전략적 환경대응 형태
(전략적 과제대응을 중심으로)

	무모한 환경대응	선별적 전략대응	모범적 전략대응
특징	부여된 과제의 수행에 집중	당면환경에서 파악된 전략적 과제에 대한 선별적 전략대응	당면환경을 원인과 관련현상으로 구분하여 전략 과제의 구조적, 복합적 대응
환경현상 인식과 전략과제의 선정	특별한 환경인식의 방법이 없고, 수시로 당면과제에 대응	특별한 환경인식의 절차, 방법은 없지만, 당면과제들을 전략적으로 선별	다양한 환경인식방법을 활용하여, 원인, 관련현상, 파생적 현상을 구분하고 추진해야 할 전략적 과제를 선별
경영관리자 행동성과	무모한 상황대응과 관리되지 않는 전략성과를 반복	선별적 전략적 과제가 적중할 경우 성과가 높음 잘못 과제를 선정할 경우, 시행착오를 경험	전략적 과제의 환경대응성과가 높음
조직대응	환경대응에 대한 특별한 조직적 대응의 원칙이 없음	환경의 위기요인, 기회요인에 대하여 주요 전략적 프로젝트를 실시	환경의 영향요인들을 판별하여 조직적 대응을 일상화 환경대응의 절차와 방법을 체계화하고 조직 내에서 구성원들에게 일상적, 보편적으로 활용하도록 함

(D. J. Park, 2007)

이와는 달리, 전략적 과제를 판별하거나 점검하지 않고, 그저 상황에 따라 대응하는 기업도 있습니다. 이러한 기업들의 경영관리자들을 맨 땅에 헤딩하는 경영관리자, 소위 무모(無謀)한 경영관리자들로 구성된 기업이라고 할 수 있습니다. 무모라는 말이 모(謀)가 없다는 말이므로 참으로 절절한 표현이라고 할 것입니다.

대부분의 전략적 시행착오를 반복적으로 경험하다가 좌절하고 마는 기업들이 여기에 속합니다. 흥미로운 사실은 그러한 조직에서 습관적으로 행동하고 사고하다가 이직을 전전하는 중견사원들이나 간부들은 자신의 전략적 사고전개나 과제해결에 대한 행동에 대하여 심각하게 고려하지 않으며 주로 기회요인의 착안에만 관심을 갖는다는 점입니다.

그러나 성공적 기업의 경영관리자들은 자신이 기업성공의 핵심이라는 점을 명확히 인식하고, 자신의 환경대응행동이 어떠한지를 세심히 파악하고 잘못된 점들을 교정하며, 필요할 경우 새로운 관점에서 상황인식과 대응방법을 모색합니다. 이와 같은 경영관리자의 행동이 조직구성원들의 행동을 조율하며, 전체적인 성과를 제고함으로써 지속적으로 조직성과를 높여나가게 되는 것입니다.

SIS 프로그램에서의 SI 진단작업의 절차의 흐름은 다음 <도표 10.17>에서 보는 바와 같습니다. 이 작업에서는 철저하게 무엇을 해야 할 것인가를 파악하기 위한 일만을 수행합니다. 만약 우리가 무엇을 해야 할 것인지에 대한 과업이나 과제에 대하여 명확히 인식을 하고 있을 경우라면, 이 작업은 생략합니다.

그러나 당면하고 있는 환경이 복잡하고 조직에서 대응해야 할 일들 또한 복잡해서 무엇을 중요하게 처리하고 무엇을 먼저해야 할 것인지와 같은 판단이 불명확할 때에는 이 작업을 통하여 전략적 과제와 과업들을 분별해내도록 합니다.

<도표 10.17> SIS 프로그램에서의 전략적 과제진단작업의 절차

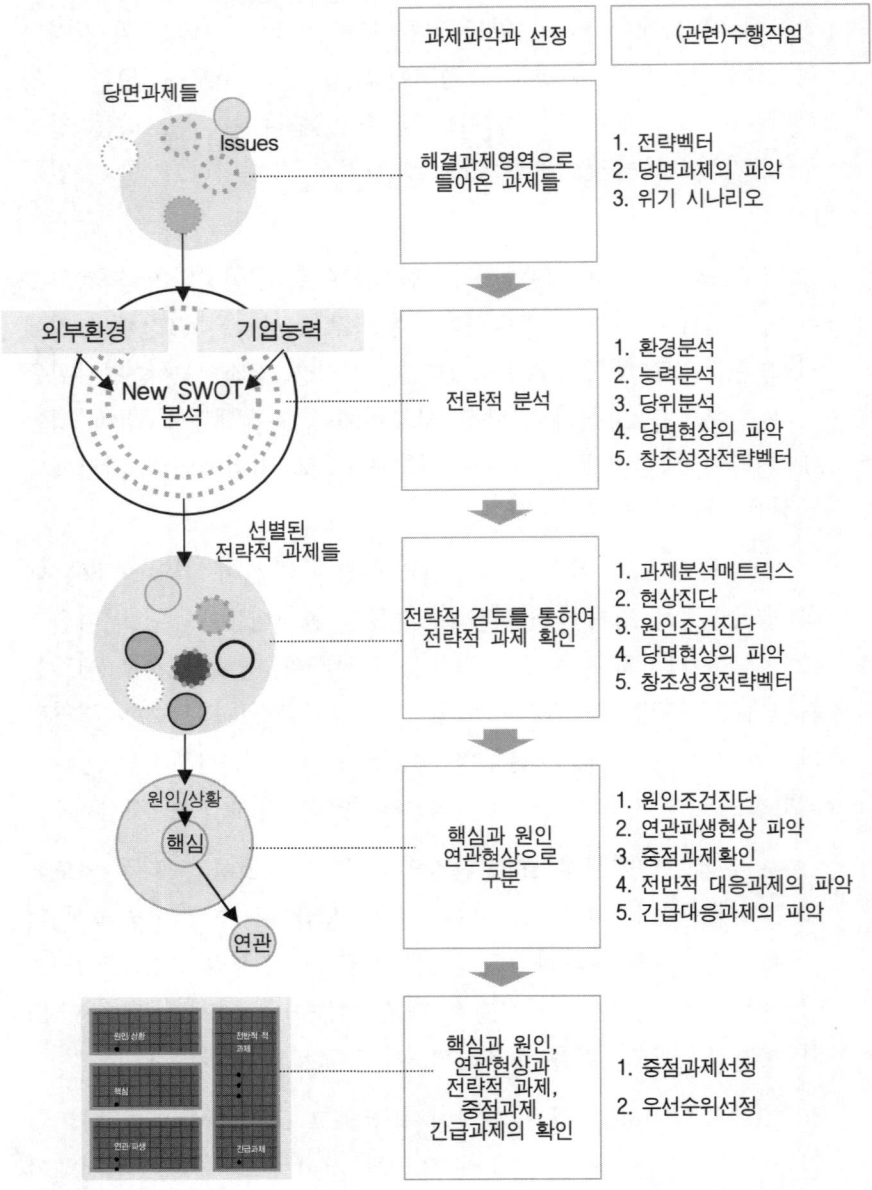

과제파악과 선정	(관련)수행작업
해결과제영역으로 들어온 과제들	1. 전략벡터 2. 당면과제의 파악 3. 위기 시나리오
전략적 분석	1. 환경분석 2. 능력분석 3. 당위분석 4. 당면현상의 파악 5. 창조성장전략벡터
전략적 검토를 통하여 전략적 과제 확인	1. 과제분석매트릭스 2. 현상진단 3. 원인조건진단 4. 당면현상의 파악 5. 창조성장전략벡터
핵심과 원인 연관현상으로 구분	1. 원인조건진단 2. 연관파생현상 파악 3. 중점과제확인 4. 전반적 대응과제의 파악 5. 긴급대응과제의 파악
핵심과 원인, 연관현상과 전략적 과제, 중점과제, 긴급과제의 확인	1. 중점과제선정 2. 우선순위선정

* SI진단작업에 대한 세부적인 실천기법의 학습은 「뉴스와트 전략 2.0」을 참조

(D. J. Park, 2007)

6. 뉴스와트 매트릭스를 통한 현상인식과 전략적 과제선정

■ 중립적 요인이 추가된 뉴스와트 매트릭스

뉴스와트 과제분석 매트릭스에서는 기존의 SWOT 매트릭스에서 진보하여 원인항목을 기업의 외부환경의 위협과 기회요인, 그리고 중립적 요인으로 나누었으며, 내부 기업능력과 역량도 강점과 약점 그리고 중립적 요인으로 나누었습니다.

<도표 10.18> 뉴스와트 (New SWOT) 과제분석 매트릭스

New SWOT 분석매트릭스 SNWONT 분석	1. 기회　　　　O	2. 중립적 요인　N	3. 위협　　　　T
4. 강점　　S	기회:강점	중립요인:강점	위협:강점
	SO 중점과제	SE 중점과제	ST 중점과제
5. 중립적 역량 N	기회:중립적 역량	중립요인:중립역량	위협:중립적 역량
	IO 중점과제	IE 중점과제	IT 중점과제
6. 약점　　W	기회:약점	중립요인:약점	위협:약점
	WO 중점과제	WE 중점과제	WT 중점과제

(D. J. Park, 2003)

외부환경에서 중립적 요인(N: ENF[51])에는 우리의 사업과 관련
하여 환경변화의 주요 추세나 고려해야할 변화현상에 대하여, 작
업과정 중에 그 현상이 기회요인이나 위협요인으로 명확하게 판
별되지 않는 주요한 환경변화의 추세나 조짐을 기입합니다.

이와 마찬가지로 내부역량에 대한 중립적 요인(N: INF)에 대한
기입에서도, 우리가 보유하고 있는 능력요인 중에, 사업을 수행하
는데 긴요한 역량이지만, 그것이 강점 또는 약점으로 명확히 분류
되지 못하는 역량들을 기입합니다.

이와 같이 강점(S)과 약점(W), 그리고 기회(O)와 위협(T)에 각
기 중립적 요인(N, 즉 ENF와 INF)을 추가하였기 때문에 뉴스와트
매트릭스(New SWOT Matrix)라고 이름을 붙이고 머릿글자만 따
서 스넌트(SNWONT) 매트릭스라고도 합니다.

이와 같이 기회나 위협으로 구분되지 않는 주요한 환경의 요
인들(ENF)이나 강점이나 약점으로 명확히 판별되지 않는 주요한
기업의 역량들(INF)을 추가함으로써 대응해야 할 환경의 내용을
좀더 명확히 판별할 수 있으며, 또한 그러한 환경에 대응할 수 있
는 기업의 주요한 역량들을 반영함으로써 보다 충실한 대안들을
구성할 수 있게 됩니다.

물론 검토해야 할 항목들이 기존의 SWOT 매트릭스는 환경요
인에서 기회와 위협의 두 가지와 강점과 약점의 두 가지의 곱의
형태인 4가지의 대안의 모색을 할 경우보다 두 배 이상의 대안모
색의 노력과 시간이 들게 되는 단점은 있습니다.

그러나 이와 같은 작업을 통하여, 앞에서 살펴본 바와 같은 환
경이나 능력에 대한 2분법적 분류에서 배제될 수 있는 주요한 환

---

51) 2007년도 부터는 환경과 능력에 대한 중립적 요인(Neutral Factors)에 대하여
ENF: Environmental Neutral Factors, INF: Internal Neutral Factors로 구분하고
INF는 CNF: Capability Neutral Factors와 동의어로 사용하도록 하였습니다.

경요인과 능력요인을 반영함으로써 주요한 본원적인 대응전략을 모색할 수도 있을 뿐만 아니라, 환경분석이나 능력분석작업에서 간과될 수 있는 주요한 요인들을 반영함으로써 보다 충실한 전략 대안들을 구성할 수 있습니다. 이것이 중립적 요인(N: ENF, INF)을 반영한 가장 주요한 이유입니다.

따라서 환경요인 중에 기회요인과 위협요인 이외에 고려해야 할 추가적인 (기회나 위협으로 분류되지 않는) 환경요인이 전혀 없다면, 중립적 요인(ENF)을 배제하여도 무방합니다. 이와 마찬가지로 기업의 능력요인을 검토할 경우에도, 강점과 약점의 요인들로만 구성되어 있다면, 능력요인에서 중립적 요인(INF)을 반영할 필요는 없습니다.

이와 같은 경우에는 기존의 SWOT 매트릭스를 사용하면 될 것입니다. 그러나, 만약에 환경이나 능력이 요인에서 그 어느 쪽이건 기회나 위협 또는 강점이나 약점 이외에 반영해야 할 요인들이 있다면, 그것은 반영하여 대안을 모색하는 것이 보다 바람직합니다.

앞에서도 언급한 바와 같이, 이 뉴스와트 과제분석 매트릭스를 고안한 이유는 기존의 SWOT 분석기법의 약점을 보완하기 위한 것입니다. 단, 유의할 점은 제10장에서 살펴본 바와 같은 기존의 SWOT 매트릭스와는 다르게, 그 기입하는 내용이 다릅니다. 즉, SI 진단작업에서는 무엇을 해야 할 것인가에 대하여 전략적 과제를 중심으로 파악하고 후속적인 IS 수립작업에서는 전략적 과제에 어떻게 대응할 것인가에 초점을 맞추어 실제로 대응해야 할 행동 내용을 중심으로 작성합니다.

<도표 10.19>에서는 중견 설비제조업의 김 팀장이 파악한 전략적 과제 진단의 예를 소개하고 있습니다. 뉴스와트 매트릭스에 의한 현상진단의 예시는 <도표 10.20>에서 보는 바와 같습니다.

<도표 10.19> 김 팀장의 전략적 중점과제 진단

전략적 과제 진단	1. 전반적인 전략적 과제
	[주요당면과제 및 현상] ✓ 사업과 조직의 재정비 ✓ 신규 프로젝트 추진의 자금 부족 ✓ 기존 사업의 매출상승폭의 저하 ✓ 신상품 도입의 필요성
원인, 상황 조건(C)	**2. 원인/상황의 중점과제**
[원인/상황의 주요내용] ✓ 경쟁사의 신제품 시장 반응 ✓ 자사 주력제품의 품질경쟁력의 저하	✓ 신규개발의 지연 ✓ 디자인 및 설계의 빈번한 수정 ✓ 연구소 인력의 부족
핵심(M)	**3. 핵심중점과제**
[핵심현상의 주요내용] ✓ 기존 제품을 대체할 신제품의 확보 ✓ 시장에서의 지위유지	✓ 경쟁사 신제품을 능가하는 제품개발 ✓ 기존 제품 매출유지 ✓ 고객유지
연관(R)	**4. 연관 중점과제**
[연관현상의 주요내용] ✓ 선두기업 이미지의 저하 ✓ 지속적 매출저하의 경우, 재고 및 자금부담	✓ 고객 서비스의 개선 ✓ 애프터 서비스 조직의 교대시간 변경 ✓ 필요 서비스 부품의 확보 ✓ 영업지원 및 판촉행사
긴급(U)	**5. 긴급대응과제**
[긴급상황의 주요내용] ✓ 매출회복 ✓ 영업전략의 수정	✓ 기술연구소의 신제품 개발계획 수정 ✓ 기존 고객에 대한 추가 정비 서비스 실시 ✓ 제2 영업지원조직을 설립 ✓ 제품전략의 재수립 ✓ 노조의 강력한 협조적 관계설정

〈도표 10.20〉 뉴스와트 당면(문제) 현상진단 매트릭스

New SWOT 현상진단 매트릭스 목적: 업계최고의 기업 목표: 1조원 달성 기한: 4년내	1. 기회　　O ①중국 시장의 식품수요 　확대 ②국내 시장의 고급식품 　니즈 증대	2.중립적 요인 N ①중국의 경제성장 ②여성의 사회활동의 증대 ③청소년 교육환경	3. 위협　　T ①트랜스지방 규제와 반감 ②국내경쟁의 확대 ③외국 대기업의 시장참여 　(국내, 중국)
4. 강점　　　　S ①국내 제품브랜드의 확립 ②품질인증 ③핵심기술 특허확보	기회: 강점 ⓐ해외시장수요에 대한 　시장대응능력의 정비 ⓑ시장전개를 위한 　전략의 정비 ⓒ사업확장을 위한 　자금의 부족	중립요인: 강점 ⓐ여성 및 청소년 　식사대용 영양식의 　개발	위협: 강점 ⓐ가공원료의 대체 ⓑ식품안전기준대응
	문제현상: ①투자여력의 한계 ②조직력 취약 ③전략역량	**문제현상:** ①신사업전략부재 ②사업추진력의 부족	**문제현상:** ①신소재대체대응전략부재 ②전략경영 부재
5. 중립적 역량　　N ①기존 영업망의 확보 ②외주하청업체	기회: 중립적 역량 ⓐ해외 영업망 확보과제 ⓑ외주수급능력확보/ 　(해외) 외주업체의 　관리	중립요인: 중립역량 ⓐ신규물량의 확대를 위한 　영업망의 개선 ⓑ외주하청업체의 　추가확보	위협: 중립적 역량 ⓐ국내 영업망의 유지방어 　및 확대 ⓑ하청업체의 유지관리
	문제현상: ①인력부족 ②경영관리체제 미흡	**문제현상:** ①대외교섭력의 한계	**문제현상:** ①영업력 확대 곤란
6. 약점　　　　W ①조직효율성이 낮다 ②자금의 유동성 한계 ③전문인력의 부족 ④낮은 수익성 ⑤조직력의 취약 ⑥자동화설비의 제약 ⑦경영관리체제의 미흡 ⑧낮은 시장인지도(해외)	기회: 약점 ⓐ해외수요증가에 대한 　조직대응 능력 ⓑ자금의 확보 ⓒ수익성의 제고 ⓓ전문인력의 확보 ⓔ자동화설비투자 ⓕ경영관리개선 ⓖ해외홍보	중립요인: 약점 ⓐ신규물량확대를 위한 　조직정비 ⓑ자금확보 ⓒ인력확충 ⓓ제도개선 ⓔ경영관리 ⓕ자동화설비. ⓖ홍보과제	위협: 약점 ⓐ매출축소대비 ⓑ여유자금유지 ⓒ인력유출방지 ⓓ조직 활력 확보 ⓔ경영관리의 개선
	문제현상: ①경영관리의 한계 ②인력부족 ③전략의 부재	**문제현상:** ①투자여력의 한계 ②조직력 취약 ③대응전략의 부재	**문제현상:** ①현금부족 ②신소재기술전략 미비 ③대응전략의 부재

(D. J. Park 2007)

<도표 10.21> 전략적 중점과제 (SI) 진단 차트 (A사의 사례)

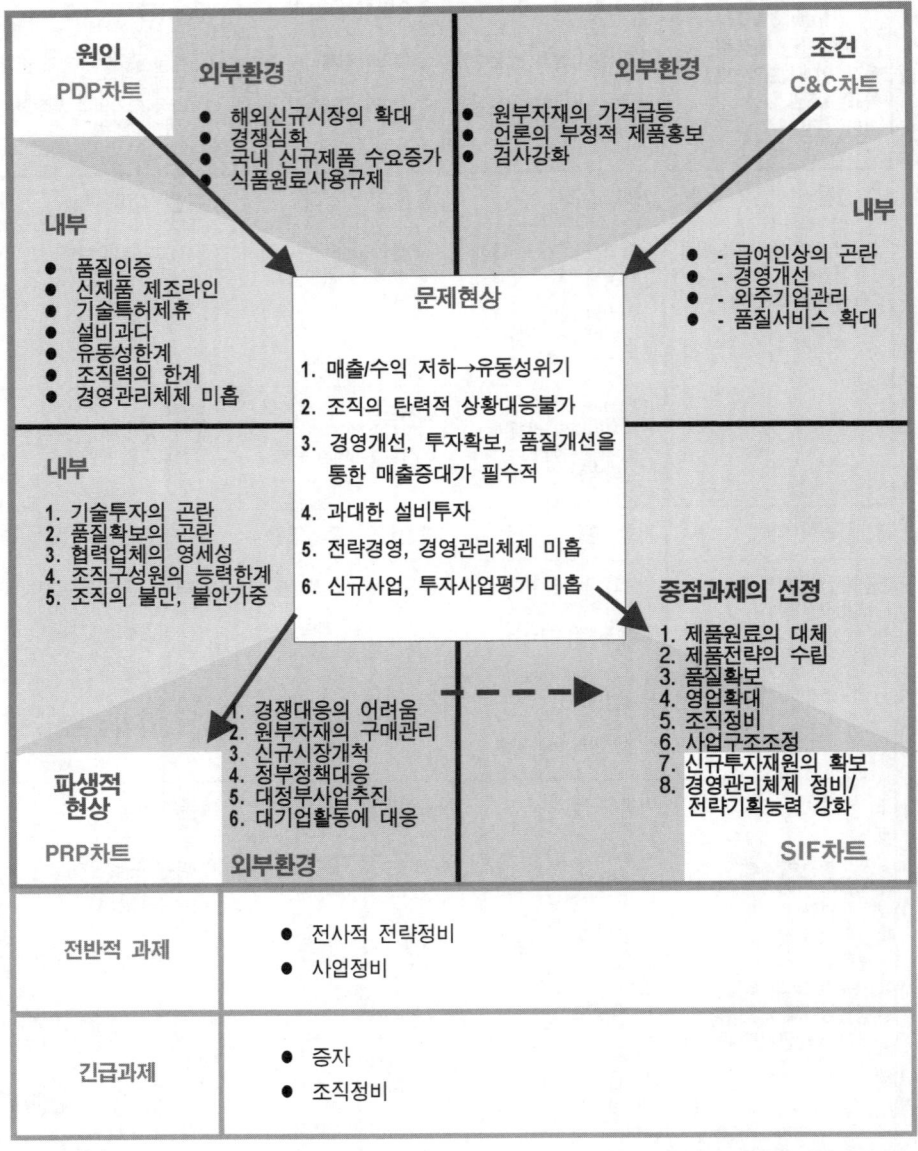

PHA Chart

원인
PDP차트

외부환경
● 해외신규시장의 확대
● 경쟁심화
● 국내 신규제품 수요증가
● 식품원료사용규제

외부환경
● 원부자재의 가격급등
● 언론의 부정적 제품홍보
● 검사강화

조건
C&C차트

내부
● 품질인증
● 신제품 제조라인
● 기술특허제휴
● 설비과다
● 유동성한계
● 조직력의 한계
● 경영관리체제 미흡

내부
● - 급여인상의 곤란
● - 경영개선
● - 외주기업관리
● - 품질서비스 확대

문제현상

1. 매출/수익 저하→유동성위기
2. 조직의 탄력적 상황대응불가
3. 경영개선, 투자확보, 품질개선을 통한 매출증대가 필수적
4. 과대한 설비투자
5. 전략경영, 경영관리체제 미흡
6. 신규사업, 투자사업평가 미흡

내부
1. 기술투자의 곤란
2. 품질확보의 곤란
3. 협력업체의 영세성
4. 조직구성원의 능력한계
5. 조직의 불만, 불안가중

중점과제의 선정
1. 제품원료의 대체
2. 제품전략의 수립
3. 품질확보
4. 영업확대
5. 조직정비
6. 사업구조조정
7. 신규투자재원의 확보
8. 경영관리체제 정비/ 전략기획능력 강화

1. 경쟁대응의 어려움
2. 원부자재의 구매관리
3. 신규시장개척
4. 정부정책대응
5. 대정부사업추진
6. 대기업활동에 대응

파생적 현상
PRP차트

외부환경

SIF차트

전반적 과제	● 전사적 전략정비 ● 사업정비
긴급과제	● 증자 ● 조직정비

(D. J. Park, 2007)

<도표 10.20>에서는 문제현상을 함께 파악하기 위하여 각 항목아래에 문제현상을 별도로 작업하였습니다. 그러나 문제현상을 별도로 작업하지 않아도 될 경우에는 생략해도 무방합니다. <도표 10.21>에서는 전체적으로 당면하고 있는 환경요인들과 기업의 능력요인 그리고 수행해야할 전략적 과제들을 점검하기 위하여 결합한 도표입니다. 이 도표는 다소 복잡해보이지만 작성하는 과정에서 어떠한 것이 전략적으로 중요한지, 그러한 과제들이 어떠한 연관을 가지고 있으며, 또한 어떻게 대응해야 할 것인지에 대한 판별을 가능하게 합니다.

이러한 도표작성의 작업과 판단이 복잡해 보일 경우, <도표 10.22>에서 보는 바와 같은 실무 작업도표를 활용할 수 있습니다. 이 도표는 TIES 사고기법을 그대로 도표의 형태로 옮겨놓은 것으로 당면하고 있는 상황에 대하여 무엇을 대응해야 할 것인지에 대한 판단을 강화합니다.

이러한 도표를 중심으로 경영관리자가 조직구성원들과 함께 당면하고 있는 과제들을 논의함으로써, 상황의 인지와 대응해야 할 일들에 대한 전략적 판단이 용이하게 됩니다. 주의할 점은 이러한 작업을 수행할 때, 앞에서 소개한 뉴스와트 매트릭스 작업을 수행하여 그 내용을 점검하고 참고할 필요가 있다는 점입니다.

경우에 따라서는 경영관리자가 바쁘게 움직여야 하므로, 일일이 해당항목을 검토하기가 어려울 수 있습니다. 그런데 실무작업 도표에 의한 자료가 제시되면, 경영관리자가 그에 대하여 판단을 하고자 할 때, 마치 잘 정돈된 의사결정의 기초적 판단이 모두 완료되었기 때문에 가부간의 결정을 내리려는 경향을 보일 때가 종종 목격됩니다.

이러한 경우, 그에 대한 판별과 점검을 할 수 없으므로 이러한 실무진단작업에 대한 근거로 뉴스와트분석 매트릭스의 작업을 첨부하도록 하는 것이 필요합니다.

<도표 10.22> 전략적 중점과제 진단 실무 차트

전략적 과제 대응방안수립 CMR	전략적 과제의 현상요인
	[주요당면과제 및 현상]
원인, 상황 조건(C)	**원인/상황의 중점과제**
원인/상황의 주요내용	CC 과제
핵심(M)	**핵심중점과제**
핵심현상의 주요내용	핵심과제
연관(R)	**연관 중점과제**
연관현상의 주요내용	연관 중점과제
긴급(U)	**긴급대응과제**
긴급상황의 주요내용	긴급대응과제

(D. J. Park, 2007)

7. 전략적 과제해결

■ 전략적 과제해결 작업의 절차

전략적 과제해결작업의 프로세스는 <도표 10.23>에서 보는 바와 같습니다. 전략적 중점과제들이 파악되었을 경우에는 도표의 중간부분부터 착수합니다. 그러나 신규사업의 추진전략을 수립하거나 신년도 사업전략과 같이 포괄적으로 환경의 요인을 점검하고 우리의 능력요인들을 파악하여 전략을 전반적으로 수립해야 할 경우에는 앞에서 소개한 SI 작업을 수행하도록 합니다.

만약에 시간이 다투어 추진해야 할 상황이라면, 일단 파악되어 있는 주요 현상에 대하여 전략적 과제해결작업을 전개하도록 하면서 일부 요원들을 중심으로 SI 작업을 수행하도록 하는 것이 조치합니다.

전략적 과제해결작업에서도 뉴스와트 매트릭스의 <도표 10.24>를 이용하여 전략대안 만들기 작업을 수행합니다. 앞에서 SI 작업을 수행했을 경우에는 작업 중에 편성한 과제선정을 위한 매트릭스를 토대로 해결대안들이 진단작업중에 도출된 과제들을 모두 제대로 해결할 수 있는지에 대한 기초적 자료로 활용하여 IS 대안수립을 위한 뉴스와트 매트릭스를 정비합니다.

여기에서 도출된 대안들을 재정비하여 구체적인 행동계획으로 발전시킵니다.

구체적인 전략적 행동계획을 편성할 때에는 앞에서 파악한 TIES 오른손 행동기법을 적용하여 필요한 조치들을 재구성하고, 각각 원인에 대응하는 대안과 핵심적 행동대안, 연관현상들에 대응하는 연관조치, 당면하고 있는 전반적 상황에 대응하는 전반적 조치, 그리고 긴급하게 대응하는 긴급조치의 항목으로 구체화시킵니다.

<도표 10.23> SIS 프로그램에서의 전략적 과제해결작업의 절차

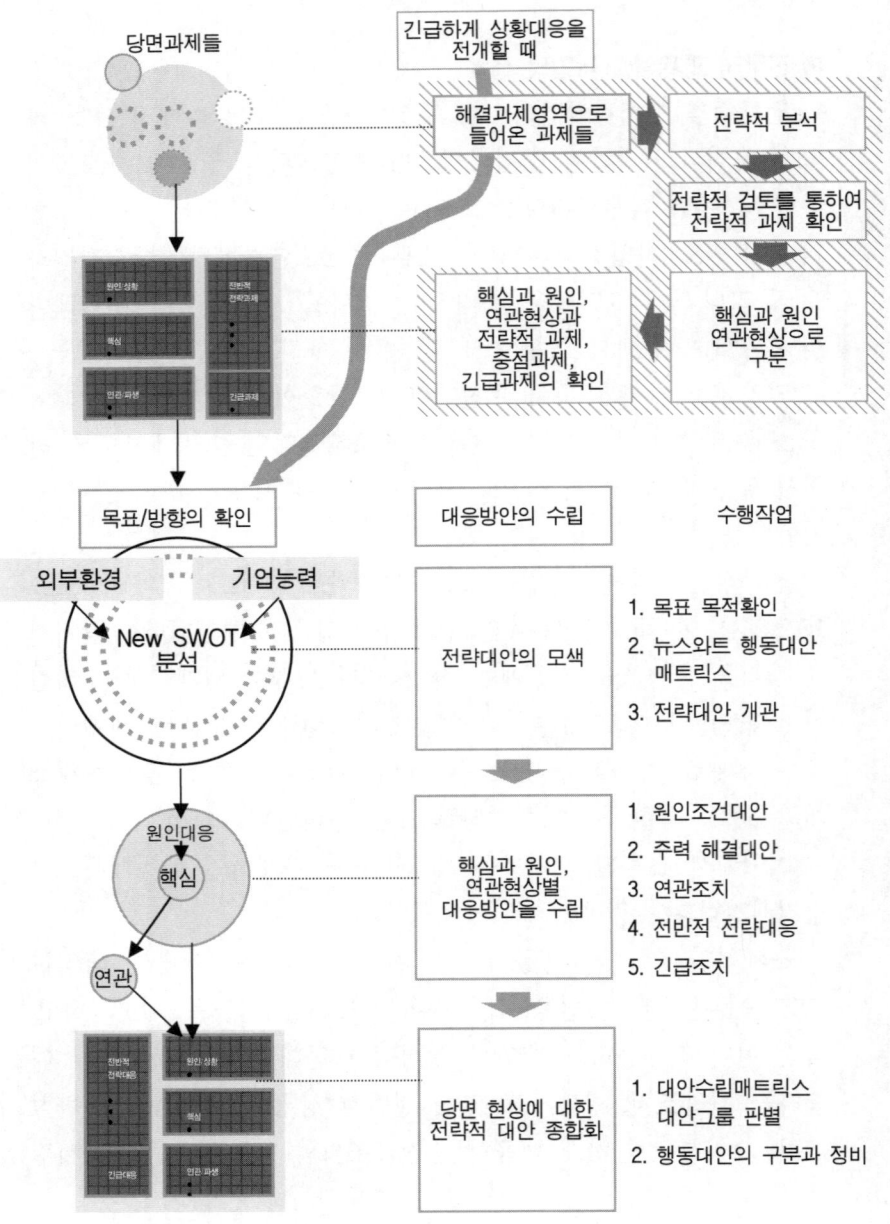

(D. J. Park, 2007)

\<도표 10.24\> A사의 뉴 스와트(SNWONT) 행동대안 매트릭스

New SWOT 전략적 중점과제 확인차트 목적: 업계최고의 기업 목표: 1조 달성 기한: 4년내	1. 기회　　　O ①중국 시장의 식품수요 　확대 ②국내 시장의 고급식품 　니즈 증대	2.중립적 요인 N(E) ①중국의 경제성장 ②여성의 사회활동의 증대 ③청소년 교육환경	3. 위협　　　T ①트랜스지방 규제와 반감 ②국내경쟁의 확대 ③외국 대기업의 시장참여 　(국내, 중국)
4. 강점　　　S ①국내 제품 브랜드의 확 　립 ②품질인증 ③핵심기술 특허확보	**SO** ⓐ해외영업망의 　확대(중국) ⓑ현지 사업면허, 　상호등록, 현지 　영업제휴업체 후보확보 ⓒ특수원료의 개발	**SE** ⓐ대정부·정책대응 　(특수영업·생산팀 발족) ⓑ식사대용식품개발	**ST** ⓐ외국계 기업접촉, 　OEM생산(제안) ⓑ외국 대기업 생산제휴 ⓒ언론방송에 대한 　홍보전략수립 및 대응 　프로그램의 방송
5. 중립적 역량　　N(I) ①기존 영업망의 확보 ②외주하청업체	**IO** ⓐ중국 연락사무소 개설 ⓑ현지공동생산(합작투자)	**IE** ⓐ영업대리점에서 　현장생산 　영업(지원)확대 ⓑ외주하청업체후보 추가 　확보	**IT** ⓐ기존 거래처에 대한 A/S 　확대 ⓑ하청업체 소액 　지분제휴(상호출자) 　유지관리 ⓒ대기업체와 소액 　지분제휴(상호출자)
6. 약점　　　W ①조직효율성이 낮다 ②자금의 유동성 한계 ③전문인력의 부족 ④낮은 수익성 ⑤조직력의 취약 ⑥자동화설비의 제약 ⑦경영관리체제의 미흡 ⑧낮은 시장인지도(해외)	**WO** ⓐ조직력 강화 프로그램 ⓑ자본제휴를 통한 　신규자금의 동원 ⓒ채산성이 낮은 　사업부문의 정리 ⓓ전문인력의 확보 ⓔ설비투자계획수립 ⓕ경영개선 프로젝트의 　수행 ⓖ해외 사업설명회의 　전개(중국)	**WE** ⓐ영업조직의 네트워크 　확대 ⓑ증자(50억) ⓒ직무교육의 확대 ⓓ성과평가제도의 　개선(사업수익중심) ⓔ사업계획수립 및 집행에 　대한 기획/감사/지원 　제도의 개선 ⓕ자동화 설비확충, ⓖ홍보 전략의 수립 ⓗ품질성과기준의 강화	**WT** ⓐ조직부문의 통합/ 　여유인력의 재배치 ⓑ설비개체 ⓒ우리사주의 확대 ⓓ워크샵의 강화 ⓔ경영관리(규정)제도의 　단순화, ⓕ사업 책임자의 권한 　강화

(D. J. Park 2007)

<도표 10.25> IS 대안수립차트 (A사의 사례)
DJP Solution Chart

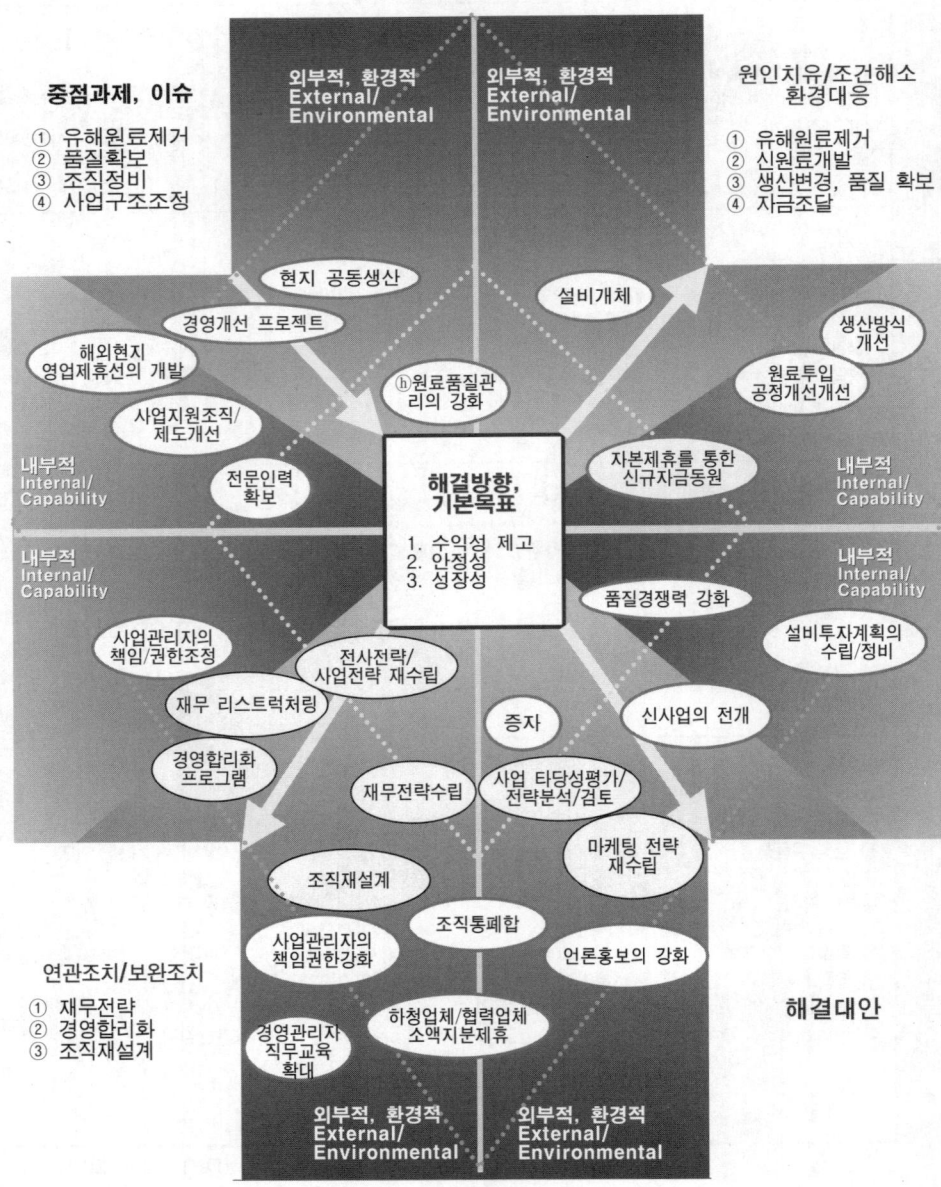

중점과제, 이슈

① 유해원료제거
② 품질확보
③ 조직정비
④ 사업구조조정

**원인치유/조건해소
환경대응**

① 유해원료제거
② 신원료개발
③ 생산변경, 품질 확보
④ 자금조달

외부적, 환경적
External/
Environmental

외부적, 환경적
External/
Environmental

현지 공동생산

경영개선 프로젝트

해외현지
영업제휴선의 개발

사업지원조직/
제도개선

ⓗ원료품질관
리의 강화

전문인력
확보

설비개체

생산방식
개선

원료투입
공정개선개선

자본제휴를 통한
신규자금동원

내부적
Internal/
Capability

**해결방향,
기본목표**

1. 수익성 제고
2. 안정성
3. 성장성

내부적
Internal/
Capability

내부적
Internal/
Capability

품질경쟁력 강화

내부적
Internal/
Capability

사업관리자의
책임/권한조정

전사전략/
사업전략 재수립

재무 리스트럭처링

경영합리화
프로그램

재무전략수립

증자

사업 타당성평가/
전략분석/검토

설비투자계획의
수립/정비

신사업의 전개

마케팅 전략
재수립

조직재설계

사업관리자의
책임권한강화

조직통폐합

언론홍보의 강화

연관조치/보완조치

① 재무전략
② 경영합리화
③ 조직재설계

경영관리자
직무교육
확대

하청업체/협력업체
소액지분제휴

해결대안

외부적, 환경적
External/
Environmental

외부적, 환경적
External/
Environmental

(D. J. Park, 2007)

　<도표 10.25>는 SI 진단작업에서의 <도표 10.21>과 짝을 이루어 조직에서 대응해야 할 전략적 과제에 대한 대응조치를 점검하기 위하여 작성합니다.

　이 도표에서는 시각적 혼란을 줄이기 위하여 전반적 대응에 관한 전략적 대안과 긴급조치에 관한 설명은 생략하였습니다. 그러나 실제로 작업을 수행할 때에는 아래쪽에 <도표 10.21>의 형태와 마찬가지로 하단에 전반적 전략대안과 긴급조치에 관한 항목을 구성합니다.

　이와 같은 작업을 완료하면, <도표 10.26>에서 보는 바와 같은 전략행동(계획) 전개도를 완성합니다. 이러한 작업이 완료되면 그동안 도출된 전략적 행동들을 체계적으로 실천하는 일에 착수합니다.

　이제 우리의 경영관리자들이 업무를 추진하면서 이와 같이 검토를 거쳐서 수행한다면, 그 전략적 성과는 한결 개선될 것입니다. 그동안 전략 워크샵을 통하여 경영진과 경영관리자들과 함께 이러한 기법의 활용을 학습하고 현실적 적용에 대하여 논의를 해보면, 중요한 전략적 대안들을 모색할 수 있음을 알 수 있습니다.

　'진작 이러한 방법을 전개했더라면, 지난 번의 실수는 크게 줄일 수 있었을 텐데' 라고 하는 솔직한 답변도 나옵니다. 특히, TIES를 이용한 오지법과 뉴스와트전략을 이용한 SIS 프로그램은 전략적 과제를 향후 경영관리자의 전략적 과제들에 대한 해결을 어떻게 해나갈 것인가에 대하여, 실천적 방법을 터득하게 됩니다.

　'아닐 비(非)'자로 표현되는 SIS 프로그램의 형식논리는 최종적으로 경영관리자에게 다음과 같은 질문을 남기게 됩니다.

　현재 <도표 10.26>처럼 제시된 전략행동전개도를 전개한다면, 참으로 우리의 전략적 성과는 달성될 것인가? 만약, 「아니다」 그렇지 않다면, 어떻게 해야 할 것인가?

<도표 10.26> A사의 전략행동(계획)전개도

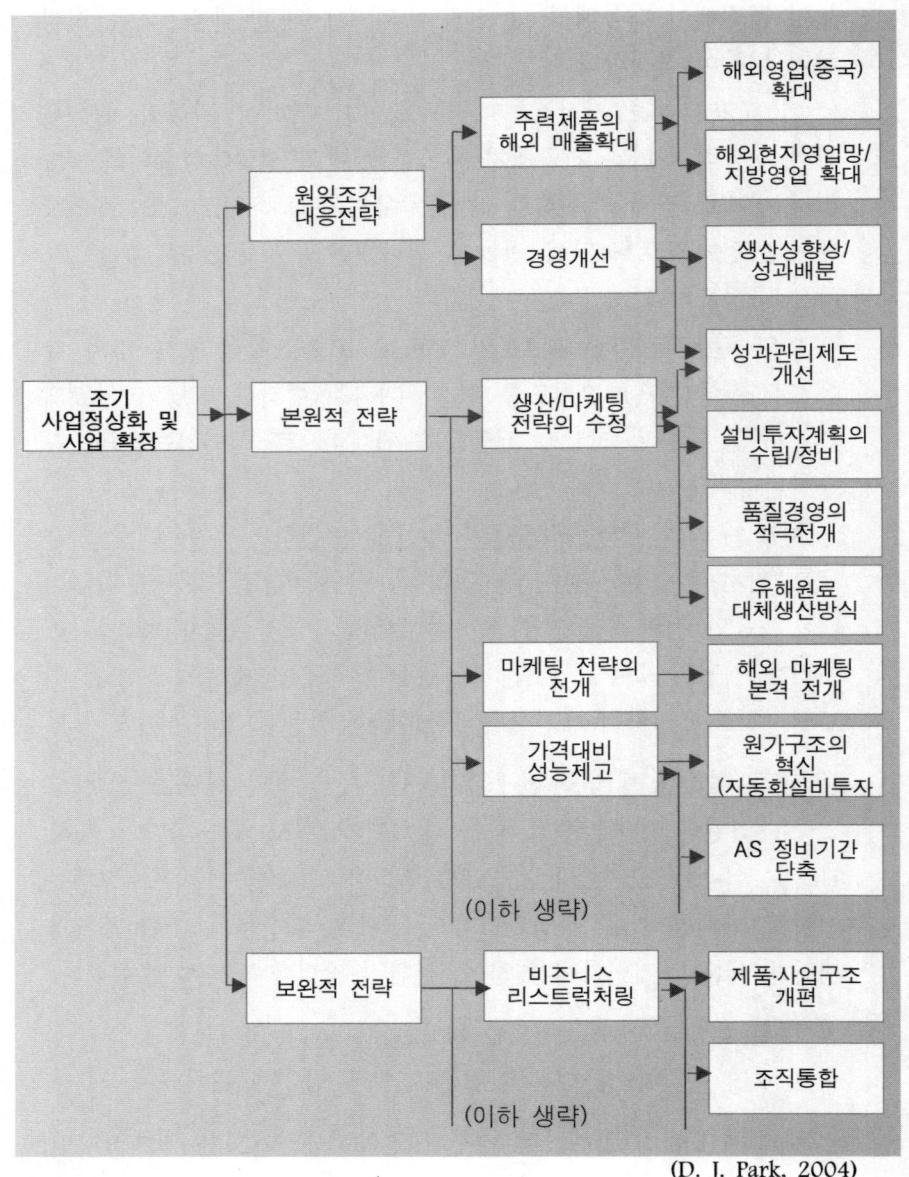

(D. J. Park, 2004)

이와 같은 질문에 대하여 「아니다」라는 답변이 나온다면, 다시 한번 상황을 파악하고 대응방법을 강화하는 SIS 프로그램을 전개하는 것이 필요합니다.

따라서 경영관리자들은 습관적으로라도 무슨 일이 닥치면 TIES의 왼손법칙과 오른손법칙을 이용하여 전략적 판단을 강화하고, SIS의 비(非) 형식논리에 의한 전략적 대안을 점검할 수 있도록 하는 전략적 사고행동의 습관을 갖추도록 하는 것이 필요합니다.

이와 같은 전략적 과제해결과 대응방법이 일상화되면, 그에 따라 경영관리자와 조직구성원들의 전략지능도 서서히 강화됩니다. 상황과 현실을 대하는 기본적인 방법과 절차가 변화되었기 때문에 스스로 생각하고 대응하는 환경대응의 지능도 강화되고, 업무행동의 내용도 변화하는 것입니다.

■ 전략적 사고행동의 신기법으로 성공을 실현하라

소위 형식이 내용을 지배하는 현상이 작용하는 것입니다. 틀을 갖추면 강해지는 것입니다.

나무조각들도 틀의 형태로 구성하여 조립을 하면 힘을 발휘하는 것처럼, 사고의 방법도 틀을 갖추면, 그 기능을 발휘하기 시작합니다. 경영관리자가 전략적 사고행동의 신기법을 조직 내에서 일상적으로 활용하고 그에 의하여 지휘하기 시작하면 서서히 조직구성원들의 전략지능이 강화될 뿐만 아니라, 조직 전체의 성과가 개선되기 시작합니다.

또한 특정한 대응의 원칙이 없이 막연하게 대응할 수밖에 없었던 전략적 과제들에 대하여도 이제는 무모한 대응을 하지 않게 됩니다. 우리 조직구성원들이 힘과 지혜와 노력을 결합하여 전략적으로 대응하게 되면, 우리 조직의 성과와 기업의 환경성과는 급속히 개선됩니다.

따라서 경영관리자는 이제부터 전략적 문제해결, 전략적 과제해결에 있어서 그 기본원칙을 확립하고 실천함으로써 경영관리자의 성과와 사업성과를 더욱 개선하도록 솔선수범하도록 합니다.

예를 들면, 매주 수요일 오전에는 단위 부서별 「아니다 회의」를 개최합니다.

여기에서는 '뭐가 「아니다」인가?'에 대하여 점검합니다. 이 책에서는 두 가지의 「아니다」가 설명되었습니다.

첫째의 「아니다」는 조직 또는 개인이 당면하고 있는 업무상황에 대하여 전략적으로 문제를 해결하거나 전략적 과제해결의 성과를 제고하기 위하여 체계적 논리와 절차를 제시하는 대응구조와 형식논리로써 TIES 왼손법칙과 오른손 법칙을 전개하는 「아니다(非)」 사고방법입니다. 52)

이러한 방법을 활용하여 두 번째의 「아니다」는 이 책의 제1장에서 설명한 효율과 효과, 혁신이 결합되는 새로운 경영관리의 성공원칙을 보다 발전시키는 「아니다(ANEEIDA)」의 경영관리를 실현하는 것입니다. 53)

경영관리자가 이 두 가지의 「아니다」의 관점을 강화하고 점검하고 대응할 때, 조직의 사업성과, 경영성과, 전략성과, 창조성과, 기업성과는 크게 개선됩니다. 경영관리자가 전략적 관리활동을 강화함으로써 조직구성원들은 스스로의 전략적 지능을 향상시키게 되어 상황대응력이 개선됩니다.

지속적인 성과창조를 도모하는 경영관리자는 지속적으로 조직의 상황대응행동과 상황대응력을 주시하여야 합니다. 상황대응에

52) 이에 대한 구체적 실천기법과 절차에 대한 학습은 「뉴스와트전략 2.0」을 참고하시기 바랍니다.

53) ANEEIDA: Advanced New Effective, Efficient and Innovative Double-up performance Approach for managers 이 책 제1장 참조

대한 행동과 능력을 충실하게 개발하고 전개함으로써, 경영관리자의 본인과 조직의 성과가 개선되고, 조직의 지능이 향상됩니다.[54]

이러한 조직지능의 개선과 진화는 비록 눈에 잘 식별되지는 않지만 중요한 전략적 역량의 강화를 통하여 사업과 기업의 경쟁력을 높이게 됩니다.

뿐만 아니라 경영관리자의 성공적 경영을 위한 8P 모델의 조직구성원(P6)과 기획(P1), 과업수행(P3), 사업활동의 최종산출(P4) 및 성과관리(P5)를 크게 개선하게 됩니다.

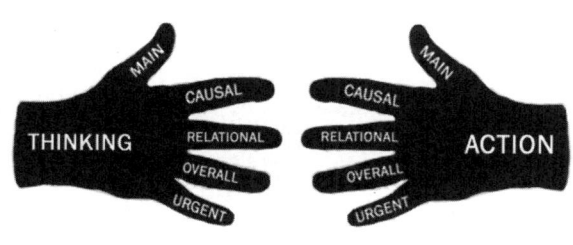

---

54) 상황대응행동의 전략적 인식과 대응전략의 전개에 대하여는 김승렬, 박동준 공저, 전략적 위기경영-실천기법(소프트전략경영연구원, 2008)을 학습하시기 바랍니다. 전략적 전개를 위한 전략내용의 창조와 점검에 대하여는 박동준, 피터 앤토니오, 전략포맷(소프트전략경영연구원, 2008)을 학습하시기 바랍니다.

전략역량강화를 위한 워크샵 프로그램의 설계(예시)

대상 워크샵 프로그램의 설계	대상자의 선정			중점과제	참고
	경영자 및 경영관리자	실무자	프로젝트 팀 부서전체		
주요 과업의 수행역량진단	✓	✓	✓	사업추진 성과분석	제1장-제3장 과 5장의 진단
주요과업 특성의 파악	✓	✓	✓	환경분석 전략적 과제분석	제4장 점검
필요한 직무와 보강해야할 역량의 파악	✓	✓	✓	대응역량 의 분석	제5장 진단
워크샵 지휘 계획의 설계	✓			전략적 대응과제	제6장-제10장
워크샵의 추진	✓	✓	✓	전략적 행동방안, 해결대안 모색	제9장-제10장
보완해야 할 워크샵과 필요교육과정의 수행	✓	✓	✓	피드백 관련교육 의 실시	

* 워크샵에 필요한 기간이 충분하지 않을 경우, 사내에서 수행
* 필요하다면, 협력업체와 공동 수행도 가능
* 대상자 선별에서 지위와 부문에 연연하지 말고, 추진해야 할 과업의 특성과 내용을 중심으로 실제로 사업기능을 수행하고 참여하는 의사결정자, 경영간부, 실무자를 선별하여 편성
* 워크샵 추진과제나 내용편성은 당면하고 있는 환경과제와 전략대응의 내용에 따라 경영관리진에서 검토
* 외부의 전문기관을 이용할 경우, 워크샵과 관련하여 내부 정보의 보호에 관한 협약서를 징구할 것 (자문변호사의 자문을 받아서 양식을 제정할 것)

전략역량강화를 위한 워크샵 프로그램 내용의 설계(예시)

	워크샵 추진	퍼실리테이터	비고
제1차 워크샵	주요 현안분석과 전략적 과제의 파악 1. 분석기법의 학습 2. 워크샵의 추진 결과보고	외부: 초빙교수 내부: A 임원	통합실시
제2차 워크샵	성장전략의 점검 1. 성장전략수립기법의 학습 2. 워크샵의 추진 결과보고	외부: 초빙교수 내부: C 부문장	
제3차 워크샵	경쟁전략의 점검 1. 성장전략수립기법의 학습 2. 워크샵의 추진 결과보고	외부: 초빙교수 내부: B 부문장	통합실시
제4차 워크샵	전략적 과제대응의 점검 1. SIS기법의 학습 2. 워크샵의 추진 결과보고	외부: 초빙교수 내부: B 임원	
제5차 워크샵	ANEEDA 성과 워크샵 1. 경영관리자와 중견간부의 성과점검과 8P 모델 성공역량강화 2. 워크샵의 추진 결과보고	외부: 초빙교수 내부: A 임원	
제6차 워크샵	전략적 위기대응의 점검 1. 전략적 위기대응기법의 학습 2. 워크샵의 추진 결과보고	외부: 초빙교수 내부: A 임원	

* 시한적 여유와 필요에 따라 통합실시를 전개하거나 개별실시를 수행함.
* 당면과제와 워크샵추진 내용에 따라 외부합숙 워크샵을 수행.
* 세부 교육프로그램자료는 소프트전략경영연구원의 교육프로그램 안내자료를 참조

부록: 경영관리자의 업무요령 100제

1. 경영관리자의 책무를 숙지하라

2. 기획스케줄을 관리하라

3. 전략수립 프로젝트 팀을 편성하라

4. 경영관리자가 전략수립활동에 직접 참여하라

5. 전략수립 프로세스를 관리하라

6. 전략수립 프로젝트를 추진할 때, 외부의 도움을 활용하라

7. 전략수립활동에서 경영관리자의 주활동과 보조활동을 관리하라

8. 전략의 실천과 경영관리자의 역할을 실천하라

9. 예외사항을 발견하고 이를 조치하라

10. 타부문 부서장과 의견을 조정하라

11. 의견이 다른 최고경영자에게 새로운 전략적 방향을 제시하라

12. 이사회와 감독기관에 대응하라

13. 회의기법뿐만 아니라 회사내부 커뮤니케이션에 통달하라

14. 리모트컨트롤과 리모트피드백을 활용하라

15. 중도론의 황금률을 준수하라

16. 데드라인과 라이브라인을 활용하라

17. 싱크탱커를 조직하라

18. 전지훈련으로 팀능력을 강화하라

19. 전략기동타격대를 만들어라

20. 이중 전략, 3중 전략을 준비하라[55]

21. 전략을 실천하기 위한 전략을 수립하라

22. 우군과 적군을 구별하라

23. 기업경영의 천적 – 기업병을 타파하라

24. 전략 알레르기를 치유하라

---

55) 박동준, 피터 앤토니오 공저, 「전략포맷」 제2장 참조, 소프트전략경영연구원

25. 우선순위의 원칙을 설정하라

26. 기업윤리원칙을 설정하고 이를 지휘하라

27. 전략균형을 유지하라[56]

28. 맛보기 전략을 준비하라

29. 수학, 논리학, 법학, 정치학을 새로 공부하라

30. 스피치 연습을 하라

31. 파격으로 경영관리자의 존재를 인식시켜라

32. 적과의 동침 – 밀애를 하라

33. 신망을 두터이 하라

34. 주기적으로 병원을 방문하라

35. 접대부를 조심하라

36. 시험을 하되 시험에 빠지지 말라

37. 암호화 하라

38. 시스템의 힘을 이용하라

39. 닫힌 문을 열어라

40. 녹음, 녹화기기를 활용하라

41. 늘 등장하고 있는 위기를 적극 활용하라

42. 모니터링 시스템을 준비하라

43. 점심식사를 최대한 활용하라

44. 메모기법을 개발하라

45. 전략 및 정보관리에 철저하라

46. 삼각구도 관리법에 익숙하라

47. 평가회의를 주도하라

48. 실세로 보이지 말라

49. 매사에 겸허하라

50. 전략성과를 배분하라

---

56) 박동준, 피터 앤토니오 공저, 「전략포맷」 제3장 참조, 소프트전략경영연구원

51. 그만 둘 때를 알라

52. 경영자 수업을 받아라

53. 미래를 관리하라

54. 자기부정과 자기긍정방법에 능통하라

55. 퇴로를 확보하라

56. 난제 앞에서 망설이지 말라

57. 개인적 신앙에 철저하라

58. 시야를 최대한 넓혀라

59. 요점으로 접근하라

60. 집중과 분산에 능숙하라

61. 경영의 원점을 매사의 기본으로 하라

62. 왼 손이 하는 일을 오른 손이 모르게 하라

63. 일일삼성, 일일삼행, 일일삼수(一日三守)

64. 업무시작 전과 업무마감 후 20분을 확보하라

65. 대형 벽걸이 세계지도를 게시하라

66. 프로젝트들의 진도관리표를 게시하라

67. 기업위기대응을 위한 워크샵 팀을 확보하라

68. 기획을 위한 작업실, 자료실을 확보하라

69. 핫라인을 설치하라

70. 요원들을 부문별, 종류별, 등급별로 조직화하라

71. 사외, 해외 기획망을 확보하라

72. 감사기능과 이사회를 활용하라

73. 경영관리자의 8P 핵심성공요소를 최대한 발휘하라

74. 대외 홍보망을 확충하라

75. 자동 정보유입 시스템을 구축하라

76. 이동 소비자상담실을 운영하라

77. 시장의 질서와 규칙에 주목하라

78. 경영덕목을 발휘하라

79. 팀원에게 파이팅 의식을 고취하라

80. 저항을 예상하라

81. 가설을 설정하라

82. 일의 본질은 추진이다

83. 새로운 일의 기획 에너지를 확보하고 충전하라

84. 조직구성원들의 가족을 고려하고 배려하라

85. 문서 세단기를 준비하라

86. 데코레이션을 경계하라[57]

87. 기획병을 경계하라

88. 기획평가의 원칙을 확립하고 주지시켜라

89. 허점을 보이지 말라

90. 출발점을 명확히 하라 (업무기획의 출발점은 평가에서 시작)

91. 결론부터 움직여라

92. 계획변경, 계획철회를 두려워 말라

93. 기획활동을 사내에서 고립시키지 말라(현장의 연장)

94. 주기적으로 「아니다」 회의를 주관하고
    「아니다」 성과를 제고하라[58]

96. 24시간 가동체제를 갖추어라

97. 소문을 관리하라

98. 보이 스카우트의 매듭법을 학습하라

99. 경영정치력을 강화하라

100. 준비하고 실천하라

---

[57] Decoration: 쓸데없이 허례허식의 꾸미는 것, management beauty를 경계하라
    는 의미

[58] ANEEIDA: Advanced New Effective, Efficient and Innovative Double-up
    performance Approach for managers

맺음말

우리나라의 국력 즉, 재화 및 용역의 생산력을 관장하는 경영관리자 여러분의 노고에 진심으로 경의를 표합니다. 여러분께서 어떠한 종류의 기업조직, 또는 정부조직에 속하시건 간에, 여러분의 직분과 권능을 참작해본다면 여러분들은 모두 바로 우리나라의 창조적 활동을 이끌어가는 핵심대열에 계신 분들입니다.

비록 경영과 관리라는 일이 세부적으로 들어가 보면 잡다하고, 때로는 허망하며, 때로는 분개되는 일이 참으로 많지만, 그러나 여러분께서 생각하고 창조하시는 일들이 모두 결국에는 우리나라와 세계시민에게 기여되고 행사된다는 점에 충분한 자긍심을 누리시기를 바랍니다.

경영관리자 여러분의 성과는 기업국가의 관점에서 본다면, 바로 우리 후손의 일터를 공고히 하는 일이며, 또한 여러분의 일거수일투족이 바로 여러분과 여러분의 후손의 기업국가의 역사를 창조하는 일이라는 점을 확고히 인식할 필요가 있습니다.

따라서 우리 경영관리자의 일상적 업무활동에 있어서 자신과 조직구성원들의 성공실적을 부단히 제고하고, 기업성과 또한 지속적으로 제고할 수 있도록 하기 위하여 이제부터 새로운 각오로 우리의 세계를 다시 점검하고 새로운 세계를 창조할 수 있는 각오를 다져야 할 것입니다.

이 책은 경영관리자 여러분의 업무성과를 더욱 개선할 수 있도록 그 관점과 사고방식, 핵심적 논리를 강화하기 위하여 저술되었습니다. 따라서 경영관리자 여러분께 경영사고, 기업사고, 전략사고, 창조사고를 심화시키고, 그러한 사고를 통하여 기업의 일과 행동에서의 시행착오를 줄이고, 여러분의 기업행동과 경영행동의 기획과 관리에 도움을 드리기 위한 염원을 가지고 작성하였습니다.

이 책을 통하여 경영관리자와 조직구성원들의 전략적 관점과 전략지능, 전략의지를 더욱 강화하고 나아가 여러분의 직업인생에서의 전략적 성공과 조직의 전략적 성공을 지속적으로 창조하는 활동에 도움이 될 수 있기를 소망합니다.

경영관리자의 전략적 성공역량강화를 위한 8P 교육프로그램이나 SIS 프로그램, 전략경영, 전략적 위기경영, 창조경영과 관련하여 사내에 도입하고자 하거나 컨설팅을 수행하고자 하시는 분들께서는 필자가 직접 지도하고 있는 경영관리자 전략적 핵심성공역량(8P)강화 교육프로그램, SIS 워크샵이나 SIS 컨설턴트과정, 전략경영워크샵, 창조경영 워크샵, 전략적 위기경영워크샵을 학습하시기 바랍니다.

이 책자에서 제공된 기법이나 사고체계는 현장의 컨설팅의 실제에서도 직접 활용될 수 있는 방법들이며 필자가 2005년부터 우리나라에 역점을 두어 소개하고 있는 최신의 방법들입니다. 이 책자에서 제시하는 개념과 방법론들이 여러분과 여러분 기업의 전략적 성과에 많은 도움이 되기를 진심으로 기원합니다.

이 책자와 함께 기획되어 동시 출간된 「뉴스와트 전략 2.0」편에서는 경영관리자와 조직구성원들이 활용할 수 있는 구체적이고 실천적인 기법을 중심으로 실무적 기량을 높일 수 있도록 작성되었습니다.

또한 이 책자와 함께 기획되어 출간된 「전략적 마인드」시리즈에서는 경영관리자와 실무자들의 전략적 사고와 창조적 전략, 그리고 전략적 위기관리에 대한 기법과 논리를 체계화하였습니다. 이와 같은 논의를 통하여 여러분의 업무기량과 성과를 개선할 수 있기를 기대합니다.

늘 책을 마칠 즈음에는 부족함과 아쉬움이 많이 남게 됩니다. 이 책에서 다루지 못한 내용은 추후 여러분과 함께 논의할 수 있도록 관련된 세미나와 워크샵, 그리고 후속적으로 저술하는 책자를 통하여 살펴보고자 합니다.

이 책자의 내용에 관하여 문의가 필요하신 분께서는 소프트전략경영연구원으로 질의하시기 바랍니다. 여러분과 함께 논의할 수 있기를 간절히 희망합니다.

참고문헌

1. 金敬琢 譯著, (新完譯) 周易, 명문당, 1991
2. 김승렬, 박동준 공저, 전략적 위기경영, 소프트전략경영연구원, 2008
3. 남경희, '아리스토텔레스-경험과 상식세계의 형이상학,' 철학하는 방법, 이화여자대학교 출판부, 1993.
4. 박동준, 뉴스와트전략 2.0, 소프트전략경영연구원, 2008
5. 박동준, <전자도서>뉴패러다임의 전략경영, 소프트전략경영연구원, 2003.
6. 박동준, 거시경영으로써의 전략경영, 전략경영저널, 소프트전략경영연구원, 2003년 6월호
7. 박동준, 경영관리자의 전략적 핵심성공(8P) 역량 강화, 경영관리자 전략능력 향상 워크샵 교재, 소프트전략경영연구원, 2005.
8. 박동준, 경영정치론의 전략경영 패러다임, 전략경영저널, 소프트전략경영연구원, 2003년 10월호
9. 박동준, 뉴스와트 전략 2.0 실천기법, 소프트전략경영연구원, 2008.
10. 박동준, 뉴스와트전략, 소프트전략경영연구원, 2005.
11. 박동준, 성공경영을 위한 전략 C, 소프트전략경영연구원, 1997
12. 박동준, 소프트파워전략, 도서출판 성림, 1993.
13. 박동준, 신경쟁전략, 경영관리자 전략경영워크샵 교재(2), 소프트전략경영연구원, 2006.
14. 박동준, 신임 경영관리자의 전략관리, 소프트전략경영연구원, 2003.
15. 박동준, 전략적 위기경영, 경영관리자 전략경영워크샵 교재(4), 소프트전략경영연구원, 2006.
16. 박동준, 창조경영, 경영관리자 전략경영워크샵 교재(5), 소프트전략경영연구원, 2006.
17. 박동준, 피터 앤토니오 공저, 경영과 나 - 윤리경영을 생각하는 100제, 소프트전략경영연구원, 2003.
18. 박동준, 피터 앤토니오 공저, 경영관리자의 성공전략을 위한 전략포맷, 소프트전략경영연구원, 2008
19. 朴東濬, 戰略創造フロセスに關する考察 : 5C モデル, 日本戰略經營協會, Strategic Management Review 戰略經營硏究, (2005 Vol. 30 No.2), 2005. 12.
20. 이민광·박동준 공저, 기업병, 소프트전략경영연구원, 1994.
21. 이상현, 브리프케이스-컨설턴트의 서류가방에 담긴 경영전략, 소담출판사, 2001
22. 이승주, 경영전략 실천 매뉴얼, 시그마인사이트컴, 1999.
23. 백련선서간행회, 碧巖錄(中), 21면, 선림고경총서, 장경각, 1993
24. 전성현, 뉴 비즈니스 모델 - 신경제시대의 가치창출, 아산재단연구총서 제79집, 집문당, 2001.
25. 정갑영, 이정우, 이제경 외, 잘 나가는 기업, 경영비법은 있다 - IT경영전문

가 14명의 교수들이 밝히는 32개 기업의 성공전략, 영진미디어, 2005

26. 조동성, 21세기를 위한 전략경영 (개정판), 도서출판 서울경제경영, 1999.

27. SPC 60년사 편찬위원회, 행복한 세상을 만들어가는 기업 SPC 60년사, SPC, 2006.10

28. 나까무라겐이치(中村元一) 외, 實踐戰略經營診斷, ダイヤモンド社, 1994, 박동준 역, 실천전략경영진단매뉴얼, 소프트전략경영연구원, 1998.

29. 나까무라겐이치(中村元一) 외, 實踐ライアンス型經營, ダイヤモンド社, 1993, 박동준 역, 제휴의 전략경영, 소프트전략경영연구원, 1994

30. 나까무라겐이치(中村元一), 圖表50で讀む戰略經營, 1993, 박동준 역, 소프트전략경영연구원,

31. 노나카 이쿠지로·곤노 노보루 저, 나상억 역, 지식경영, 21세기 북스, 1998.

32. 野村總合硏究所　總合硏究本部編,　共生の戰略ーグローバル共生企業のマネジメント革新, 1992, 3.

33. 竹田志郎 編著, 國際經營論, 中央經濟社, 1994

34. 齋藤嘉則, 問題解決プロフェッショナル - 思考と技術, ダイヤモンド社, 1997

35. 齋藤嘉則, 問題解決プロフェッショナル - 構想力と分析力, ダイヤモンド社, 2001

36. 오마에 겐이치(大前硏一), 異端者の時代, マネジマント社, 1994, 박동준 역, 이단자시대의 공격우위, 소프트전략경영연구원, 1997.

37. 우치케 고지(氏家康二), 간부가 변하지 않으면 회사는 망한다, 한국생산성본부, 1990.

38. 조단 루이스(Lewis, J. D.), *Partnerships for Profit*, Free Press, 이덕실 역, 협력경영, 소프트전략경영연구원, 1993

39. 쯔무라 타케오(都村長生), 企業變身, ダイヤモンド社, 1992, 박동준 역, 리스트럭쳐링을 통한 기업변신전략, 1993

40. 카키시마 카즈미, 現代實踐內部監査, 白桃書房, 1992, 박동준 역, 실천내부감사매뉴얼, 소프트전략경영연구원, 1996.

41. 키타야 유키오(北矢行男), 10年後の一流企業, かんき出版, 1992, 박동준 역, 21세기 초일류기업, 소프트전략경영연구원, 1993.

42. 토머스 데이븐 포트 외, IT 경영전략, 현대경제연구원 역, 21세기북스, 1998.

43. 후지타 덴(藤田 田), 머니 벤처, 장유원 역, 넥서스, 1996.

44. Adizes, I.., *Corporate Lifecycle: How and Why Corporations Grow and Die and What to do About it*, Prentice-Hall, 1988.

45. Andrews, Kenneth R. (ed), *Ethics in Practice - Managing the Moral Corporation*, Harvard Business School Press, 1989.

46. Ansoff, H. I., et al., *Implanting Strategic management*, Prentice-hall, 1992, 박동준·신준성 역, 전략경영실천원리, 소프트전략경영연구원, 1997.

47. Ansoff, H. I., *The New Corporate Strategy*, Wiley, 1988, 박동준 역, 최신전략경영, 소프트전략경영연구원, 1993.

48. Ansoff, H. I. and Antoniou P. H., The Secrets of Strategic Management: the Ansoffian approach, The Ansoff Institute, BookSurge, 2005.

49. Antoniou, P. H. and Sullivan, P. A. (ed), *The H. Igor Ansoff Anthology*, BookSurge, 2006.

50. Baumhart, R. C., 'How Ethical Are Businessmen?,' *HBR*, July-August 1961

51. Bellman, G. M., *Getting things done when you are not in charge*, Fireside, 1992.

52. Blake R. B. (et al.), *Executive Achievement: Making it at the Top*, McGraw-Hill, 1989.

53. Bourgeois III, L. J., et al., *Strategic Management - Managerial Perspective* (2nd ed.), The Dryden Press, 1999.

54. Brown, S. L. and Eisenhardt, K. M., *Competing on the Edge: Strategy as Structured Chaos*, Harvard Business School Press, 1998.

55. Collins J. C. and Porras, J. I., *Built to last: successful habits of visionary companies*, HarperCollins Publishers Inc., 2002.

56. Collins J. C. and Lazier W. C., Beyond Entrepreneurship, Wisdom House Publishing Co. 1992, 임정재 역, 짐 콜린스의 경영전략, 위즈덤하우스, 2002

57. Dauphinais, G W. et al., *Wisdom of the CEO*, PriceWaterhouseCoopers, 2000.

58. Davenport T. H. and Prusak, L., *Working Knowledge: How Organizations Manage What They Know*, Harvard Business School Press, 1998.

59. David, Fred R., *Strategic Management* (6th ed.), Prentice-hall, 1997.

60. Drucker, Peter F., *Managing in a Time of Great Change*, Truman Talley Books/Plum, 1998

61. Drucker, Peter F., *The Executive in Action*, HarperBusiness, 1996.

62. Enis, B. M. and Cox, K. K., *Marketing Classics: A Selection of Influential Articles*, Simon & Schuster, 1988.

63. Enriquez, M. L., Preiger, H. W., *Compendium of Strategic Management Research at USIU*, USIU, 1997

64. Finkelstein, R. L., 'The Businessman's Moral Failure,' *Fortune*, September 1958

65. Fradettte M. and Michaud, S., *The Power of Corporate Kinetics: create the self-adapting, self-renewing, instant-action enterprise*, Simon & Schuster, 1998.

66. Gen-Ichi Nakamura, *Core Competence-based Approach in a Practical Perspective*, 1994, <전자도서> 나까무라겐이치 교수 논문모음집, 소프트전략 경영연구원, 2003

67. Globis Corporation, MBA Strategy, 1999, 김영환 역, 전략기획, 21세기북스, 2005

68. Hamel, G, Heene, A.(ed), *Competitence Based Competition*, John Wiley & Sons, 1994.

69. Hamel, G., Praharad, C. K., *Competing for the Future*, Harvard Business School Press, 1994

70. Hammer M. and Stanton, S. A., *Reengineering the Corporation: A Manifesto For Business Revolution*, HaperBusiness, 1993.
71. Hammer M. and Stanton, S. A., *The Reengineering Revolution*, HarperCollins, 1995.
72. Hamner W. C. et al., *Organizational Behavior – an applied psychological approach*, Business Publications, 1978.
73. Handy C., *Beyond Certainty*, Harvard Business School Press, 1996.
74. Harvard Business School, *Harvard Business Review on Advances in Strategy*, Harvard Business School Press, 2002.
75. Harvard Business School, *Harvard Business Review on Change*, Harvard Business School Press, 1998.
76. Harvard Business School, *Harvard Business Review on Knowledge Management*, Harvard Business School Press, 1998, 현대경제연구원 역, 지식경영, 21세기북스, 1999.
77. Harvard Business School, *Harvard Business Review on Measuring Corporate Performance*, Harvard Business School Press, 1998.
78. Harvard Business School, *Harvard Business Review on Strategies for Growth*, Harvard Business School Press, 1998.
79. Hax, A. C. and Majluf, N. S., *The Strategy Concept and Process: A Pragmatic Approach*, Prentice-Hall, 1996.
80. Hesselbein F. (et al.), *The Organization of the Future*, The Drucker Foundation Series, Jossey-Bass Publishers, 1997.
81. Hilb, M., *Integriertes Personal-Management*, Luchterhand, 1994.
82. Hilb, M., *Personalpolitik für Multinationale Unternehmen*, Verlag Industrielle Organisation des Betriebswissenschaftlichen Insitituts der ETH Zürich, 1985.
83. Hilb, M., *Transnational Management of Human Resources: The 4P Model of Glocalpreneuring)*, Univ. of St. Gallen (Switzerland), 1999.
84. Hitt, Michael A. et al., *Strategic Management – Competition and Globalization* (2nd ed.), West Publishing Company, 1997.
85. Hitt, Michael A. et al., *Strategic Management – Competition and Globalization (Concepts)* (4th ed.), SouthWstern College Publishing, 2001.
86. Hussey, David E., *Business Driven Human Resource Management*, John Wiley & Sons, 1996.
87. Hussey, David E., *How to Manage Organisational Change* (2nd ed.), Kogan Page, 2000
88. Hussey, David E., *Business Driven Human Resource Management*, John Wiley & Sons, 1996.
89. Hussey, David E., *Strategy and Planning: A Manager's Guide*, John Wiley & Sons, 1999.
90. Hussey, David E., *Strategic Management – Theory and Practice* (3rd ed.),

Pergamon, 1994.

91. Hussey, David E., *Strategic Management from theory to implementation* (4th ed.), Butterworth-Heinemann, 1998.

92. Ivancevich, John M., Duening, Thomas N., Gilbert, Jacqueline A., Konopaske, Robert, *Deterring white-collar crime*, Academy of Management Executive, 2003, Vol. 17, No. 2.

93. Juran, J. M., *Juran on Leadership for Quality*, The Free Press, 1989.

94. Juran, J. M., *Managerial Breakthrough: The Classic Book on Improving Management Performance* (2nd ed.), McGraw-Hill, 1995.

95. Kaplan, R. S. and Norton, D. P., *The Balanced Scorecard: Translating Strategy into Action*, Harvard Business School Press, 1996.

96. Kaplan, R. S., Norton, D. P., *Balanced Score Card*, Harvard Business School Press, 1996.

97. Keeney R. L., *Value-Focused Thinking*, Harvard University Press, 1992.

98. Kotler P., *Marketing Management: Analysis, Planning, Implementation, and Control*, Simon & Schuster, 1988.

99. Lipton, M., *Guiding Growth: How Vision Keeps Companies on Course*, Harvard Business School Press, 2003.

100. MicroStrategy, *Business Intelligence: An Architecture for Next Generation*, MicroStrategy Inc, 2002.

101. Mintzberg, H. and Quinn, J. B., *The Strategy Process: Concepts, Contexts, Cases* (3rd ed.), Prentice-Hall, 1996.

102. Mintzberg, H., *The Rise and Fall of Strategic Planning*, Free Press, 1994.

103. Montgomery C. A., Porter, Michael E. (ed.), *Strategy - Seeking and Securing Competitive Advantage*, Harvard Business Review Book, Harvard Business School Press, 1991.

104. Park, D. J. and Park, S., *Strategic Risk Management*, Ansoff Group Educational Material, Espro Inc, 2006

105. Porter, M. E., *Competitive Advantage: Creating and Sustaining Superior Performance*, The Free Press, 1985.

106. Porter, M. E., *The Competitive Advantage of Nations*, The Free Press, 1990.

107. Rangan V. K. (et. al), *Business Marketing Strategy*, Irwin, 1995.

108. Rosenhead, J., *Rational Analysis For A Problematic World*, John Wiley & Sons, 1989, 木嶋恭一 監譯, ソフト戰略思考, 日刊工業新聞社, 1992

109. Rothschild, W. E., *Risktaker, Caretaker, Surgeon, Undertaker*, John Wiley & Sons, 1993, 梅津祐良 譯, 戰略型リーダーシップ, ダイヤモンド社, 1994.

110. Senge, Peter M., *The Fifth Discipline: The Art & Practice of The Learning Organization*, Currency Doubleday, 1990.

박 동 준 (朴 東 濬)

지은이는 삼성그룹 공채입문 용인연수원에 근무를 시작으로 한국상업은행, 한국생산성본부 교육기획실장, 포스데이타(주) 교육과장, 서강대 경영회계연수원 실장(책임연구원)을 거쳐, 1993년 소프트전략경영연구원을 설립하여 대기업, 중견기업, 벤처기업을 포함하여 공기업, 정부투자기관의 경영관리자들의 전략경영능력강화를 위한 교육, 컨설팅지도, 관련 도서의 저술 및 번역 출판활동에 매진해오고 있습니다.

소프트전략경영연구원장, 미국 법인 ESPRO Inc.의 대표이사. 미국 현지에서는 전략경영컨설턴트 프로그램과 새로운 전략기법을 개발하고 이의 보급에 주력하고 있습니다. 일본전략경영협회(JSMS) 이사로 활동하고 있으며, 앤소프 코리아(Ansoff Korea) 대표, 앤소프전략경영스쿨(USIU/AIU MBA과정) 주임교수, Strategic Change(John Wiley) editorial board를 역임하였습니다.

숭실대학교 철학과, 연세대학교 경영대학원 경제학 석사, 국민대학교 BIT 대학원 박사과정.

■ 주요저서로는 「뉴스와트전략 2.0 (2008)」, 「경영관리자의 성공전략(2008)」, 경영관리자의 성공전략을 위한 「전략포맷(피터 앤토니오 공저, 2008)」, 「전략적 위기경영-실무기법 (김승렬 공저, 2008)」, 「경영명상 100제(피터 앤토니오 공저, 2008)」, 「뉴스와트전략 (2005)」, 「Management, Zen and I(2003)」, 「경영과 나 - 윤리경영을 생각하는 100제(2003)」, 「뉴 패러다임의 전략경영(2003)」, 「성공경영을 위한 전략 C(1997)」, 「기업병(李民光 공저(1994)」, 이상 소프트전략경영연구원 출간), 「소프트파워전략(1993)」, 「무계획은 실패를 계획하는 것이다」(1992, 이상 도서출판 성림), 「ソフトパワー戰略」, (都市文化社, 日本 東京, 1993)이 있으며,

■ 주요역서로는 「최신전략경영」, 「전략경영실천원리(H. I. Ansoff)」, 「협상의 전략(P. H. Antoniou, K. Whitman)」, 「최고경영자를 위한 전략경영매뉴얼」, 「제휴의 전략경영」, 「실천전략경영진단매뉴얼(나까무라겐이치 中村元一)」, 「리스트럭춰링을 통한 기업변신전략(쯔무라 타케오, 都村長生)」, 「21세기의 초일류기업(키타야 유키오 北矢行男)」, 「이단자시대의 공격우위(오마에 겐이치 大前研一)」, 「실천내부감사매뉴얼(카키시마 카즈미)」, 「알기 쉬운 업무개선(일본능률협회)」 (이상 소프트전략경영연구원 간)이 있습니다.

찾아보기

경영관리자의 성공역량강화를 위한 8P 역량강화 교육프로그램

	교육 및 워크샵 내용	방법	비고
기본과정	경영관리자 성공역량강화 기본워크샵 1. 혁신적 경영관리 2. 경영관리자의 직무와 책무 3. 경영관리자의 성공역량 워크샵 : 우리의 직무수행실태점검과 　　　　분석	강의 및 진단 점검 워크샵	경영관리자 1~2일 과정 (8~14시간)
발전과정(1)	경영관리자 성공역량 워크샵 1. 실패 및 성공사례에 대한 점검 2. 경영관리자의 업무추진 방식 점검 워크샵 : 경영관리자의 성공역량 8P 　　　　점검과 ANEEIDA개선방안의 　　　　도출	강의 자기진단 워크샵/대안도출	경영관리자 2일 과정 (14시간)
발전과정(2)	경영관리자 성공역량 워크샵(2) 1. 조직구성원의 지휘와 성과관리의 실패 및 성공사례에 대한 점검 2. 경영관리자의 조직성과관리의 방식 점검 워크샵 : 경영관리자의 성공역량 8P 　　　　강화를 위한 ANEEIDA 　　　　행동계획	강의 자기진단 워크샵/대안도출	경영관리자 2일 과정 (14시간)
발전과정(3)	경영관리자 성공역량 워크샵(3) 1. 새로운 전략적 환경 대응을 위한 조직구성원의 지휘와 사업성과관리 2. 경영관리자의 사업 성과관리 워크샵 : 전략적 사업성과제고를 위한 　　　　경영관리자의 성공역량 8P 　　　　강화와 ANEEIDA 대응	강의 자기진단 워크샵/대안도출	경영관리자 3일 과정 (22시간)
심화과정	경영관리자 성공역량 심화워크샵 1. 새로운 전략적 조직변혁을 위한 경영관리자의 역할과 책무, 경영관리체제의 변혁을 어떻게 수행할 것인가? 2. 사업, 전략, 조직의 변혁 실천을 성공적으로 전개하기 위하여 무엇을 해야 할 것인가? 워크샵 : 전략적 변혁을 전개하기 위한 　　　　조직구성원의 성공역량 8P 　　　　강화 + ANEEIDA 혁신	강의 자기진단 워크샵/대안도출	경영관리자 3일 과정 (22시간)

경영관리자의 전략적 문제해결 및 전략적 과제해결능력 향상 교육 프로그램

	교육 및 워크샵 내용	방법	비고
전략적 문제해결 기본과정	경영관리자 TIES 역량강화 워크샵 1. 전략적 문제해결기법 2. TIES 기법을 통한 의사결정과 과제대응 3. 전략적 과제대응 성과의 개선방법과 절차 워크샵 : TIES 기법 실천 워크샵	강의 및 진단 점검 워크샵	경영관리자 1~2일 과정 (8~14시간)
뉴스와트 전략기본 과정	경영관리자 뉴스와트 전략 워크샵 1. SWOT 전략에 의한 전략대응 2. New SWOT 전략과 SIS 전개기법 3. 현재 당면하고 있는 사업 또는 기업의 전략적 과제의 해결방안 점검 워크샵 : New SWOT 전략수립과 대안의 점검	강의 자기진단 워크샵/대안도출	경영관리자 4일 과정 (30시간)
경영관리자 위기대응 워크샵	경영관리자 위기대응 워크샵 1. 기업위기대응의 프레임워크 2. 위기요소의 식별과 대응방법과 리스크 이슈 클러스터링 기법 3. 위기시나리오의 구성 4. 위기대응방안의 도출과 실행관리 5. 위기대응시스템의 구축 워크샵 : 경영관리자의 위기대응전략	강의 자기진단 워크샵/대안도출	경영관리자 3~4일 과정 (22~30 시간)
경영관리자 창조전략 워크샵	경영관리자 창조전략 워크샵(3) 1. 창조전략의 발상과 기법 2. 창조전략의 방향, 규모, 영역, 수준의 점검 3. 창조 리스크 대응 4. 창조성과의 관리 워크샵 : 창조전략 워크샵	강의 자기진단 워크샵/대안도출	경영관리자 3~4일 과정 (22~30 시간)
전략경영 워크샵	경영관리자 전략경영워크샵 1. 우리 조직의 전략경영의 실태를 점검하고 전략경영성과를 높이기 위하여 경영관리자가 무엇을 해야할 것인가에 대하여 이론과 기법을 학습 2. 당면하고 있는 전략적 과제를 진단하고 해결해야 할 대응방안을 도출 워크샵 : 전략경영워크샵	강의 자기진단 워크샵/대안도출	경영관리자 3일 과정 (22시간)